CLASSIQUES EN POCHE

Collection
dirigée
par
Hélène Monsacré

Dans la même collection

HOMÈRE

ILIADE
Chants XVII à XXIV

Texte établi et traduit par Paul Mazon
Notes d' Hélène Monsacré

Deuxième tirage

LES BELLES LETTRES

2002

Dans la même collection (suite)

*Ce texte et la traduction sont repris du volume correspondant
dans la Collection des Universités de France (C.U.F.),
toujours disponible avec apparat critique et scientifique.
(Homère, Iliade, Tome III [chants XVII à XVIII] et Tome IV
[chants XIX à XXIV], 10ᵉ tirage, 2002)*

© 2002, Société d'édition Les Belles Lettres,
95 bd Raspail 75006 Paris.
www.lesbelleslettres.com

Première édition 1998

ISBN : 2-251-79936-2
ISSN : 1275-4544

ILIADE

CHANTS XVII à XXIV

ΙΛΙΑΔΟΣ Ρ

Οὐδ' ἔλαθ' Ἀτρέος υἱόν, ἀρηίφιλον Μενέλαον,
Πάτροκλος Τρώεσσι δαμεὶς ἐν δηιοτῆτι·
βῆ δὲ διὰ προμάχων κεκορυθμένος αἴθοπι χαλκῷ,
ἀμφὶ δ' ἄρ' αὐτῷ βαῖν' ὥς τις περὶ πόρτακι μήτηρ
πρωτοτόκος κινυρή, οὐ πρὶν εἰδυῖα τόκοιο·   5
ὣς περὶ Πατρόκλῳ βαῖνε ξανθὸς Μενέλαος·
πρόσθε δέ οἱ δόρυ τ' ἔσχε καὶ ἀσπίδα πάντοσ' ἐίσην,
τὸν κτάμεναι μεμαὼς ὅς τις τοῦ γ' ἀντίος ἔλθοι.
Οὐδ' ἄρα Πάνθου υἱὸς ἐυμμελίης ἀμέλησε
Πατρόκλοιο πεσόντος ἀμύμονος· ἄγχι δ' ἄρ' αὐτοῦ   10
ἔστη, καὶ προσέειπεν ἀρηίφιλον Μενέλαον·

« Ἀτρεΐδη Μενέλαε διοτρεφές, ὄρχαμε λαῶν,
χάζεο, λεῖπε δὲ νεκρόν, ἔα δ' ἔναρα βροτόεντα·
οὐ γάρ τις πρότερος Τρώων κλειτῶν τ' ἐπικούρων
Πάτροκλον βάλε δουρὶ κατὰ κρατερὴν ὑσμίνην·   15
τῶ με ἔα κλέος ἐσθλὸν ἐνὶ Τρώεσσιν ἀρέσθαι·
μή σε βάλω, ἀπὸ δὲ μελιηδέα θυμὸν ἕλωμαι. »

Τὸν δὲ μέγ' ὀχθήσας προσέφη ξανθὸς Μενέλαος·

CHANT XVII

Cependant le fils d'Atrée, Ménélas chéri d'Arès, n'est pas sans avoir vu Patrocle succomber sous les Troyens dans le carnage. Il s'en vient à travers les champions hors des lignes, casqué du bronze flamboyant, et se poste à ses côtés pour le défendre. Comme aux côtés d'une génisse fait sa mère gémissante – mère pour la première fois, hier encore ignorant l'enfantement – ainsi aux côtés de Patrocle se poste le blond Ménélas. Il tient sa lance en avant, ainsi que son écu rond ; il brûle de tuer qui l'affrontera. Mais le fils de Panthoos[1] à la bonne lance ne reste pas non plus indifférent à la chute de Patrocle sans reproche. Il s'approche et dit à Ménélas chéri d'Arès :

« Fils d'Atrée, divin Ménélas, commandeur de guerriers, va, recule, abandonne ce mort, laisse là ses dépouilles sanglantes. Aucun des Troyens, aucun de leurs illustres alliés n'a frappé avant moi Patrocle de sa lance dans la mêlée brutale. Laisse-moi dès lors remporter une noble gloire parmi les Troyens, si tu ne veux que je te frappe et te prenne la douce vie. »

Lors le blond Ménélas violemment s'irrite et dit :

1. Le fils de Panthoos est Euphorbe, qui a blessé Patrocle (XVI, 806 ss.).

« Ζεῦ πάτερ, οὐ μὲν καλὸν ὑπέρβιον εὐχετάασθαι.
Οὔτ' οὖν πορδάλιος τόσσον μένος οὔτε λέοντος   20
οὔτε συὸς κάπρου ὀλοόφρονος, οὗ τε μέγιστος
θυμὸς ἐνὶ στήθεσσι περὶ σθένεϊ βλεμεαίνει,
ὅσσον Πάνθου υἷες ἐϋμμελίαι φρονέουσιν.
Οὐδὲ μὲν οὐδὲ βίη Ὑπερήνορος ἱπποδάμοιο
ἧς ἥβης ἀπόνηθ', ὅτε μ' ὤνατο καί μ' ὑπέμεινε   25
καί μ' ἔφατ' ἐν Δαναοῖσιν ἐλέγχιστον πολεμιστὴν
ἔμμεναι· οὐδέ ἕ φημι πόδεσσί γε οἷσι κιόντα
εὐφρῆναι ἄλοχόν τε φίλην κεδνούς τε τοκῆας.
Ὣς θήν καὶ σὸν ἐγὼ λύσω μένος, εἴ κέ μευ ἄντα
στήῃς· ἀλλά σ' ἔγωγ' ἀναχωρήσαντα κελεύω   30
ἐς πληθὺν ἰέναι, μηδ' ἀντίος ἵστασ' ἐμεῖο,
πρίν τι κακὸν παθέειν· ρεχθὲν δέ τε νήπιος ἔγνω. »
    Ὣς φάτο, τὸν δ' οὐ πεῖθεν· ἀμειβόμενος δὲ προσηύδα·
« Νῦν μὲν δή, Μενέλαε διοτρεφές, ἦ μάλα τίσεις
γνωτὸν ἐμόν, τὸν ἔπεφνες, ἐπευχόμενος δ' ἀγορεύεις,   35
χήρωσας δὲ γυναῖκα μυχῷ θαλάμοιο νέοιο,
ἀρητὸν δὲ τοκεῦσι γόον καὶ πένθος ἔθηκας·
ἦ κέ σφιν δειλοῖσι γόου κατάπαυμα γενοίμην,
εἴ κεν ἐγὼ κεφαλήν τε τεὴν καὶ τεύχε' ἐνείκας
Πάνθῳ ἐν χείρεσσι βάλω καὶ Φρόντιδι δίῃ.   40
Ἀλλ' οὐ μὰν ἔτι δηρὸν ἀπείρητος πόνος ἔσται
οὐδέ τ' ἀδήριτος ἤ τ' ἀλκῆς ἤ τε φόβοιο. »
    Ὣς εἰπὼν οὔτησε κατ' ἀσπίδα πάντοσ' ἐΐσην·
οὐδ' ἔρρηξεν χαλκός, ἀνεγνάμφθη δέ οἱ αἰχμὴ
ἀσπίδ' ἐνὶ κρατερῇ· ὁ δὲ δεύτερος ὤρνυτο χαλκῷ   45
Ἀτρεΐδης Μενέλαος, ἐπευξάμενος Διὶ πατρί·
ἂψ δ' ἀναχαζομένοιο κατὰ στομάχοιο θέμεθλα

« Ah ! Zeus Père ! il ne convient pas de se vanter avec excès. Panthère, lion, sanglier féroce – dont le cœur en la poitrine est plus qu'un autre enivré de sa force – nul n'a fougue pareille à celle qui anime les fils de Panthoos à la bonne lance. Et pourtant le puissant Hypérénor[2], le dompteur de cavales, n'a pas joui de sa jeunesse, du jour qu'il m'a insulté, qu'il m'a tenu tête, qu'il a cru que j'étais le plus piètre guerrier de tous les Danaens. Je ne sache pas qu'il soit revenu chez lui sur ses pieds, pour la joie de sa femme et de ses chers parents. Toi donc aussi, je briserai ta fougue, si tu m'oses affronter. Mais, bien plutôt, je t'engage à reculer et, au lieu de m'affronter, à t'en retourner dans la masse. Crains qu'auparavant il ne t'arrive malheur : le plus sot s'instruit par l'événement. »

Il dit ; mais l'autre n'en croit rien et en réponse dit :

« Eh bien ! c'est le moment, divin Ménélas : oui, tu vas payer pour le frère que tu m'as tué et sur qui tu chantes victoire. Tu as voué son épouse au veuvage au fond de sa chambre neuve, et ses parents à des sanglots et à un deuil abominables. Aux sanglots de ces malheureux j'apporterai peut-être un terme, en allant déposer ta tête[3] avec tes armes aux mains de Panthoos et de la divine Phrontis. Allons ! je ne veux pas attendre davantage pour tenter le combat et le terminer sans conteste par la victoire ou par la fuite. »

Il dit et l'atteint à son bouclier bien rond. Mais le bronze ne le fend pas ; c'est la pointe qui se rebrousse au contraire sur le puissant bouclier. À son tour, Ménélas l'Atride s'élance, le bronze à la main, en invoquant Zeus Père ; et, tandis qu'Euphorbe recule, il le pique au bas de la gorge et appuie le coup, s'assurant en sa lourde main.

2. Frère d'Euphorbe ; cf. XIV, 516-519.
3. Mutilation qu'Hector, lui aussi, tentera d'infliger au corps de Patrocle. Sur l'outrage des cadavres, cf. Segal, particulièrement p. 20-21

νύξ᾽, ἐπὶ δ᾽ αὐτὸς ἔρεισε βαρείῃ χειρὶ πιθήσας·
ἀντικρὺ δ᾽ ἁπαλοῖο δι᾽ αὐχένος ἤλυθ᾽ ἀκωκή,
δούπησεν δὲ πεσών, ἀράβησε δὲ τεύχε᾽ ἐπ᾽ αὐτῷ·   50
αἵματί οἱ δεύοντο κόμαι Χαρίτεσσιν ὁμοῖαι
πλοχμοί θ᾽, οἳ χρυσῷ τε καὶ ἀργύρῳ ἐσφήκωντο.
Οἷον δὲ τρέφει ἔρνος ἀνὴρ ἐριθηλὲς ἐλαίης
χώρῳ ἐν οἰοπόλῳ, ὅθ᾽ ἅλις ἀναβέβροχεν ὕδωρ,
καλὸν τηλεθάον· τὸ δέ τε πνοιαὶ δονέουσι   55
παντοίων ἀνέμων, καί τε βρύει ἄνθεϊ λευκῷ·
ἐλθὼν δ᾽ ἐξαπίνης ἄνεμος σὺν λαίλαπι πολλῇ
βόθρου τ᾽ ἐξέστρεψε καὶ ἐξετάνυσσ᾽ ἐπὶ γαίῃ·
τοῖον Πάνθου υἱὸν ἐϋμμελίην Εὔφορβον
Ἀτρείδης Μενέλαος ἐπεὶ κτάνε, τεύχε᾽ ἐσύλα.   60
  Ὡς δ᾽ ὅτε τίς τε λέων ὀρεσίτροφος, ἀλκὶ πεποιθώς,
βοσκομένης ἀγέλης βοῦν ἁρπάσῃ ἥ τις ἀρίστη·
τῆς δ᾽ ἐξ αὐχέν᾽ ἔαξε λαβὼν κρατεροῖσιν ὀδοῦσι
πρῶτον, ἔπειτα δέ θ᾽ αἷμα καὶ ἔγκατα πάντα λαφύσσει
δῃῶν· ἀμφὶ δὲ τόν γε κύνες τ᾽ ἄνδρές τε νομῆες   65
πολλὰ μάλ᾽ ἰύζουσιν ἀπόπροθεν οὐδ᾽ ἐθέλουσιν
ἀντίον ἐλθέμεναι· μάλα γὰρ χλωρὸν δέος αἱρεῖ·
ὣς τῶν οὔ τινι θυμὸς ἐνὶ στήθεσσιν ἐτόλμα
ἀντίον ἐλθέμεναι Μενελάου κυδαλίμοιο.
  Ἔνθά κε ῥεῖα φέροι κλυτὰ τεύχεα Πανθοΐδαο   70
Ἀτρείδης, εἰ μή οἱ ἀγάσσατο Φοῖβος Ἀπόλλων,
ὅς ῥά οἱ Ἕκτορ᾽ ἐπῶρσε θοῷ ἀτάλαντον Ἄρηϊ,
ἀνέρι εἰσάμενος, Κικόνων ἡγήτορι Μέντῃ·
καί μιν φωνήσας ἔπεα πτερόεντα προσηύδα·

4. Le cou délicat, la blancheur des fleurs, les boucles grâcieuses,
le métal précieux des spirales retenant la chevelure, tout concourt à
souligner la beauté séduisante du jeune guerrier allongé dans la poussière : cette mort « érotisée » est un des traits caractéristiques de la

La pointe va, tout droit, à travers le cou délicat. L'homme tombe avec fracas, et ses armes sonnent sur lui. Le sang trempe ses cheveux tout pareils à ceux des Grâces, ses boucles, qu'enserrent et l'or et l'argent. On voit parfois un homme nourrir un plant d'olivier magnifique, dans un lieu solitaire, un beau plant plein de sève, arrosé d'une eau abondante, vibrant à tous les vents, qu'ils soufflent d'ici ou de là, et tout couvert de blanches fleurs[4]. Mais un vent vient soudain en puissante rafale, qui l'arrache à la terre où plonge sa racine et l'étend sur le sol. Tel apparaît le fils de Panthoos, Euphorbe à la bonne lance, que Ménélas l'Atride vient de tuer et qu'il dépouille de ses armes.

Comme on voit un lion nourri dans les montagnes et sûr de sa force, au milieu d'un troupeau qui paît, ravir la vache la plus belle, et, la prenant entre ses crocs puissants, lui broyer d'abord le col, pour la déchirer ensuite et lui humer le sang et les entrailles, tandis qu'autour de lui, chiens et bergers vont poussant de grands cris, mais restent à distance et se refusent à l'affronter – une peur livide les tient – tout de même, personne parmi les combattants, ne se sent le courage d'affronter le glorieux Ménélas. L'Atride eût donc alors emporté sans peine les armes illustres du fils de Panthoos, si Phœbos Apollon de lui n'eût pris ombrage et n'eût fait contre lui se lever Hector, l'émule de l'ardent Arès. Sous l'aspect d'un homme, Mentès, chef des Cicones[5], il prend donc la parole et dit ces mots ailés :

poésie épique qui place la guerre au cœur de la polarité Éros/Thanatos ; cf. Loraux, 1975, p. 22 ss., Vernant, 1979, p. 1365-1374, Monsacré, 1984, p. 63-77.
    5. Peuple de Thrace ; cf. II, 846-847.

« Ἕκτορ, νῦν σὺ μὲν ὧδε θέεις ἀκίχητα διώκων   75
ἵππους Αἰακίδαο δαΐφρονος· οἱ δ' ἀλεγεινοὶ
ἀνδράσι γε θνητοῖσι δαμήμεναι ἠδ' ὀχέεσθαι,
ἄλλῳ γ' ἢ Ἀχιλῆι, τὸν ἀθανάτη τέκε μήτηρ.
Τόφρα δέ τοι Μενέλαος, ἀρήιος Ἀτρέος υἱός,
Πατρόκλῳ περιβὰς Τρώων τὸν ἄριστον ἔπεφνε,   80
Πανθοΐδην Εὔφορβον, ἔπαυσε δὲ θούριδος ἀλκῆς. »
      Ὣς εἰπὼν δ μὲν αὖτις ἔβη θεὸς ἂμ πόνον ἀνδρῶν,
Ἕκτορα δ' αἰνὸν ἄχος πύκασε φρένας ἀμφιμελαίνας·
πάπτηνεν δ' ἄρ' ἔπειτα κατὰ στίχας, αὐτίκα δ' ἔγνω
τὸν μὲν ἀπαινύμενον κλυτὰ τεύχεα, τὸν δ' ἐπὶ γαίη   85
κείμενον· ἔρρει δ' αἷμα κατ' οὐταμένην ὠτειλήν·
βῆ δὲ διὰ προμάχων κεκορυθμένος αἴθοπι χαλκῷ,
ὀξέα κεκληγώς, φλογὶ εἴκελος Ἡφαίστοιο
ἀσβέστῳ· οὐδ' υἱὸν λάθεν Ἀτρέος ὀξὺ βοήσας·
ὀχθήσας δ' ἄρα εἶπε πρὸς ὃν μεγαλήτορα θυμόν·   90
      « Ὤ μοι ἐγών, εἰ μέν κε λίπω κάτα τεύχεα καλὰ
Πάτροκλόν θ', ὃς κεῖται ἐμῆς ἕνεκ' ἐνθάδε τιμῆς,
μή τίς μοι Δαναῶν νεμεσήσεται, ὅς κεν ἴδηται.
Εἰ δέ κεν Ἕκτορι μοῦνος ἐὼν καὶ Τρωσὶ μάχωμαι
αἰδεσθείς, μή πώς με περιστείωσ' ἕνα πολλοί·   95
Τρῶας δ' ἐνθάδε πάντας ἄγει κορυθαίολος Ἕκτωρ.
Ἀλλὰ τί ἤ μοι ταῦτα φίλος διελέξατο θυμός;
ὁππότ' ἀνὴρ ἐθέλῃ πρὸς δαίμονα φωτὶ μάχεσθαι
ὅν κε θεὸς τιμᾷ, τάχα οἱ μέγα πῆμα κυλίσθη·
τῷ μ' οὔ τις Δαναῶν νεμεσήσεται, ὅς κεν ἴδηται   100
Ἕκτορι χωρήσαντ', ἐπεὶ ἐκ θεόφιν πολεμίζει.
Εἰ δέ που Αἴαντός γε βοὴν ἀγαθοῖο πυθοίμην,

« Hector, tu es là à courir, à poursuivre un gibier que tu ne peux atteindre. Les chevaux du brave Éacide !... Le malheur est qu'ils sont malaisés à dresser aussi bien qu'à conduire, pour de simples mortels, à l'exception d'Achille, qui est fils d'Immortelle. Et cependant Ménélas, le belliqueux fils d'Atrée, dans sa garde autour de Patrocle, vient de tuer le plus brave des Troyens, Euphorbe, fils de Panthoos, mettant ainsi un terme à sa valeur ardente. »

Cela dit, le dieu retourne au labeur guerrier. Une douleur atroce étreint Hector dans ses noires entrailles. Il promène son regard de tous les côtés sur le front, et aussitôt les voit, l'un arrachant à l'autre ses armes illustres, l'autre gisant à terre. Le sang ruisselle par la blessure ouverte. Il s'en vient à travers les champions hors des lignes, casqué du bronze flamboyant, poussant des cris aigus, tout pareil à la flamme d'Héphæstos, que rien n'éteint. Le fils d'Atrée n'est pas sans entendre ces cris aigus. Lors il s'irrite et dit à son cœur magnanime :

« Ah ! misère ! si je laisse ces belles armes, et Patrocle – Patrocle, qui est là, étendu pour ma cause – j'ai peur que les Danaens qui verront cela ne le prennent mal. Mais, si je m'en vais, seul, combattre, pour l'honneur, Hector et les Troyens, je crains d'être entouré, tout seul, par une foule : c'est l'armée troyenne entière qu'amène ici Hector au casque étincelant... Mais qu'a besoin mon cœur de disputer ainsi[6] ? Quand un homme prétend, en dépit du Ciel, lutter contre un guerrier que favorise un dieu, il ne faut pas longtemps pour qu'un grand malheur dévale sur lui. Nul des Danaens ne prendra mal la chose, s'il me voit céder la place à Hector, alors qu'Hector combat par le vouloir des dieux. Si du moins j'entendais quelque part le cri de guerre du brave Ajax,

---

6. Semblables monologues se retrouvent dans la bouche d'Ulysse (XI, 403-410), d'Agénor (XXI, 550-570) et d'Hector (XXII, 98-130), mais Ménélas est le seul à décider de reculer.

ἄμφω κ' αὖτις ἰόντες ἐπιμνησαίμεθα χάρμης
καὶ πρὸς δαιμονά περ, εἴ πως ἐρυσαίμεθα νεκρὸν
Πηλεΐδη Ἀχιλῆϊ· κακῶν δέ κε φέρτατον εἴη. »   105
    "Εως δ ταῦθ' ὥρμαινε κατὰ φρένα καὶ κατὰ θυμόν,
τόφρα δ' ἐπὶ Τρώων στίχες ἤλυθον· ἦρχε δ' ἄρ' "Εκτωρ·
αὐτὰρ ὃ γ' ἐξοπίσω ἀνεχάζετο, λεῖπε δὲ νεκρόν,
ἐντροπαλιζόμενος ὅς τε λὶς ἠυγένειος,
ὃν ῥα κύνες τε καὶ ἄνδρες ἀπὸ σταθμοῖο δίωνται   110
ἔγχεσι καὶ φωνῇ· τοῦ δ' ἐν φρεσὶν ἄλκιμον ἦτορ
παχνοῦται, ἀέκων δέ τ' ἔβη ἀπὸ μεσσαύλοιο·
ὣς ἀπὸ Πατρόκλοιο κίε ξανθὸς Μενέλαος.
Στῆ δὲ μεταστρεφθείς, ἐπεὶ ἵκετο ἔθνος ἑταίρων,
παπταίνων Αἴαντα μέγαν, Τελαμώνιον υἱόν·   115
τὸν δὲ μάλ' αἶψ' ἐνόησε μάχης ἐπ' ἀριστερὰ πάσης
θαρσύνονθ' ἑτάρους καὶ ἐποτρύνοντα μάχεσθαι·
θεσπέσιον γάρ σφιν φόβον ἔμβαλε Φοῖβος Ἀπόλλων·
βῆ δὲ θέειν, εἶθαρ δὲ παριστάμενος ἔπος ηὔδα·
    « Αἶαν, δεῦρο, πέπον, περὶ Πατρόκλοιο θανόντος   120
σπεύσομεν, αἴ κε νέκυν περ Ἀχιλλῆϊ προφέρωμεν
γυμνόν· ἀτὰρ τά γε τεύχε' ἔχει κορυθαίολος "Εκτωρ. »
    "Ως ἔφατ', Αἴαντι δὲ δαΐφρονι θυμὸν ὄρινε·
βῆ δὲ διὰ προμάχων, ἅμα δὲ ξανθὸς Μενέλαος.
"Εκτωρ μὲν Πάτροκλον ἐπεὶ κλυτὰ τεύχε' ἀπηύρα,   125
ἕλχ', ἵν' ἀπ' ὤμοιιν κεφαλὴν τάμοι ὀξέϊ χαλκῷ,
τὸν δὲ νέκυν Τρῳῇσιν ἐρυσσάμενος κυσὶ δοίη.
Αἴας δ' ἐγγύθεν ἦλθε φέρων σάκος ἠΰτε πύργον·
"Εκτωρ δ' ἂψ ἐς ὅμιλον ἰὼν ἀνεχάζεθ' ἑταίρων,
ἐς δίφρον δ' ἀνόρουσε· δίδου δ' ὅ γε τεύχεα καλὰ   130
Τρωσὶ φέρειν προτὶ ἄστυ, μέγα κλέος ἔμμεναι αὐτῷ.
Αἴας δ' ἀμφὶ Μενοιτιάδῃ σάκος εὐρὺ καλύψας
ἑστήκει ὥς τίς τε λέων περὶ οἷσι τέκεσσιν,

nous marcherions tous deux, rappelant notre ardeur guerrière, en dépit même du destin ; peut-être alors pourrions-nous tirer le cadavre pour Achille, fils de Pélée. Au milieu de nos maux, ce serait encore le mieux. »

Mais, tandis qu'en son âme et son cœur, il remue ces pensées, la ligne troyenne est en marche. Hector la conduit. Lors Ménélas recule et laisse là le corps, tout en tournant la tête. On dirait un lion à crinière qu'hommes et chiens chassent hors de l'étable avec des piques et des cris ; son cœur vaillant se glace au fond de lui, et il s'éloigne à regret de la cour. C'est ainsi que de Patrocle s'éloigne le divin Ménélas. Il ne s'arrête et ne fait volte-face qu'une fois rejoint le groupe des siens. Ses yeux inquiets cherchent le grand Ajax, le fils de Télamon ; et bientôt il l'aperçoit, à l'extrême gauche du front, rassurant les siens et les stimulant au combat, car Phœbos Apollon a jeté dans leurs rangs une folle panique. Il court à lui, le rejoint vite et lui dit :

« Ajax, par ici ! doux ami. Faisons effort pour le corps de Patrocle. Voyons si nous pourrons l'apporter à Achille – sans ses armes, puisque ses armes sont aux mains d'Hector au casque étincelant. »

Il dit, et il émeut le cœur du brave Ajax. Ajax part, à travers les champions hors des lignes, avec le blond Ménélas. Hector cependant, dès qu'il a dépouillé de ses armes illustres le corps de Patrocle, cherche à le tirer ; il veut lui séparer la tête des épaules avec le bronze aigu et, après l'avoir traîné sur le sol, le livrer aux chiens de Troie. Mais voici que s'approche Ajax, portant son bouclier semblable à une tour. Hector alors recule, pour rejoindre la masse des siens et saute sur son char. Les belles armes, il les donne à des Troyens, qui les porteront vers la ville, où elles lui seront sujet de grande gloire. Ajax, lui, de son large écu couvre le fils de Ménœtios. Il se tient là, pareil à un lion protégeant ses lionceaux – il

ᾧ ῥά τε νήπι' ἄγοντι συναντήσωνται ἐν ὕλῃ
ἄνδρες ἐπακτῆρες· ὃ δέ τε σθένεϊ βλεμεαίνει,   135
πᾶν δέ τ' ἐπισκύνιον κάτω ἕλκεται ὄσσε καλύπτων·
ὣς Αἴας περὶ Πατρόκλῳ ἥρωι βεβήκει.
Ἀτρεΐδης δ' ἑτέρωθεν, ἀρηΐφιλος Μενέλαος,
ἑστήκει, μέγα πένθος ἐνὶ στήθεσσιν ἀέξων.
    Γλαῦκος δ' Ἱππολόχοιο πάις, Λυκίων ἀγὸς ἀνδρῶν,   140
Ἕκτορ' ὑπόδρα ἰδὼν χαλεπῷ ἠνίπαπε μύθῳ·
    « Ἕκτορ, εἶδος ἄριστε, μάχης ἄρα πολλὸν ἐδεύεο·
ἦ σ' αὔτως κλέος ἐσθλὸν ἔχει φύξηλιν ἐόντα.
Φράζεο νῦν ὅππως κε πόλιν καὶ ἄστυ σαώσεις
οἶος σὺν λαοῖσι τοὶ Ἰλίῳ ἐγγεγάασιν·   ·145
οὐ γάρ τις Λυκίων γε μαχησόμενος Δαναοῖσιν
εἶσι περὶ πτόλιος, ἐπεὶ οὐκ ἄρα τις χάρις ἦεν
μάρνασθαι δηίοισι μετ' ἀνδράσι νωλεμὲς αἰεί.
Πῶς κε σὺ χείρονα φῶτα σαώσειας μεθ' ὅμιλον,
σχέτλι', ἐπεὶ Σαρπηδόν' ἅμα ξεῖνον καὶ ἑταῖρον   150
κάλλιπες Ἀργείοισιν ἕλωρ καὶ κύρμα γενέσθαι,
ὅς τοι πόλλ' ὄφελος γένετο, πτόλεΐ τε καὶ αὐτῷ,
ζωὸς ἐών; νῦν δ' οὔ οἱ ἀλαλκέμεναι κύνας ἔτλης.
Τῷ νῦν εἴ τις ἐμοὶ Λυκίων ἐπιπείσεται ἀνδρῶν
οἴκαδ' ἴμεν, Τροίῃ δὲ πεφήσεται αἰπὺς ὄλεθρος.   155
Εἰ γὰρ νῦν Τρώεσσι μένος πολυθαρσὲς ἐνείη,
ἄτρομον, οἷόν τ' ἄνδρας ἐσέρχεται οἳ περὶ πάτρης
ἀνδράσι δυσμενέεσσι πόνον καὶ δῆριν ἔθεντο,
αἶψά κε Πάτροκλον ἐρυσαίμεθα Ἴλιον εἴσω·
εἰ δ' οὗτος προτὶ ἄστυ μέγα Πριάμοιο ἄνακτος   160

s'est rencontré avec des chasseurs, alors qu'il menait ses petits aux bois, et, enivré de sa force, il abaisse sur ses yeux – les couvrant entièrement – toute la peau de son front. Tel s'est dressé Ajax aux côtés du héros Patrocle. Près de lui se tient l'Atride, Ménélas chéri d'Arès, qui sent dans sa poitrine grandir un deuil immense.

Mais Glaucos, fils d'Hippoloque et chef des Lyciens, lève sur Hector un œil sombre et le tance en un dur langage :

« Hector, tu as magnifique apparence, mais tu es beaucoup moins apte, je le vois, à la bataille. Vraiment ta noble gloire ne repose sur rien, si tu n'es qu'un fuyard. Avise maintenant à sauver ton pays et ta ville, tout seul, avec les hommes nés à Ilion. Pas un Lycien n'ira, pour ta cité, se battre avec les Danaens, puisque, je le vois trop, on ne gagne pas de reconnaissance à se battre avec l'ennemi, obstinément, sans trêve. Et comment, malheureux ! saurais-tu ramener dans tes lignes un guerrier ordinaire, quand tu as laissé Sarpédon, ton hôte et ami, devenir la proie, le butin des Argiens ? – Sarpédon qui, vivant, nous avait tant servis, toi et ta cité ; et, aujourd'hui, tu n'as pas eu le cœur de le défendre des chiens[7] ! Aussi, dès cette heure, s'il est des Lyciens qui veuillent bien m'en croire et s'en retourner chez nous, c'est le gouffre de la mort qui clairement, s'ouvre pour Troie. Ah ! si chez les Troyens il y avait en ce moment cette ardeur prête à toutes les audaces, cette ardeur intrépide qui pénètre les hommes, quand c'est pour leur patrie qu'ils peinent et qu'ils luttent avec des ennemis, nous aurions vite fait de tirer Patrocle derrière les remparts d'Ilion ; et alors, une fois le corps de Patrocle entré dans la grande ville de sire Priam et tiré

---

7. Glaucos ne semble pas connaître les mesures que Zeus a prises pour préserver le corps de son fils des outrages des ennemis ; cf. XVI, 666-683.

ἔλθοι τεθνηὼς καί μιν ἐρυσαίμεθα χάρμης,
αἶψά κεν Ἀργεῖοι Σαρπηδόνος ἔντεα καλά
λύσειαν, καί κ' αὐτὸν ἀγοίμεθα Ἴλιον εἴσω·
τοίου γὰρ θεράπων πέφατ' ἀνέρος, ὃς μέγ' ἄριστος
Ἀργείων παρὰ νηυσὶ καὶ ἀγχέμαχοι θεράποντες.   165
Ἀλλὰ σύ γ' Αἴαντος μεγαλήτορος οὐκ ἐτάλασσας
στήμεναι ἄντα κατ' ὄσσε ἰδὼν δηίων ἐν αὐτῇ,
οὐδ' ἰθὺς μαχέσασθαι, ἐπεὶ σέο φέρτερός ἐστι. »
     Τὸν δ' ἄρ' ὑπόδρα ἰδὼν προσέφη κορυθαίολος Ἕκτωρ·
« Γλαῦκε, τί ἦ δὲ σὺ τοῖος ἐὼν ὑπέροπλον ἔειπες;   170
ὦ πέπον, ἦ τ' ἐφάμην σὲ περὶ φρένας ἔμμεναι ἄλλων,
τῶν ὅσσοι Λυκίην ἐριβώλακα ναιετάουσι·
νῦν δέ σευ ὠνοσάμην πάγχυ φρένας, οἷον ἔειπες,
ὅς τέ με φῂς Αἴαντα πελώριον οὐχ ὑπομεῖναι.
Οὔ τοι ἐγὼν ἔρριγα μάχην οὐδὲ κτύπον ἵππων·   175
ἀλλ' αἰεί τε Διὸς κρείσσων νόος αἰγιόχοιο,
ὅς τε καὶ ἄλκιμον ἄνδρα φοβεῖ καὶ ἀφείλετο νίκην
ῥηιδίως, ὁτὲ δ' αὐτὸς ἐποτρύνει μαχέσασθαι.
Ἀλλ' ἄγε δεῦρο, πέπον, παρ' ἔμ' ἵστασο καὶ ἴδε ἔργον,
ἠὲ πανημέριος κακὸς ἔσσομαι, ὡς ἀγορεύεις,   180
ἦ τινα καὶ Δαναῶν ἀλκῆς μάλα περ μεμαῶτα
σχήσω ἀμυνέμεναι περὶ Πατρόκλοιο θανόντος. »
     Ὣς εἰπὼν Τρώεσσιν ἐκέκλετο μακρὸν ἀύσας·
« Τρῶες καὶ Λύκιοι καὶ Δάρδανοι ἀγχιμαχηταί,
ἀνέρες ἔστε, φίλοι, μνήσασθε δὲ θούριδος ἀλκῆς,   185
ὄφρ' ἂν ἐγὼν Ἀχιλῆος ἀμύμονος ἔντεα δύω
καλά, τὰ Πατρόκλοιο βίην ἐνάριξα κατακτάς. »
     Ὣς ἄρα φωνήσας ἀπέβη κορυθαίολος Ἕκτωρ
δηίου ἐκ πολέμοιο· θέων δ' ἐκίχανεν ἑταίρους
ὦκα μάλ', οὔ πω τῆλε, ποσὶ κραιπνοῖσι μετασπών,   190
οἳ προτὶ ἄστυ φέρον κλυτὰ τεύχεα Πηλεΐδαο·

hors de la bataille, les Argiens à leur tour auraient vite
fait de nous rendre les belles armes de Sarpédon, et nous
le ramènerions lui-même derrière les remparts d'Ilion ;
tant est puissant celui dont l'écuyer vient d'être tué et
qui est de beaucoup le plus brave à bord des nefs
argiennes, avec ses écuyers experts au corps à corps.
Mais toi, tu n'oses pas affronter Ajax au grand cœur, en
le regardant dans les yeux en pleine huée ennemie, ni le
combattre face à face, parce qu'il est plus fort que toi. »

Hector au casque étincelant sur Glaucos à son tour
lève un œil sombre et dit :

« Glaucos, pourquoi, étant ce que tu es, parler si
insolemment ? Doux ami ! je te croyais, pour le sens,
bien au-dessus de tous les habitants de la Lycie plantureuse. Mais, cette fois, je te dénie entièrement le sens, à
t'entendre parler ainsi. Tu dis que je ne tiens pas devant
le gigantesque Ajax : ce n'est pas que je craigne ni la
bataille ni le fracas des chars. Non, mais le vouloir de
Zeus porte-égide toujours est le plus fort ; c'est lui qui
met le vaillant même en fuite et lui arrache la victoire,
sans effort, comme d'autres fois il le pousse lui-même
au combat. Allons ! viens, doux ami, mets-toi près de
moi, regarde-moi à l'œuvre, et tu verras si je dois être
lâche la journée tout entière, ainsi que tu le dis, ou si je
saurai repousser tout Danaen, si ardent soit sa valeur,
pour avoir le corps de Patrocle. »

Il dit, et, à grande voix, lance un appel aux Troyens :

« Troyens, et Lyciens, et Dardaniens experts au corps
à corps ! soyez des hommes, amis ; rappelez-vous votre
valeur ardente, tandis que j'irai, moi, vêtir les belles
armes d'Achille sans reproche, dont j'ai dépouillé le
puissant Patrocle, après l'avoir tué. »

Cela dit, Hector au casque étincelant quitte le combat cruel. Bien vite, en courant, il rejoint ceux des siens
– ils ne sont pas loin, et il les suit d'un pas rapide – qui
portent vers la ville les armes illustres du fils de Pélée. Il

στὰς δ' ἀπάνευθε μάχης πολυδακρύου ἔντε' ἄμειβεν·
ἤτοι ὁ μὲν τὰ ἃ δῶκε φέρειν προτὶ Ἴλιον ἱρὴν
Τρωσὶ φιλοπτολέμοισιν, ὁ δ' ἄμβροτά τεύχεα δῦνε
Πηλεΐδεω Ἀχιλῆος, ἅ οἱ θεοὶ Οὐρανίωνες   195
πατρὶ φίλῳ ἔπορον· ὁ δ' ἄρα ᾧ παιδὶ ὄπασσε
γηράς· ἀλλ' οὐχ υἱὸς ἐν ἔντεσι πατρὸς ἐγήρα.

  Τὸν δ' ὡς οὖν ἀπάνευθεν ἴδεν νεφεληγερέτα Ζεὺς
τεύχεσι Πηλεΐδαο κορυσσόμενον θείοιο,
κινήσας ῥα κάρη προτὶ ὃν μυθήσατο θυμόν·   200
  « Ἆ δείλ', οὐδέ τί τοι θάνατος καταθύμιός ἐστιν,
ὃς δή τοι σχεδὸν ἐστι· σὺ δ' ἄμβροτα τεύχεα δύνεις
ἀνδρὸς ἀριστῆος, τόν τε τρομέουσι καὶ ἄλλοι·
τοῦ δὴ ἑταῖρον ἔπεφνες ἐνηέα τε κρατερόν τε,
τεύχεα δ' οὐ κατὰ κόσμον ἀπὸ κρατός τε καὶ ὤμων   205
εἴλευ· ἀτάρ τοι νῦν γε μέγα κράτος ἐγγυαλίξω,
τῶν ποινὴν ὅ τοι οὔ τι μάχης ἐκ νοστήσαντι
δέξεται Ἀνδρομάχη κλυτὰ τεύχεα Πηλείωνος. »
  Ἦ καὶ κυανέῃσιν ἐπ' ὀφρύσι νεῦσε Κρονίων·
Ἕκτορι δ' ἥρμοσε τεύχε' ἐπὶ χροΐ, δῦ δέ μιν Ἄρης   210

8. Les armes d'Achille sont exceptionnelles : ce sont des *ambrota
teukhea*, des « armes immortelles, divines » (194, repris en 202).
Hector n'est qu'un mortel (cf. X, 50 et XXIV, 58), et cette armure, qui
est un don des dieux, n'est pas pour lui. Le thème de l'inadéquation
armes divines/homme mortel était déjà annoncé par le poète aux vers
76-78 de ce même chant, lorsqu'Apollon soulignait comment *seul*
Achille pouvait conduire les chevaux, divins eux aussi, qu'Hector ten-
tait de lui dérober ; cf. Edwards, V, p. 81.

s'arrête à l'écart du combat, source de pleurs, et il change d'armes. Les siennes, il les donne aux Troyens belliqueux, pour qu'ils les portent dans la sainte Ilion ; en échange, il revêt les armes immortelles d'Achille, le fils de Pélée, que les dieux, issus de Ciel, ont jadis données à son père[8]. Celui-ci était déjà vieux, quand il les avait remises à son fils ; mais le fils, lui, ne devait pas vieillir sous l'armure paternelle.

Quand Zeus, l'assembleur de nuées, voit de loin Hector s'armer avec les armes du divin Pélée, il secoue la tête et dit à son cœur :

« Ah ! malheureux ! la mort ne t'obsède guère, qui est pourtant si près de toi. Tu vêts les armes divines d'un héros devant qui tous frissonnent. Tu lui as tué son bon et fort ami ; et à celui-ci tu as pris ses armes – vilainement – sur son chef et sur ses épaules. Pour l'instant, néanmoins, je te veux mettre en main un splendide triomphe. Il compensera le sort qui t'attend, puisqu'Andromaque n'aura pas à recevoir de toi, revenant du combat, les armes illustres du fils de Pélée. »

Il dit, et de ses sourcils le fils de Cronos fait oui. Il adapte les armes à la taille d'Hector[9]. Arès entre en lui, terrible, furieux ; ses membres, à fond, s'emplissent de

---

9. Resplendissante comme le feu de ses yeux, impressionnante comme sa force, l'armure est un doublet du héros : il n'est pas surprenant que les armes d'Achille aient été « naturellement » à la mesure de Patrocle, qui est un autre lui-même. En revanche, on remarquera que lorsqu'Hector veut les revêtir, il faut l'intervention de Zeus qui « adapte (*hêrmose*, 210) les armes à la taille d'Hector ». Ce n'est pas par souci du détail réaliste que le poète introduit cette précision : la morphologie de Patrocle, comme celle d'Hector, n'est pas en question ici. C'est bien plus, symboliquement, manière de souligner l'identité d'Achille et de Patrocle. Cf. Whitman, 1958, p. 201 ; et, sur Hector, « héros des illusions », Redfield, 1984, p. 52-53.

δεινὸς ἐνυάλιος, πλῆσθεν δ' ἄρα οἱ μέλε' ἐντὸς
ἀλκῆς καὶ σθένεος· μετὰ δὲ κλειτοὺς ἐπικούρους
βῆ ῥα μέγα ἰάχων· ἰνδάλλετο δέ σφισι πᾶσι
τεύχεσι λαμπόμενος μεγαθύμου Πηλεΐωνος·
ὤτρυνεν δὲ ἕκαστον ἐποιχόμενος ἐπέεσσι,   215
Μέσθλην τε Γλαῦκόν τε Μέδοντά τε Θερσίλοχόν τε,
Ἀστεροπαῖόν τε Δεισήνορά θ' Ἱππόθοόν τε,
Φόρκύν τε Χρομίον τε καὶ Ἔννομον οἰωνιστήν·
τοὺς ὅ γ' ἐποτρύνων ἔπεα πτερόεντα προσηύδα·
   « Κέκλυτε, μυρία φῦλα περικτιόνων ἐπικούρων·   220
οὐ γὰρ ἐγὼ πληθὺν διζήμενος οὐδὲ χατίζων
ἐνθάδ' ἀφ' ὑμετέρων πολίων ἤγειρα ἕκαστον,
ἀλλ' ἵνα μοι Τρώων ἀλόχους καὶ νήπια τέκνα
προφρονέως ῥύοισθε φιλοπτολέμων ὑπ' Ἀχαιῶν·
τὰ φρονέων δώροισι κατατρύχω καὶ ἐδωδῇ   225
λαούς, ὑμέτερον δὲ ἑκάστου θυμὸν ἀέξω.
τῷ τις νῦν ἰθὺς τετραμμένος ἢ ἀπολέσθω
ἠὲ σαωθήτω· ἥ γὰρ πολέμου ὀαριστύς·
ὃς δέ κε Πάτροκλον καὶ τεθνηῶτά περ ἔμπης
Τρῶας ἐς ἱπποδάμους ἐρύσῃ, εἴξῃ δέ οἱ Αἴας,   230
ἥμισυ τῷ ἐνάρων ἀποδάσσομαι, ἥμισυ δ' αὐτὸς
ἕξω ἐγώ· τὸ δέ οἱ κλέος ἔσσεται ὅσσον ἐμοί περ. »
   Ὣς ἔφαθ', οἱ δ' ἰθὺς Δαναῶν βρίσαντες ἔβησαν,
δούρατ' ἀνασχόμενοι· μάλα δέ σφισιν ἔλπετο θυμὸς
νεκρὸν ὑπ' Αἴαντος ἐρύειν Τελαμωνιάδαο,   235
νήπιοι· ἦ τε πολέσσιν ἐπ' αὐτῷ θυμὸν ἀπηύρα·
καὶ τότ' ἄρ' Αἴας εἶπε βοὴν ἀγαθὸν Μενέλαον·

vaillance et de force[10]. Il se dirige vers ses illustres alliés, en poussant de grands cris et apparaît aux yeux de tous brillant de l'éclat des armes du Péléide magnanime. Il va de l'un à l'autre, stimulant d'un mot chaque homme tour à tour, Mesthlès, Glaucos, Médon et Thersiloque, – Astéropée, Deisénor, et Hippothoos, – Phorcys et Chromios, et Ennome, interprète de présages. Et, pour les stimuler, il leur dit ces mots ailés :

« Écoutez-moi, tribus si diverses de nos alliés et voisins ! Je ne cherchais pas le nombre – et je n'en avais pas besoin – quand je vous ai tous appelés ici, loin de vos cités. Il s'agissait seulement de défendre de tout cœur les épouses des Troyens avec leurs jeunes enfants contre l'Achéen belliqueux. C'est dans cette pensée que j'épuise sans cesse notre peuple en dons comme en vivres, et que j'exalte votre courage à tous. Donc que chacun ici fasse front contre l'ennemi, puis périsse ou se sauve : c'est la loi des rendez-vous guerriers. Patrocle n'est plus qu'un mort : à qui néanmoins saura le tirer jusqu'aux rangs des Troyens dompteurs de cavales, à qui fera plier Ajax, j'attribuerai une moitié de ses dépouilles, ne gardant que l'autre pour moi ; et la gloire sera la même pour lui et pour moi. »

Il dit ; tous font pesée sur les Danaens, en marchant droit contre eux, les piques levées. Leur cœur a bon espoir d'arracher le corps à Ajax, fils de Télamon. – Pauvres sots ! à plus d'un, sur ce corps, au contraire il prendra la vie ! – Ajax alors s'adresse à Ménélas au puissant cri de guerre :

---

10. On notera la force de l'image : l'élan belliqueux s'enfonce dans le guerrier, tout comme la *lussa*, autre synonyme d'Arès : ses membres, à l'intérieur, en sont remplis. Voir Dumézil, 1983, p. 184-190.

« Ὦ πέπον, ὦ Μενέλαε διοτρεφές, οὐκέτι νῶι
ἔλπομαι αὐτώ περ νοστησέμεν ἐκ πολέμοιο·
οὗ τι τόσον νέκυος περιδείδια Πατρόκλοιο,   240
ὅς κε τάχα Τρώων κορέει κύνας ἠδ' οἰωνούς,
ὅσσον ἐμῇ κεφαλῇ περιδείδια, μή τι πάθῃσι,
καὶ σῇ, ἐπεὶ πολέμοιο νέφος περὶ πάντα καλύπτει,
Ἕκτωρ, ἡμῖν δ' αὖτ' ἀναφαίνεται αἰπὺς ὄλεθρος.
Ἀλλ' ἄγ' ἀριστῆας Δαναῶν κάλει, ἤν τις ἀκούσῃ. »   245
Ὣς ἔφατ', οὐδ' ἀπίθησε βοὴν ἀγαθὸς Μενέλαος,
ἤυσεν δὲ διαπρύσιον Δαναοῖσι γεγωνώς·
« Ὦ φίλοι Ἀργείων ἡγήτορες ἠδὲ μέδοντες,
οἵ τε παρ' Ἀτρείδῃς, Ἀγαμέμνονι καὶ Μενελάῳ,
δήμια πίνουσιν καὶ σημαίνουσιν ἕκαστος   250
λαοῖς· ἐκ δὲ Διὸς τιμὴ καὶ κῦδος ὀπηδεῖ·
ἀργαλέον δέ μοί ἐστι διασκοπιᾶσθαι ἕκαστον
ἡγεμόνων· τόσση γὰρ ἔρις πολέμοιο δέδηεν·
ἀλλά τις αὐτὸς ἴτω, νεμεσιζέσθω δ' ἐνὶ θυμῷ
Πάτροκλον Τρῳῇσι κυσὶν μέλπηθρα γενέσθαι. »   255
Ὣς ἔφατ', ὀξὺ δ' ἄκουσεν Ὀιλῆος ταχὺς Αἴας·
πρῶτος δ' ἀντίος ἦλθε θέων ἀνὰ δηιοτῆτα,
τὸν δὲ μετ' Ἰδομενεὺς καὶ ὀπάων Ἰδομενῆος,
Μηριόνης, ἀτάλαντος Ἐνυαλίῳ ἀνδρειφόντῃ·
τῶν δ' ἄλλων τίς κεν ᾖσι φρεσὶν οὐνόματ' εἴποι,   260
ὅσσοι δὴ μετόπισθε μάχην ἤγειραν Ἀχαιῶν ;
Τρῶες δὲ προὔτυψαν ἀολλέες· ἦρχε δ' ἄρ' Ἕκτωρ·
ὡς δ' ὅτ' ἐπὶ προχοῇσι διιπετέος ποταμοῖο
βέβρυχεν μέγα κῦμα ποτὶ ῥόον, ἀμφὶ δέ τ' ἄκραι
ἠιόνες βοόωσιν ἐρευγομένης ἁλὸς ἔξω,   265
τόσση ἄρα Τρῶες ἰαχῇ ἴσαν. Αὐτὰρ Ἀχαιοὶ
ἕστασαν ἀμφὶ Μενοιτιάδῃ ἕνα θυμὸν ἔχοντες,
φραχθέντες σάκεσιν χαλκήρεσιν· ἀμφὶ δ' ἄρά σφι
λαμπρῇσιν κορύθεσσι Κρονίων ἠέρα πολλὴν

« Doux ami, divin Ménélas, je ne compte plus que nous sortions jamais l'un ni l'autre de ce combat. J'ai grand-peur, moins pour le corps de Patrocle, qui rassasiera bientôt les chiens et les oiseaux de Troie, que pour ma propre tête ; j'ai grand-peur qu'il ne lui arrive malheur – et à la tienne aussi – quand je vois cette nuée guerrière, Hector, tout envelopper, et quand clairement devant nous s'ouvre le gouffre de la mort. Mais, allons ! fais appel aux plus braves des Danaens : l'un d'eux nous entendra peut-être. »

Il dit ; et Ménélas au puissant cri de guerre n'a garde de dire non. D'une voix éclatante, capable de porter parmi les Danaens, il clame :

« Amis, guides et chefs des Argiens, vous tous qui, aux côtés des Atrides, Agamemnon et Ménélas, buvez le vin public et commandez chacun aux vôtres, vous que Zeus fait suivre d'honneur et de gloire, il ne m'est pas aisé de reconnaître aujourd'hui chaque chef – tant flambe la lutte guerrière – mais qu'ils viennent tous d'eux-mêmes, et que leurs cœurs se révoltent à l'idée de Patrocle devenu une fête pour les chiens de Troie ! »

Il dit, et le rapide Ajax, le fils d'Oïlée, nettement perçoit l'appel. Il vient le tout premier affronter l'ennemi, en courant à travers le carnage. Après lui vient Idoménée, puis le suivant d'Idoménée, Mérion l'émule d'Ényale meurtrier. Qui pourrait en son esprit trouver les noms des autres, de tous les Achéens qui viennent derrière eux ranimer le combat ?

Les Troyens chargent, en masse. Hector est à leur tête. À la bouche d'un fleuve nourri des eaux du ciel, la vaste houle gronde en heurtant le courant et les falaises du rivage crient sous le flot qui déferle sur elles. Pareille est la clameur des Troyens en marche. Les Achéens, eux, se dressent autour du fils de Ménœtios ; tous n'ont qu'un même cœur ; ils se font un rempart de leurs écus de bronze ; autour de leurs casques brillants le Cronide

χεῦ᾽, ἐπεὶ οὐδὲ Μενοιτιάδην ἤχθαιρε πάρος γε,   270
ὄφρα ζωὸς ἐὼν θεράπων ἦν Αἰακίδαο·
μίσησεν δ᾽ ἄρα μιν δηίων κυσὶ κύρμα γενέσθαι
Τρῳῆσιν· τῶ καὶ οἱ ἀμυνέμεν ὦρσεν ἑταίρους.

῏Ωσαν δὲ πρότεροι Τρῶες ἑλίκωπας Ἀχαιούς·
νεκρὸν δὲ προλιπόντες ὑπέτρεσαν, οὐδέ τιν᾽ αὐτῶν   275
Τρῶες᾽ ὑπέρθυμοι ἕλον ἔγχεσιν ἱέμενοί περ,
ἀλλὰ νέκυν ἐρύοντο· μίνυνθα δὲ καὶ τοῦ Ἀχαιοὶ
μέλλον ἀπέσσεσθαι· μάλα γάρ σφεας ὦκ᾽ ἐλέλιξεν
Αἴας, ὃς περὶ μὲν εἶδος, περὶ δ᾽ ἔργ᾽ ἐτέτυκτο
τῶν ἄλλων Δαναῶν μετ᾽ ἀμύμονα Πηλείωνα·   280
ἴθυσεν δὲ διὰ προμάχων συῒ εἴκελος ἀλκήν
καπρίῳ, ὅς τ᾽ ἐν ὄρεσσι κύνας θαλερούς τ᾽ αἰζηούς
ῥηιδίως ἐκέδασσεν, ἑλιξάμενος διὰ βήσσας·
ὣς υἱὸς Τελαμῶνος ἀγαυοῦ, φαίδιμος Αἴας,
ῥεῖα μετεισάμενος Τρώων ἐκέδασσε φάλαγγας,   285
οἳ περὶ Πατρόκλῳ βέβασαν, φρόνεον δὲ μάλιστα
ἄστυ ποτὶ σφέτερον ἐρύειν καὶ κῦδος ἀρέσθαι.

῎Ητοι τὸν Ληθοῖο Πελασγοῦ φαίδιμος υἱός,
Ἱππόθοος, ποδὸς ἕλκε κατὰ κρατερὴν ὑσμίνην,
δησάμενος τελαμῶνι παρὰ σφυρὸν ἀμφὶ τένοντας,   290
Ἕκτορι καὶ Τρώεσσι χαριζόμενος· τάχα δ᾽ αὐτῷ
ἦλθε κακόν, τό οἱ οὔ τις ἐρύκακεν ἱεμένων περ·
τὸν δ᾽ υἱὸς Τελαμῶνος ἐπαΐξας δι᾽ ὁμίλου
πλῆξ᾽ αὐτοσχεδίην κυνέης διὰ χαλκοπαρῄου·
ἤρικε δ᾽ ἱπποδάσεια κόρυς περὶ δουρὸς ἀκωκῇ,   295
πληγεῖσ᾽ ἔγχεΐ τε μεγάλῳ καὶ χειρὶ παχείῃ,
ἐγκέφαλος δὲ παρ᾽ αὐλὸν ἀνέδραμεν ἐξ ὠτειλῆς
αἱματόεις· τοῦ δ᾽ αὖθι λύθη μένος, ἐκ δ᾽ ἄρα χειρῶν
Πατρόκλοιο πόδα μεγαλήτορος ἧκε χαμᾶζε

répand une épaisse vapeur. Aussi bien n'avait-il point de
haine contre le fils de Ménœtios naguère, quand, encore
vivant, il était l'écuyer du petit-fils d'Éaque. Il répugne
à l'idée qu'il puisse être une proie livrée aux chiens de
l'ennemi troyen. C'est pourquoi il excite les siens à le
défendre.

Les Troyens repoussent d'abord les Achéens aux
yeux vifs, qui laissent le mort, pris de peur ; mais les
bouillants Troyens, quelque envie qu'ils en aient,
n'abattent aucun d'eux sous leurs lances : ils tirent seulement le mort. Les Achéens pourtant ne doivent pas en
rester loin longtemps. Vite, Ajax leur fait faire volte-
face, Ajax, que sa beauté ainsi que ses exploits mettent
au-dessus de tous les Danaens, après le Péléide sans
reproche. Il charge à travers les champions hors des
lignes, droit devant lui, pareil, en sa vaillance, au sanglier qui, sur les monts, lorsqu'il fait volte-face, n'a pas
de peine à mettre en fuite les chiens et les gars robustes,
à travers les vallons boisés. Ainsi le fils du noble
Télamon, l'illustre Ajax, venant à eux, n'a pas de peine
à disperser les bataillons des Troyens qui ont entouré
Patrocle et prétendent orgueilleusement le tirer vers leur
cité et remporter pour eux la gloire.

L'illustre fils de Lèthe le Pélasge, Hippothoos, tire
alors le corps par un pied à travers la mêlée brutale : il
vient de lui passer une courroie aux tendons de la cheville. Il voudrait plaire à Hector, aux Troyens. Le malheur est vite sur lui, et personne de lui ne l'écarte,
quelque désir que tous en aient. Le fils de Télamon bondit au travers de la presse et le frappe à bout portant, en
traversant son casque aux couvre-joues de bronze. Le
casque à l'épaisse crinière se brise autour de la lance
pointue, sous le choc de l'énorme pique et de la forte
main, et, le long de la douille, la cervelle sanglante jaillit
de la blessure. L'homme est cloué sur place, sa fougue
brisée ; ses bras laissent choir à terre le pied de Patrocle
au grand cœur, et il tombe près du héros ; front en avant,

κεῖσθαι· ὁ δ' ἄγχ' αὐτοῖο πέσε πρηνὴς ἐπὶ νεκρῷ,   300
τῆλ' ἀπὸ Λαρίσης ἐριβώλακος, οὐδὲ τοκεῦσι
θρέπτρα φίλοις ἀπέδωκε, μινυνθάδιος δέ οἱ αἰὼν
ἔπλεθ' ὑπ' Αἴαντος μεγαθύμου δουρὶ δαμέντι.

Ἕκτωρ δ' αὖτ' Αἴαντος ἀκόντισε δουρὶ φαεινῷ·
ἀλλ' ὁ μὲν ἄντα ἰδὼν ἠλεύατο χάλκεον ἔγχος   305
τυτθόν· ὁ δὲ Σχεδίον, μεγαθύμου Ἰφίτου υἱόν,
Φωκήων ὄχ' ἄριστον, ὃς ἐν κλειτῷ Πανοπῆι
οἰκία ναιετάασκε πολέσσ' ἄνδρεσσιν ἀνάσσων,
τὸν βάλ' ὑπὸ κληῖδα μέσην· διὰ δ' ἀμπερὲς ἄκρη
αἰχμὴ χαλκείη παρὰ νείατον ὦμον ἀνέσχε·   310
δούπησεν δὲ πεσών, ἀράβησε δὲ τεύχε' ἐπ' αὐτῷ.

Αἴας δ' αὖ Φόρκυνα, δαΐφρονα Φαίνοπος υἱόν,
Ἱπποθόῳ περιβάντα μέσην κατὰ γαστέρα τύψε·
ῥῆξε δὲ θώρηκος γύαλον, διὰ δ' ἔντερα χαλκὸς
ἤφυσ'· ὁ δ' ἐν κονίῃσι πεσὼν ἕλε γαῖαν ἀγοστῷ.   315
Χώρησαν δ' ὑπό τε πρόμαχοι καὶ φαίδιμος Ἕκτωρ·
Ἀργεῖοι δὲ μέγα ἴαχον, ἐρύσαντο δὲ νεκρούς,
Φόρκυν θ' Ἱππόθοόν τε, λύοντο δὲ τεύχε' ἀπ' ὤμων.

Ἔνθά κεν αὖτε Τρῶες ἀρηιφίλων ὑπ' Ἀχαιῶν
Ἴλιον εἰσανέβησαν ἀναλκείῃσι δαμέντες,   320
Ἀργεῖοι δέ κε κῦδος ἕλον καὶ ὑπὲρ Διὸς αἶσαν
κάρτεϊ καὶ σθένεϊ σφετέρῳ· ἀλλ' αὐτὸς Ἀπόλλων
Αἰνείαν ὤτρυνε, δέμας Περίφαντι ἐοικώς,
κήρυκι Ἠπυτίδῃ, ὅς οἱ παρὰ πατρὶ γέροντι
κηρύσσων γήρασκε, φίλα φρεσὶ μήδεα εἰδώς·   325
τῷ μιν ἐεισάμενος προσέφη Διὸς υἱὸς Ἀπόλλων·

sur le cadavre, loin de Larisse[11] plantureuse ; il n'aura
pas à ses parents payé le prix de leurs soins ; sa vie aura
été brève, le magnanime Ajax l'a dompté sous sa lance !

Mais Hector à son tour lance sur Ajax sa pique
brillante. L'autre voit venir le coup ; il évite de peu la
javeline en bronze, et c'est Schédios, le fils du magnanime Iphite, de beaucoup le plus brave des Phocidiens, qui
habite l'illustre Panopée et y règne sur d'innombrables
sujets, qu'Hector atteint au-dessous du milieu de la clavicule ; l'extrémité de la pointe de bronze traverse et ressort en bas de l'épaule. L'homme tombe avec fracas et
ses armes sonnent sur lui.

Ajax s'en prend alors à Phorcys, le brave fils de
Phénops, qui est venu couvrir Hippothoos ; il l'atteint en
plein ventre. Le bronze déchire le plastron de la cuirasse et va plonger dans les entrailles. L'homme choit dans
la poussière, agrippant le sol de ses mains. Les champions hors des lignes reculent, et, avec eux, l'illustre
Hector. Les Argiens alors poussent un grand cri et tirent
les morts, Phorcys et Hippothoos, dont ils détachent les
armes des épaules.

Alors les Troyens, à leur tour, sous la poussée des
Achéens chéris d'Arès, seraient remontés jusqu'à Ilion,
en cédant à la lâcheté, tandis que les Argiens auraient
conquis la gloire, au delà même du sort voulu de Zeus,
par leur force et par leur vigueur, si Apollon en personne n'était à ce moment venu stimuler Énée, sous les
traits de Périphas[12], le héraut, fils d'Épyte, qui vieillis-
sait auprès de son vieux père dans ses fonctions de
héraut, n'ayant au cœur qu'amicales pensées. C'est sous
ses traits qu'Apollon, fils de Zeus, s'adresse à Énée en
ces termes :

11. Larisse : ville sur laquelle règne Hippothoos ; cf. II, 840-843.
12. Apollon intervient à plusieurs reprises auprès des guerriers en
prenant l'apparence de l'un de leurs proches : cf. XVI, 715 ss. ; XVII,
72 ss., 852 ss. ; XX, 79 ss.

« Αἰνεία, πῶς ἂν καὶ ὑπὲρ θεὸν εἰρύσσαισθε
Ἴλιον αἰπεινήν ; ὡς δὴ ἴδον ἀνέρας ἄλλους
κάρτεΐ τε σθένεΐ τε πεποιθότας ἠνορέῃ τε
πλήθεΐ τε σφετέρῳ, καὶ ὑπερδέα δῆμον ἔχοντας·   330
ἡμῖν δὲ Ζεὺς μὲν πολὺ βούλεται ἢ Δαναοῖσι
νίκην· ἀλλ' αὐτοὶ τρεῖτ' ἄσπετον οὐδὲ μάχεσθε. »
    Ὣς ἔφατ', Αἰνείας δ' ἑκατηβόλον Ἀπόλλωνα
ἔγνω ἐς ἄντα ἰδών, μέγα δ' Ἕκτορα εἶπε βοήσας·
    « Ἕκτόρ τ' ἠδ' ἄλλοι Τρώων ἀγοὶ ἠδ' ἐπικούρων,   335
αἰδὼς μὲν νῦν ἧδέ γ' ἀριηφίλων ὑπ' Ἀχαιῶν
Ἴλιον εἰσαναβῆναι ἀναλκείῃσι δαμέντας.
Ἀλλ' ἔτι γάρ τίς φησι θεῶν ἐμοὶ ἄγχι παραστὰς
Ζῆν' ὕπατον μήστωρα μάχης ἐπιτάρροθον εἶναι·
τῷ δ' ἰθὺς Δαναῶν ἴομεν, μηδ' οἵ γε ἕκηλοι   340
Πάτροκλον νηυσὶν πελασαίατο τεθνηῶτα. »
    Ὣς φάτο, καὶ ῥα πολὺ προμάχων ἐξάλμενος ἔστη·
οἱ δ' ἐλελίχθησαν καὶ ἐναντίοι ἔσταν Ἀχαιῶν.
Ἔνθ' αὖτ' Αἰνείας Λειώκριτον οὔτασε δουρί,
υἱὸν Ἀρίσβαντος, Λυκομήδεος ἐσθλὸν ἑταῖρον.   345
Τὸν δὲ πεσόντ' ἐλέησεν ἀριηφίλος Λυκομήδης,
στῆ δὲ μάλ' ἐγγὺς ἰών, καὶ ἀκόντισε δουρὶ φαεινῷ,
καὶ βάλεν Ἱππασίδην Ἀπισάονα, ποιμένα λαῶν,
ἧπαρ ὑπὸ πραπίδων, εἶθαρ δ' ὑπὸ γούνατ' ἔλυσεν,
ὅς ῥ' ἐκ Παιονίης ἐριβώλακος εἰληλούθει,   350
καὶ δὲ μετ' Ἀστεροπαῖον ἀριστεύεσκε μάχεσθαι.
    Τὸν δὲ πεσόντ' ἐλέησεν ἄρήιος Ἀστεροπαῖος,
ἴθυσεν δὲ καὶ ὁ πρόφρων Δαναοῖσι μάχεσθαι·

« Énée, comment feriez-vous donc, si le Ciel était
contre vous, pour sauver la haute Ilion ? J'en ai vu
d'autres pourtant sauver leur ville, en s'assurant seulement en leur force, en leur vigueur, en leur vaillance —
en leur nombre aussi, bien qu'ils eussent un peuple
beaucoup moins nombreux. Or, aujourd'hui, Zeus pré-
fère de beaucoup nous voir vainqueurs, plutôt que les
Danaens ; et c'est vous qui follement tremblez au lieu de
lutter ! »

Il dit ; Énée le regarde en face et il reconnaît l'archer
Apollon. Il pousse alors un grand cri et dit à Hector :

« Hector, et vous tous, chefs troyens et alliés, voilà
bien cette fois pour nous la honte suprême, si, sous la
poussée des Achéens chéris d'Arès, nous remontons
vers Ilion, en cédant à la lâcheté. Nous ne le ferons pas :
un dieu vient à l'instant de s'approcher de moi pour me
dire que Zeus, le maître suprême, demeure notre allié au
combat. Marchons donc droit aux Danaens, et ne les
laissons pas rapporter Patrocle mort bien tranquillement
jusqu'aux nefs. »

Il dit, et, d'un bond, se place au delà des champions
hors des lignes. Les autres alors se retournent et font
face aux Achéens. À ce moment, de sa lance, Énée
frappe Léiocrite, fils d'Arisbas, le vaillant compagnon
de Lycomède. Sa chute émeut de pitié Lycomède chéri
d'Arès. Il vient se placer près du mort et lance sa pique
brillante. Elle atteint Apisaon, fils d'Hippase, pasteur
d'hommes, sous le diaphragme, au foie, et sur l'heure
rompt les genoux du héros venu de la Péonie[13] fertile, le
premier au combat après Astéropée[14].

Sa chute émeut de pitié le valeureux Astéropée. Il
fonce, lui aussi, avec entrain contre les Danaens. Mais il

13. Au nord de la Macédoine, la Péonie est une partie de la Thrace.
14. Astéropée commande aux Péoniens (XXI, 155) ; il a été choisi par Sarpédon (avec Glaucos) pour le seconder à la tête des troupes
alliées de Troie (XII, 101-104).

ἀλλ' οὔ πως ἔτι εἶχε· σάκεσσι γὰρ ἔρχατο πάντῃ
ἑσταότες περὶ Πατρόκλῳ, πρὸ δὲ δούρατ' ἔχοντο.   355
Αἴας γὰρ μάλα πάντας ἐπῴχετο πολλὰ κελεύων·
οὔτέ τιν' ἐξοπίσω νεκροῦ χάζεσθαι ἀνώγει
οὔτέ τινα προμάχεσθαι Ἀχαιῶν ἔξοχον ἄλλων,
ἀλλὰ μάλ' ἀμφ' αὐτῷ βεβάμεν, σχεδόθεν δὲ μάχεσθαι.
Ὣς Αἴας ἐπέτελλε πελώριος, αἵματι δὲ χθὼν   360
δεύετο πορφυρέῳ, τοὶ δ' ἀγχιστῖνοι ἔπιπτον
νεκροὶ ὁμοῦ Τρώων καὶ ὑπερμενέων ἐπικούρων
καὶ Δαναῶν· οὐδ' οἱ γὰρ ἀναιμωτί γ' ἐμάχοντο,
παυρότεροι δὲ πολὺ φθίνυθον· μέμνητο γὰρ αἰεὶ
ἀλλήλοις καθ' ὅμιλον ἀλεξέμεναι φόνον αἰπύν.   365

Ὣς οἱ μὲν μάρναντο δέμας πυρός, οὐδέ κε φαίης
οὔτέ ποτ' ἠέλιον σόον ἔμμεναι οὔτε σελήνην·
ἠέρι γὰρ κατέχοντο μάχης ἔπι ὅσσοι ἄριστοι
ἕστασαν ἀμφὶ Μενοιτιάδῃ κατατεθνηῶτι.
Οἱ δ' ἄλλοι Τρῶες καὶ ἐϋκνήμιδες Ἀχαιοὶ   370
εὔκηλοι πολέμιζον ὑπ' αἰθέρι, πέπτατο δ' αὐγὴ
ἠελίου ὀξεῖα, νέφος δ' οὐ φαίνετο πάσης
γαίης οὐδ' ὀρέων· μεταπαυόμενοι δ' ἐμάχοντο,
ἀλλήλων ἀλεείνοντες βέλεα στονόεντα,
πολλὸν ἀφεσταότες. Τοὶ δ' ἐν μέσῳ ἄλγε' ἔπασχον   375
ἠέρι καὶ πολέμῳ, τείροντο δὲ νηλέϊ χαλκῷ
ὅσσοι ἄριστοι ἔσαν· δύο δ' οὔ πω φῶτε πεπύσθην,
ἀνέρε κυδαλίμω, Θρασυμήδης Ἀντίλοχός τε,
Πατρόκλοιο θανόντος ἀμύμονος, ἀλλ' ἔτ' ἔφαντο
ζωὸν ἐνὶ πρώτῳ ὁμάδῳ Τρώεσσι μάχεσθαι·   380
τὼ δ' ἐπιοσσομένω θάνατον καὶ φύζαν ἑταίρων
νόσφιν ἐμαρνάσθην, ἐπεὶ ὣς ἐπετέλλετο Νέστωρ,
ὀτρύνων πόλεμόν δὲ μελαινάων ἀπὸ νηῶν.

est trop tard : debout autour de Patrocle, ils ont de leurs
boucliers fait un rempart continu, et croisé leurs lances.
Ajax va à tous, tour à tour, et leur prodigue ses instances : qu'aucun, ordonne-t-il, ne recule derrière le
mort ; qu'aucun n'aille non plus, pour se distinguer,
combattre en se portant bien en avant des autres
Achéens ; qu'ils restent, tous, autour du mort et ne se
battent que de près. Voilà ce que commande le gigantesque Ajax. Et la terre est trempée de sang rouge ; et les
morts tombent à côté les uns des autres, aussi bien parmi
les Troyens et leurs puissants alliés que parmi les
Danaens. Ceux-ci non plus ne se battent pas sans perdre
de sang ; leurs pertes pourtant sont beaucoup moins
grandes : c'est qu'ils n'oublient pas de rester toujours
groupés, pour éloigner les uns des autres le gouffre de la
mort.

C'est ainsi qu'ils combattent, tout pareils à la
flamme, et l'on ne pourrait dire si le soleil, la lune
existent encore. Une brume recouvre sur le champ de
bataille tous les preux qui entourent le fils de Ménœtios
mort. Les autres Troyens, les autres Achéens aux bonnes
jambières combattent sans obstacle sous le ciel ; la clarté aiguë du soleil se déploie au-dessus d'eux ; aucun
nuage ne se montre sur toute la terre ni sur les montagnes. Ils se battent, avec des pauses, et ils cherchent à
éviter les traits les uns des autres, les traits sources de
sanglots, en se maintenant à grande distance. Mais ceux
qui sont au centre souffrent durement de la brume et du
combat ; les plus braves sont meurtris par le bronze
impitoyable. Il est pourtant deux hommes, deux guerriers glorieux, Thrasymède et Antiloque, qui ignorent
toujours que Patrocle sans reproche est mort, et qui
s'imaginent que, vivant, il se bat encore avec les
Troyens aux premières lignes. Pleins du seul souci
d'épargner aux leurs la mort ou la panique, ils combattent à part, comme ils en ont reçu l'ordre de Nestor, lorsqu'il les a poussés des nefs noires au combat.

Τοῖς δὲ πανημερίοις ἔριδος μέγα νεῖκος ὀρώρει
ἀργαλέης· καμάτῳ δὲ καὶ ἱδρῷ νωλεμὲς αἰεὶ   385
γούνατά τε κνῆμαί τε πόδες θ᾽ ὑπένερθεν ἑκάστου
χεῖρές τ᾽ ὀφθαλμοί τε παλάσσετο μαρναμένοιιν
ἀμφ᾽ ἀγαθὸν θεράποντα ποδώκεος Αἰακίδαο.
Ὡς δ᾽ ὅτ᾽ ἀνὴρ ταύροιο βοὸς μεγάλοιο βοείην
λαοῖσιν δώῃ τανύειν, μεθύουσαν ἀλοιφῇ·   390
δεξάμενοι δ᾽ ἄρα τοί γε διαστάντες τανύουσι
κυκλόσ᾽, ἄφαρ δέ τε ἰκμὰς ἔβη, δύνει δέ τ᾽ ἀλοιφὴ
πολλῶν ἑλκόντων, τάνυται δέ τε πᾶσα διὰ πρό·
ὣς οἵ γ᾽ ἔνθα καὶ ἔνθα νέκυν ὀλίγῃ ἐνὶ χώρῃ
εἵλκεον ἀμφότεροι· μάλα δέ σφισιν ἔλπετο θυμός,   395
Τρωσὶν μὲν ἐρύειν προτὶ Ἴλιον, αὐτὰρ Ἀχαιοῖς
νῆας ἔπι γλαφυράς· περὶ δ᾽ αὐτοῦ μῶλος ὀρώρει
ἄγριος· οὐδέ κ᾽ Ἄρης λαοσσόος οὐδέ κ᾽ Ἀθήνη
τόν γε ἰδοῦσ᾽ ὀνόσαιτ᾽, οὐδ᾽ εἰ μάλα μιν χόλος ἵκοι·
τοῖον Ζεὺς ἐπὶ Πατρόκλῳ ἀνδρῶν τε καὶ ἵππων   400
ἤματι τῷ ἐτάνυσσε κακὸν πόνον· οὐδ᾽ ἄρα πώ τι
ᾔδεε Πάτροκλον τεθνηότα δῖος Ἀχιλλεύς·
πολλὸν γὰρ ῥ᾽ ἀπάνευθε νεῶν μάρναντο θοάων,
τείχει ὑπὸ Τρώων· τό μιν οὔ ποτε ἔλπετο θυμῷ
τεθνάμεν, ἀλλὰ ζωὸν ἐνιχριμφθέντα πύλῃσιν   405
ἂψ ἀπονοστήσειν, ἐπεὶ οὐδὲ τὸ ἔλπετο πάμπαν,
ἐκπέρσειν πτολίεθρον ἄνευ ἔθεν, οὐδὲ σὺν αὐτῷ·
πολλάκι γὰρ τό γε μητρὸς ἐπεύθετο νόσφιν ἀκούων,
ἥ οἱ ἀπαγγέλλεσκε Διὸς μεγάλοιο νόημα·
δὴ τότε γ᾽ οὔ οἱ ἔειπε κακὸν τόσον ὅσσον ἐτύχθη   410
μήτηρ, ὅττι ῥά οἱ πολὺ φίλτατος ὤλεθ᾽ ἑταῖρος.

15. Allusion au travail d'assouplissement du cuir ; on sait très peu
de chose sur cette technique.

Pour les autres, la journée entière, c'est un conflit
terrible, une lutte douloureuse ; la fatigue et la sueur,
obstinément, sans répit, souillent les genoux, les jambes
et, plus bas, les pieds, – voire les bras, les yeux de tous
ceux qui, des deux côtés, luttent autour du brave écuyer
de l'Éacide aux pieds rapides. On voit parfois un homme
donner à tendre à ses gens le cuir d'un grand taureau[15],
tout imprégné d'huile. Ils le prennent et s'écartent, en
faisant cercle pour le tendre. Aussitôt l'humidité sort ;
l'huile pénètre d'autant mieux qu'il y a plus d'hommes
à tirer, et le cuir se distend en tout sens. C'est ainsi qu'en
un étroit espace les deux partis tirent le mort, de-ci, delà. Tous au cœur ont bon espoir, les Troyens de le traîner
jusqu'à Troie, les Achéens jusqu'aux nefs creuses ; et,
tout autour de lui, monte la mêlée farouche. Ni Arès,
meneur de guerriers, ni Athéné, n'auraient, s'ils la
venaient voir, la moindre critique à en faire[16], quelque
colère qui fût entrée en eux : si dure est la lutte autour de
Patrocle, dont Zeus en ce jour serre le nœud sur les guerriers et les chevaux. Et pourtant le divin Achille ne sait
pas encore la mort de Patrocle : le combat se livre trop
loin des fines nefs, sous les murs de Troie, et son cœur
n'a jamais imaginé sa mort[17] ; il croit qu'après s'être
heurté aux portes, il va retourner en arrière. Pas un instant il n'a songé que Patrocle pourrait réduire la place
sans lui – ni même avec lui. Il l'a si souvent entendu dire
à sa mère, quand, le prenant à part, elle lui rapportait le
dessein du grand Zeus : jamais alors sa mère ne lui a dit
le grand malheur qui déjà est le sien – que le plus cher
de ses amis est mort.

16. Même image en XIII, 127-128 ; cf. note 9, p. 205.
17. Achille sait qu'il ne prendra pas Troie avec Patrocle
(cf. v. 407) ; il sait aussi qu'il va bientôt mourir (I, 415-418 et XIX,
328-333), mais ce qu'il ne peut imaginer, c'est que Patrocle tombe
avant lui.

Οἱ δ' αἰεὶ περὶ νεκρὸν ἀκαχμένα δούρατ' ἔχοντες
νωλεμὲς ἐγχρίμπτοντο καὶ ἀλλήλους ἐνάριζον·
ὧδε δέ τις εἴπεσκεν Ἀχαιῶν χαλκοχιτώνων·

« Ὦ φίλοι, οὐ μὰν ἧμιν ἐυκλεὲς ἀπονέεσθαι   415
νῆας ἐπὶ γλαφυράς, ἀλλ' αὐτοῦ γαῖα μέλαινα
πᾶσι χάνοι· τό κεν ἧμιν ἄφαρ πολὺ κέρδιον εἴη,
εἰ τοῦτον Τρώεσσι μεθήσομεν ἱπποδάμοισιν
ἄστυ ποτὶ σφέτερον ἐρύσαι καὶ κῦδος ἀρέσθαι. »

Ὣς δέ τις αὖ Τρώων μεγαθύμων αὐδήσασκεν·   420

« Ὦ φίλοι, εἰ καὶ μοῖρα παρ' ἀνέρι τῷδε δαμῆναι
πάντας ὁμῶς, μή πώ τις ἐρωείτω πολέμοιο. »

Ὣς ἄρα τις εἴπεσκε, μένος δ' ὄρσασκεν ἑκάστου.
Ὣς οἱ μὲν μάρναντο, σιδήρειος δ' ὀρυμαγδὸς
χάλκεον οὐρανὸν ἷκε δι' αἰθέρος ἀτρυγέτοιο·   425
ἵπποι δ' Αἰακίδαο μάχης ἀπάνευθεν ἐόντες
κλαῖον, ἐπεὶ δὴ πρῶτα πυθέσθην ἡνιόχοιο
ἐν κονίῃσι πεσόντος ὑφ' Ἕκτορος ἀνδροφόνοιο·
ἦ μὰν Αὐτομέδων, Διώρεος ἄλκιμος υἱός,
πολλὰ μὲν ἂρ μάστιγι θοῇ ἐπεμαίετο θείνων,   430
πολλὰ δὲ μειλιχίοισι προσηύδα, πολλὰ δ' ἀρειῇ·
τὼ δ' οὔτ' ἂψ ἐπὶ νῆας ἐπὶ πλατὺν Ἑλλήσποντον
ἠθελέτην ἰέναι οὔτ' ἐς πόλεμον μετ' Ἀχαιούς,
ἀλλ' ὥς τε στήλη μένει ἔμπεδον, ἥ τ' ἐπὶ τύμβῳ
ἀνέρος ἑστήκῃ τεθνηότος ἠὲ γυναικός,   435
ὣς μένον ἀσφαλέως περικαλλέα δίφρον ἔχοντες,
οὔδει ἐνισκίμψαντε καρήατα· δάκρυα δέ σφι
θερμὰ κατὰ βλεφάρων χαμάδις ῥέε μυρομένοισιν
ἡνιόχοιο πόθῳ· θαλερὴ δ' ἐμιαίνετο χαίτη
ζεύγλης ἐξεριποῦσα παρὰ ζυγὸν ἀμφοτέρωθεν.   440

Sans trêve, autour du mort, leurs lances aiguës à la main, ils se heurtent et se massacrent obstinément. Et chacun de dire parmi les Achéens à la cotte de bronze :

« Amis, il serait peu glorieux de retourner aux nefs creuses. Que sous nos pieds à tous plutôt s'ouvre la terre noire ! cela vaudrait cent fois mieux – et sur l'heure – que d'abandonner ce corps aux Troyens dompteurs de cavales, pour qu'ils le traînent vers la ville et qu'ils en remportent la gloire. »

Et, du côté des Troyens magnanimes, chacun aussi de dire :

« Amis, quand même notre destin serait de succomber aux côtés de cet homme, tous, d'un seul coup, que nul n'aille pour cela renoncer à la bataille. »

C'est ainsi que chacun parle, stimulant la fougue de tous. Mais, tandis qu'ils combattent et qu'un tumulte de fer s'élève jusqu'au ciel d'airain à travers l'éther infini, les chevaux de l'Éacide, à l'écart du combat, sont là qui pleurent, depuis l'instant où ils ont vu leur cocher choir dans la poudre sous le bras d'Hector meurtrier. Automédon, le vaillant fils de Diôrée, a beau les presser sans trêve, en les touchant d'un fouet agile, leur parler sans trêve aussi, d'une voix qui tantôt les caresse et tantôt les menace : les deux chevaux se refusent aussi bien à rentrer aux nefs, du côté du large Hellespont, qu'à marcher au combat du côté des Achéens. Ils semblent une stèle qui demeure immuable, une fois dressée sur la tombe d'une femme ou d'un homme mort. Ils demeurent là, tout aussi immobiles, avec le char splendide, la tête collée au sol. Des larmes brûlantes coulent de leurs yeux à terre, tandis qu'ils se lamentent dans le regret de leur cocher, et elles vont souillant l'abondante crinière qui vient d'échapper au collier et retombe le long du joug, des deux côtés[18].

---

18. Stèle de pierre, larmes brûlantes, « crinière florissante » (*thalerê chaitê*, v. 439) : au-delà de la beauté de l'image, on verra dans cette comparaison une allusion à l'immuabilité de la mort.

Μυρομένω δ' ἄρα τώ γε ἰδὼν ἐλέησε Κρονίων,
κινήσας δὲ κάρη προτὶ δν μυθήσατο θυμόν·

« Ἆ δειλώ, τί σφῶϊ δόμεν Πηλῆϊ ἄνακτι
θνητῷ, ὑμεῖς δ' ἐστὸν ἀγήρω τ' ἀθανάτω τε·
ἦ ἵνα δυστήνοισι μετ' ἀνδράσιν ἄλγε' ἔχητον ;   445
οὐ μὲν γάρ τί πού ἐστιν διζυρώτερον ἀνδρὸς
πάντων ὅσσά τε γαῖαν ἔπι πνείει τε καὶ ἕρπει.
Ἀλλ' οὐ μὰν ὑμῖν γε καὶ ἅρμασι δαιδαλέοισιν
Ἕκτωρ Πριαμίδης ἐποχήσεται· οὐ γὰρ ἐάσω·
ἦ οὐχ ἅλις ὡς καὶ τεύχε' ἔχει καὶ ἐπεύχεται αὔτως ;   450
σφῶϊν δ' ἐν γούνεσσι βαλῶ μένος ἠδ' ἐνὶ θυμῷ,
ὄφρα καὶ Αὐτομέδοντα σαώσετον ἐκ πολέμοιο
νῆας ἐπὶ γλαφυράς· ἔτι γάρ σφισι κῦδος ὀρέξω
κτείνειν, εἰς ὅ κε νῆας ἐϋσσέλμους ἀφίκωνται
δύη τ' ἠέλιος καὶ ἐπὶ κνέφας ἱερὸν ἔλθῃ. »   455

Ὣς εἰπὼν ἵπποισιν ἐνέπνευσεν μένος ἠΰ·
τὼ δ' ἀπὸ χαιτάων κονίην οὖδας δὲ βαλόντε
ῥίμφ' ἔφερον θοὸν ἅρμα μετὰ Τρῶας καὶ Ἀχαιούς·
τοῖσι δ' ἐπ' Αὐτομέδων μάχετ' ἀχνύμενός περ ἑταίρου,
ἵπποις ἀΐσσων ὥς τ' αἰγυπιὸς μετὰ χῆνας·   460
ῥέα μὲν γὰρ φεύγεσκεν ὑπ' ἐκ Τρώων ὀρυμαγδοῦ,
ῥεῖα δ' ἐπαΐξασκε πολὺν καθ' ὅμιλον ὀπάζων.
Ἀλλ' οὐχ ᾕρει φῶτας, ὅτε σεύαιτο διώκειν·
οὐ γάρ πως ἦν οἶον ἐόνθ' ἱερῷ ἐνὶ δίφρῳ
ἔγχει ἐφορμᾶσθαι καὶ ἐπισχεῖν ὠκέας ἵππους·   465
ὀψὲ δὲ δή μιν ἑταῖρος ἀνὴρ ἴδεν ὀφθαλμοῖσιν
Ἀλκιμέδων, υἱὸς Λαέρκεος Αἱμονίδαο·
στῆ δ' ὄπιθεν δίφροιο, καὶ Αὐτομέδοντα προσηύδα·

« Αὐτόμεδον, τίς τοί νυ θεῶν νηκερδέα βουλὴν
ἐν στήθεσσιν ἔθηκε, καὶ ἐξέλετο φρένας ἐσθλάς ;   470
οἷον πρὸς Τρῶας μάχεαι πρώτῳ ἐν ὁμίλῳ
μοῦνος· ἀτάρ τοι ἑταῖρος ἀπέκτατο, τεύχεα δ' Ἕκτωρ
αὐτὸς ἔχων ὤμοισιν ἀγάλλεται Αἰακίδαο. »

Et, à les voir se lamenter ainsi, le Cronide les prend
en pitié, et, hochant la tête, il dit à son cœur :

« Pauvres bêtes ! pourquoi vous ai-je donc données
à sire Pélée – un mortel ! – vous que ne touche ni l'âge
ni la mort ? Est-ce donc pour que vous ayez votre part
de douleurs avec les malheureux humains ? Rien n'est
plus misérable que l'homme entre tous les êtres qui respirent et qui marchent sur la terre. Du moins Hector le
Priamide ne vous mènera pas, ni vous, ni votre char
ouvragé ; je ne le tolèrerai pas. Ne suffit-il pas qu'il ait
déjà les armes et s'en glorifie comme il fait. Pour vous,
je vous mettrai aux jarrets et au cœur une fougue qui
vous fera ramener Automédon sain et sauf de la bataille
aux nefs creuses. Je veux aux Troyens accorder encore
la gloire de tuer, jusqu'à ce qu'ils aient atteint les nefs
aux bons gaillards, que le soleil se soit couché, que soit
venue l'ombre sacrée. »

Il dit, et aux coursiers il insuffle une noble ardeur. Ils
secouent au sol la poudre de leurs crinières, et, vite,
emportent le char agile du côté des Troyens et des
Achéens. Porté par eux, Automédon combat, quelque
chagrin qu'il ait pour son ami ; il s'élance avec ses coursiers, comme un vautour sur des oies. Sans peine il se
soustrait au tumulte troyen, sans peine il fonce et poursuit l'adversaire à travers la foule innombrable. Mais il
ne tue pas d'hommes, quand il se lance ainsi à la chasse
de l'ennemi. Il ne peut à la fois, sur le char sacré, attaquer avec sa pique et tenir en main ses chevaux rapides.
Enfin un ami, de ses yeux, l'aperçoit, Alcimédon, fils de
Laërcès l'Hémonide. Il s'approche du char par derrière
et il dit à Automédon :

« Automédon, qui des dieux t'a donc mis ce vain
dessein dans la poitrine et t'a dérobé ta raison, que tu
combattes ici contre les Troyens en première ligne, seul,
alors que ton ami vient d'être abattu et qu'Hector se
glorifie de porter, lui, sur ses épaules les armes de l'Éacide ? »

Τὸν δ' αὖτ' Αὐτομέδων προσέφη, Διώρεος υἱός·

« Ἀλκίμεδον, τίς γάρ τοι Ἀχαιῶν ἄλλος ὁμοῖος   475
ἵππων ἀθανάτων ἐχέμεν δμῆσίν τε μένος τε,
εἰ μὴ Πάτροκλος, θεόφιν μήστωρ ἀτάλαντος,
ζωὸς ἐών ; νῦν αὖ θάνατος καὶ μοῖρα κιχάνει.
Ἀλλὰ σὺ μὲν μάστιγα καὶ ἡνία σιγαλόεντα
δέξαι, ἐγὼ δ' ἵππων ἀποβήσομαι, ὄφρα μάχωμαι. »   480

Ὣς ἔφατ', Ἀλκιμέδων δὲ βοηθόον ἅρμ' ἐπορούσας
καρπαλίμως μάστιγα καὶ ἡνία λάζετο χερσίν,
Αὐτομέδων δ' ἀπόρουσε· νόησε δὲ φαίδιμος Ἕκτωρ,
αὐτίκα δ' Αἰνείαν προσεφώνεεν ἐγγὺς ἐόντα·

« Αἰνεία, Τρώων βουληφόρε χαλκοχιτώνων,   485
ἵππω τώδ' ἐνόησα ποδώκεος Αἰακίδαο
ἐς πόλεμον προφανέντε σὺν ἡνιόχοισι κακοῖσι·
τώ κεν ἐελποίμην αἱρησέμεν, εἰ σύ γε θυμῷ
σῷ ἐθέλεις, ἐπεὶ οὐκ ἂν ἐφορμηθέντε γε νῶι
τλαῖεν ἐναντίβιον στάντες μαχέσασθαι Ἄρηι. »   490

Ὣς ἔφατ', οὐδ' ἀπίθησεν ἐὺς πάις Ἀγχίσαο·
τὼ δ' ἰθὺς βήτην βοέης εἰλυμένω ὤμους
αὔῃσι στερεῇσι· πολὺς δ' ἐπελήλατο χαλκός.
Τοῖσι δ' ἅμα Χρομίος τε καὶ Ἄρητος θεοειδὴς
ἤισαν ἀμφότεροι· μάλα δέ σφισιν ἔλπετο θυμὸς   495
αὐτώ τε κτενέειν ἐλάαν τ' ἐριαύχενας ἵππους·
νήπιοι, οὐδ' ἄρ' ἔμελλον ἀναιμωτί γε νέεσθαι
αὖτις ἀπ' Αὐτομέδοντος. Ὁ δ' εὐξάμενος Διὶ πατρὶ
ἀλκῆς καὶ σθένεος πλῆτο φρένας ἀμφιμελαίνας·
αὐτίκα δ' Ἀλκιμέδοντα προσηύδα, πιστὸν ἑταῖρον·   500

« Ἀλκίμεδον, μὴ δή μοι ἀπόπροθεν ἰσχέμεν ἵππους,
ἀλλὰ μάλ' ἐμπνείοντε μεταφρένῳ· οὐ γὰρ ἔγωγε
Ἕκτορα Πριαμίδην μένεος σχήσεσθαι δίω,
πρίν γ' ἐπ' Ἀχιλλῆος καλλίτριχε βήμεναι ἵππω
νῶι κατακτείναντα, φοβῆσαί τε στίχας ἀνδρῶν   505
Ἀργείων, ἤ κ' αὐτὸς ἐνὶ πρώτοισιν ἁλοίη. »

Et Automédon, fils de Diôrée, alors lui répond :

« Alcimédon, quel autre Achéen te vaut pour mainte-
nir dociles et fougueux à la fois des chevaux immortels ?
– si l'on excepte Patrocle, pour le conseil égal aux dieux,
lorsqu'il vivait ; mais à cette heure la mort et le destin le
tiennent. Allons ! prends de moi le fouet, les rênes luisantes, et je descendrai du char, pour combattre. »

Il dit, et Alcimédon, sautant sur son char de guerre,
vite prend en main le fouet et les rênes, tandis
qu'Automédon saute à terre. Mais l'illustre Hector le
voit et vivement s'adresse à Énée, à côté de lui :

« Énée, bon conseiller des Troyens à cotte de bronze,
je vois là apparaître sur le champ de bataille les deux
chevaux du rapide Éacide, avec de bien piètres cochers.
J'aurais quelque espoir de m'en emparer, si ton cœur y
consent ; attaquons ensemble, et les cochers n'oseront
pas nous tenir tête ni engager un combat régulier. »

Il dit, et le noble fils d'Anchise n'a garde de dire non.
Tous deux vont droit devant eux, les épaules couvertes
de cuirs secs et fermes, sur lesquels s'étend un bronze
épais. À eux se joint Chromios, avec Arète pareil aux
dieux : leur cœur a bon espoir de massacrer les cochers
et d'emmener ensuite les coursiers à noble encolure.
Pauvres sots ! ils ne doivent pas revenir de leur rencontre avec Automédon sans avoir versé leur sang.
Celui-ci a déjà invoqué Zeus Père, et ses noires
entrailles se sont remplies de vaillance et de force.
Aussitôt il dit à Alcimédon, son fidèle ami :

« Alcimédon, ne retiens pas les chevaux loin de moi :
fais qu'ils me soufflent dans le dos. Je ne crois pas
qu'Hector le Priamide arrête son élan avant d'avoir pris
la conduite, nous deux une fois tués, des coursiers
d'Achille aux belles crinières et d'avoir ainsi jeté la
panique dans la ligne argienne – ou de s'être fait tuer lui-
même au premier rang. »

Il dit, et il appelle les deux Ajax et Ménélas :

Ὣς εἰπὼν Αἴαντε καλέσσατο καὶ Μενέλαον·

« Αἴαντ', Ἀργείων ἡγήτορε, καὶ Μενέλαε,

ἤτοι μὲν τὸν νεκρὸν ἐπιτράπεθ' ὅσσοι ἄριστοι,

ἀμφ' αὐτῷ βεβάμεν καὶ ἀμύνεσθαι στίχας ἀνδρῶν,   510

νῶιν δὲ ζωοῖσιν ἀμύνετε νηλεὲς ἦμαρ·

τῇδε γὰρ ἔβρισαν πόλεμον κατὰ δακρυόεντα

Ἕκτωρ Αἰνείας θ', οἳ Τρώων εἰσὶν ἄριστοι.

Ἀλλ' ἤτοι μὲν ταῦτα θεῶν ἐν γούνασι κεῖται·

ἥσω γὰρ καὶ ἐγώ, τὰ δέ κεν Διὶ πάντα μελήσει. »   515

Ἦ ῥα, καὶ ἀμπεπαλὼν προΐει δολιχόσκιον ἔγχος,

καὶ βάλεν Ἀρήτοιο κατ' ἀσπίδα πάντοσ' ἐίσην·

ἣ δ' οὐκ ἔγχος ἔρυτο, διὰ πρὸ δὲ εἴσατο χαλκός,

νειαίρῃ δ' ἐν γαστρὶ διὰ ζωστῆρος ἔλασσεν.

Ὡς δ' ὅτ' ἂν ὀξὺν ἔχων πέλεκυν αἰζήιος ἀνήρ,   520

κόψας ἐξόπιθεν κεράων βοὸς ἀγραύλοιο,

ἵνα τάμῃ διὰ πᾶσαν, ὃ δὲ προθορὼν ἐρίπῃσιν,

ὣς ἄρ' ὅ γε προθορὼν πέσεν ὕπτιος· ἐν δέ οἱ ἔγχος

νηδυίοισι μάλ' ὀξὺ κραδαινόμενον λύε γυῖα.

Ἕκτωρ δ' Αὐτομέδοντος ἀκόντισε δουρὶ φαεινῷ·   525

ἀλλ' ὃ μὲν ἄντα ἰδὼν ἠλεύατο χάλκεον ἔγχος·

πρόσσω γὰρ κατέκυψε, τὸ δ' ἐξόπιθεν δόρυ μακρὸν

οὔδει ἐνισκίμφθη, ἐπὶ δ' οὐρίαχος πελεμίχθη

ἔγχεος· ἔνθα δ' ἔπειτ' ἀφίει μένος ὄβριμος Ἄρης.

Καί νύ κε δὴ ξιφέεσσ' αὐτοσχεδὸν ὁρμηθήτην   530

εἰ μή σφω' Αἴαντε διέκριναν μεμαῶτε,

οἵ ῥ' ἦλθον καθ' ὅμιλον ἑταίρου κικλήσκοντος·

τοὺς ὑποταρβήσαντες ἐχώρησαν πάλιν αὖτις

Ἕκτωρ Αἰνείας τ' ἠδὲ Χρομίος θεοειδής,

Ἄρητον δὲ κατ' αὖθι λίπον δεδαϊγμένον ἦτορ,   535

κείμενον· Αὐτομέδων δὲ θοῷ ἀτάλαντος Ἄρηι

τεύχεά τ' ἐξενάριξε καὶ εὐχόμενος ἔπος ηὔδα·

« Ohé ! les deux Ajax, guides des Argiens, et toi,
Ménélas, confiez donc le mort aux guerriers les plus
braves, qui l'entoureront et le défendront du front ennemi, et venez écarter des vivants que nous sommes le jour
implacable. C'est ici le point du combat, source de
pleurs, où porte tout le poids d'Hector et d'Énée, les plus
braves des Troyens. Mais tout cela repose sur les genoux
des dieux. Je me charge de jeter mon trait ; le reste sera
l'affaire du Ciel. »

Il dit, et, brandissant sa longue javeline, il la lance et
atteint Arète à son bouclier bien rond. Celui-ci n'arrête
pas l'arme ; le bronze passe à travers ; il déchire le ceinturon et pénètre dans le bas-ventre. Quand un gars
robuste, d'une hache tranchante, frappe un bœuf rus-
tique en arrière des cornes et lui fend d'un coup tout le
muscle, la bête sursaute et s'écroule. Arète de même sursaute et choit sur le dos : la pique acérée qui vibre à son
ventre lui a rompu les membres. Hector lance alors sur
Automédon sa pique brillante. Mais l'autre voit venir le
coup : il évite la lance de bronze, en baissant le corps en
avant : la longue javeline va se planter au sol derrière lui,
et le talon en reste à vibrer en l'air, jusqu'au moment où
le puissant Arès en relâche l'élan. Ils en fussent alors
venus au corps à corps avec leurs épées, si les deux
Ajax, en dépit de leur ardeur, ne les avaient séparés. Ils
accourent dans la mêlée à l'appel de leur camarade.
Devant eux, inquiets, les autres reculent, et Hector et
Énée, et Chromios semblable aux dieux. Ils laissent
Arète où il est tombé, vie fauchée. Automédon, émule de
l'ardent Arès, le dépouille alors de ses armes et, triomphant, dit :

« Ἦ δὴ μὰν ὀλίγον γε Μενοιτιάδαο θανόντος
κῆρ ἄχεος μεθέηκα χερείονά περ καταπεφνών. »
Ὣς εἰπὼν ἐς δίφρον ἑλὼν ἔναρα βροτόεντα   540
θῆκ᾽, ἀνὰ δ᾽ αὐτὸς ἔβαινε πόδας καὶ χεῖρας ὕπερθεν
αἱματόεις ὥς τίς τε λέων κατὰ ταῦρον ἐδηδώς.

Ἂψ δ᾽ ἐπὶ Πατρόκλῳ τέτατο κρατερὴ ὑσμίνη
ἀργαλέη πολύδακρυς, ἔγειρε δὲ νεῖκος Ἀθήνη
οὐρανόθεν καταβᾶσα· προῆκε γὰρ εὐρύοπα Ζεὺς   545
ὀρνύμεναι Δαναούς· δὴ γὰρ νόος ἐτράπετ᾽ αὐτοῦ.
Ἠύτε πορφυρέην Ἶριν θνητοῖσι τανύσσῃ
Ζεὺς ἐξ οὐρανόθεν, τέρας ἔμμεναι ἢ πολέμοιο,
ἢ καὶ χειμῶνος δυσθαλπέος, ὅς ῥά τε ἔργων
ἀνθρώπους ἀνέπαυσεν ἐπὶ χθονί, μῆλα δὲ κήδει,   550
ὣς ἡ πορφυρέη νεφέλη πυκάσασα ἓ αὐτὴν
δύσετ᾽ Ἀχαιῶν ἔθνος, ἔγειρε δὲ φῶτα ἕκαστον.
Πρῶτον δ᾽ Ἀτρέος υἱὸν ἐποτρύνουσα προσηύδα,
ἴφθιμον Μενέλαον — ὃ γάρ ῥά οἱ ἐγγύθεν ἦεν —
εἰσαμένη Φοίνικι δέμας καὶ ἀτειρέα φωνήν·   555

« Σοὶ μὲν δή, Μενέλαε, κατηφείη καὶ ὄνειδος
ἔσσεται, εἴ κ᾽ Ἀχιλῆος ἀγαυοῦ πιστὸν ἑταῖρον
τείχει ὑπὸ Τρώων ταχέες κύνες ἑλκήσουσιν.
Ἀλλ᾽ ἔχεο κρατερῶς, ὄτρυνε δὲ λαὸν ἅπαντα. »

Τὴν δ᾽ αὖτε προσέειπε βοὴν ἀγαθὸς Μενέλαος·   560
« Φοῖνιξ, ἄττα γεραιὲ παλαιγενές, εἰ γὰρ Ἀθήνη
δοίη κάρτος ἐμοί, βελέων δ᾽ ἀπερύκοι ἐρωήν·
τῷ κεν ἔγωγ᾽ ἐθέλοιμι παρεστάμεναι καὶ ἀμύνειν
Πατρόκλῳ· μάλα γάρ με θανὼν ἐσεμάσσατο θυμόν·
ἀλλ᾽ Ἕκτωρ πυρὸς αἰνὸν ἔχει μένος, οὐδ᾽ ἀπολήγει   565
χαλκῷ δηιόων· τῷ γὰρ Ζεὺς κῦδος ὀπάζει. »

« Ah ! j'aurai sans doute soulagé un peu de sa peine le cœur du Ménœtiade mort, en immolant même un médiocre guerrier. »

Il dit, et, ramassant les dépouilles sanglantes, il les dépose dans la caisse du char ; puis il monte lui-même, les pieds et même, plus haut, les mains, tout couverts de sang : on dirait un lion qui a dévoré un taureau.

De nouveau, pour Patrocle, voici que se déploie une mêlée brutale, douloureuse, source de pleurs infinis. Athéné descend du ciel réveiller la querelle : Zeus à la grande voix la dépêche pour stimuler les Danaens. Son âme est retournée. Tel l'arc-en-ciel empourpré[19] que Zeus étend du ciel aux yeux des mortels, pour leur signifier ou la guerre, ou l'hiver pénible, qui arrête ici-bas le labeur des hommes et inquiète le bétail ; telle est la vapeur empourprée dont s'enveloppe la déesse, pour plonger au milieu de la troupe achéenne et pour y réveiller chacun des combattants. C'est d'abord le fils d'Atrée, le fier Ménélas, tout près d'elle, qu'elle stimule, en se donnant la stature de Phénix et sa voix sans défaillance :

« Pour toi, Ménélas, ce sera un sujet de honte et d'opprobre, si les chiens rapides déchirent un jour, sous le rempart de Troie, le fidèle ami de l'illustre Achille. Tiens donc avec vigueur, et stimule tout ton monde. »

Ménélas au puissant cri de guerre alors lui répond :

« Ah ! Phénix, mon bon vieux père, qu'Athéné seulement me donne la force et détourne l'élan des traits. Je serai tout prêt alors à assister, à défendre Patrocle : sa mort a tant touché mon cœur ! Mais Hector a l'élan féroce de la flamme, et il ne cesse de tout briser avec le bronze : c'est à lui que Zeus accorde la gloire. »

---

19. L'arc-en-ciel est un présage de Zeus à connotation inquiétante ; cf. aussi XI, 28.

Ὣς φάτο, γήθησεν δὲ θεὰ γλαυκῶπις Ἀθήνη,
ὅττί ῥά οἱ πάμπρωτα θεῶν ἠρήσατο πάντων·
ἐν δὲ βίην ὤμοισι καὶ ἐν γούνεσσιν ἔθηκε,
καί οἱ μυίης θάρσος ἐνὶ στήθεσσιν ἐνῆκεν,   570
ἥ τε καὶ ἐργομένη μάλα περ χροὸς ἀνδρομέοιο
ἰσχανάᾳ δακέειν, λαρόν τέ οἱ αἷμ᾽ ἀνθρώπου·
τοίου μιν θάρσευς πλῆσε φρένας ἀμφιμελαίνας,
βῆ δ᾽ ἐπὶ Πατρόκλῳ, καὶ ἀκόντισε δουρὶ φαεινῷ.
Ἔσκε δ᾽ ἐνὶ Τρώεσσι Ποδῆς, υἱὸς Ἠετίωνος,   575
ἀφνειός τ᾽ ἀγαθός τε· μάλιστα δέ μιν τίεν Ἕκτωρ
δήμου, ἐπεί οἱ ἑταῖρος ἔην φίλος εἰλαπιναστής·
τόν ῥα κατὰ ζωστῆρα βάλε ξανθὸς Μενέλαος
ἀΐξαντα φόβον δέ, διὰ πρὸ δὲ χαλκὸν ἔλασσε·
δούπησεν δὲ πεσών· ἀτὰρ Ἀτρεΐδης Μενέλαος   580
νεκρὸν ὑπ᾽ ἐκ Τρώων ἔρυσεν μετὰ ἔθνος ἑταίρων.
Ἕκτορα δ᾽ ἐγγύθεν ἱστάμενος ὤτρυνεν Ἀπόλλων,
Φαίνοπι Ἀσιάδῃ ἐναλίγκιος, ὅς οἱ ἁπάντων
ξείνων φίλτατος ἔσκεν, Ἀβυδόθι οἰκία ναίων·
τῷ μιν ἐεισάμενος προσέφη ἑκάεργος Ἀπόλλων·   585
« Ἕκτορ, τίς κέ σ᾽ ἔτ᾽ ἄλλος Ἀχαιῶν ταρβήσειεν;
οἷον δὴ Μενέλαον ὑπέτρεσας, ὃς τὸ πάρος γε
μαλθακὸς αἰχμητής· νῦν δ᾽ οἴχεται οἶος ἀείρας
νεκρὸν ὑπ᾽ ἐκ Τρώων, σὸν δ᾽ ἔκτανε πιστὸν ἑταῖρον,
ἐσθλὸν ἐνὶ προμάχοισι, Ποδῆν, υἱὸν Ἠετίωνος. »   590
Ὣς φάτο, τὸν δ᾽ ἄχεος νεφέλη ἐκάλυψε μέλαινα,
βῆ δὲ διὰ προμάχων κεκορυθμένος αἴθοπι χαλκῷ.
Καὶ τότ᾽ ἄρα Κρονίδης ἕλετ᾽ αἰγίδα θυσσανόεσσαν

Il dit, et Athéné, la déesse aux yeux pers, a grande
joie qu'il l'ait invoquée la première entre les divinités.
Elle met la vigueur dans ses épaules et ses genoux, et,
dans sa poitrine, l'audace de la mouche, qui, quelque
soin qu'on prenne à l'écarter, s'attache, pour la mordre,
à la peau de l'homme et trouve son sang savoureux ;
toute pareille est l'audace dont la déesse emplit ses
noires entrailles. Il se poste à côté de Patrocle et lance sa
pique brillante. Il est parmi les Troyens un certain Podès,
fils d'Éétion[20], riche et brave. Hector l'estime entre tout
son peuple ; car il est pour lui un bon compagnon de festin. C'est lui que le blond Ménélas frappe au ceinturon,
alors qu'il prend son élan pour s'enfuir, et il pousse le
bronze à fond. Podès croule avec fracas, et l'Atride
Ménélas tire le cadavre des rangs des Troyens vers le
groupe des siens.

Apollon s'approche pour stimuler Hector. Il a pris
l'aspect de Phénops l'Asiade, le plus cher de tous ses
hôtes, qui réside à Abydos[21]. C'est sous ses traits
qu'Apollon Préservateur s'adresse à Hector en ces
termes :

« Hector, quel autre Achéen effraieras-tu, désormais,
si tu as telle peur de Ménélas, jadis si piètre combattant ?
Et le voilà maintenant qui part, tout seul, emportant un
cadavre d'entre les rangs des Troyens ! Et c'est un ami
fidèle qu'il vient de te tuer, un brave parmi les champions hors des lignes, Podès, le fils d'Éétion. »

Il dit ; un noir nuage de chagrin alors enveloppe
Hector ; il s'en vient à travers les champions hors des
lignes, casqué du bronze flamboyant. Et, de son côté, le
Cronide prend l'égide frangée, resplendissante ; il

---

20. Comme Andromaque a affirmé qu'Achille a tué son père et
tous ses frères (VI, 421-424), on peut penser que ce Podès est un
Troyen, fils d'un autre Éétion, homonyme du père d'Andromaque.
21. Ville de Troade sur l'Hellespont.

μαρμαρέην, Ἴδην δὲ κατὰ νεφέεσσι κάλυψεν·
ἀστράψας δὲ μάλα μεγάλ' ἔκτυπε, τὴν δ' ἐτίναξε,   595
νίκην δὲ Τρώεσσι δίδου, ἐφόβησε δ' Ἀχαιούς.

Πρῶτος Πηνέλεως Βοιώτιος ἦρχε φόβοιο·
βλῆτο γὰρ ὦμον δουρὶ πρόσω τετραμμένος αἰεὶ
ἄκρον ἐπιλίγδην· γράψεν δέ οἱ ὀστέον ἄχρις
αἰχμὴ Πουλυδάμαντος· ὃ γὰρ ῥ' ἔβαλε σχεδὸν ἐλθών.   600
Λήϊτον αὖθ' Ἕκτωρ σχεδὸν οὔτασε χεῖρ' ἐπὶ καρπῷ,
υἱὸν Ἀλεκτρυόνος μεγαθύμου, παῦσε δὲ χάρμης·
τρέσσε δὲ παπτήνας, ἐπεὶ οὐκέτι ἔλπετο θυμῷ
ἔγχος ἔχων ἐν χειρὶ μαχήσεσθαι Τρώεσσιν.
Ἕκτορα δ' Ἰδομενεὺς μετὰ Λήϊτον ὁρμηθέντα   605
βεβλήκει θώρηκα κατὰ στῆθος παρὰ μαζόν·
ἐν καυλῷ δ' ἐάγη δολιχὸν δόρυ, τοὶ δ' ἐβόησαν
Τρῶες· ὃ δ' Ἰδομ_.ιος ἀκόντισε Δευκαλίδαο
δίφρῳ ἐφεσταότος· τοῦ μέν ῥ' ἀπὸ τυτθὸν ἅμαρτεν·
αὐτὰρ ὃ Μηριόναο ὀπάονά θ' ἡνίοχόν τε,   610
Κοίρανον, ὅς ῥ' ἐκ Λύκτου ἐϋκτιμένης ἕπετ' αὐτῷ —
πεζὸς γὰρ τὰ πρῶτα λιπὼν νέας ἀμφιελίσσας
ἤλυθε, καί κε Τρωσὶ μέγα κράτος ἐγγυάλιξεν,
εἰ μὴ Κοίρανος ὦκα ποδώκεας ἤλασεν ἵππους·
καὶ τῷ μὲν φάος ἦλθεν, ἄμυνε δὲ νηλεὲς ἦμαρ,   615
αὐτὸς δ' ὤλεσε θυμὸν ὑφ' Ἕκτορος ἀνδροφόνοιο —
τὸν βάλ' ὑπὸ γναθμοῖο καὶ οὔατος, ἐκ δ' ἄρ' ὀδόντας
ὦσε δόρυ πρυμνόν, διὰ δὲ γλῶσσαν τάμε μέσσην·
ἤριπε δ' ἐξ ὀχέων, κατὰ δ' ἡνία χεῦεν ἔραζε·
καὶ τά γε Μηριόνης ἔλαβεν χείρεσσι φίλῃσι   620
κύψας ἐκ πεδίοιο, καὶ Ἰδομενῆα προσηύδα·

« Μάστιε νῦν, εἵως κε θοὰς ἐπὶ νῆας ἵκηαι·
γινώσκεις δὲ καὶ αὐτὸς ὅ τ' οὐκέτι κάρτος Ἀχαιῶν. »

couvre l'Ida de nuages, lance l'éclair à grand fracas,
ébranle la montagne, et donne aux Troyens la victoire,
tandis qu'il jette la panique au milieu des Achéens.

Le Béotien Pénéléôs est le premier qui donne le
signal de la fuite. Comme il fait toujours face à l'ennemi, il a été touché au sommet de l'épaule par une pique,
qui l'a éraflé ; l'os même a été entamé par la javeline de
Polydamas – car c'est Polydamas qui l'est venu frapper
à bout portant. Hector, de son côté, blesse au poignet, à
bout portant, Léite, le fils d'Alectryon magnanime, et
met un terme à son ardeur guerrière. Léite frissonne et
jette autour de lui un regard éperdu : son cœur n'a plus
l'espoir de combattre encore contre les Troyens, lance
au poing. Alors, tandis qu'Hector bondit sur les pas de
Léite, Idoménée le frappe à la cuirasse, en pleine poitrine, près de la mamelle. Mais la longue lance se brise
dans la douille. Les Troyens poussent un cri. Hector, à
son tour, tire sur Idoménée, fils de Deucalion, debout sur
son char. Il le manque de peu, et, à sa place, atteint le
suivant et écuyer de Mérion, Cœrane, qui l'a suivi au
départ de Lycet la bien bâtie. – Idoménée, quittant les
nefs à double courbure, était d'abord parti à pied. Il eût
alors aux Troyens donné un splendide triomphe, si
Cœrane ne lui eût bien vite amené ses chevaux rapides.
Il fut de la sorte, pour Idoménée, une lueur de salut, et
éloigna de lui le jour implacable, mais pour perdre lui-
même la vie sous le bras d'Hector meurtrier. – Hector le
touche sous la mâchoire et l'oreille ; la pointe de la lance
enfonce les dents et tranche le milieu de la langue. Il
croule de son char, laissant tomber les rênes à terre.
Mérion se penche, et de ses mains les ramasse dans la
plaine, puis il dit à Idoménée :

« Fouette maintenant, jusqu'au moment où tu seras
aux fines nefs. Tu le vois toi-même : la victoire n'est
plus pour les Achéens. »

"Ως ἔφατ', Ἰδομενεὺς δ' ἵμασεν καλλίτριχας ἵππους
νῆας ἐπὶ γλαφυράς· δὴ γὰρ δέος ἔμπεσε θυμῷ.			625

Οὐδ' ἔλαθ' Αἴαντα μεγαλήτορα καὶ Μενέλαον
Ζεύς, ὅτε δὴ Τρώεσσι δίδου ἑτεραλκέα νίκην·
τοῖσι δὲ μύθων ἦρχε μέγας Τελαμώνιος Αἴας·

« Ὢ πόποι, ἤδη μέν κε καὶ ὃς μάλα νήπιός ἐστι
γνοίη ὅτι Τρώεσσι πατὴρ Ζεὺς αὐτὸς ἀρήγει·			630
τῶν μὲν γὰρ πάντων βέλε' ἅπτεται, ὅς τις ἀφείη,
ἢ κακὸς ἢ ἀγαθός· Ζεὺς δ' ἔμπης πάντ' ἰθύνει·
ἡμῖν δ' αὔτως πᾶσιν ἐτώσια πίπτει ἔραζε.
Ἀλλ' ἄγετ' αὐτοί περ φραζώμεθα μῆτιν ἀρίστην,
ἠμὲν ὅπως τὸν νεκρὸν ἐρύσσομεν, ἠδὲ καὶ αὐτοὶ			635
χάρμα φίλοις ἑτάροισι γενώμεθα νοστήσαντες,
οἵ που δεῦρ' ὁρόωντες ἀκηχέατ', οὐδ' ἔτι φασὶν
Ἕκτορος ἀνδροφόνοιο μένος καὶ χεῖρας ἀάπτους
σχήσεσθ', ἀλλ' ἐν νηυσὶ μελαίνῃσιν πεσέεσθαι.
Εἴη δ' ὅς τις ἑταῖρος ἀπαγγείλειε τάχιστα			640
Πηλείδῃ, ἐπεὶ οὔ μιν ὀίομαι οὐδὲ πεπύσθαι
λυγρῆς ἀγγελίης, ὅτι οἱ φίλος ὤλεθ' ἑταῖρος.
Ἀλλ' οὔ πῃ δύναμαι ἰδέειν τοιοῦτον Ἀχαιῶν·
ἠέρι γὰρ κατέχονται ὁμῶς αὐτοί τε καὶ ἵπποι.
Ζεῦ πάτερ, ἀλλὰ σὺ ῥῦσαι ὑπ' ἠέρος υἷας Ἀχαιῶν,			645
ποίησον δ' αἴθρην, δὸς δ' ὀφθαλμοῖσιν ἰδέσθαι·
ἐν δὲ φάει καὶ ὄλεσσον, ἐπεὶ νύ τοι εὔαδεν οὕτως. »

"Ως φάτο, τὸν δὲ πατὴρ ὀλοφύρατο δάκρυ χέοντα·
αὐτίκα δ' ἠέρα μὲν σκέδασεν καὶ ἀπῶσεν ὀμίχλην,
ἠέλιος δ' ἐπέλαμψε, μάχη δ' ἐπὶ πᾶσα φαάνθη·			650
καὶ τότ' ἄρ' Αἴας εἶπε βοὴν ἀγαθὸν Μενέλαον·

« Σκέπτεο νῦν, Μενέλαε διοτρεφές, αἴ κεν ἴδηαι
ζωὸν ἔτ' Ἀντίλοχον, μεγαθύμου Νέστορος υἱόν,

Il dit ; Idoménée fouette les coursiers aux belles crinières dans la direction des nefs creuses : la peur est tombée sur son âme.

Le magnanime Ajax et Ménélas ne sont pas non plus sans voir que Zeus décidément donne aux Troyens leur revanche en un combat victorieux. Le grand Ajax, fils de Télamon, le premier, parle ainsi :

« Las ! un simple enfant cette fois le comprendrait : c'est Zeus Père en personne qui aide les Troyens. Tous voient leurs traits porter, que le tireur soit un lâche ou un brave : Zeus est toujours là pour les mettre au but. Pour nous tous, au contraire, ils tombent à terre, inefficaces et vains. Eh bien, soit ! voyons par nous-mêmes le meilleur parti à prendre : chercherons-nous à tirer le cadavre ? ou prendrons-nous le chemin du retour, pour la grande joie des nôtres, qui s'inquiètent, les yeux tournés vers nous, et se disent que la fougue et les mains redoutables d'Hector meurtrier n'auront plus de répit, avant de s'être d'abord abattues sur les nefs noires ? Y aurait-il un de nos camarades qui voulût aller au plus vite trouver le fils de Pélée ? Je ne pense pas qu'il ait seulement appris l'affreuse nouvelle et qu'il sache son ami mort. Mais je suis incapable d'apercevoir ici parmi les Achéens celui qui conviendrait : tant ils sont pris dans la brume, hommes et chevaux. Zeus Père ! sauve de cette brume les fils des Achéens, fais-nous un ciel clair ; permets à nos yeux d'y voir ; et, la lumière une fois faite, eh bien ! tu nous détruiras, puisque tel est ton bon plaisir. »

Il dit, et le Père des dieux a pitié de ses larmes : il disperse aussitôt la brume, il écarte le brouillard ; le soleil se met à luire, la bataille tout entière se révèle. Ajax alors s'adresse à Ménélas au puissant cri de guerre :

« Regarde, Ménélas, nourrisson de Zeus, si tu n'aperçois pas, encore vivant, Antiloque[22], le fils du

22. Ami d'Achille, réputé pour sa rapidité à la course (cf. XV, 570 ; XXIII, 756).

ὄτρυνον δ᾽ Ἀχιλῆι δαΐφρονι θᾶσσον ἰόντα
εἰπεῖν ὅττι ῥά οἱ πολὺ φίλτατος ὤλεθ᾽ ἑταῖρος. »   655
    Ὣς ἔφατ᾽, οὐδ᾽ ἀπίθησε βοὴν ἀγαθὸς Μενέλαος,
βῆ δ᾽ ἰέναι ὥς τίς τε λέων ἀπὸ μεσσαύλοιο,
ὅς τ᾽ ἐπεὶ ἄρ κε κάμῃσι κύνας τ᾽ ἄνδράς τ᾽ ἐρεθίζων,
οἵ τέ μιν οὐκ εἰῶσι βοῶν ἐκ πῖαρ ἑλέσθαι
πάννυχοι ἐγρήσσοντες· ὁ δὲ κρειῶν ἐρατίζων   660
ἰθύει, ἀλλ᾽ οὔ τι πρήσσει· θαμέες γὰρ ἄκοντες
ἀντίοι ἀΐσσουσι θρασειάων ἀπὸ χειρῶν,
καιόμεναί τε δεταί, τάς τε τρεῖ ἐσσύμενός περ·
ἠῶθεν δ᾽ ἀπὸ νόσφιν ἔβη τετιηότι θυμῷ·
ὣς ἀπὸ Πατρόκλοιο βοὴν ἀγαθὸς Μενέλαος   665
ἤιε πόλλ᾽ ἀέκων· περὶ γὰρ δίε μή μιν Ἀχαιοὶ
ἀργαλέου πρὸ φόβοιο ἕλωρ δηίοισι λίποιεν·
πολλὰ δὲ Μηριόνῃ τε καὶ Αἰάντεσσ᾽ ἐπέτελλεν·
    « Αἴαντ᾽, Ἀργείων ἡγήτορε, Μηριόνη τε,
νῦν τις ἐνηείης Πατροκλῆος δειλοῖο   670
μνησάσθω· πᾶσιν γὰρ ἐπίστατο μείλιχος εἶναι
ζωὸς ἐών· νῦν αὖ θάνατος καὶ μοῖρα κιχάνει. »
    Ὣς ἄρα φωνήσας ἀπέβη ξανθὸς Μενέλαος,
πάντοσε παπταίνων. ὥς τ᾽ αἰετός, ὅν ῥά τέ φασιν
ὀξύτατον δέρκεσθαι ὑπουρανίων πετεηνῶν,   675
ὅν τε καὶ ὑψόθ᾽ ἐόντα πόδας ταχὺς οὐκ ἔλαθε πτὼξ
θάμνῳ ὑπ᾽ ἀμφικόμῳ κατακείμενος, ἀλλά τ᾽ ἐπ᾽ αὐτῷ
ἔσσυτο, καί τέ μιν ὦκα λαβὼν ἐξείλετο θυμόν·
ὣς τότε σοί, Μενέλαε διοτρεφές, ὄσσε φαεινὼ
πάντοσε δινείσθην πολέων κατὰ ἔθνος ἑταίρων,   680
εἴ που Νέστορος υἱὸν ἔτι ζώοντα ἴδοιτο·
τὸν δὲ μάλ᾽ αἶψ᾽ ἐνόησε μάχης ἐπ᾽ ἀριστερὰ πάσης
θαρσύνονθ᾽ ἑτάρους καὶ ἐποτρύνοντα μάχεσθαι,
ἀγχοῦ δ᾽ ἱστάμενος προσέφη ξανθὸς Μενέλαος·

magnanime Nestor ; et, en ce cas, envoie-le en toute hâte
dire au brave Achille que le plus cher de ses amis est
mort. »

Il dit, et Ménélas au puissant cri de guerre n'a garde
de dire non : il s'éloigne comme un lion s'éloigne d'une
cour d'étable, lorsqu'il est las de harceler les hommes et
les chiens qui, pour l'empêcher de ravir la chair grasse
de leurs bœufs, toute la nuit sont restés en éveil. Dans
son envie de viande fraîche, il chargeait droit devant lui :
mais trop de javelots s'élancent à sa rencontre, partis de
mains intrépides ; trop de torches brûlantes aussi, qui
l'effraient, pour ardent qu'il soit ; et, à l'aube, il
s'éloigne, le cœur plein de chagrin. Ainsi l'âme morne,
Ménélas au puissant cri de guerre s'éloigne de Patrocle
– bien à regret : il a tellement peur que les Achéens, dans
une panique funeste, n'aillent le laisser en proie à l'ennemi ! Instamment, il recommande à Mérion et aux
Ajax :

« Eh ! les Ajax, chefs des Argiens, et toi, Mérion,
rappelez-vous bien à cette heure la bonté du pauvre
Patrocle : il savait être doux pour tous, quand il vivait ;
mais à cette heure la mort et le destin le tiennent. »

Ainsi dit le blond Ménélas, et, en partant, il jette les
yeux de tous côtés. On dirait un aigle – celui des oiseaux
du ciel qu'on dit avoir l'œil entre tous perçant – un aigle
qui, si haut qu'il soit, ne manque pas de voir le lièvre
aux pieds rapides gîté sous un buisson feuillu, et, fon-
dant sur lui, vite le saisit et lui prend la vie. De même
alors tes yeux brillants, divin Ménélas, tournent de tous
côtés, cherchant si, dans le groupe si nombreux des
tiens, ils n'apercevront pas, encore vivant, le fils de
Nestor. Et bientôt il le voit, à l'extrême gauche des
lignes, rassurant les siens et les stimulant au combat. Le
blond Ménélas alors s'approche et dit :

« Ἀντίλοχ᾽, εἰ δ᾽ ἄγε δεῦρο, διοτρεφές, ὄφρα πύθηαι   685
λυγρῆς ἀγγελίης, ἣ μὴ ὤφελλε γενέσθαι·
ἤδη μὲν σὲ καὶ αὐτὸν ὀΐομαι εἰσορόωντα
γινώσκειν ὅτι πῆμα θεὸς Δαναοῖσι κυλίνδει,
νίκη δὲ Τρώων· πέφαται δ᾽ ἄριστος Ἀχαιῶν,
Πάτροκλος, μεγάλη δὲ ποθὴ Δαναοῖσι τέτυκται.   690
Ἀλλὰ σύ γ᾽ αἶψ᾽ Ἀχιλῆι θέων ἐπὶ νῆας Ἀχαιῶν
εἰπεῖν, αἴ κε τάχιστα νέκυν ἐπὶ νῆα σαώσῃ
γυμνόν· ἀτὰρ τά γε τεύχε᾽ ἔχει κορυθαίολος Ἕκτωρ. »
Ὣς ἔφατ᾽, Ἀντίλοχος δὲ κατέστυγε μῦθον ἀκούσας·
δὴν δέ μιν ἀφασίη ἐπέων λάβε, τὼ δέ οἱ ὄσσε   695
δακρυόφι πλῆσθεν, θαλερὴ δέ οἱ ἔσχετο φωνή·
ἀλλ᾽ οὐδ᾽ ὣς Μενελάου ἐφημοσύνης ἀμέλησε,
βῆ δὲ θέειν, τὰ δὲ τεύχε᾽ ἀμύμονι δῶκεν ἑταίρῳ,
Λαοδόκῳ, ὅς οἱ σχεδὸν ἔστρεφε μώνυχας ἵππους.
Τὸν μὲν δάκρυ χέοντα πόδες φέρον ἐκ πολέμοιο,   700
Πηλεΐδῃ Ἀχιλῆι κακὸν ἔπος ἀγγελέοντα.
Οὐδ᾽ ἄρα σοί, Μενέλαε διοτρεφές, ἤθελε θυμὸς
τειρομένοις ἑτάροισιν ἀμυνέμεν, ἔνθεν ἀπῆλθεν
Ἀντίλοχος, μεγάλη δὲ ποθὴ Πυλίοισιν ἐτύχθη·
ἀλλ᾽ ὅ γε τοῖσιν μὲν Θρασυμήδεα δῖον ἀνῆκεν,   705
αὐτὸς δ᾽ αὖτ᾽ ἐπὶ Πατρόκλῳ ἥρωι βεβήκει,
στῆ δὲ παρ᾽ Αἰάντεσσι θέων, εἶθαρ δὲ προσηύδα·
« Κεῖνον μὲν δὴ νηυσὶν ἐπιπροέηκα θοῇσιν,
ἐλθεῖν εἰς Ἀχιλῆα πόδας ταχύν· οὐδέ μιν οἴω

« Antiloque, nourrisson de Zeus, viens apprendre ici la cruelle nouvelle de ce qui n'eût jamais dû être. Tu comprends déjà par toi-même, je pense, rien qu'à regarder : le ciel sur les Danaens fait dévaler le malheur ; la victoire est pour les Troyens ! Et voici qu'a été tué le plus brave des Achéens[23], Patrocle, et un vide immense se sent chez les Danaens. Mais toi, va sans tarder, cours aux nefs achéennes, pour parler à Achille : peut-être en se hâtant ramènera-t-il le mort à sa nef – le mort sans armes : ses armes sont aux mains d'Hector au casque étincelant. »

Il dit ; Antiloque est saisi d'horreur à entendre la nouvelle ; longtemps il ne peut prononcer un mot ; ses yeux se remplissent de larmes ; sa voix puissante est enchaînée. Il s'empresse néanmoins d'observer l'ordre donné par Ménélas et se met à courir, après avoir remis ses armes[24] à l'ami sans reproche, Laodoque, qui fait évoluer près de lui ses chevaux aux sabots massifs.

Mais, tandis que ses pieds l'emportent hors du combat, tout en pleurs, messager de deuil pour Achille, fils de Pélée, ton âme, divin Ménélas, ne se décide pas pour cela à secourir tes amis épuisés, dans les lignes que vient de quitter Antiloque et où un vide immense se fait sentir parmi les Pyliens. Il leur envoie pourtant le divin Thrasymède et, revenant lui-même près du héros Patrocle, il s'approche en courant des Ajax et, vite, leur dit :

« J'ai envoyé celui que nous cherchions vers les fines nefs, près d'Achille aux pieds rapides. Mais je ne

---

23. Unique passage du poème où l'épithète de « meilleur » [des Achéens] *(aristos Akhaiôn)* est utilisée pour caractériser Patrocle ; dans la très grande majorité de ses emplois, *aristos Akhaiôn* qualifie Achille ; ici, la mort de Patrocle préfigure et annonce celle d'Achille. Cf. l'importante étude de Nagy, 1994, p. 56-57 et 88-89.
24. Pour être plus libre dans sa course.

νῦν ἰέναι μάλα περ κεχολωμένον Ἕκτορι δίῳ·   710
οὗ γάρ πως ἂν γυμνὸς ἐὼν Τρώεσσι μάχοιτο.
Ἡμεῖς δ' αὐτοί περ φραζώμεθα μῆτιν ἀρίστην,
ἠμὲν ὅπως τὸν νεκρὸν ἐρύσσομεν, ἠδὲ καὶ αὐτοὶ
Τρώων ἐξ ἐνοπῆς θάνατον καὶ κῆρα φύγωμεν. »

    Τὸν δ' ἠμείβετ' ἔπειτα μέγας Τελαμώνιος Αἴας·   715
« Πάντα κατ' αἶσαν ἔειπες, ἀγακλεὲς ὦ Μενέλαε·
ἀλλὰ σὺ μὲν καὶ Μηριόνης ὑποδύντε μάλ' ὦκα
νεκρὸν ἀείραντες φέρετ' ἐκ πόνου· αὐτὰρ ὄπισθε
νῶϊ μαχησόμεθα Τρωσίν τε καὶ Ἕκτορι δίῳ,
ἶσον θυμὸν ἔχοντες ὁμώνυμοι, οἳ τὸ πάρος περ   720
μίμνομεν ὀξὺν Ἄρηα παρ' ἀλλήλοισι μένοντες. »

    Ὣς ἔφαθ', οἱ δ' ἄρα νεκρὸν ἀπὸ χθονὸς ἀγκάζοντο
ὕψι μάλα μεγάλως· ἐπὶ δ' ἴαχε λαὸς ὄπισθε
Τρωϊκός, ὡς εἴδοντο νέκυν αἴροντας Ἀχαιούς·
ἴθυσαν δὲ κύνεσσιν ἐοικότες, οἵ τ' ἐπὶ κάπρῳ   725
βλημένῳ ἀΐξωσι πρὸ κούρων θηρητήρων·
ἔως μὲν γάρ τε θέουσι διαρραῖσαι μεμαῶτες,
ἀλλ' ὅτε δή ῥ' ἐν τοῖσιν ἑλίξεται ἀλκὶ πεποιθώς,
ἂψ τ' ἀνεχώρησαν διά τ' ἔτρεσαν ἄλλυδις ἄλλος·
ὣς Τρῶες εἵως μὲν ὁμιλαδὸν αἰὲν ἕποντο,   730
νύσσοντες ξίφεσίν τε καὶ ἔγχεσιν ἀμφιγύοισιν·
ἀλλ' ὅτε δή ῥ' Αἴαντε μεταστρεφθέντε κατ' αὐτοὺς
σταίησαν, τῶν δὲ τράπετο χρώς, οὐδέ τις ἔτλη
πρόσσω ἀΐξας περὶ νεκροῦ δηρίσασθαι.

    Ὣς οἵ γ' ἐμμεμαῶτε νέκυν φέρον ἐκ πολέμοιο   735
νῆας ἔπι γλαφυράς· ἐπὶ δὲ πτόλεμος τέτατό σφιν
ἄγριος ἠΰτε πῦρ, τό τ' ἐπεσσύμενον πόλιν ἀνδρῶν
ὄρμενον ἐξαίφνης φλεγέθει, μινύθουσι δὲ οἶκοι
ἐν σέλαϊ μεγάλῳ· τὸ δ' ἐπιβρέμει ἲς ἀνέμοιο·

pense pas qu'il vienne en ce moment, quelle que soit sa
colère à l'égard du divin Hector. Il ne saurait, sans
armes, se battre avec les Troyens. À nous donc de juger
seuls du meilleur parti à prendre ; chercherons-nous à
tirer le cadavre ? ou, songeant à nous-mêmes, devons-
nous fuir, loin des clameurs troyennes, la mort et le trépas ? »

Et le grand Ajax, fils de Télamon, répond :
« Ce que tu dis est fort bien dit, glorieux Ménélas.
Allons ! avec Mérion, glissez-vous tous deux, au plus
vite, sous le mort, soulevez-le, emportez-le hors de l'action. Nous, restons tous deux derrière, pour lutter contre
les Troyens et contre le divin Hector, ayant toujours
même cœur, comme nous avons même nom. Aussi bien
toujours, côte à côte, nous tenions déjà tête au violent
Arès. »

Il dit, et les autres, prenant le mort dans leurs bras, le
lèvent de terre haut, très haut. Derrière eux, l'armée
troyenne pousse un cri, dès qu'elle voit les Achéens
prendre le mort. Les Troyens se ruent, tels des chiens qui
chargent un sanglier blessé, en avant de jeunes chasseurs ; ils courent d'abord, avides de le mettre en
pièces ; mais que le fauve se retourne et s'assure en sa
vaillance, ils battent en retraite et s'égaillent, effrayés,
en tout sens. Ainsi les Troyens, en masse, sans trêve, suivent l'ennemi, le harcelant de leurs épées et de leurs
lances à deux pointes ; mais, que les Ajax fassent volte-
face et leur tiennent tête, on les voit aussitôt qui chan-
gent de couleur, et aucun n'ose plus faire un bond en
avant, pour leur disputer le cadavre.

C'est ainsi qu'avec une ardeur obstinée, les Achéens
emportent le cadavre loin du combat vers les nefs
creuses ; et contre eux se déploie un combat féroce,
pareil à l'incendie, qui part à l'assaut d'une ville et brusquement jaillit, flamboie, tandis que les maisons s'effondrent, dans une lueur immense, et que gronde la force

ὣς μὲν τοῖς ἵππων τε καὶ ἀνδρῶν αἰχμητάων   740
ἀζηχὴς ὀρυμαγδὸς ἐπήιεν ἐρχομένοισιν·
οἱ δ' ὥς θ' ἡμίονοι κρατερὸν μένος ἀμφιβαλόντες
ἕλκωσ' ἐξ ὄρεος κατὰ παιπαλόεσσαν ἀταρπὸν
ἢ δοκὸν ἠὲ δόρυ μέγα νήιον· ἐν δέ τε θυμὸς
τείρεθ' ὁμοῦ καμάτῳ τε καὶ ἱδρῷ σπευδόντεσσιν·   745
ὣς οἵ γ' ἐμμεμαῶτε νέκυν φέρον. Αὐτὰρ ὄπισθεν
Αἴαντ' ἰσχανέτην, ὥς τε πρὼν ἰσχάνει ὕδωρ
ὑλήεις, πεδίοιο διαπρύσιον τετυχηκώς,
ὅς τε καὶ ἰφθίμων ποταμῶν ἀλεγεινὰ ῥέεθρα
ἴσχει, ἄφαρ δέ τε πᾶσι ῥόον πεδίον δὲ τίθησι   750
πλάζων· οὐδέ τί μιν σθένεϊ ῥηγνῦσι ῥέοντες·
ὣς αἰεὶ Αἴαντε μάχην ἀνέεργον ὀπίσσω
Τρώων· οἱ δ' ἅμ' ἕποντο, δύω δ' ἐν τοῖσι μάλιστα,
Αἰνείας τ' Ἀγχισιάδης καὶ φαίδιμος Ἕκτωρ.
τῶν δ' ὥς τε ψαρῶν νέφος ἔρχεται ἠὲ κολοιῶν,   755
οὖλον κεκλήγοντες, ὅτε προΐδωσιν ἰόντα
κίρκον, ὅ τε σμικρῇσι φόνον φέρει ὀρνίθεσσιν,
ὣς ἄρ' ὑπ' Αἰνείᾳ τε καὶ Ἕκτορι κοῦροι Ἀχαιῶν
οὖλον κεκλήγοντες ἴσαν, λήθοντο δὲ χάρμης·
πολλὰ δὲ τεύχεα καλὰ πέσον περί τ' ἀμφί τε τάφρον   760
φευγόντων Δαναῶν· πολέμου δ' οὐ γίνετ' ἐρωή.

du vent. Tel, sur leurs pas, se lève le fracas continu des coursiers et des hommes d'armes. Eux, cependant, vont ainsi que des mules qui ont revêtu leur fougue puissante et qui traînent de la montagne, le long d'un sentier rocheux, une poutre, ou encore une quille énorme de nef ; leur cœur s'épuise de l'effort sous la fatigue et la sueur ; ainsi, avec une ardeur obstinée, les Achéens s'en vont, emportant le cadavre. Derrière eux les Ajax tiennent bon. On croirait voir un éperon boisé, qui se trouve couper la plaine et tient bon sous le choc de l'eau ; il arrête ainsi le cours désastreux des torrents farouches et de tous brusquement détourne l'élan vers la plaine, sans se laisser entamer par la force de ce courant. De même, sans répit, derrière le cadavre, les Ajax endiguent l'attaque des Troyens. Et ceux-ci suivent – deux d'entre eux surtout, Énée, le fils d'Anchise, et l'illustre Hector. Telle une nuée de geais et d'étourneaux, vole, en criant à la mort, quand elle voit approcher l'épervier, qui porte le meurtre aux petits oiseaux, ainsi, devant Énée et devant Hector, les jeunes Achéens vont, criant à la mort, et oublient leur ardeur guerrière ; et, par centaines, les belles armes tombent autour du fossé, dans la déroute des Danaens : mais le combat n'a pas pour cela de répit.

ΙΛΙΑΔΟΣ Σ

῝Ως οἱ μὲν μάρναντο δέμας πυρὸς αἰθομένοιο·
Ἀντίλοχος δ᾽ Ἀχιλῆι πόδας ταχὺς ἄγγελος ἦλθε·
τὸν δ᾽ εὗρε προπάροιθε νεῶν ὀρθοκραιράων
τὰ φρονέοντ᾽ ἀνὰ θυμὸν ἃ δὴ τετελεσμένα ἦεν·
ὀχθήσας δ᾽ ἄρα εἶπε πρὸς ὃν μεγαλήτορα θυμόν·   5

« ῍Ω μοι ἐγώ, τί ταρ αὖτε κάρη κομόωντες Ἀχαιοὶ
νηυσὶν ἔπι κλονέονται ἀτυζόμενοι πεδίοιο;
μὴ δή μοι τελέσωσι θεοὶ κακὰ κήδεα θυμῷ,
ὥς ποτέ μοι μήτηρ διεπέφραδε, καί μοι ἔειπε
Μυρμιδόνων τὸν ἄριστον ἔτι ζώοντος ἐμεῖο   10
χερσὶν ὑπὸ Τρώων λείψειν φάος ἠελίοιο.
῾Η μάλα δὴ τέθνηκε Μενοιτίου ἄλκιμος υἱός,
σχέτλιος· ἦ τ᾽ ἐκέλευον ἀπωσάμενον δήιον πῦρ
ἂψ ἐπὶ νῆας ἴμεν, μηδ᾽ ῞Εκτορι ἶφι μάχεσθαι. »

῝Εως δ᾽ ταῦθ᾽ ὥρμαινε κατὰ φρένα καὶ κατὰ θυμόν,   15
τόφρά οἱ ἐγγύθεν ἦλθεν ἀγαυοῦ Νέστορος υἱός,
δάκρυα θερμὰ χέων, φάτο δ᾽ ἀγγελίην ἀλεγεινήν·

CHANT XVIII

Mais, tandis qu'ils combattent, tout pareils au feu flamboyant, Antiloque aux pieds rapides arrive en messager chez Achille. Il le trouve, devant ses nefs aux cornes hautes, qui justement songe en son âme à ce qui déjà est chose accomplie, et qui s'irrite et dit à son cœur magnanime :

« Ah ! misère ! qu'est-ce là encore ? Pourquoi donc les Achéens chevelus se bousculent-ils près des nefs et s'affolent-ils par la plaine ? Je tremble que les dieux n'achèvent les soucis si lourds à mon cœur qu'un jour m'a signifiés ma mère, en me disant que, de mon vivant même, le plus brave des Myrmidons[1], sous les coups des Troyens, quitterait l'éclat du soleil. Oui, j'en suis sûr : le vaillant fils de Ménœtios est mort. Le cruel ! je lui avais pourtant recommandé, une fois écarté le feu dévorant, de revenir aux nefs et de ne pas combattre Hector en franc combat. »

Et, cependant qu'en son âme et son cœur il remue ces pensées, voici que de lui s'approche le fils de l'illustre Nestor, qui verse des larmes brûlantes et lui dit l'affreuse nouvelle :

1. Le « meilleur » combattant désigne habituellement le chef d'un groupe ; au cours de ses exploits du chant XVI, Patrocle était bien le « meilleur des Myrmidons ». La prophétie de Thétis a déjà été évoquée en XVII, 408-411.

« *Ω μοι, Πηλέος υἱὲ δαΐφρονος, ἦ μάλα λυγρῆς
πεύσεαι ἀγγελίης, ἢ μὴ ὤφελλε γενέσθαι·
κεῖται Πάτροκλος, νέκυος δὲ δὴ ἀμφιμάχονται   20
γυμνοῦ· ἀτὰρ τά γε τεύχε' ἔχει κορυθαίολος Ἕκτωρ. »

Ὣς φάτο, τὸν δ' ἄχεος νεφέλη ἐκάλυψε μέλαινα·
ἀμφοτέρῃσι δὲ χερσὶν ἑλὼν κόνιν αἰθαλόεσσαν
χεύατο κὰκ κεφαλῆς, χαρίεν δ' ᾔσχυνε πρόσωπον·
νεκταρέῳ δὲ χιτῶνι μέλαιν' ἀμφίζανε τέφρη·   25
αὐτὸς δ' ἐν κονίῃσι μέγας μεγαλωστὶ τανυσθεὶς
κεῖτο, φίλῃσι δὲ χερσὶ κόμην ᾔσχυνε δαΐζων.
Δμῳαὶ δ' ἃς Ἀχιλεὺς ληΐσσατο Πάτροκλός τε
θυμὸν ἀκηχέμεναι μεγάλ' ἴαχον, ἐκ δὲ θύραζε
ἔδραμον ἀμφ' Ἀχιλῆα δαΐφρονα, χερσὶ δὲ πᾶσαι   30
στήθεα πεπλήγοντο, λύθεν δ' ὑπὸ γυῖα ἑκάστης.
Ἀντίλοχος δ' ἑτέρωθεν ὀδύρετο δάκρυα λείβων,
χεῖρας ἔχων Ἀχιλῆος· ὁ δ' ἔστενε κυδάλιμον κῆρ·
δείδιε γὰρ μὴ λαιμὸν ἀποτμήξειε σιδήρῳ.
Σμερδαλέον δ' ᾤμωξεν· ἄκουσε δὲ πότνια μήτηρ   35
ἡμένη ἐν βένθεσσιν ἁλὸς παρὰ πατρὶ γέροντι,
κώκυσέν τ' ἄρ' ἔπειτα· θεαὶ δέ μιν ἀμφαγέροντο,
πᾶσαι ὅσαι κατὰ βένθος ἁλὸς Νηρηΐδες ἦσαν.
Ἔνθ' ἄρ' ἔην Γλαύκη τε Θάλειά τε Κυμοδόκη τε,
Νησαίη Σπειώ τε Θόη θ' Ἁλίη τε βοῶπις,   40
Κυμοθόη τε καὶ Ἀκταίη καὶ Λιμνώρεια

2. L'explosion de la douleur d'Achille entraîne une véritable
transformation physique du héros. D'une certaine façon, il se confond
avec le cadavre de Patrocle : même position, même enlaidissement par
la poussière ; il arrache ses cheveux qui sont le symbole de sa jeu-

« Hélas ! fils du brave Pélée, tu vas apprendre la cruelle nouvelle de ce qui n'eût jamais dû être. Patrocle gît à terre ; on se bat autour de son corps – son corps sans armes ; ses armes sont aux mains d'Hector au casque étincelant. »

Il dit ; un noir nuage de douleur aussitôt enveloppe Achille. À deux mains il prend la cendre du foyer, la répand sur sa tête, en souille son gentil visage. Sur sa tunique de nectar maintenant s'étale une cendre noire. Et le voici lui-même, son long corps allongé dans la poussière ; de ses propres mains il souille, il arrache sa chevelure[2]. Les captives, butin d'Achille et de Patrocle, le cœur affligé, poussent de grands cris et sortent en courant entourer le vaillant Achille. Toutes, de leurs mains, se frappent la poitrine[3] ; aucune qui ne sente ses genoux rompus. Antiloque, de son côté, se lamente et verse des larmes. Il tient les mains d'Achille, dont le noble cœur terriblement gémit : il craint qu'il ne se tranche la gorge avec le fer. Mais Achille a poussé une plainte terrible, et sa mère auguste l'entend du fond des abîmes marins où elle reste assise auprès de son vieux père[4]. À son tour, elle gémit, et aussitôt des déesses l'entourent, toutes les filles de Nérée qui habitent l'abîme marin. Voici Glaucé, Thalie, Cymodocée, – Nésée, Spéiô, Thoé, Halié aux grands yeux, – Cymothoé, Actée, Limnôréia, – et

nesse – donc de sa vie –, comme s'il participait, pour un temps, à l'état du mort ; cf. Schein, 1984, p. 129 ss., et Monsacré, 1984, 194 ss.

3. Geste des femmes commandé par le rituel de la lamentation.

4. Thétis ne partage pas la couche de Pélée, qui, lui, se trouve en Phthiotide. Le père de Thétis est Nérée, le Vieux de la Mer (cf. I, 358)

καὶ Μελίτη καὶ Ἴαιρα καὶ Ἀμφιθόη καὶ Ἀγαυή,
Δωτώ τε Πρωτώ τε Φέρουσά τε Δυναμένη τε,
Δεξαμένη τε καὶ Ἀμφινόμη καὶ Καλλιάνειρα,
Δωρὶς καὶ Πανόπη καὶ ἀγακλειτὴ Γαλάτεια,   45
Νημερτής τε καὶ Ἀψευδὴς καὶ Καλλιάνασσα·
ἔνθα δ' ἔην Κλυμένη Ἰάνειρά τε καὶ Ἰάνασσα,
Μαῖρα καὶ Ὠρείθυια ἐυπλόκαμός τ' Ἀμάθυια,
ἄλλαί θ' αἳ κατὰ βένθος ἁλὸς Νηρηΐδες ἦσαν·
τῶν δὲ καὶ ἀργύφεον πλῆτο σπέος· αἱ δ' ἅμα πᾶσαι   50
στήθεα πεπλήγοντο, Θέτις δ' ἐξῆρχε γόοιο·

« Κλῦτε, κασίγνηται Νηρηΐδες, ὄφρ' ἐὺ πᾶσαι
εἴδετ' ἀκούουσαι ὅσ' ἐμῷ ἔνι κήδεα θυμῷ.
Ὤ μοι ἐγὼ δειλή, ὤ μοι δυσαριστοτόκεια,
ἥ τ' ἐπεὶ ἂρ τέκον υἱὸν ἀμύμονά τε κρατερόν τε,   55
ἔξοχον ἡρώων· ὁ δ' ἀνέδραμεν ἔρνεϊ ἶσος·
τὸν μὲν ἐγὼ θρέψασα, φυτὸν ὣς γουνῷ ἀλωῆς,
νηυσὶν ἐπιπροέηκα κορωνίσιν Ἴλιον εἴσω
Τρωσὶ μαχησόμενον· τὸν δ' οὐχ ὑποδέξομαι αὖτις
οἴκαδε νοστήσαντα δόμον Πηλήιον εἴσω·   60
ὄφρα δέ μοι ζώει καὶ ὁρᾷ φάος ἠελίοιο
ἄχνυται, οὐδέ τί οἱ δύναμαι χραισμῆσαι ἰοῦσα.
Ἀλλ' εἶμ', ὄφρα ἴδωμι φίλον τέκος, ἠδ' ἐπακούσω
ὅττι μιν ἵκετο πένθος ἀπὸ πτολέμοιο μένοντα. »

Ὣς ἄρα φωνήσασα λίπε σπέος· αἱ δὲ σὺν αὐτῇ   65
δακρυόεσσαι ἴσαν, περὶ δέ σφισι κῦμα θαλάσσης
ῥήγνυτο· ταὶ δ' ὅτε δὴ Τροίην ἐρίβωλον ἵκοντο,
ἀκτὴν εἰσανέβαινον ἐπισχερώ, ἔνθα θαμειαὶ
Μυρμιδόνων εἴρυντο νέες ταχὺν ἀμφ' Ἀχιλῆα.
Τῷ δὲ βαρὺ στενάχοντι παρίστατο πότνια μήτηρ.   70

5. Dans la *Théogonie* d'Hésiode (240-264), le catalogue des
Néréides comprend cinquante noms, dont quelques-uns connus
comme étant ceux de divinités marines (Amphitrite et Thétis bien

Mélite et Ière, Amphithoé et Agavé, – Dotô, Protô, Phéruse et Dynamène, – Dexamène, Amphinome et Callianire, – Doris, Panope, l'illustre Galatée – Némertès, Apseudès et Callianassa ; – et encore Clymène, Ianire et Ianassa, – Maira et Orithye et Amathye aux belles tresses, – et toutes les Néréides qui habitent l'abîme marin[5]. Remplissant la grotte brillante, toutes ensemble se frappent la poitrine, et Thétis donne le signal des plaintes :

« Écoutez-moi, Néréides, mes sœurs ; vous saurez toutes, en m'écoutant, les soucis que j'ai dans le cœur. Ah ! misérable que je suis ! mère infortunée d'un preux ! j'ai donné la vie à un fils, un fils puissant et sans reproche, le plus grand des héros ; il a grandi pareil à une jeune pousse, et, après l'avoir nourri, comme un plant au flanc du vignoble, je l'ai envoyé, sur les nefs recourbées, au pays d'Ilion, se battre contre les Troyens. Et je ne dois plus le revoir ni l'accueillir rentrant chez lui, dans la demeure de Pélée ! Et, tant qu'il me reste vivant, les yeux ouverts à l'éclat du soleil, il souffre, sans qu'il me soit possible d'aller l'aider en rien. J'irai pourtant, je veux voir mon enfant et apprendre quelle douleur l'a pu atteindre, alors qu'il restait loin de la bataille. »

Elle dit et quitte la grotte. Les autres, pleurantes, partent avec elle. Autour d'elles se fend le flot de la mer. Arrivées à la Troade plantureuse, l'une après l'autre, elles montent sur la rive où les nefs des Myrmidons ont été halées, innombrables, autour du rapide Achille. Celui-ci lourdement sanglote. Mais voici sa digne mère

---

entendu). Le plus grand nombre évoque un aspect de la mer ou une idée relative à la navigation. « Un catalogue semblable, offrant le même mélange de noms pittoresques et allégoriques, se trouve dans l'*Iliade* (XVIII, 38-48). Est-ce le modèle d'Hésiode ? ou, au contraire, une interpolation tirée d'Hésiode ? Cette dernière opinion était celle de Zénodote, et elle est assez vraisemblable », écrit P. Mazon dans son édition de la *Théogonie* (CUF, 1972, p. 40-41).

δξὺ δὲ κωκύσασα κάρη λάβε παιδὸς ἑοῖο,
καὶ ῥ' ὀλοφυρομένη ἔπεα πτερόεντα προσηύδα·

« Τέκνον, τί κλαίεις; τί δέ σε φρένας ἵκετο πένθος ;
ἐξαύδα, μὴ κεῦθε· τὰ μὲν δή τοι τετέλεσται
ἐκ Διός, ὡς ἄρα δὴ πρίν γ' εὔχεο χεῖρας ἀνασχών,   75
πάντας ἐπὶ πρύμνῃσιν ἀλήμεναι υἷας Ἀχαιῶν
σεῦ ἐπιδευομένους, παθέειν τ' ἀεκήλια ἔργα. »

Τὴν δὲ βαρὺ στενάχων προσέφη πόδας ὠκὺς Ἀχιλλεύς·

« Μῆτερ ἐμή, τὰ μὲν ἄρ μοι Ὀλύμπιος ἐξετέλεσσεν·
ἀλλὰ τί μοι τῶν ἦδος, ἐπεὶ φίλος ὤλεθ' ἑταῖρος,   80
Πάτροκλος, τὸν ἐγὼ περὶ πάντων τῖον ἑταίρων,
ἶσον ἐμῇ κεφαλῇ· τὸν ἀπώλεσα, τεύχεα δ' Ἕκτωρ
δῃώσας ἀπέδυσε πελώρια, θαῦμα ἰδέσθαι,
καλά· τὰ μὲν Πηλῆι θεοὶ δόσαν ἀγλαὰ δῶρα
ἤματι τῷ ὅτε σε βροτοῦ ἀνέρος ἔμβαλον εὐνῇ.   85
Αἴθ' ὄφελες σὺ μὲν αὖθι μετ' ἀθανάτῃς ἁλίῃσι
ναίειν, Πηλεὺς δὲ θνητὴν ἀγαγέσθαι ἄκοιτιν·
νῦν δ' ἵνα καὶ σοὶ πένθος ἐνὶ φρεσὶ μυρίον εἴη
παιδὸς ἀποφθιμένοιο, τὸν οὐχ ὑποδέξεαι αὖτις
οἴκαδε νοστήσαντ', ἐπεὶ οὐδ' ἐμὲ θυμὸς ἀνώγει   90
ζώειν οὐδ' ἄνδρεσσι μετέμμεναι, αἴ κε μὴ Ἕκτωρ
πρῶτος ἐμῷ ὑπὸ δουρὶ τυπεὶς ἀπὸ θυμὸν ὀλέσσῃ.
Πατρόκλοιο δ' ἕλωρα Μενοιτιάδεω ἀποτίσῃ. »

Τὸν δ' αὖτε προσέειπε Θέτις κατὰ δάκρυ χέουσα·

« Ὠκύμορος δή μοι, τέκος, ἔσσεαι, οἷ' ἀγορεύεις·   95
αὐτίκα γάρ τοι ἔπειτα μεθ' Ἕκτορα πότμος ἑτοῖμος. »

à ses côtés. Elle pousse une plainte aiguë, prend la tête de son fils et, gémissante[6], lui dit ces mots ailés :

« Mon enfant, pourquoi pleures-tu ? quel deuil est venu à ton cœur ? Parle, ne me cache rien. Tout est arrivé, grâce à Zeus, ainsi que tu le voulais, quand tu demandais, mains tendues au ciel, que tous les fils des Achéens, en se repliant près des poupes, sentissent le besoin de toi et souffrissent un sort outrageux. »

Avec un grand sanglot, Achille aux pieds légers répond :

« Ma mère, tout cela, le dieu de l'Olympe l'a bien achevé pour moi. Mais quel plaisir en ai-je, maintenant qu'est mort mon ami Patrocle, celui de mes amis que je prisais le plus, mon autre moi-même ? Je l'ai perdu : Hector l'a immolé, puis l'a dépouillé de ses belles armes – armes prodigieuses, une merveille à voir ! splendides présents des dieux à Pélée, le jour qu'ils te faisaient entrer au lit d'un mortel. Ah ! que n'es-tu restée où tu étais, au milieu des déesses marines, tandis que Pélée eût conduit chez lui une épouse mortelle ! Mais il fallait que tu eusses, en ton cœur, à subir un deuil immense, en voyant ton fils abattu. Tu ne dois plus désormais le revoir ni l'accueillir rentrant chez lui. Aussi bien mon cœur lui-même m'engage-t-il à ne plus vivre, à ne plus rester chez les hommes[7], si Hector, frappé par ma lance, n'a pas d'abord perdu la vie et payé ainsi le crime d'avoir fait sa proie de Patrocle, fils de Ménœtios. »

Et Thétis, pleurante, à son tour lui dit :

« Ta fin est proche, mon enfant, si j'en crois ce que tu me dis ; car tout de suite après Hector, la mort est préparée pour toi. »

6. Alors que le cadavre de Patrocle est encore tiraillé entre Grecs et Troyens, Thétis pleure son fils vivant avec des gestes et des mots qui sont ceux de la lamentation funèbre (que l'on comparera avec l'adresse d'Hécube à Hector mort : XXII, 431-436).
7. Tentation déjà évoquée au vers 34.

Τὴν δὲ μέγ' ὀχθήσας προσέφη πόδας ὠκὺς Ἀχιλλεύς·
« Αὐτίκα τεθναίην, ἐπεὶ οὐκ ἄρ' ἔμελλον ἑταίρῳ
κτεινομένῳ ἐπαμῦναι· ὁ μὲν μάλα τηλόθι πάτρης
ἔφθιτ', ἐμεῖο δὲ δῆσεν ἀρῆς ἀλκτῆρα γενέσθαι.   100
Νῦν δ' ἐπεὶ οὐ νέομαί γε φίλην ἐς πατρίδα γαῖαν,
οὐδέ τι Πατρόκλῳ γενόμην φάος οὐδ' ἑτάροισι
τοῖς ἄλλοις, οἳ δὴ πολέες δάμεν Ἕκτορι δίῳ,
ἀλλ' ἧμαι παρὰ νηυσὶν ἐτώσιον ἄχθος ἀρούρης,
τοῖος ἐὼν οἷος οὔ τις Ἀχαιῶν χαλκοχιτώνων   105
ἐν πολέμῳ· ἀγορῇ δέ τ' ἀμείνονές εἰσι καὶ ἄλλοι.
Ὡς ἔρις ἔκ τε θεῶν ἔκ τ' ἀνθρώπων ἀπόλοιτο,
καὶ χόλος, ὅς τ' ἐφέηκε πολύφρονά περ χαλεπῆναι,
ὅς τε πολὺ γλυκίων μέλιτος καταλειβομένοιο
ἀνδρῶν ἐν στήθεσσιν ἀέξεται ἠύτε καπνός·   110
ὡς ἐμὲ νῦν ἐχόλωσεν ἄναξ ἀνδρῶν Ἀγαμέμνων.
Ἀλλὰ τὰ μὲν προτετύχθαι ἐάσομεν ἀχνύμενοί περ,
θυμὸν ἐνὶ στήθεσσι φίλον δαμάσαντες ἀνάγκῃ·
νῦν δ' εἶμ', ὄφρα φίλης κεφαλῆς ὀλετῆρα κιχείω,
Ἕκτορα· κῆρα δ' ἐγὼ τότε δέξομαι, ὁππότε κεν δὴ   115
Ζεὺς ἐθέλῃ τελέσαι ἠδ' ἀθάνατοι θεοὶ ἄλλοι.
Οὐδὲ γὰρ οὐδὲ βίη Ἡρακλῆος φύγε κῆρα,
ὅς περ φίλτατος ἔσκε Διὶ Κρονίωνι ἄνακτι·
ἀλλά ἑ μοῖρ' ἐδάμασσε καὶ ἀργαλέος χόλος Ἥρης.

8. Au livre III, 387e-389a, de la *République*, Platon propose
d'« ôter aux hommes illustres les lamentations et de les laisser aux
femmes ordinaires », et condamne la faiblesse d'Achille qui pleure
abaondamment Patrocle ; mais il donne pourtant Achille en exemple,
car il savait placer l'amitié et l'honneur au-dessus de tout, même de
lui-même – cf. *Apologie de Socrate*, 28c-d.

Achille aux pieds rapides violemment s'irrite et dit :
« Que je meure donc tout de suite, puisque je vois
qu'il était dit que je ne pourrais porter aide à mon ami
devant la mort[8] ! Il a péri loin de sa terre, et il ne m'a pas
trouvé là pour le préserver du malheur. Aujourd'hui
donc – car il est clair que je ne reverrai pas les rives de
ma patrie, pas plus que je n'ai su être la lumière du salut
ni pour Patrocle ni pour aucun de ceux des miens qui,
par centaines, sont tombés sous les coups du divin
Hector, tandis que je restais ainsi, inactif, près des nefs,
vain fardeau de la terre, moi, qu'aucun Achéen à la cotte
de bronze n'égale à la bataille, s'il en est de meilleurs au
Conseil. Ah ! qu'il périsse donc, chez les dieux comme
chez les hommes, cet esprit de querelle[9], ce courroux,
qui induit l'homme en fureur, pour raisonnable qu'il
puisse être, et qui semble plus doux que le miel sur la
langue, quand, dans une poitrine humaine, il monte
comme une fumée ! et c'est de la sorte qu'ici j'ai été mis
en courroux par le protecteur de son peuple, Agamemnon. Mais laissons le passé être le passé, quoi qu'il nous
en coûte, et maîtrisons, puisqu'il le faut, notre cœur en
notre poitrine. – Aujourd'hui donc, j'irai, je rejoindrai
celui qui a détruit la tête que j'aimais, Hector ; puis la
mort, je la recevrai le jour où Zeus et les autres dieux
immortels voudront bien me la donner. Le puissant
Héraclès lui-même n'a pas échappé à la mort ; il était
cher entre tous cependant à sire Zeus, fils de Cronos ;
mais le destin l'a vaincu, et le courroux cruel d'Héré. Eh

9. Dès le début de l'*Iliade* (I, 5), *eris* (le « conflit », la « lutte »)
est nommée : c'est le mot qui désigne l'opposition entre Agamemnon
et Achille, qui dégénère en querelle *(neikos)*. Achille est d'ailleurs né
sous le signe du conflit : « Toujours l'*eris* t'est chère, tout comme
guerres et combats », lui dit Agamemnon (I, 177). Sur cette question,
cf. Nagy, 1994, p. 131-132 ; 218-221.

Ὣς καὶ ἐγών, εἰ δή μοι ὁμοίη μοῖρα τέτυκται,   120
κείσομ᾽ ἐπεί κε θάνω· νῦν δὲ κλέος ἐσθλὸν ἀροίμην,
καί τινα Τρωιάδων καὶ Δαρδανίδων βαθυκόλπων
ἀμφοτέρῃσιν χερσὶ παρειάων ἀπαλάων
δάκρυ᾽ ὀμορξαμένην ἀδινὸν στοναχῆσαι ἐφείην,
γνοῖεν δ᾽ ὡς δὴ δηρὸν ἐγὼ πολέμοιο πέπαυμαι·   125
·μηδέ μ᾽ ἔρυκε μάχης φιλέουσά περ· οὐδέ με πείσεις. »
    Τὸν δ᾽ ἠμείβετ᾽ ἔπειτα θεὰ Θέτις ἀργυρόπεζα·
« Ναὶ δὴ ταῦτά γε, τέκνον, ἐτήτυμον· οὐ κακόν ἐστι,
τειρομένοις ἑτάροισιν ἀμυνέμεν αἰπὺν ὄλεθρον.
Ἀλλά τοι ἔντεα καλὰ μετὰ Τρώεσσιν ἔχονται,   130
χάλκεα μαρμαίροντα· τὰ μὲν κορυθαίολος Ἕκτωρ
αὐτὸς ἔχων ὤμοισιν ἀγάλλεται· οὐδέ ἕ φημι
δηρὸν ἐπαγλαϊεῖσθαι, ἐπεὶ φόνος ἐγγύθεν αὐτῷ.
Ἀλλὰ σὺ μὲν μή πω καταδύσεο μῶλον Ἄρηος,
πρίν γ᾽ ἐμὲ δεῦρ᾽ ἐλθοῦσαν ἐν ὀφθαλμοῖσιν ἴδηαι·   135
ἠῶθεν γὰρ νεῦμαι ἅμ᾽ ἠελίῳ ἀνιόντι
τεύχεα καλὰ φέρουσα παρ᾽ Ἡφαίστοιο ἄνακτος. »
    Ὣς ἄρα φωνήσασα πάλιν τράπεθ᾽ υἷος ἑοῖο,
καὶ στρεφθεῖσ᾽ ἁλίῃσι κασιγνήτῃσι μετηύδα·
« Ὑμεῖς μὲν νῦν δῦτε θαλάσσης εὐρέα κόλπον,   140
ὀψόμεναί τε γέρονθ᾽ ἅλιον καὶ δώματα πατρός,
καί οἱ πάντ᾽ ἀγορεύσατ᾽· ἐγὼ δ᾽ ἐς μακρὸν Ὄλυμπον
εἶμι παρ᾽ Ἥφαιστον κλυτοτέχνην, αἴ κ᾽ ἐθέλῃσιν
υἷι ἐμῷ δόμεναι κλυτὰ τεύχεα παμφανόωντα. »
    Ὣς ἔφαθ᾽, αἱ δ᾽ ὑπὸ κῦμα θαλάσσης αὐτίκ᾽ ἔδυσαν·   145
ἡ δ᾽ αὖτ᾽ Οὔλυμπον δὲ θεὰ Θέτις ἀργυρόπεζα
ἤιεν, ὄφρα φίλῳ παιδὶ κλυτὰ τεύχε᾽ ἐνείκαι.

bien donc ! si même destin m'est fixé, on me verra
gisant sur le sol, à mon tour, quand la mort m'aura
atteint. Mais aujourd'hui j'entends conquérir une noble
gloire, et que, grâce à moi, plus d'une Troyenne et d'une
Dardanide à ceinture profonde, essuyant à deux mains
les larmes coulant sur ses tendres joues, commence de
longs sanglots, et qu'alors toutes comprennent qu'elle a
assez longtemps duré, mon absence de la bataille. Ne
cherche pas, quelle que soit ta tendresse, à me tenir loin
du combat ; aussi bien ne t'écouterai-je pas. »

La déesse aux pieds d'argent, Thétis, alors lui
répond :

« Oui, mon fils, tu dis vrai : il n'y a pas de honte à
écarter des siens, quand ils sont épuisés, le gouffre de la
mort. Mais tes belles armes sont aux mains des Troyens,
tes armes de bronze, éclatantes : Hector au casque étincelant les porte sur ses épaules avec orgueil. Et, sans
doute, je te l'assure, il ne s'en glorifiera pas longtemps :
la mort est tout près de lui. Pourtant, ne plonge pas encore dans la mêlée d'Arès : attends de m'avoir vue de tes
yeux revenir ici. Je viendrai à l'aube, avec le soleil
levant, t'apporter de belles armes fournies par sire
Héphæstos. »

Elle dit et, se détournant de son fils, elle fait face à
ses sœurs marines et leur dit :

« Plongez maintenant, vous autres, au vaste sein de
la mer ; allez voir le Vieux de la mer dans la demeure
paternelle, et dites-lui tout. Moi, je vais dans le haut
Olympe, chez Héphæstos, l'illustre artisan : je verrai s'il
consent à donner à mon fils des armes illustres et res-
plendissantes. »

Elle dit ; et les Néréides aussitôt de plonger sous le
flot marin, cependant que Thétis, déesse aux pieds d'argent, va, pour son fils, dans l'Olympe chercher les armes
illustres.

Τὴν μὲν ἄρ᾽ Οὔλυμπον δὲ πόδες φέρον· αὐτὰρ Ἀχαιοὶ
θεσπεσίῳ ἀλαλητῷ ὑφ᾽ Ἕκτορος ἀνδροφόνοιο
φεύγοντες νῆάς τε καὶ Ἑλλήσποντον ἵκοντο.   150
Οὐδέ κε Πάτροκλόν περ ἐϋκνήμιδες Ἀχαιοὶ
ἐκ βελέων ἐρύσαντο νέκυν, θεράποντ᾽ Ἀχιλῆος·
αὖτις γὰρ δὴ τόν γε κίχον λαός τε καὶ ἵπποι
Ἕκτωρ τε Πριάμοιο πάϊς, φλογὶ εἴκελος ἀλκήν.
Τρὶς μέν μιν μετόπισθε ποδῶν λάβε φαίδιμος Ἕκτωρ   155
ἑλκέμεναι μεμαώς, μέγα δὲ Τρώεσσιν ὁμόκλα·
τρὶς δὲ δύ᾽ Αἴαντες, θοῦριν ἐπιειμένοι ἀλκήν,
νεκροῦ ἀπεστυφέλιξαν· ὃ δ᾽ ἔμπεδον ἀλκὶ πεποιθὼς
ἄλλοτ᾽ ἐπαΐξασκε κατὰ μόθον, ἄλλοτε δ᾽ αὖτε
στάσκε μέγα ἰάχων· ὀπίσω δ᾽ οὐ χάζετο πάμπαν.   160
Ὡς δ᾽ ἀπὸ σώματος οὔ τι λέοντ᾽ αἴθωνα δύνανται
ποιμένες ἄγραυλοι μέγα πεινάοντα δίεσθαι,
ὥς ῥα τὸν οὐκ ἐδύναντο δύω Αἴαντε κορυστὰ
Ἕκτορα Πριαμίδην ἀπὸ νεκροῦ δειδίξασθαι.
Καί νύ κεν εἴρυσσέν τε καὶ ἄσπετον ἤρατο κῦδος,   165
εἰ μὴ Πηλεΐωνι ποδήνεμος ὠκέα Ἶρις
ἄγγελος ἦλθε θέουσ᾽ ἀπ᾽ Ὀλύμπου θωρήσσεσθαι,
κρύβδα Διὸς ἄλλων τε θεῶν· πρὸ γὰρ ἧκέ μιν Ἥρη·
ἀγχοῦ δ᾽ ἱσταμένη ἔπεα πτερόεντα προσηύδα·
« Ὄρσεο, Πηλεΐδη, πάντων ἐκπαγλότατ᾽ ἀνδρῶν·   170
Πατρόκλῳ ἐπάμυνον, οὗ εἵνεκα φύλοπις αἰνὴ
ἕστηκε πρὸ νεῶν· οἳ δ᾽ ἀλλήλους ὀλέκουσιν
οἳ μὲν ἀμυνόμενοι νέκυος περὶ τεθνηῶτος,
οἳ δὲ ἐρύσσασθαι προτὶ Ἴλιον ἠνεμόεσσαν
Τρῶες ἐπιθύουσι· μάλιστα δὲ φαίδιμος Ἕκτωρ   175

Mais, tandis que ses pieds l'emportent vers l'Olympe, les Achéens, au milieu d'une clameur prodigieuse, fuient devant Hector meurtrier et parviennent à leurs nefs et à l'Hellespont. Lors les Achéens aux bonnes jambières n'arrivent plus à dérober aux traits le corps de Patrocle, écuyer d'Achille. Déjà l'armée ennemie l'a rejoint, et les chars, et Hector, fils de Priam, dont la vaillance est pareille à la flamme. Trois fois, venu par derrière, l'illustre Hector l'a saisi par les pieds, brûlant de le tirer à lui, en même temps qu'à grands cris il gourmandait les Troyens ; et, trois fois, les deux Ajax, vêtus de bravoure ardente, l'ont rejeté loin du mort. Mais lui, obstinément, sûr de sa vaillance, tantôt charge dans la mêlée, tantôt aussi s'arrête, pour pousser un grand cri, mais jamais ne recule d'un pas. Comme des bergers aux champs n'arrivent pas à écarter d'un cadavre et à faire fuir un fauve lion pressé par la faim, ainsi les Ajax, les deux bons guerriers n'arrivent pas davantage à effrayer Hector le Priamide, et à l'éloigner du mort. Et il l'eût même enfin tiré à lui et se fût de la sorte acquis une immense gloire, si la rapide Iris aux pieds vites comme les vents ne fût venue, en courant, de l'Olympe signifier au Péléide de s'armer — cela à l'insu de Zeus et des autres dieux : Héré, seule, l'avait dépêchée. Elle s'approche et lui dit ces mots ailés :

« Debout ! fils de Pélée, l'homme entre tous terrible ! Porte-toi au secours de Patrocle ; c'est lui qui fait l'objet de l'affreuse bataille qui a lieu devant les nefs. On s'y entre-tue, les uns défendant le cadavre du mort, les autres — les Troyens — brûlant de le tirer vers Ilion battue des vents. L'illustre Hector surtout s'acharne à le

ἑλκέμεναι μέμονεν· κεφαλὴν δέ ἑ θυμὸς ἀνώγει
πῆξαι ἀνὰ σκολόπεσσι ταμόνθ' ἁπαλῆς ἀπὸ δειρῆς.
'Αλλ' ἄνα, μηδ' ἔτι κεῖσο· σέβας δέ σε θυμὸν ἱκέσθω
Πάτροκλον Τρῳῆσι κυσὶν μέλπηθρα γενέσθαι·
σοὶ λώβη, αἴ κέν τι νέκυς ᾐσχυμμένος ἔλθῃ. »   180
    Τὴν δ' ἠμείβετ' ἔπειτα ποδάρκης δῖος 'Αχιλλεύς·
« *Ιρι θεά, τίς γάρ σε θεῶν ἐμοὶ ἄγγελον ἧκε ; »
    Τὸν δ' αὖτε προσέειπε ποδήνεμος ὠκέα *Ιρις·
« *Ηρη με προέηκε, Διὸς κυδρὴ παράκοιτις·
οὐδ' οἶδε Κρονίδης ὑψίζυγος οὐδέ τις ἄλλος   185
ἀθανάτων, οἳ *Ολυμπον ἀγάννιφον ἀμφινέμονται. »
    Τὴν δ' ἀπαμειβόμενος προσέφη πόδας ὠκὺς 'Αχιλλεύς·
« Πῶς ταρ ἴω μετὰ μῶλον ; ἔχουσι δὲ τεύχε' ἐκεῖνοι·
μήτηρ δ' οὔ με φίλη πρίν γ' εἴα θωρήσσεσθαι,
πρίν γ' αὐτὴν ἐλθοῦσαν ἐν ὀφθαλμοῖσιν ἴδωμαι·   190
στεῦτο γὰρ 'Ηφαίστοιο πάρ' οἰσέμεν ἔντεα καλά.
*Αλλου δ' οὔ τευ οἶδα τεῦ ἂν κλυτὰ τεύχεα δύω,
εἰ μὴ Αἴαντός γε σάκος Τελαμωνιάδαο·
ἀλλὰ καὶ αὐτὸς ὅ γ', ἔλπομ', ἐνὶ πρώτοισιν ὁμιλεῖ,
ἔγχεϊ δηϊόων περὶ Πατρόκλοιο θανόντος. »   195
    Τὸν δ' αὖτε προσέειπε ποδήνεμος ὠκέα *Ιρις·
« Εὖ νυ καὶ ἡμεῖς ἴδμεν ὅ τοι κλυτὰ τεύχε' ἔχονται·
ἀλλ' αὔτως ἐπὶ τάφρον ἰὼν Τρώεσσι φάνηθι,

tirer. Son cœur l'invite à planter la tête du mort tout au haut de la palissade, une fois qu'il l'aura détachée de son tendre cou[10]. Allons, debout ! ne reste plus couché à terre. Qu'un scrupule t'entre au cœur à imaginer Patrocle devenu une fête pour les chiens de Troie. Quel opprobre pour toi, s'il arrivait parmi les morts outrageusement mutilé ! »

Le divin Achille aux pieds infatigables alors lui répond :

« Divine Iris, quel dieu t'a envoyée vers moi en messagère ? »

La rapide Iris aux pieds vites comme les vents répond :

« C'est Héré qui m'a dépêchée, la noble épouse de Zeus. Le fils de Cronos trônant sur les cimes n'en sait rien, non plus qu'aucun des Immortels qui habitent l'Olympe neigeux. »

Achille aux pieds rapides en réponse lui dit :

« Comment ferais-je donc pour m'en aller dans la mêlée ? Mes armes à moi sont chez ceux de là-bas, et ma mère m'enjoint de ne pas m'armer avant de l'avoir vue de mes yeux revenir. Elle se fait forte en effet de m'apporter de belles armes fournies par Héphæstos. Je ne vois pas, d'ailleurs, de quel autre guerrier je pourrais bien vêtir les armes illustres – si ce n'est le bouclier d'Ajax, fils de Télamon. Mais je suis sûr qu'Ajax est aux premières lignes, en contact avec l'ennemi, et le massacrant de sa pique, pour protéger Patrocle mort. »

La rapide Iris aux pieds vites comme les vents répond :

« Nous le savons bien : tes armes illustres sont en d'autres mains ; mais va, comme tu es, jusques au fossé, et montre-toi aux Troyens : nous verrons si, pris de peur,

10. Idée reprise en 334-335 ; si la décapitation de l'ennemi est parfois envisagée (Euphorbe : XVII, 38-40 ; Hector : XVII, 126), elle est rare dans le poème. Seul Ajax, fils d'Oïlée, coupe la tête d'Imbrios (XIII, 202-203).

αἴ κέ σ' ὑποδδείσαντες ἀπόσχωνται πολέμοιο
Τρῶες, ἀναπνεύσωσι δ' ἀρήιοι υἷες Ἀχαιῶν   200
τειρόμενοι· ὀλίγη δέ τ' ἀνάπνευσις πολέμοιο. »
    Ἦ μὲν ἄρ' ὣς εἰποῦσ' ἀπέβη πόδας ὠκέα Ἶρις,
αὐτὰρ Ἀχιλλεὺς ὦρτο Διῒ φίλος· ἀμφὶ δ' Ἀθήνη
ὤμοις ἰφθίμοισι βάλ' αἰγίδα θυσσανόεσσαν,·
ἀμφὶ δέ οἱ κεφαλῇ νέφος ἔστεφε δῖα θεάων   205
χρύσεον, ἐκ δ' αὐτοῦ δαῖε φλόγα παμφανόωσαν.
Ὡς δ' ὅτε καπνὸς ἰὼν ἐξ ἄστεος αἰθέρ' ἵκηται,
τηλόθεν ἐκ νήσου, τὴν δήιοι ἀμφιμάχονται,
οἵ τε πανημέριοι στυγερῷ κρίνονται Ἄρηι
ἄστεος ἐκ σφετέρου· ἅμα δ' ἠελίῳ καταδύντι   210
πυρσοί τε φλεγέθουσιν ἐπήτριμοι, ὑψόσε δ' αὐγὴ
γίνεται ἀίσσουσα περικτιόνεσσιν ἰδέσθαι,
αἴ κέν πως σὺν νηυσὶν ἀρῆς ἀλκτῆρες ἵκωνται·
ὣς ἀπ' Ἀχιλλῆος κεφαλῆς σέλας αἰθέρ' ἵκανε
στῆ δ' ἐπὶ τάφρον ἰὼν ἀπὸ τείχεος, οὐδ' ἐς Ἀχαιοὺς   215
μίσγετο· μητρὸς γὰρ πυκινὴν ὠπίζετ' ἐφετμήν·
ἔνθα στὰς ἤυσ', ἀπάτερθε δὲ Παλλὰς Ἀθήνη
φθέγξατ'· ἀτὰρ Τρώεσσιν ἐν ἄσπετον ὦρσε κυδοιμόν.
Ὡς δ' ὅτ' ἀριζήλη φωνή, ὅτε τ' ἴαχε σάλπιγξ
ἄστυ περιπλομένων δηίων ὕπο θυμοραϊστέων,   220
ὣς τότ' ἀριζήλη φωνὴ γένετ' Αἰακίδαο.
Οἱ δ' ὡς οὖν ἄιον ὄπα χάλκεον Αἰακίδαο,
πᾶσιν ὀρίνθη θυμός· ἀτὰρ καλλίτριχες ἵπποι
ἂψ ὄχεα τρόπεον· ὄσσοντο γὰρ ἄλγεα θυμῷ·
ἡνίοχοι δ' ἔκπληγεν, ἐπεὶ ἴδον ἀκάματον πῦρ   225

ils ne vont pas renoncer à se battre et laisser ainsi souffler les vaillants fils des Achéens à cette heure épuisés. Il faut si peu de temps pour souffler à la guerre ! »

Ainsi dit – et s'en va – Iris aux pieds prompts. Achille cher à Zeus se lève donc. Sur ses fières épaules, Athéné vient jeter l'égide frangée ; puis la toute divine orne son front d'un nimbe d'or, tandis qu'elle fait jaillir de son corps une flamme resplendissante. On voit parfois une fumée s'élever d'une ville et monter jusqu'à l'éther[11], au loin, dans une île qu'assiège l'ennemi. Tout le jour, les gens, du haut de leur ville, ont pris pour arbitre le cruel Arès ; mais, sitôt le soleil couché, ils allument des signaux de feu, qui se succèdent, rapides, et dont la lueur jaillit assez haut pour être aperçue des peuples voisins : ceux-ci peuvent-ils venir sur des nefs les préserver d'un désastre ? C'est ainsi que du front d'Achille une clarté monte jusqu'à l'éther. Passant la mer, le héros s'arrête au fossé, sans se mêler aux Achéens : il a trop de respect pour le sage avis de sa mère. Il s'arrête donc et, de là, pousse un cri – et Pallas Athéné fait, de son côté, entendre sa voix. Il suscite aussitôt dans les rangs des Troyens un tumulte indicible. On dirait qu'il s'agit de la voix éclatante que fait entendre la trompette, le jour où des ennemis, destructeurs de vies humaines, enveloppent une cité. Ainsi, éclatante, sonne la voix de l'Éacide. Et à peine ont-ils entendu la voix d'airain[12] de l'Éacide, que leur cœur à tous s'émeut. Les chevaux aux belles crinières vite à leurs chars font faire demi-tour : leur cœur pressent trop de souffrances ! Les cochers perdent la tête, à voir le feu vivace qui flamboie,

---

11. Le retour d'Achille sur le champ de bataille se fait sous le signe de la lueur, de l'éclat : c'est une véritable apparition lumineuse que les guerriers voient près du fossé.

12. Tout comme son corps qui irradie autour de lui de l'éclat d'ordinaire prêté aux armes, sa voix de « bronze » *(opa khalkeon)* évoque le son des armes qui s'entrechoquent.

δεινὸν ὑπὲρ κεφαλῆς μεγαθύμου Πηλείωνος
δαιόμενον· τὸ δὲ δαῖε θεὰ γλαυκῶπις Ἀθήνη.
Τρὶς μὲν ὑπὲρ τάφρου μεγάλ' ἴαχε δῖος Ἀχιλλεύς,
τρὶς δ' ἐκυκήθησαν Τρῶες κλειτοί τ' ἐπίκουροι·
ἔνθα δὲ καὶ τότ' ὄλοντο δυώδεκα φῶτες ἄριστοι   230
ἀμφὶ σφοῖς ὀχέεσσι καὶ ἔγχεσιν. Αὐτὰρ Ἀχαιοὶ
ἀσπασίως Πάτροκλον ὑπ' ἐκ βελέων ἐρύσαντες
κάτθεσαν ἐν λεχέεσσι· φίλοι δ' ἀμφέσταν ἑταῖροι
μυρόμενοι· μετὰ δέ σφι ποδώκης εἶπετ' Ἀχιλλεὺς
δάκρυα θερμὰ χέων, ἐπεὶ εἴσιδε πιστὸν ἑταῖρον   235
κείμενον ἐν φέρτρῳ δεδαϊγμένον ὀξέι χαλκῷ·
τόν ῥ' ἤτοι μὲν ἔπεμπε σὺν ἵπποισιν καὶ ὄχεσφιν
ἐς πόλεμον, οὐδ' αὖτις ἐδέξατο νοστήσαντα.
    Ἠέλιον δ' ἀκάμαντα βοῶπις πότνια Ἥρη
πέμψεν ἐπ' Ὠκεανοῖο ῥοὰς ἀέκοντα νέεσθαι·   240
ἠέλιος μὲν ἔδυ, παύσαντο δὲ δῖοι Ἀχαιοὶ
φυλόπιδος κρατερῆς καὶ ὁμοιίου πτολέμοιο.
    Τρῶες δ' αὖθ' ἑτέρωθεν ἀπὸ κρατερῆς ὑσμίνης
χωρήσαντες ἔλυσαν ὑφ' ἅρμασιν ὠκέας ἵππους,
ἐς δ' ἀγορὴν ἀγέροντο, πάρος δόρποιο μέδεσθαι·   245
ὀρθῶν δ' ἑσταότων ἀγορὴ γένετ', οὐδέ τις ἔτλη
ἕζεσθαι· πάντας γὰρ ἔχε τρόμος, οὕνεκ' Ἀχιλλεὺς
ἐξεφάνη, δηρὸν δὲ μάχης ἐπέπαυτ' ἀλεγεινῆς.
Τοῖσι δὲ Πουλυδάμας πεπνυμένος ἦρχ' ἀγορεύειν
Πανθοΐδης· ὃ γὰρ οἶος ὅρα πρόσσω καὶ ὀπίσσω·   250
Ἕκτορι δ' ἦεν ἑταῖρος, ἰῇ δ' ἐν νυκτὶ γένοντο,
ἀλλ' ὃ μὲν ἂρ μύθοισιν, ὃ δ' ἔγχεϊ πολλὸν ἐνίκα·
ὅ σφιν ἐὺ φρονέων ἀγορήσατο καὶ μετέειπεν·

terrible, au front du magnanime Péléide et dont le flamboiement est dû à la déesse aux yeux pers, Athéné. Trois fois, par-dessus le fossé, le divin Achille jette un immense cri ; trois fois il bouleverse les Troyens et leurs illustres alliés. Là encore périssent douze des meilleurs preux, sous leurs propres chars ou par leurs propres piques. Les Achéens, eux, avec joie, s'empressent alors de tirer Patrocle hors des traits et de le placer sur un lit. Ses compagnons l'entourent et se lamentent. Derrière, avec eux, marche Achille aux pieds rapides, versant des larmes brûlantes : il a vu son loyal ami, étendu sur une civière, déchiré par le bronze aigu, ce Patrocle qu'il faisait encore tout à l'heure partir pour la bataille avec ses chevaux et son char, et qu'il n'aura pas eu à accueillir à son retour !

L'auguste Héré aux grands yeux fait malgré lui se hâter le soleil infatigable vers le cours d'Océan[13]. Le soleil se couche : les divins Achéens suspendent la lutte brutale et le combat qui n'épargne personne.

Les Troyens, de leur côté, quittent la mêlée brutale. Ils détellent des chars les chevaux rapides et se forment en assemblée avant de songer au repas du soir. Mais on reste debout pour cette assemblée ; nul qui ose s'asseoir, la terreur les tient tous ; Achille a reparu, qui avait depuis si longtemps quitté la bataille amère ! Le fils de Panthoos, Polydamas l'avisé, le premier, parle à l'assemblée. Seul, il voit à la fois le passé, l'avenir. Il est camarade d'Hector ; tous deux sont nés la même nuit. Mais le premier l'emporte de beaucoup par ses avis, comme l'autre par sa lance. Sagement, il prend la parole et dit :

13. Pour empêcher les Troyens de revenir à la charge et tenter de récupérer le cadavre de Patrocle, Héra abrège le jour ; de la même façon, dans l'*Odyssée*, Athéna prolonge la nuit qui voit les retrouvailles d'Ulysse et de Pénélope (*Od.*, XXIII, 241-246).

« Ἀμφὶ μάλα φράζεσθε, φίλοι· κέλομαι γὰρ ἔγωγε
ἄστυ δὲ νῦν ἰέναι, μὴ μίμνειν ἠῶ δῖαν   255
ἐν πεδίῳ παρὰ νηυσίν· ἑκὰς δ᾽ ἀπὸ τείχεός εἰμεν.
Ὄφρα μὲν οὗτος ἀνὴρ Ἀγαμέμνονι μήνιε δίῳ,
τόφρα δὲ ῥηΐτεροι πολεμίζειν ἦσαν Ἀχαιοί·
χαίρεσκον γὰρ ἔγωγε θοῇς ἐπὶ νηυσὶν ἰαύων
ἐλπόμενος νῆας αἱρησέμεν ἀμφιελίσσας.   260
Νῦν δ᾽ αἰνῶς δείδοικα ποδώκεα Πηλείωνα·
οἷος ἐκείνου θυμὸς ὑπέρβιος, οὐκ ἐθελήσει
μίμνειν ἐν πεδίῳ, ὅθι περ Τρῶες καὶ Ἀχαιοὶ
ἐν μέσῳ ἀμφότεροι μένος Ἄρηος δατέονται,
ἀλλὰ περὶ πτόλιός τε μαχήσεται ἠδὲ γυναικῶν.   265
Ἀλλ᾽ ἴομεν προτὶ ἄστυ, πίθεσθέ μοι· ὧδε γὰρ ἔσται·
νῦν μὲν νὺξ ἀπέπαυσε ποδώκεα Πηλείωνα
ἀμβροσίη· εἰ δ᾽ ἄμμε κιχήσεται ἐνθάδ᾽ ἐόντας
αὔριον ὁρμηθεὶς σὺν τεύχεσιν, εὖ νύ τις αὐτὸν
γνώσεται· ἀσπασίως γὰρ ἀφίξεται Ἴλιον ἱρὴν   270
ὅς κε φύγῃ, πολλοὺς δὲ κύνες καὶ γῦπες ἔδονται
Τρώων· αἲ γὰρ δή μοι ἀπ᾽ οὔατος ὧδε γένοιτο.
Εἰ δ᾽ ἂν ἐμοῖς ἐπέεσσι πιθώμεθα κηδόμενοί περ,
νύκτα μὲν εἰν ἀγορῇ σθένος ἕξομεν, ἄστυ δὲ πύργοι
ὑψηλαί τε πύλαι σανίδες τ᾽ ἐπὶ τῆς ἀραρυῖαι   275
μακραὶ ἐΰξεστοι ἐζευγμέναι εἰρύσσονται·
πρῶι δ᾽ ὑπηοῖοι σὺν τεύχεσι θωρηχθέντες
στησόμεθ᾽ ἂμ πύργους· τῷ δ᾽ ἄλγιον, αἴ κ᾽ ἐθέλησιν
ἐλθὼν ἐκ νηῶν περὶ τείχεος ἄμμι μάχεσθαι·
ἂψ πάλιν εἶσ᾽ ἐπὶ νῆας, ἐπεί κ᾽ ἐριαύχενας ἵππους   280
παντοίου δρόμου ἄσῃ ὑπὸ πτόλιν ἠλασκάζων·
εἴσω δ᾽ οὔ μιν θυμὸς ἐφορμηθῆναι ἐάσει,
οὐδέ ποτ᾽ ἐκπέρσει· πρίν μιν κύνες ἀργοὶ ἔδονται. »

« Examinez bien les choses sous tous les aspects, mes amis. Pour ma part, je vous conseille de gagner maintenant la ville et de ne pas attendre l'aurore divine, près des nefs, dans la plaine. Nous sommes loin de nos remparts. Tant que cet homme en voulait au divin Agamemnon, les Achéens pour nous étaient plus aisés à combattre. J'avais plaisir moi-même à camper près des fines nefs, avec l'espoir de prendre les vaisseaux à double courbure. Mais j'ai terriblement peur maintenant du Péléide aux pieds rapides. Il a l'âme trop violente pour consentir à rester dans la plaine, où Troyens et Achéens, entre leurs lignes, ont part égale à la fureur d'Arès. Il entendra combattre pour la ville et pour les femmes. Croyez-moi, revenons vers la ville, car voici ce qui va arriver. À cette heure, la nuit divine a arrêté le Péléide aux pieds rapides ; mais, s'il nous rencontre ici, lorsque demain il sortira en armes, il saura bien se faire reconnaître, et nos fuyards alors seront trop heureux d'atteindre la sainte Ilion : on en verra plus d'un mangé des chiens et des vautours… Ah ! de tels mots puissent-ils demeurer loin de mes oreilles ! Mais, si nous suivons mon avis, quelque déplaisir qu'il nous cause, nous garderons ceux qui font notre force toute la nuit sur la grand-place : la ville sera défendue par ses remparts, ses hautes portes, et les vantaux qui y sont adaptés, longs, polis, et bien joints. Puis, à la première heure, dès que poindra l'aube, armés de pied en cap, nous prendrons position au sommet des remparts ; et il en cuira à Achille, s'il prétend venir des nefs combattre pour nos murs. Il faudra bien qu'il retourne à ses nefs, une fois qu'il aura fatigué ses coursiers à puissante encolure de courses en tout sens, au hasard, sous nos murs. Son cœur ne lui permettra pas d'emporter Troie d'assaut ; jamais il ne la détruira ; ce sont plutôt nos chiens rapides qui le dévoreront, lui. »

Τὸν δ' ἄρ' ὑπόδρα ἰδὼν προσέφη κορυθαίολος Ἕκτωρ·

« Πουλυδάμα, σὺ μὲν οὐκέτ' ἐμοὶ φίλα ταῦτ' ἀγορεύεις,   285
ὃς κέλεαι κατὰ ἄστυ ἀλήμεναι αὖτις ἰόντας·
ἦ οὔ πω κεκόρησθε ἐελμένοι ἔνδοθι πύργων ;
Πρὶν μὲν γὰρ Πριάμοιο πόλιν μέροπες ἄνθρωποι
πάντες μυθέσκοντο πολύχρυσον πολύχαλκον·
νῦν δὲ δὴ ἐξαπόλωλε δόμων κειμήλια καλά,   290
πολλὰ δὲ δὴ Φρυγίην καὶ Μηονίην ἐρατεινὴν
κτήματα περνάμεν' ἵκει, ἐπεὶ μέγας ὠδύσατο Ζεύς.
Νῦν δ' ὅτε πέρ μοι ἔδωκε Κρόνου πάις ἀγκυλομήτεω
κῦδος ἀρέσθ' ἐπὶ νηυσί, θαλάσσῃ τ' ἔλσαι Ἀχαιούς,
νήπιε, μηκέτι ταῦτα νοήματα φαῖν' ἐνὶ δήμῳ·   295
οὐ γάρ τις Τρώων ἐπιπείσεται· οὐ γὰρ ἐάσω.
Ἀλλ' ἄγεθ' ὡς ἂν ἐγὼ εἴπω, πειθώμεθα πάντες·
νῦν μὲν δόρπον ἕλεσθε κατὰ στρατὸν ἐν τελέεσσι,
καὶ φυλακῆς μνήσασθε, καὶ ἐγρήγορθε ἕκαστος·
Τρώων δ' ὃς κτεάτεσσιν ὑπερφιάλως ἀνιάζει,   300
συλλέξας λαοῖσι δότω καταδημοβορῆσαι·
τῶν τινὰ βέλτερόν ἐστιν ἐπαυρέμεν ἤ περ Ἀχαιούς·
πρωὶ δ' ὑπηοῖοι σὺν τεύχεσι θωρηχθέντες
νηυσὶν ἐπὶ γλαφυρῇσιν ἐγείρομεν ὀξὺν Ἄρηα·
εἰ δ' ἐτεὸν παρὰ ναῦφιν ἀνέστη δῖος Ἀχιλλεύς,   305
ἄλγιον, αἴ κ' ἐθέλῃσι, τῷ ἔσσεται· οὔ μιν ἔγωγε
φεύξομαι ἐκ πολέμοιο δυσηχέος, ἀλλὰ μάλ' ἄντην
στήσομαι, ἤ κε φέρῃσι μέγα κράτος, ἦ κε φεροίμην·
ξυνὸς Ἐνυάλιος, καί τε κτανέοντα κατέκτα. »

Ὣς Ἕκτωρ ἀγόρευ', ἐπὶ δὲ Τρῶες κελάδησαν,   310
νήπιοι· ἐκ γάρ σφεων φρένας εἵλετο Παλλὰς Ἀθήνη·

Hector au casque étincelant sur lui lève un œil sombre et dit :

« Polydamas, tu ne tiens plus là un langage qui me plaise. Ainsi, tu nous conseilles d'aller nous enfermer de nouveau dans la ville ? Vous n'en avez donc pas assez d'être amassés ainsi derrière des remparts[14] ? Autrefois, de la ville de Priam, tous les mortels disaient qu'elle était riche en or, en bronze ; mais les trésors de nos palais aujourd'hui ont disparu. Que de réserves précieuses, vendues, sont parties pour la Phrygie ou pour l'aimable Méonie ; du jour où le grand Zeus nous a pris en haine ! À cette heure, où le fils de Cronos le Fourbe m'a permis d'acquérir la gloire près des nefs et d'acculer les Achéens à la mer, ne va donc plus, pauvre sot ! ouvrir devant le peuple de pareils avis ; nul des Troyens, d'ailleurs, ne les suivra, je ne le tolérerai pas. Allons ! suivons tous l'avis que je donne. Pour l'instant, prenez le repas du soir, par unités, dans tout le camp ; en même temps songez à vous garder ; que chacun demeure en éveil ; et, s'il est quelque Troyen que ses richesses tourmentent à l'excès, eh bien ! qu'il les rassemble donc et les donne à nos hommes, pour qu'ils les mangent, eux, en commun, sans en rien laisser ! Mieux vaut que le profit en soit pour chacun de nous que pour les Achéens. Mais à la première heure, dès que poindra l'aube, armés de pied en cap, près des nefs creuses, réveillons l'ardent Arès. Si le divin Achille s'est vraiment levé pour quitter les nefs, eh bien ! il lui en cuira : à sa guise ! Moi je ne fuirai pas la sinistre bataille ; je me camperai bien en face de lui, et nous verrons qui de lui ou de moi remportera un grand triomphe. Ényale est pour tous le même : souvent il tue qui vient de tuer. »

Ainsi parle Hector, les Troyens l'acclament. Pauvres sots ! Pallas Athéné à tous a ravi la raison. Ils approuvent

14. Hector a déjà rejeté, avec les mêmes mots, le conseil de prudence que lui donnait Polydamas ; cf. XII, 230-231.

Ἕκτορι μὲν γὰρ ἐπήνησαν κακὰ μητιόωντι,
Πουλυδάμαντι δ᾽ ἄρ᾽ οὔ τις, ὃς ἐσθλὴν φράζετο βουλήν.

Δόρπον ἔπειθ᾽ εἵλοντο κατὰ στρατόν· αὐτὰρ Ἀχαιοὶ
παννύχιοι Πάτροκλον ἀνεστενάχοντο γοῶντες·   315
τοῖσι δὲ Πηλείδης ἀδινοῦ ἐξῆρχε γόοιο,
χεῖρας ἐπ᾽ ἀνδροφόνους θέμενος στήθεσσιν ἑταίρου,
πυκνὰ μάλα στενάχων ὥς τε λὶς ἠυγένειος,
ᾧ ῥά θ᾽ ὑπὸ σκύμνους ἐλαφηβόλος ἁρπάσῃ ἀνὴρ
ὕλης ἐκ πυκινῆς· ὁ δέ τ᾽ ἄχνυται ὕστερος ἐλθών,   320
πολλὰ δέ τ᾽ ἄγκε᾽ ἐπῆλθε μετ᾽ ἀνέρος ἴχνι᾽ ἐρευνῶν,
εἴ ποθεν ἐξεύροι· μάλα γὰρ δριμὺς χόλος αἱρεῖ·
ὣς ὁ βαρὺ στενάχων μετεφώνεε Μυρμιδόνεσσιν·

« Ὦ πόποι, ἦ ῥ᾽ ἅλιον ἔπος ἔκβαλον ἤματι κείνῳ
θαρσύνων ἥρωα Μενοίτιον ἐν μεγάροισι·   325
φῆν δέ οἱ εἰς Ὀπόεντα περικλυτὸν υἱὸν ἀπάξειν
Ἴλιον ἐκπέρσαντα, λαχόντα τε ληΐδος αἶσαν.
Ἀλλ᾽ οὐ Ζεὺς ἄνδρεσσι νοήματα πάντα τελευτᾷ·
ἄμφω γὰρ πέπρωται ὁμοίην γαῖαν ἐρεῦσαι
αὐτοῦ ἐνὶ Τροίῃ, ἐπεὶ οὐδ᾽ ἐμὲ νοστήσαντα   330
δέξεται ἐν μεγάροισι γέρων ἱππηλάτα Πηλεὺς
οὐδὲ Θέτις μήτηρ, ἀλλ᾽ αὐτοῦ γαῖα καθέξει.
Νῦν δ᾽ ἐπεὶ οὖν, Πάτροκλε, σεῦ ὕστερος εἶμ᾽ ὑπὸ γαῖαν,
οὔ σε πρὶν κτεριῶ, πρίν γ᾽ Ἕκτορος ἐνθάδ᾽ ἐνεῖκαι
τεύχεα καὶ κεφαλήν, μεγαθύμου σεῖο φονῆος·   335

15. Hector semble aveuglé par sa victoire sur Patrocle ; en s'em-
parant des armes d'Achille, il a signé son arrêt de mort : en effet, lorsqu'il arrache le casque d'Achille de la tête de Patrocle, le texte dénon-
ce clairement l'excès qu'il commet – « il n'était pas permis *(ou themis)*
à un autre de le porter », XVI, 796. En refusant la retraite, Hector per-
siste à s'enfoncer dans son erreur, ce que démontre Redfield (1984,
p. 190) de façon convaincante : « [...] erreur qui ne s'incarne pas dans

Hector, dont l'avis fait leur malheur[15], et nul n'est pour Polydamas, qui leur donne le bon conseil !

Ils prennent donc le repas du soir dans le camp. Les Achéens, eux, toute la nuit gémissent et pleurent sur Patrocle ; et le fils de Pélée entonne une longue plainte, en posant ses mains meurtrières sur le sein de son ami. Il sanglote sans répit. Tel un lion à crinière, à qui un chasseur de biches a enlevé ses petits, au fond d'une épaisse forêt, et qui se désespère d'être arrivé trop tard. Il parcourt tous les vallons, cherchant la piste de l'homme : ah ! s'il pouvait le trouver ! une âpre colère le possède tout entier. Tel, avec de lourds sanglots[16], Achille parle aux Myrmidons :

« Las ! ce sont des mots bien vains que j'ai laissé échapper, le jour où, dans ma demeure, pour rassurer le héros Ménœtios, je lui promettais de lui ramener à Oponte[17] un fils couvert de gloire, ayant détruit Ilion et reçu sa part de butin. Mais Zeus n'achève pas tous les desseins des hommes. Le destin veut que, tous les deux, nous rougissions le même sol, ici, à Troie. Moi non plus, le vieux meneur de chars Pélée ne m'accueillera pas de retour dans son palais, ni ma mère Thétis, et cette terre ici même me retiendra. Mais, en attendant, Patrocle, puisque je n'irai qu'après toi sous terre, je ne veux pas t'ensevelir, avant de t'avoir ici apporté les armes et la tête d'Hector, ton magnanime meurtrier, et, devant ton

---

un acte unique, mais dans une métamorphose absolue de sa personnalité. [...] Et puisque la retraite, pour Hector, représente, entre autres, le retour au foyer et à la cité pour laquelle il se bat, l'Hector acharné au combat est aussi un héros qui se coupe de l'ordre social où s'enracine son héroïsme. Isolé, il a perdu sa raison d'être. »

16. Dans ses sanglots de douleur et de colère mêlées, Achille est, une fois de plus, « comme un lion » ; cf. Monsacré, 1984, p. 185-196.

17. Ville de l'est de la Locride.

δώδεκα δὲ προπάροιθε πυρῆς ἀποδειροτομήσω
Τρώων ἀγλαὰ τέκνα, σέθεν κταμένοιο χολωθείς·
τόφρα δέ μοι παρὰ νηυσὶ κορωνίσι κείσεαι αὔτως,
ἀμφὶ δὲ σὲ Τρῳαὶ καὶ Δαρδανίδες βαθύκολποι
κλαύσονται νύκτάς τε καὶ ἤματα δάκρυ χέουσαι,   340
τὰς αὐτοὶ καμόμεσθα βίηφί τε δουρί τε μακρῷ,
πιείρας πέρθοντε πόλεις μερόπων ἀνθρώπων. »
    Ὣς εἰπὼν ἑτάροισιν ἐκέκλετο δῖος Ἀχιλλεὺς
ἀμφὶ πυρὶ στῆσαι τρίποδα μέγαν, ὄφρα τάχιστα
Πάτροκλον λούσειαν ἄπο βρότον αἱματόεντα.   345
Οἱ δὲ λοετροχόον τρίποδ᾽ ἵστασαν ἐν πυρὶ κηλέῳ,
ἐν δ᾽ ἄρ᾽ ὕδωρ ἔχεαν, ὑπὸ δὲ ξύλα δαῖον ἑλόντες·
γάστρην μὲν τρίποδος πῦρ ἄμφεπε, θέρμετο δ᾽ ὕδωρ·
αὐτὰρ ἐπεὶ δὴ ζέσσεν ὕδωρ ἐνὶ ἤνοπι χαλκῷ,
καὶ τότε δὴ λοῦσάν τε καὶ ἤλειψαν λίπ᾽ ἐλαίῳ,   350
ἐν δ᾽ ὠτειλὰς πλῆσαν ἀλείφατος ἐννεώροιο·
ἐν λεχέεσσι δὲ θέντες ἑανῷ λιτὶ κάλυψαν
ἐς πόδας ἐκ κεφαλῆς, καθύπερθε δὲ φάρεϊ λευκῷ.
Παννύχιοι μὲν ἔπειτα πόδας ταχὺν ἀμφ᾽ Ἀχιλῆα
Μυρμιδόνες Πάτροκλον ἀνεστενάχοντο γοῶντες·   355
Ζεὺς δ᾽ Ἥρην προσέειπε κασιγνήτην ἄλοχόν τε·
    « Ἔπρηξας καὶ ἔπειτα, βοῶπις πότνια Ἥρη,
ἀνστήσασ᾽ Ἀχιλῆα πόδας ταχύν· ἦ ῥά νυ σεῖο
ἐξ αὐτῆς ἐγένοντο κάρη κομόωντες Ἀχαιοί. »
    Τὸν δ᾽ ἠμείβετ᾽ ἔπειτα βοῶπις πότνια Ἥρη·   360
    « Αἰνότατε Κρονίδη, ποῖον τὸν μῦθον ἔειπες;
καὶ μὲν δή πού τις μέλλει βροτὸς ἀνδρὶ τελέσσαι,
ὅς περ θνητός τ᾽ ἐστὶ καὶ οὐ τόσα μήδεα οἶδε·
πῶς δὴ ἔγωγ᾽, ἥ φημι θεάων ἔμμεν ἀρίστη,

bûcher, je trancherai la gorge à douze brillants fils de
Troie, dans le courroux qui me tient de ta mort. Jusqu'à
ce jour-là tu resteras gisant, comme tu es, près des nefs
recourbées, et, autour de toi, jour et nuit, se lamenteront
en pleurant, les Troyennes, les Dardaniennes[18] au sein
profond que nous avons péniblement conquises par
notre force et notre longue pique, en ravageant les riches
cités des mortels. »

Ainsi parle Achille, et il donne à ses compagnons
l'ordre de mettre un grand trépied au feu : il faut au plus
vite laver Patrocle du sang qui le couvre[19]. Sur la flamme brûlante ils placent donc le trépied chauffe-bain ; ils
le remplissent d'eau, et ils mettent dessous des bûches à
flamber. La flamme enveloppe la panse du trépied, l'eau
peu à peu s'échauffe. Lorsqu'enfin elle bout dans le
bronze éclatant, ils lavent le corps, ils le frottent d'huile
luisante, ils remplissent ses plaies d'un onguent de neuf
ans ; ils le déposent sur un lit ; de la tête aux pieds, ils le
couvrent d'un souple tissu, et ensuite, par-dessus, d'un
carré d'étoffe blanche. Puis, toute la nuit, autour
d'Achille aux pieds rapides, les Myrmidons gémissent et
pleurent sur Patrocle. Et Zeus s'adresse alors à Héré, son
épouse et sœur :

« Te voilà désormais arrivée à tes fins, auguste Héré
aux grands yeux : tu as fait se lever Achille aux pieds
rapides. Il faut vraiment qu'ils soient issus de toi, les
Achéens chevelus ! »

L'auguste Héré aux grands yeux lui répond :

« Terrible Cronide, quels mots as-tu dits là ? S'il est
vrai qu'un homme doit, à l'égard d'un autre, achever son
dessein, alors qu'il est mortel et sait si peu de choses,
comment donc, moi qui prétends être la première des
déesses, par la naissance et par le nom que j'ai de ton

18. C'est-à-dire les captives de guerre prises par Achille lors du
pillage de certaines villes de Troade.
19. Première étape des rites funèbres en l'honneur d'un mort.

ἀμφότερον, γενεῇ τε καὶ οὕνεκα σὴ παράκοιτις			365
κέκλημαι, σὺ δὲ πᾶσι μετ' ἀθανάτοισιν ἀνάσσεις,
οὐκ ὄφελον Τρώεσσι κοτεσσαμένη κακὰ ῥάψαι ; »

   Ὣς οἱ μὲν τοιαῦτα πρὸς ἀλλήλους ἀγόρευον·
Ἡφαίστου δ' ἵκανε δόμον Θέτις ἀργυρόπεζα
ἄφθιτον ἀστερόεντα, μεταπρεπέ' ἀθανάτοισι,			370
χάλκεον, ὅν ῥ' αὐτὸς ποιήσατο Κυλλοποδίων.
Τὸν δ' εὗρ' ἱδρώοντα ἑλισσόμενον περὶ φύσας
σπεύδοντα· τρίποδας γὰρ ἐείκοσι πάντας ἔτευχεν
ἑστάμεναι περὶ τοῖχον ἐυσταθέος μεγάροιο,
χρύσεα δέ σφ' ὑπὸ κύκλα ἑκάστῳ πυθμένι θῆκεν,			375
ὄφρά οἱ αὐτόματοι θεῖον δυσαίατ' ἀγῶνα
ἠδ' αὖτις πρὸς δῶμα νεοίατο, θαῦμα ἰδέσθαι.
Οἱ δ' ἤτοι τόσσον μὲν ἔχον τέλος, οὔατα δ' οὔ πω
δαιδάλεα προσέκειτο· τά ῥ' ἤρτυε, κόπτε δὲ δεσμούς.
   Ὄφρ' ὅ γε ταῦτα πονεῖτο ἰδυίῃσι πραπίδεσσι,			380
τόφρά οἱ ἐγγύθεν ἦλθε θεὰ Θέτις ἀργυρόπεζα.
Τὴν δὲ ἴδε προμολοῦσα Χάρις λιπαροκρήδεμνος
καλή, τὴν ὤπυιε περικλυτὸς Ἀμφιγυήεις·
ἔν τ' ἄρα οἱ φῦ χειρὶ ἔπος τ' ἔφατ' ἔκ τ' ὀνόμαζε·
   « Τίπτε, Θέτι τανύπεπλε, ἱκάνεις ἡμέτερον δῶ			385
αἰδοίη τε φίλη τε ; πάρος γε μὲν οὔ τι θαμίζεις·
ἀλλ' ἕπεο προτέρω, ἵνα τοι πὰρ ξείνια θείω. »

   20. Héphaïstos est né boiteux, et Héra, ne supportant pas son infir-
mité, l'aurait fait jeter dans la mer alors qu'il était enfant. Sa démarche
est circulaire, il « roule » autour des soufflets *(hellisomenon peri phu-
sas,* 372).
   21. Pour ces chaudrons, Héphaïstos a fabriqué des roulettes qui
rappellent ses propres pieds « tordus, courbes » *(kullopodiôn).*

épouse, à toi qui règnes sur tous les Immortels, comment ne devais-je pas tramer le malheur des Troyens, s'ils ont provoqué ma rancune ? »

Mais, tandis qu'ils conversent ainsi, Thétis aux pieds d'argent arrive dans la demeure d'Héphæstos, demeure impérissable et étoilée, éclatante entre toutes aux yeux des Immortels, toute en bronze et construite par le Bancal[20] lui-même. Elle le trouve, tout suant, roulant autour de ses soufflets, affairé. Il est en train de fabriquer des trépieds – vingt en tout – qui doivent se dresser tout autour de la grande salle, le long de ses beaux murs bien droits. À la base de chacun d'eux, il a mis des roulettes en or, afin qu'ils puissent, d'eux-mêmes, entrer dans l'assemblée des dieux, puis s'en revenir au logis – une merveille à voir[21] ! Ils sont presque terminés ; les anses ouvragées, seules, ne sont pas encore en place ; il y travaille, il en forge les attaches. Tandis qu'il peine ainsi, en ses savants pensers, voici qu'approche Thétis, la déesse aux pieds d'argent. Charis s'avance et la voit, Charis la Belle[22], au voile éclatant, qu'a prise pour femme l'illustre Boiteux. Elle lui prend la main, elle lui dit, en l'appelant de tous ses noms :

« Qui t'amène à notre demeure, Thétis à la longue robe, Thétis auguste et chère ? Jusqu'ici, chez nous tu ne fréquentes guère. Suis-moi plus avant : je te veux offrir nos présents d'hospitalité. »

Semblables à des automates, les chaudrons se déplacent aussi bien vers l'avant que vers l'arrière. Sur la boiterie, cf. Vernant-Detienne, 1974, p. 255-258, et Vernant, 1986, p. 48-49.

22. Littéralement « Grâce ». Dans l'*Odyssée*, VIII, 269-270, Héphaïstos est l'époux d'Aphrodite, tandis que dans la *Théogonie*, 945, il a épousé Aglaié, une des Grâces.

Ὣς ἄρα φωνήσασα πρόσω ἄγε δῖα θεάων·
τὴν μὲν ἔπειτα καθεῖσεν ἐπὶ θρόνου ἀργυροήλου
καλοῦ δαιδαλέου· ὑπὸ δὲ θρῆνυς ποσὶν ἦεν·   390
κέκλετο δ᾽ Ἥφαιστον κλυτοτέχνην εἶπέ τε μῦθον·
   « Ἥφαιστε, πρόμολ᾽ ὧδε· Θέτις νύ τι σεῖο χατίζει. »
Τὴν δ᾽ ἠμείβετ᾽ ἔπειτα περικλυτὸς Ἀμφιγυήεις·
   « Ἦ ῥά νύ μοι δεινή τε καὶ αἰδοίη θεὸς ἔνδον,
ἥ μ᾽ ἐσάωσ᾽, ὅτε μ᾽ ἄλγος ἀφίκετο τῆλε πεσόντα   395
μητρὸς ἐμῆς ἰότητι κυνώπιδος, ἥ μ᾽ ἐθέλησε
κρύψαι χωλὸν ἐόντα· τότ᾽ ἂν πάθον ἄλγεα θυμῷ,
εἰ μή μ᾽ Εὐρυνόμη τε Θέτις θ᾽ ὑπεδέξατο κόλπῳ,
Εὐρυνόμη, θυγάτηρ ἀψορρόου Ὠκεανοῖο.
Τῇσι παρ᾽ εἰνάετες χάλκευον δαίδαλα πολλά,   400
πόρπας τε γναμπτάς θ᾽ ἕλικας κάλυκάς τε καὶ ὅρμους
ἐν σπῆι γλαφυρῷ· περὶ δὲ ῥόος Ὠκεανοῖο
ἀφρῷ μορμύρων ῥέεν ἄσπετος· οὐδέ τις ἄλλος
ᾔδεεν οὔτε θεῶν οὔτε θνητῶν ἀνθρώπων,
ἀλλὰ Θέτις τε καὶ Εὐρυνόμη ἴσαν, αἵ μ᾽ ἐσάωσαν.   405
Ἦ νῦν ἡμέτερον δόμον ἵκει· τῷ με μάλα χρεὼ
πάντα Θέτι καλλιπλοκάμῳ ζῳάγρια τίνειν·
ἀλλὰ σὺ μὲν νῦν οἱ παράθες ξεινήια καλά,
ὄφρ᾽ ἂν ἐγὼ φύσας ἀποθείομαι ὅπλά τε πάντα. »
   Ἦ, καὶ ἀπ᾽ ἀκμοθέτοιο πέλωρ αἴητον ἀνέστη   410
χωλεύων· ὑπὸ δὲ κνῆμαι ῥώοντο ἀραιαί.
Φύσας μέν ῥ᾽ ἀπάνευθε τίθει πυρός, ὅπλά τε πάντα
λάρνακ᾽ ἐς ἀργυρέην συλλέξατο, τοῖς ἐπονεῖτο·
σπόγγῳ δ᾽ ἀμφὶ πρόσωπα καὶ ἄμφω χεῖρ᾽ ἀπομόργνυ
αὐχένα τε στιβαρὸν καὶ στήθεα λαχνήεντα,   415
δῦ δὲ χιτῶν᾽, ἕλε δὲ σκῆπτρον παχύ, βῆ δὲ θύραζε
χωλεύων· ὑπὸ δ᾽ ἀμφίπολοι ῥώοντο ἄνακτι
χρύσειαι, ζωῇσι νεήνισιν εἰοικυῖαι·

Ainsi dit la toute divine, et, la conduisant plus avant, elle fait asseoir Thétis sur un siège à clous d'argent, un beau siège ouvragé, avec un banc sous les pieds. Puis elle appelle Héphæstos, l'illustre Artisan, et lui dit :

« Héphæstos, vite, viens ici : Thétis a besoin de toi. »

L'illustre Boiteux répond :

« Ah ! c'est une terrible, une auguste déesse, qui est là sous mon toit ! c'est elle qui m'a sauvé, à l'heure où, tombé au loin, j'étais tout endolori, du fait d'une mère à face de chienne, qui me voulait cacher, parce que j'étais boiteux[23]. Mon cœur eût bien souffert, si Eurynome et Thétis ne m'avaient alors recueilli dans leur giron – Eurynome, fille d'Océan, le fleuve qui va coulant vers sa source. Près d'elles, durant neuf ans, je forgeais mainte œuvre d'art, des broches, des bracelets souples, des rosettes, des colliers, au fond d'une grotte profonde, qu'entoure le flot immense d'Océan, qui gronde, écumant. Mais nul n'en savait rien, ni dieu ni mortel. Thétis et Eurynome étaient seules à savoir, elles qui m'avaient conservé la vie. Et la voici aujourd'hui qui vient chez nous ! Est-il donc pour moi plus pressant devoir que de payer aujourd'hui à Thétis aux belles tresses toute la rançon de ma vie ? Allons ! sers-lui vite le beau repas des hôtes, tandis que je rangerai, moi, mes soufflets et tous mes outils. »

Il dit et quitte le pied de son enclume, monstre essoufflé et boiteux, dont les jambes grêles s'agitent sous lui. Il écarte du feu ses soufflets ; il ramasse dans un coffre d'argent tous les outils dont il usait ; il essuie avec une éponge son visage, ses deux bras, son cou puissant, sa poitrine velue. Puis il enfile une tunique, prend un gros bâton et sort en boitant. Deux servantes s'évertuent à l'étayer. Elles sont en or, mais elles ont l'aspect

---

23. Ici Héphaïstos donne une nouvelle version de l'histoire de sa chute de l'Olympe (cf. I, 590-594). Sur le mythe d'Héphaïstos, voir Delcourt, 1957, *passim*.

τῆς ἐν μὲν νόος ἐστὶ μετὰ φρεσίν, ἐν δὲ καὶ αὐδὴ
καὶ σθένος, ἀθανάτων δὲ θεῶν ἄπο ἔργα ἴσασιν·   420
αἱ μὲν ὕπαιθα ἄνακτος ἐποίπνυον· αὐτὰρ ὁ ἔρρων
πλησίον, ἔνθα Θέτις περ, ἐπὶ θρόνου ἷζε φαεινοῦ,
ἔν τ᾽ ἄρα οἱ φῦ χειρὶ ἔπος τ᾽ ἔφατ᾽. ἔκ τ᾽ ὀνόμαζε·

« Τίπτε, Θέτι τανύπεπλε, ἱκάνεις ἡμέτερον δῶ
αἰδοίη τε φίλη τε; πάρος γε μὲν οὔ τι θαμίζεις·   425
αὖδα ὅ τι φρονέεις· τελέσαι δέ με θυμὸς ἄνωγεν,
εἰ δύναμαι τελέσαι γε καὶ εἰ τετελεσμένον ἐστί. »

Τὸν δ᾽ ἠμείβετ᾽ ἔπειτα Θέτις κατὰ δάκρυ χέουσα·

« Ἥφαιστ᾽, ἦ ἄρα δή τις, ὅσαι θεαί εἰσ᾽ ἐν Ὀλύμπῳ,
τοσσάδ᾽ ἐνὶ φρεσὶν ᾗσιν ἀνέσχετο κήδεα λυγρά,   430
ὅσσ᾽ ἐμοὶ ἐκ πασέων Κρονίδης Ζεὺς ἄλγε᾽ ἔδωκεν ;
ἐκ μέν μ᾽ ἀλλάων ἁλιάων ἀνδρὶ δάμασσεν,
Αἰακίδῃ Πηλῆι, καὶ ἔτλην ἀνέρος εὐνὴν
πολλὰ μάλ᾽ οὐκ ἐθέλουσα. Ὁ μὲν δὴ γήραϊ λυγρῷ
κεῖται ἐνὶ μεγάροις ἀρημένος, ἄλλα δέ μοι νῦν·   435
υἱὸν ἐπεί μοι δῶκε γενέσθαί τε τραφέμεν τε,
ἔξοχον ἡρώων· ὁ δ᾽ ἀνέδραμεν ἔρνεϊ ἶσος·
τὸν μὲν ἐγὼ θρέψασα φυτὸν ὣς γουνῷ ἀλωῆς,
νηυσὶν ἐπιπροέηκα κορωνίσιν Ἴλιον εἴσω
Τρωσὶ μαχησόμενον· τὸν δ᾽ οὐχ ὑποδέξομαι αὖτις   440
οἴκαδε νοστήσαντα δόμον Πηλήιον εἴσω.
Ὄφρα δέ μοι ζώει καὶ ὁρᾷ φάος ἠελίοιο,

24. La légende rapporte qu'un oracle aurait prédit que le fils de
Thétis serait plus puissant que son père : les dieux décidèrent alors de
la marier à un mortel, Pélée (cf. Eschyle, *Prométhée*, 907-927 ;
Pindare, *Isthmiques*, VIII, 26-48).

des vierges vivantes. Dans leur cœur est une raison ; elles ont aussi voix et force ; par la grâce des Immortels, elles savent travailler. Elles s'affairent, pour étayer leur seigneur. Il s'approche ainsi avec peine de l'endroit où est Thétis et s'assoit sur un siège brillant ; puis il lui prend la main, il lui parle, en l'appelant de tous ses noms :

« Qui t'amène à notre demeure, Thétis à la longue robe, Thétis auguste et chère ? Jusqu'ici, chez nous tu ne fréquentes guère. Dis-moi ce que tu as en tête. Mon cœur me pousse à le faire, si c'est chose que je puisse faire et qui se soit faite déjà. »

Thétis alors, pleurante, lui répond :

« Héphæstos, est-il une autre des déesses, habitantes de l'Olympe, dont le cœur jamais ait eu à supporter autant de cruels chagrins que Zeus, fils de Cronos, m'aura octroyé de douleurs, à moi, seule, entre toutes ? Seule entre toutes les déesses marines, il m'a soumise à un mortel[24], Pélée l'Éacide ; et j'ai dû, en dépit de mille répugnances, entrer au lit d'un mortel, qui maintenant est couché dans son palais, tout affaibli par la vieillesse amère, tandis que, pour moi, voici d'autres douleurs encore. Il m'a donné un fils. Je l'ai enfanté, élevé, héros entre les héros. Il a grandi comme une jeune pousse et, après l'avoir nourri, comme un plant au flanc du vignoble, je l'ai envoyé, sur les nefs recourbées, au pays d'Ilion combattre les Troyens. Mais il est dit, en revanche, que je ne l'accueillerai pas, rentrant chez lui, dans la demeure de Pélée[25], et, tant qu'il me reste vivant,

---

25. « Une légende, contée dans les *Chants cypriens*, prétendait que Thétis avait quitté définitivement la maison de Pélée douze jours après la naissance d'Achille – et c'est pour cela que l'éducation d'Achille aurait été confiée à Chiron. [...] voyez notamment I, 396 XVI, 222 ; 574 ; XVIII, 59 ; 332, et les scholies correspondant à ces passages », P. Mazon, note aux vers 440-441, *Iliade*, t. III, p. 184-185.

ἄχνυται, οὐδέ τί οἱ δύναμαι χραισμῆσαι ἰοῦσα.
Κούρην ἣν ἄρα οἱ γέρας ἔξελον.υἷες Ἀχαιῶν,
τὴν ἂψ ἐκ χειρῶν ἕλετο κρείων Ἀγαμέμνων.   445
Ἤτοι ὃ τῆς ἀχέων φρένας ἔφθιεν· αὐτὰρ Ἀχαιοὺς
Τρῶες ἐπὶ πρύμνησιν ἐείλεον, οὐδὲ θύραζε
εἴων ἐξιέναι· τὸν δὲ λίσσοντο γέροντες
Ἀργείων, καὶ πολλὰ περικλυτὰ δῶρ' ὀνόμαζον·
ἔνθ' αὐτὸς μὲν ἔπειτ' ἠναίνετο λοιγὸν ἀμῦναι,   450
αὐτὰρ ὃ Πάτροκλον περὶ μὲν τὰ ἃ τεύχεα ἕσσε,
πέμπε δέ μιν πόλεμον δέ, πολὺν δ' ἅμα λαὸν ὄπασσε·
πᾶν δ' ἦμαρ μάρναντο περὶ Σκαιῇσι πύλῃσι·
καὶ νύ κεν αὐτῆμαρ πόλιν ἔπραθον, εἰ μὴ Ἀπόλλων
πολλὰ κακὰ ῥέξαντα Μενοιτίου ἄλκιμον υἱὸν   455
ἔκταν' ἐνὶ προμάχοισι καὶ Ἕκτορι κῦδος ἔδωκε.
Τοὔνεκα νῦν τὰ σὰ γούναθ' ἱκάνομαι, αἴ κ' ἐθέλησθα
υἷ' ἐμῷ ὠκυμόρῳ δόμεν ἀσπίδα καὶ τρυφάλειαν
καὶ καλὰς κνημῖδας ἐπισφυρίοις ἀραρυίας,
καὶ θώρηχ'· ὃ γὰρ ἦν οἱ ἀπώλεσε πιστὸς ἑταῖρος   460
Τρωσὶ δαμείς· ὃ δὲ κεῖται ἐπὶ χθονὶ θυμὸν ἀχεύων. »

    Τὴν δ' ἠμείβετ' ἔπειτα περικλυτὸς Ἀμφιγυήεις·
« Θάρσει· μή τοι ταῦτα μετὰ φρεσὶ σῇσι μελόντων·
αἲ γάρ μιν θανάτοιο δυσηχέος ὧδε δυναίμην
νόσφιν ἀποκρύψαι, ὅτε μιν μόρος αἰνὸς ἱκάνοι,   465
ὥς οἱ τεύχεα καλὰ παρέσσεται, οἷά τις αὖτε
ἀνθρώπων πολέων θαυμάσσεται, ὃς κεν ἴδηται. »

---

26. Reprise du thème de la mort de Patrocle comme équivalant
celle d'Achille qui « git sur le sol » (*keitai epi khthoni*, 461) – expression utilisée pour désigner la mort des guerriers au champ de bataille.

les yeux ouverts à l'éclat du soleil, il souffre, sans qu'il me soit possible d'aller l'aider en rien. La fille que lui avaient choisie pour part d'honneur les fils des Achéens, le roi Agamemnon est ensuite venu l'arracher de ses mains. Il se consumait donc le cœur pour elle, accablé de chagrin, quand les Troyens ont acculé les Achéens aux poupes de leurs nefs et ne les en ont plus laissé sortir. Les Anciens d'Argos alors le suppliaient, en lui offrant force illustres présents. À ce moment-là, s'il s'est refusé à écarter lui-même le désastre, il a, en revanche, revêtu Patrocle de ses propres armes, il l'a envoyé au combat, il l'a fait suivre d'une nombreuse troupe ; et ils se sont ainsi, la journée entière, battus devant les portes Scées, si bien qu'en ce même jour ils eussent sans doute emporté la ville, si Apollon – quand le vaillant fils de Ménœtios avait fait déjà bien du mal à l'ennemi – ne l'avait tué parmi les champions hors des lignes et n'avait donné la gloire à Hector. Et c'est pourquoi me voici aujourd'hui, suppliante, à tes genoux. Voudras-tu, à ce fils qu'attend une prompte mort, donner un bouclier, un casque, de bonnes jambières avec couvre-chevilles adaptés, et une cuirasse ? Tout cela, son loyal ami le lui a perdu, quand il a été abattu par les Troyens ; et mon fils maintenant gît sur le sol, l'âme en peine[26]. »

Et l'illustre Boiteux répond :

« N'aie crainte, que cela ne soit pas un souci pour ton cœur : aussi vrai que j'aimerais pouvoir le dérober au trépas douloureux, quand l'affreux destin l'atteindra, il aura ses belles armes, des armes telles que, si nombreux soient ceux qui les verront, tous en seront émerveillés[27]. »

---

27. On notera l'extrême finesse de la construction poétique : c'est Héphaïstos qui avait forgé les premières armes d'Achille, celles qui n'ont pas sauvé Patrocle de la mort, pas plus qu'elles ne préserveront Hector. C'est toujours lui qui se prépare à en confectionner d'encore plus admirables pour Achille en déclarant qu'elles ne le protègeront pas davantage du trépas.

Ὣς εἰπὼν τὴν μὲν λίπεν αὐτοῦ, βῆ δ' ἐπὶ φύσας·
τὰς δ' ἐς πῦρ ἔτρεψε κέλευσέ τε ἐργάζεσθαι·
φῦσαι δ' ἐν χοάνοισιν ἐείκοσι πᾶσαι ἐφύσων,   470
παντοίην εὔπρηστον ἀυτμὴν ἐξανιεῖσαι,
ἄλλοτε μὲν σπεύδοντι παρέμμεναι, ἄλλοτε δ' αὖτε,
ὅππως Ἥφαιστός τ' ἐθέλοι καὶ ἔργον ἄνοιτο·
χαλκὸν δ' ἐν πυρὶ βάλλεν ἀτειρέα κασσίτερόν τε
καὶ χρυσὸν τιμῆντα καὶ ἄργυρον· αὐτὰρ ἔπειτα   475
θῆκεν ἐν ἀκμοθέτῳ μέγαν ἄκμονα, γέντο δὲ χειρὶ
ῥαιστῆρα κρατερόν, ἑτέρηφι δὲ γέντο πυράγρην.

Ποίει δὲ πρώτιστα σάκος μέγα τε στιβαρόν τε
πάντοσε δαιδάλλων, περὶ δ' ἄντυγα βάλλε φαεινὴν
τρίπλακα μαρμαρέην, ἐκ δ' ἀργύρεον τελαμῶνα·   480
πέντε δ' ἄρ' αὐτοῦ ἔσαν σάκεος πτύχες· αὐτὰρ ἐν αὐτῷ
ποίει δαίδαλα πολλὰ ἰδυίῃσι πραπίδεσσιν.

Ἐν μὲν γαῖαν ἔτευξ', ἐν δ' οὐρανόν, ἐν δὲ θάλασσαν,
ἠέλιόν τ' ἀκάμαντα σελήνην τε πλήθουσαν,
ἐν δὲ τὰ τείρεα πάντα, τά τ' οὐρανὸς ἐστεφάνωται,   485
Πληιάδας θ' Ὑάδας τε τό τε σθένος Ὠρίωνος
Ἄρκτόν θ', ἣν καὶ Ἄμαξαν ἐπίκλησιν καλέουσιν,
ἥ τ' αὐτοῦ στρέφεται καί τ' Ὠρίωνα δοκεύει,
οἴη δ' ἄμμορός ἐστι λοετρῶν Ὠκεανοῖο.

Ἐν δὲ δύω ποίησε πόλεις μερόπων ἀνθρώπων   490
καλάς. Ἐν τῇ μέν ῥα γάμοι τ' ἔσαν εἰλαπίναι τε,
νύμφας δ' ἐκ θαλάμων δαίδων ὑπὸ λαμπομενάων
ἠγίνεον ἀνὰ ἄστυ, πολὺς δ' ὑμέναιος ὀρώρει·

28. La bibliographie du « Bouclier d'Achille » est immense. Les
études fondamentales sont celles de W. Marg, *Homer über die
Dichtung*, Münster, 1957 ; K. Reinhardt, *Die Ilias und ihr Dichter*,
Göttingen, 1961 ; W. Schadewaldt, *Von Homers Welt und Werk*, 4ᵉ éd.,
Stuttgart, 1965 ; A. Snodgrass, *Early Greek Armour and Weapons*,

Il dit, et, la laissant, se dirige vers ses soufflets. Il les tourne vers le feu et les invite à travailler. Et les soufflets – vingt en tout – de souffler dans les fournaises. Ils lancent un souffle ardent et divers, au service de l'ouvrier, qu'il veuille aller vite ou non, suivant ce qu'exigent Héphæstos et les progrès de son travail. Il jette dans le feu le bronze rigide, l'étain, l'or précieux, l'argent. Il met sur son support une grande enclume. Enfin, dans une main, il prend un marteau solide et, dans l'autre, sa pince à feu.

Il commence par fabriquer un bouclier, grand et fort[28]. Il l'ouvre adroitement de tous les côtés. Il met autour une bordure étincelante – une triple bordure au lumineux éclat. Il y attache un baudrier d'argent. Le bouclier comprend cinq couches. Héphæstos y crée un décor multiple, fruit de ses savants pensers.

Il y figure la terre, le ciel et la mer, le soleil infatigable et la lune en son plein, ainsi que tous les astres dont le ciel se couronne, les Pléiades[29], les Hyades, la Force d'Orion, l'Ourse – à laquelle on donne le nom de Chariot – qui tourne sur place, observant Orion, et qui, seule, ne se baigne jamais dans les eaux d'Océan[30].

Il y figure aussi deux cités humaines – deux belles cités[31]. Dans l'une, ce sont des noces, des festins. Des épousées, au sortir de leur chambre, sont menées par la ville à la clarté des torches, et, sur leurs pas, s'élève, innombrable, le chant d'hyménée. Des jeunes danseurs

---

Édimbourg, 1964 ; A. J. B. Wace et F. H. Stubbings, *A Companion to Homer*, Londres, 1962.

29. Au centre du bouclier se trouve l'Univers. Les Pléiades, filles d'Atlas, seraient les sœurs des Hyades. Elles auraient été transformées d'abord en colombes alors qu'elles fuyaient les assauts du chasseur Orion, puis en étoiles.

30. C'est-à-dire qui ne disparaît jamais de notre horizon.

31. Sur le deuxième cercle figure le monde humain avec deux villes : l'une en paix, l'autre en guerre.

κοῦροι δ᾽ ὀρχηστῆρες ἐδίνεον, ἐν δ᾽ ἄρα τοῖσιν
αὐλοὶ φόρμιγγές τε βοὴν ἔχον· αἱ δὲ γυναῖκες   495
ἱστάμεναι θαύμαζον ἐπὶ προθύροισιν ἑκάστη.
Λαοὶ δ᾽ εἰν ἀγορῇ ἔσαν ἀθρόοι· ἔνθα δὲ νεῖκος
ὠρώρει, δύο δ᾽ ἄνδρες ἐνείκεον εἵνεκα ποινῆς
ἀνδρὸς ἀποφθιμένου· ὃ μὲν εὔχετο πάντ᾽ ἀποδοῦναι
δήμῳ πιφαύσκων, ὃ δ᾽ ἀναίνετο μηδὲν ἑλέσθαι·   500
ἄμφω δ᾽ ἱέσθην ἐπὶ ἴστορι πεῖραρ ἑλέσθαι·
λαοὶ δ᾽ ἀμφοτέροισιν ἐπήπυον, ἀμφὶς ἀρωγοί·
κήρυκες δ᾽ ἄρα λαὸν ἐρήτυον· οἳ δὲ γέροντες
εἵατ᾽ ἐπὶ ξεστοῖσι λίθοις ἱερῷ ἐνὶ κύκλῳ,
σκῆπτρα δὲ κηρύκων ἐν χέρσ᾽ ἔχον ἠεροφώνων·   505
τοῖσιν ἔπειτ᾽ ἤισσον, ἀμοιβηδὶς δὲ δίκαζον·
κεῖτο δ᾽ ἄρ᾽ ἐν μέσσοισι δύω χρυσοῖο τάλαντα,
τῷ δόμεν ὃς μετὰ τοῖσι δίκην ἰθύντατα εἴποι.

Τὴν δ᾽ ἑτέρην πόλιν ἀμφὶ δύω στρατοὶ εἵατο λαῶν
τεύχεσι λαμπόμενοι· δίχα δέ σφισιν ἥνδανε βουλή,   510
ἠὲ διαπραθέειν ἢ ἄνδιχα πάντα δάσασθαι,
κτῆσιν ὅσην πτολίεθρον ἐπήρατον ἐντὸς ἔεργεν·
οἳ δ᾽ οὔ πω πείθοντο, λόχῳ δ᾽ ὑπεθωρήσσοντο.
Τεῖχος μέν ῥ᾽ ἄλοχοί τε φίλαι καὶ νήπια τέκνα
ῥύατ᾽ ἐφεσταότες, μετὰ δ᾽ ἀνέρες οὓς ἔχε γῆρας·   515
οἳ δ᾽ ἴσαν· ἦρχε δ᾽ ἄρά σφιν Ἄρης καὶ Παλλὰς Ἀθήνη,
ἄμφω χρυσείω, χρύσεια δὲ εἵματα ἕσθην,
καλὼ καὶ μεγάλω σὺν τεύχεσιν, ὥς τε θεώ περ
ἀμφὶς ἀριζήλω· λαοὶ δ᾽ ὑπολίζονες ἦσαν.
Οἳ δ᾽ ὅτε δή ῥ᾽ ἵκανον ὅθι σφίσιν εἶκε λοχῆσαι,   520
ἐν ποταμῷ, ὅθι τ᾽ ἀρδμὸς ἔην πάντεσσι βοτοῖσιν,
ἔνθ᾽ ἄρα τοί γ᾽ ἵζοντ᾽ εἰλυμένοι αἴθοπι χαλκῷ·
τοῖσι δ᾽ ἔπειτ᾽ ἀπάνευθε δύω σκοποὶ εἵατο λαῶν,
δέγμενοι ὁππότε μῆλα ἰδοίατο καὶ ἕλικας βοῦς.
Οἳ δὲ τάχα προγένοντο, δύω δ᾽ ἅμ᾽ ἕποντο νομῆες   525

tournent, et, au milieu d'eux, flûtes et cithares font
entendre leurs accents, et les femmes s'émerveillent,
chacune, debout, en avant de sa porte. Les hommes sont
sur la grande place. Un conflit s'est élevé, et deux
hommes disputent sur le prix du sang pour un autre
homme tué. L'un prétend avoir tout payé, et il le déclare
au peuple ; l'autre nie avoir rien reçu. Tous deux recou-
rent à un juge pour avoir une décision. Les gens crient
en faveur, soit de l'un, soit de l'autre, et, pour les soutenir, forment deux partis. Des hérauts contiennent la
foule. Les Anciens sont assis sur des pierres polies, dans
un cercle sacré. Ils ont dans les mains le bâton des
hérauts sonores, et c'est bâton en main qu'ils se lèvent et
prononcent, chacun à son tour. Au milieu d'eux, à terre,
sont deux talents d'or ; ils iront à celui qui, parmi eux,
dira l'arrêt le plus droit.

Autour de l'autre ville campent deux armées, dont
les guerriers brillent sous leurs armes. Les assaillants
hésitent entre deux partis : la ruine de la ville entière, ou
le partage de toutes les richesses que garde dans ses
murs l'aimable cité. Mais les assiégés ne sont pas dispo-
sés, eux, à rien entendre, et ils s'arment secrètement
pour un aguet. Leurs femmes, leurs jeunes enfants,
debout sur le rempart, le défendent, avec l'aide des
hommes que retient la vieillesse. Le reste est parti, ayant
à sa tête Arès et Pallas Athéné, tous deux en or, revêtus
de vêtements d'or, beaux et grands, en armes. Comme
dieux, ils ressortent nettement, les hommes étant un peu
plus petits. Ils arrivent à l'endroit choisi pour l'aguet.
C'est celui où le fleuve offre un abreuvoir à tous les
troupeaux. Ils se postent, couverts de bronze éclatant. À
quelque distance ils ont deux guetteurs en place, qui
épient l'heure où ils verront moutons et bœufs aux
cornes recourbées. Ceux-ci apparaissent ; deux bergers les suivent, jouant gaiement de la flûte, tant ils

τερπόμενοι σύριγξι· δόλον δ' οὔ τι προνόησαν·
οἳ μὲν τὰ προϊδόντες ἐπέδραμον, ὦκα δ' ἔπειτα
τάμνοντ' ἀμφὶ βοῶν ἀγέλας καὶ πώεα καλὰ
ἀργεννῶν οἰῶν, κτεῖνον δ' ἐπὶ μηλοβοτῆρας.
Οἳ δ' ὡς οὖν ἐπύθοντο πολὺν κέλαδον παρὰ βουσὶν   530
εἰράων προπάροιθε καθήμενοι, αὐτίκ' ἐφ' ἵππων
βάντες ἀερσιπόδων μετεκίαθον, αἶψα δ' ἵκοντο·
στησάμενοι δ' ἐμάχοντο μάχην ποταμοῖο παρ' ὄχθας,
βάλλον δ' ἀλλήλους χαλκήρεσιν ἐγχείῃσιν.
Ἐν δ' Ἔρις, ἐν δὲ Κυδοιμὸς ὁμίλεον, ἐν δ' ὀλοὴ Κήρ,   535
ἄλλον ζωὸν ἔχουσα νεούτατον, ἄλλον ἄουτον,
ἄλλον τεθνηῶτα κατὰ μόθον ἕλκε ποδοῖιν·
εἷμα δ' ἔχ' ἀμφ' ὤμοισι δαφοινεὸν αἵματι φωτῶν.
Ὡμίλευν δ' ὥς τε ζωοὶ βροτοὶ ἠδ' ἐμάχοντο,
νεκρούς τ' ἀλλήλων ἔρυον κατατεθνηῶτας.   540
Ἐν δ' ἐτίθει νειὸν μαλακήν, πίειραν ἄρουραν,
εὐρεῖαν τρίπολον· πολλοὶ δ' ἀροτῆρες ἐν αὐτῇ
ζεύγεα δινεύοντες ἐλάστρεον ἔνθα καὶ ἔνθα·
οἳ δ' ὁπότε στρέψαντες ἱκοίατο τέλσον ἀρούρης,
τοῖσι δ' ἔπειτ' ἐν χερσὶ δέπας μελιηδέος οἴνου   545
δόσκεν ἀνὴρ ἐπιών· τοὶ δὲ στρέψασκον ἀν' ὄγμους,
ἱέμενοι νειοῖο βαθείης τέλσον ἱκέσθαι·
ἣ δὲ μελαίνετ' ὄπισθεν, ἀρηρομένη δὲ ἐῴκει,
χρυσείη περ ἐοῦσα· τὸ δὴ περὶ θαῦμα τέτυκτο.
Ἐν δ' ἐτίθει τέμενος βασιλήιον· ἔνθα δ' ἔριθοι   550
ἤμων ὀξείας δρεπάνας ἐν χερσὶν ἔχοντες·
δράγματα δ' ἄλλα μετ' ὄγμον ἐπήτριμα πῖπτον ἔραζε,
ἄλλα δ' ἀμαλλοδετῆρες ἐν ἐλλεδανοῖσι δέοντο·
τρεῖς δ' ἄρ' ἀμαλλοδετῆρες ἐφέστασαν· αὐτὰρ ὄπισθε

soupçonnent peu le piège. On les voit, on bondit, vite on coupe les voies aux troupeaux de bœufs, aux belles bandes de brebis blanches, on tue les bergers. Mais, chez les autres, les hommes postés en avant de l'assemblée entendent ce grand vacarme autour des bœufs. Ils montent, tous, aussitôt vers les chars aux attelages piaffants, partent en quête et vite atteignent l'ennemi. Ils se forment alors en ligne sur les rives du fleuve et se battent, en se lançant mutuellement leurs javelines de bronze. À la rencontre participent Lutte et Tumulte et la déesse exécrable qui préside au trépas sanglant ; elle tient, soit un guerrier encore vivant malgré sa fraîche blessure, ou un autre encore non blessé, ou un autre déjà mort, qu'elle traîne par les pieds, dans la mêlée, et, sur ses épaules, elle porte un vêtement qui est rouge du sang des hommes. Tous prennent part à la rencontre et se battent comme des mortels vivants, et ils traînent les cadavres de leurs mutuelles victimes.

Il y met aussi une jachère meuble, un champ fertile, étendu et exigeant trois façons[32]. De nombreux laboureurs y font aller et venir leurs bêtes, en les poussant dans un sens après l'autre. Lorsqu'ils font demi-tour, en arrivant au bout du champ, un homme s'approche et leur met dans les mains une coupe de doux vin ; et ils vont ainsi, faisant demi-tour à chaque sillon : ils veulent à tout prix arriver au bout de la jachère profonde. Derrière eux, la terre noircit ; elle est toute pareille à une terre labourée, bien qu'elle soit en or – une merveille d'art !

Il y met encore un domaine royal. Des ouvriers moissonnent, la faucille tranchante en main. Des javelles tombent à terre les unes sur les autres, le long de l'andain. D'autres sont liées avec des attaches par les botteleurs. Trois botteleurs sont là, debout ; derrière eux, des

32. Les quatre saisons qui rythment la vie aux champs – labour, moisson, vendanges, jachère – sont représentées sur le troisième cercle.

παῖδες δραγμεύοντες, ἐν ἀγκαλίδεσσι φέροντες,   555
ἀσπερχὲς πάρεχον· βασιλεὺς δ' ἐν τοῖσι σιωπῇ
σκῆπτρον ἔχων ἑστήκει ἐπ' ὄγμου γηθόσυνος κῆρ·
κήρυκες δ' ἀπάνευθεν ὑπὸ δρυῒ δαῖτα πένοντο,
βοῦν δ' ἱερεύσαντες μέγαν ἄμφεπον· αἱ δὲ γυναῖκες
δεῖπνον ἐρίθοισιν λεύκ' ἄλφιτα πολλὰ πάλυνον.   560
    'Εν δ' ἐτίθει σταφυλῇσι μέγα βρίθουσαν ἀλωὴν
καλὴν χρυσείην· μέλανες δ' ἀνὰ βότρυες ἦσαν,
ἑστήκει δὲ κάμαξι διαμπερὲς ἀργυρέῃσιν·
ἀμφὶ δὲ κυανέην κάπετον, περὶ δ' ἕρκος ἔλασσε
κασσιτέρου· μία δ' οἴη ἀταρπιτὸς ἦεν ἐπ' αὐτήν,   565
τῇ νίσοντο φορῆες, ὅτε τρυγόφεν ἀλωήν·
παρθενικαὶ δὲ καὶ ἠίθεοι ἀταλὰ φρονέοντες
πλεκτοῖς ἐν ταλάροισι φέρον μελιηδέα καρπόν·
τοῖσιν δ' ἐν μέσσοισι πάϊς φόρμιγγι λιγείῃ
ἱμερόεν κιθάριζε, λίνον δ' ὑπὸ καλὸν ἄειδε   570
λεπταλέῃ φωνῇ· τοὶ δὲ ῥήσσοντες ἁμαρτῇ
μολπῇ τ' ἰυγμῷ τε ποσὶ σκαίροντες ἕποντο.
    'Εν δ' ἀγέλην ποίησε βοῶν ὀρθοκραιράων·
αἱ δὲ βόες χρυσοῖο τετεύχατο κασσιτέρου τε,
μυκηθμῷ δ' ἀπὸ κόπρου ἐπεσσεύοντο νομὸν δὲ   575
πὰρ ποταμὸν κελάδοντα, παρὰ ῥοδανὸν δονακῆα·
χρύσειοι δὲ νομῆες ἅμ' ἐστιχόωντο βόεσσι
τέσσαρες, ἐννέα δέ σφι κύνες πόδας ἀργοὶ ἕποντο.
Σμερδαλέω δὲ λέοντε δύ' ἐν πρώτῃσι βόεσσι
ταῦρον ἐρύγμηλον ἐχέτην· ὁ δὲ μακρὰ μεμυκὼς   580
ἕλκετο· τὸν δὲ κύνες μετεκίαθον ἠδ' αἰζηοί·

enfants ont la charge de ramasser les javelles ; ils les
portent dans leurs bras et, sans arrêt, en fournissent les
botteleurs. Parmi eux, est le roi, muet, portant le
sceptre ; il est là, sur l'andain, et son cœur est en joie.
Les hérauts, à l'écart, sous un chêne, préparent le repas
et s'occupent du gros bœuf qu'ils viennent de sacrifier.
Les femmes, pour le repas des ouvriers, versent force
farine blanche.

Il y met encore un vignoble lourdement chargé de
grappes, beau et tout en or ; de noirs raisins y pendent ;
il est d'un bout à l'autre étayé d'échalas d'argent. Tout
autour, il trace un fossé en smalt[33] et une clôture en
étain. Un seul sentier y conduit ; par là vont les porteurs,
quand vient pour le vignoble le moment des vendanges.
Des filles, des garçons, pleins de tendres pensers emportent les doux fruits dans des paniers tressés. Un enfant
est au centre, qui, délicieusement, touche d'un luth
sonore, cependant que, de sa voix grêle, il chante une
belle complainte. Les autres, frappant le sol en cadence,
l'accompagnent, en dansant et criant, de leurs pieds bon-
dissants.

Il y figure aussi tout un troupeau de vaches aux
cornes hautes. Les vaches y sont faites et d'or et d'étain.
Elles s'en vont, meuglantes, de leur étable à la pâture, le
long d'un fleuve bruissant et de ses mobiles roseaux.
Quatre bouviers en or s'alignent à côté d'elles ; et neuf
chiens aux pieds prompts les suivent. Mais deux lions
effroyables, au premier rang des vaches, tiennent un taureau mugissant, qui meugle longuement, tandis qu'ils
l'entraînent. Les chiens et les gars courent sur ses traces.

33. « Les anciens poètes appelaient *kyanos* une pâte vitreuse dont
la couleur *bleu azur* rappellerait la pierre de même teinte qui portait
déjà ce nom, le lapis lazuli. Ce n'est que plus tard, quand le verre, au
sens commun de ce terme, fut mieux connu qu'on adopta pour lui un
nouveau nom, *hyalos* ; mais le mot ne se rencontre pas encore dans les
poèmes homériques », P. Mazon, note au vers 564, *Iliade*, t. III, p. 189

τὼ μὲν ἀναρρήξαντε βοὸς μεγάλοιο βοείην
ἔγκατα καὶ μέλαν αἷμα λαφύσσετον· οἱ δὲ νομῆες
αὕτως ἐνδίεσαν ταχέας κύνας ὀτρύνοντες·
οἱ δ᾽ ἤτοι δακέειν μὲν ἀπετρωπῶντο λεόντων,   585
ἱστάμενοι δὲ μάλ᾽ ἐγγὺς ὑλάκτεον ἔκ τ᾽ ἀλέοντο.
    Ἐν δὲ νομὸν ποίησε περικλυτὸς Ἀμφιγυήεις
ἐν καλῇ βήσσῃ μέγαν οἰῶν ἀργεννάων,
σταθμούς τε κλισίας τε κατηρεφέας ἰδὲ σηκούς.
    Ἐν δὲ χορὸν ποίκιλλε περικλυτὸς Ἀμφιγυήεις,   590
τῷ ἴκελον οἷόν ποτ᾽ ἐνὶ Κνωσῷ εὐρείῃ
Δαίδαλος ἤσκησεν καλλιπλοκάμῳ Ἀριάδνῃ.
ἔνθα μὲν ἠΐθεοι καὶ παρθένοι ἀλφεσίβοιαι
ὠρχεῦντ᾽, ἀλλήλων ἐπὶ καρπῷ χεῖρας ἔχοντες·
τῶν δ᾽ αἱ μὲν λεπτὰς ὀθόνας ἔχον, οἱ δὲ χιτῶνας   595
εἵατ᾽ ἐϋννήτους, ἧκα στίλβοντας ἐλαίῳ·
καί ῥ᾽ αἱ μὲν καλὰς στεφάνας ἔχον, οἱ δὲ μαχαίρας
εἶχον χρυσείας ἐξ ἀργυρέων τελαμώνων·
οἱ δ᾽ ὀτὲ μὲν θρέξασκον ἐπισταμένοισι πόδεσσι
ῥεῖα μάλ᾽, ὡς ὅτε τις τροχὸν ἄρμενον ἐν παλάμῃσιν   600
ἑζόμενος κεραμεὺς πειρήσεται, αἴ κε θέῃσιν·
ἄλλοτε δ᾽ αὖ θρέξασκον ἐπὶ στίχας ἀλλήλοισι.
πολλὸς δ᾽ ἱμερόεντα χορὸν περιίσταθ᾽ ὅμιλος
τερπόμενοι· δοιὼ δὲ κυβιστητῆρε κατ᾽ αὐτοὺς   604-605
μολπῆς ἐξάρχοντες ἐδίνευον κατὰ μέσσους.

Mais les lions déjà ont déchiré le cuir du grand taureau ; ils lui hument les entrailles et le sang noir. Les bergers en vain les pourchassent et excitent leurs chiens rapides : ceux-ci n'ont garde de mordre les lions ; ils sont là, tout près, à aboyer contre eux, mais en les évitant.

L'illustre Boiteux y fait aussi un pacage, dans un beau vallon, un grand pacage à brebis blanches, avec étables, baraques couvertes et parcs.

L'illustre Boiteux y modèle encore une place de danse[34] toute pareille à celle que jadis, dans la vaste Cnosse, l'art de Dédale[35] a bâtie pour Ariane aux belles tresses. Des jeunes gens, des jeunes filles, pour lesquelles un mari donnerait bien des bœufs, sont là qui dansent en se tenant la main au-dessus du poignet. Les jeunes filles portent de fins tissus ; les jeunes gens ont revêtu des tuniques bien tissées, où luit doucement l'huile. Elles ont de belles couronnes ; eux, portent des épées en or, pendues à des baudriers en argent. Tantôt, avec une parfaite aisance, ils courent d'un pied exercé – tel un potier, assis, qui essaye la roue bien faite à sa main, pour voir si elle marche – tantôt ils courent en ligne les uns vers les autres. Une foule immense et ravie fait cercle autour du chœur charmant. Et deux acrobates, pour préluder à la fête, font la roue au milieu de tous.

---

34. Qui constitue le quatrième cercle du bouclier.
35. Habile artisan à qui était attribuée la construction, pour le roi Minos, du Labyrinthe de Cnossos. Il aurait aussi bâti cette place pour la célébration de la victoire de Thésée sur le Minotaure.

'Εν δ' ἐτίθει ποταμοῖο μέγα σθένος 'Ωκεανοῖο
ἄντυγα πὰρ πυμάτην σάκεος πύκα ποιητοῖο.

Αὐτὰρ ἐπεὶ δὴ τεῦξε σάκος μέγα τε στιβαρόν τε,
τεῦξ' ἄρα οἱ θώρηκα φαεινότερον πυρὸς αὐγῆς,   610
τεῦξε δέ οἱ κόρυθα βριαρὴν κροτάφοις ἀραρυῖαν,
καλὴν δαιδαλέην, ἐπὶ δὲ χρύσεον λόφον ἧκε,
τεῦξε δέ οἱ κνημῖδας ἑανοῦ κασσιτέροιο.

Αὐτὰρ ἐπεὶ πάνθ' ὅπλα κάμε κλυτὸς 'Αμφιγυήεις,
μητρὸς 'Αχιλλῆος θῆκε προπάροιθεν ἀείρας·   615
ἡ δ' ἴρηξ ὣς ἆλτο κατ' Οὐλύμπου νιφόεντος,
τεύχεα μαρμαίροντα παρ' 'Ηφαίστοιο φέρουσα.

Il y met enfin la force puissante du fleuve Océan, à l'extrême bord du bouclier solide[36].

Une fois fabriqué le bouclier large et fort, il fabrique encore à Achille une cuirasse plus éclatante que la clarté du feu ; il fabrique un casque puissant bien adapté à ses tempes, un beau casque ouvragé, où il ajoute un cimier d'or ; il lui fabrique des jambières de souple étain.

Et, quand l'illustre Boiteux a achevé toutes ces armes, il les prend et les dépose aux pieds de la mère d'Achille. Elle, comme un faucon, prend son élan du haut de l'Olympe et s'en va emportant l'armure éclatante que lui a fournie Héphæstos.

36. Le cinquième cercle est représenté par Océan, le fleuve qui, dans la conception homérique du monde, entoure la Terre. Sur le bouclier conçu comme une image systématique du grand monde extérieur à l'*Iliade*, cf. Redfield, 1984, p. 230-233.

ΙΛΙΑΔΟΣ Τ

Ἠὼς μὲν κροκόπεπλος ἀπ' Ὠκεανοῖο ῥοάων
ὄρνυθ', ἵν' ἀθανάτοισι φόως φέροι ἠδὲ βροτοῖσιν·
ἣ δ' ἐς νῆας ἵκανε θεοῦ πάρα δῶρα φέρουσα·
εὗρε δὲ Πατρόκλῳ περικείμενον ὃν φίλον υἱόν,
κλαίοντα λιγέως· πολέες δ' ἀμφ' αὐτὸν ἑταῖροι   5
μύρονθ'· ἣ δ' ἐν τοῖσι παρίστατο δῖα θεάων,
ἔν τ' ἄρα οἱ φῦ χειρὶ ἔπος τ' ἔφατ' ἔκ τ' ὀνόμαζε·

« Τέκνον ἐμόν, τοῦτον μὲν ἐάσομεν ἀχνύμενοί περ
κεῖσθαι, ἐπεὶ δὴ πρῶτα θεῶν ἰότητι δαμάσθη·
τύνη δ' Ἡφαίστοιο πάρα κλυτὰ τεύχεα δέξο,   10
καλὰ μάλ', οἷ' οὔ πώ τις ἀνὴρ ὤμοισι φόρησεν. »

Ὣς ἄρα φωνήσασα θεὰ κατὰ τεύχε' ἔθηκε
πρόσθεν Ἀχιλλῆος· τὰ δ' ἀνέβραχε δαίδαλα πάντα.
Μυρμιδόνας δ' ἄρα πάντας ἕλε τρόμος, οὐδέ τις ἔτλη
ἄντην εἰσιδέειν, ἀλλ' ἔτρεσαν· αὐτὰρ Ἀχιλλεὺς   15
ὡς εἶδ', ὥς μιν μᾶλλον ἔδυ χόλος, ἐν δέ οἱ ὄσσε
δεινὸν ὑπὸ βλεφάρων ὡς εἰ σέλας ἐξεφάανθεν·
τέρπετο δ' ἐν χείρεσσιν ἔχων θεοῦ ἀγλαὰ δῶρα.

CHANT XIX

L'Aurore en robe de safran se lève des eaux d'Océan, afin de porter la lumière aux Immortels comme aux humains, quand Thétis arrive aux nefs, portant les présents du dieu. Elle trouve son fils étendu à terre, tenant Patrocle embrassé et sanglotant bruyamment[1]. Ses compagnons, en nombre, se lamentent autour de lui. La toute divine paraît au milieu d'eux ; elle prend la main d'Achille, elle lui parle, en l'appelant de tous ses noms :

« Mon enfant, celui-là, laissons-le à terre, malgré notre déplaisir. Tout est dit : il a succombé par la volonté des dieux. Mais toi, reçois d'Héphæstos ces armes illustres, magnifiques, telles que, sur ses épaules, aucun mortel jamais n'en portera de pareilles. »

Ayant ainsi parlé, la déesse dépose les armes aux pieds d'Achille, et tout le harnois ouvragé résonne. Il n'est point de Myrmidons qui ne soit saisi d'un frisson ; personne qui l'ose regarder en face sans un tremblement. Achille, au contraire, l'a à peine vu qu'il sent le courroux pénétrer en lui davantage ; dans ses yeux, par-dessous ses paupières, une lueur s'allume, terrible et pareille à la flamme : il a joie à tenir en main les présents

---

1. Depuis l'annonce de la mort de Patrocle, Achille est tout entier occupé à pleurer ; on notera que plus aucun combat n'a lieu entre Grecs et Troyens, comme si cette mort marquait un « blanc » dans le déroulement des affrontements. On attend le retour d'Achille au combat.

Αὐτὰρ ἐπεὶ φρεσὶν ᾗσι τετάρπετο δαίδαλα λεύσσων,
αὐτίκα μητέρα ἣν ἔπεα πτερόεντα προσηύδα·   20
    « Μῆτερ ἐμή, τὰ μὲν ὅπλα θεὸς πόρεν οἷ᾽ ἐπιεικὲς
ἔργ᾽ ἔμεν ἀθανάτων, μηδὲ βροτὸν ἄνδρα τελέσσαι.
Νῦν δ᾽ ἤτοι μὲν ἐγὼ θωρήξομαι· ἀλλὰ μάλ᾽ αἰνῶς
δείδω μή μοι τόφρα Μενοιτίου ἄλκιμον υἱὸν
μυῖαι καδδῦσαι κατὰ χαλκοτύπους ὠτειλὰς   25
εὐλὰς ἐγγείνωνται, ἀεικίσσωσι δὲ νεκρόν—
ἐκ δ᾽ αἰὼν πέφαται—κατὰ δὲ χρόα πάντα σαπήῃ. »
    Τὸν δ᾽ ἠμείβετ᾽ ἔπειτα θεὰ Θέτις ἀργυρόπεζα·
    « Τέκνον, μή τοι ταῦτα μετὰ φρεσὶ σῇσι μελόντων·
τῷ μὲν ἐγὼ πειρήσω ἀλαλκεῖν ἄγρια φῦλα,   30
μυίας, αἵ ῥά τε φῶτας ἀρηιφάτους κατέδουσιν·
ἤν περ γὰρ κεῖταί γε τελεσφόρον εἰς ἐνιαυτόν,
αἰεὶ τῷ γ᾽ ἔσται χρὼς ἔμπεδος, ἢ καὶ ἀρείων.
Ἀλλὰ σύ γ᾽ εἰς ἀγορὴν καλέσας ἥρωας Ἀχαιούς,
μῆνιν ἀποειπὼν Ἀγαμέμνονι, ποιμένι λαῶν,   35
αἶψα μάλ᾽ ἐς πόλεμον θωρήσσεο, δύσεο δ᾽ ἀλκήν. »
    Ὣς ἄρα φωνήσασα μένος πολυθαρσὲς ἐνῆκε,
Πατρόκλῳ δ᾽ αὖτ᾽ ἀμβροσίην καὶ νέκταρ ἐρυθρὸν
στάξε κατὰ ῥινῶν, ἵνα οἱ χρὼς ἔμπεδος εἴη.
    Αὐτὰρ ὁ βῆ παρὰ θῖνα θαλάσσης δῖος Ἀχιλλεὺς   40
σμερδαλέα ἰάχων, ὦρσεν δ᾽ ἥρωας Ἀχαιούς.
Καὶ ῥ᾽ οἵ περ τὸ πάρος γε νεῶν ἐν ἀγῶνι μένεσκον,
οἵ τε κυβερνῆται καὶ ἔχον οἰήια νηῶν
καὶ ταμίαι παρὰ νηυσὶν ἔσαν, σίτοιο δοτῆρες,

splendides du dieu. Mais, quand son cœur s'est réjoui à contempler ce bel ouvrage, brusquement à sa mère il dit ces mots ailés :

« Ma mère, un dieu m'a fourni une armure telle qu'il sied que soit une œuvre d'Immortel, telle qu'aucun humain n'en peut exécuter. L'heure est donc venue : je me vais armer. Toutefois, j'ai terriblement peur que, pendant ce temps-là, les mouches n'entrent dans le corps du vaillant fils de Ménœtios, à travers les blessures ouvertes par le bronze, et n'y fassent naître des vers, outrageant ainsi ce cadavre, d'où un meurtre a chassé la vie, et corrompant toute sa chair. »

Et la déesse aux pieds d'argent, Thétis alors lui répond :

« Enfant, que rien de tout cela n'inquiète ton cœur. Je tâcherai moi-même d'écarter de lui cette espèce sauvage, ces mouches, qui dévorent les mortels tués au combat. Quand il demeurerait gisant une année pleine, sa chair restera toujours inaltérée – voire mieux encore. Mais toi, convoque une assemblée de tous les héros achéens, et, là, désavoue ta colère contre Agamemnon, pasteur d'hommes. Puis, bien vite, arme-toi pour la bataille et revêts-toi de ta vaillance. »

Elle dit et met en lui une ardeur prête à toutes les audaces. Pour Patrocle, elle lui instille au fond des narines ambroisie et rouge nectar, afin que sa chair reste inaltérée[2].

Cependant le divin Achille suit le rivage de la mer en poussant des cris effroyables et fait ainsi lever les héros achéens. Tous ceux qui auparavant restaient au milieu des nefs, pilotes, qui tiennent la barre des nefs, inten-

---

2. Le corps de Sarpédon a subi pareil traitement (cf. XVI, 680) ; il en ira de même pour Hector (XXIII, 186-187). Il faut peut-être voir là un rappel des techniques d'embaumement.

καὶ μὴν οἳ τότε γ᾽ εἰς ἀγορὴν ἴσαν, οὕνεκ᾽ Ἀχιλλεὺς   45
ἐξεφάνη, δηρὸν δὲ μάχης ἐπέπαυτ᾽ ἀλεγεινῆς.
Τὼ δὲ δύω σκάζοντε βάτην Ἄρεος θεράποντε,
Τυδεΐδης τε μενεπτόλεμος καὶ δῖος Ὀδυσσεύς,
ἔγχει ἐρειδομένω· ἔτι γὰρ ἔχον ἕλκεα λυγρά·
κὰδ δὲ μετὰ πρώτῃ ἀγορῇ ἵζοντο κιόντες.   50
Αὐτὰρ ὁ δεύτατος ἦλθεν ἄναξ ἀνδρῶν Ἀγαμέμνων,
ἕλκος ἔχων· καὶ γὰρ τὸν ἐνὶ κρατερῇ ὑσμίνῃ
οὖτα Κόων Ἀντηνορίδης χαλκήρεϊ δουρί.
Αὐτὰρ ἐπεὶ δὴ πάντες ἀολλίσθησαν Ἀχαιοί,
τοῖσι δ᾽ ἀνιστάμενος μετέφη πόδας ὠκὺς Ἀχιλλεύς·   55
  « Ἀτρεΐδη, ἦ ἄρ τι τόδ᾽ ἀμφοτέροισιν ἄρειον
ἔπλετο, σοὶ καὶ ἐμοί, ὅ τε νῶϊ περ ἀχνυμένω κῆρ
θυμοβόρῳ ἔριδι μενεήναμεν εἵνεκα κούρης ;
τὴν ὄφελ᾽ ἐν νήεσσι κατακτάμεν Ἄρτεμις ἰῷ,
ἤματι τῷ ὅτ᾽ ἐγὼν ἑλόμην Λυρνησσὸν ὀλέσσας·   60
τῷ κ᾽ οὐ τόσσοι Ἀχαιοὶ ὀδὰξ ἕλον ἄσπετον οὖδας
δυσμενέων ὑπὸ χερσίν, ἐμεῦ ἀπομηνίσαντος·
Ἕκτορι μὲν καὶ Τρωσὶ τὸ κέρδιον· αὐτὰρ Ἀχαιοὺς
δηρὸν ἐμῆς καὶ σῆς ἔριδος μνήσεσθαι ὀΐω.
Ἀλλὰ τὰ μὲν προτετύχθαι ἐάσομεν ἀχνύμενοί περ,   65
θυμὸν ἐνὶ στήθεσσι φίλον δαμάσαντες ἀνάγκῃ·
νῦν δ᾽ ἤτοι μὲν ἐγὼ παύω χόλον, οὐδέ τί με χρὴ
ἀσκελέως αἰεὶ μενεαινέμεν· ἀλλ᾽ ἄγε θᾶσσον
ὄτρυνον πόλεμον δὲ κάρη κομόωντας Ἀχαιούς,
ὄφρ᾽ ἔτι καὶ Τρώων πειρήσομαι ἀντίον ἐλθών,   70
αἴ κ᾽ ἐθέλωσ᾽ ἐπὶ νηυσὶν ἰαύειν· ἀλλά τιν᾽ οἴω
ἀσπασίως αὐτῶν γόνυ κάμψειν, ὅς κε φύγῃσι
δηΐου ἐκ πολέμοιο ὑπ᾽ ἔγχεος ἡμετέροιο. »

dants, qui sont dans la flotte pour y distribuer le pain, tous alors de prendre le chemin de l'assemblée : Achille a reparu, qui avait depuis si longtemps quitté la bataille amère ! Deux serviteurs d'Arès viennent en boitant : le belliqueux fils de Tydée et le divin Ulysse ; ils vont, appuyés sur leur pique — car ils souffrent encore de cruelles blessures — s'asseoir au premier rang de l'assemblée. Le dernier qui vient, c'est le protecteur de son peuple, Agamemnon. Il est blessé : dans la mêlée brutale, Coon, fils d'Anténor, l'a touché de sa pique de bronze. Dès que les Achéens sont là, tous, assemblés, Achille aux pieds rapides se lève et leur dit :

« Atride, est-ce vraiment le bon parti que nous avons pris tous les deux, toi et moi, quand, dans notre déplaisir, nous nous sommes enflammés pour la querelle[3] qui dévore les cœurs — au sujet d'une fille ! Ah ! celle-là, pourquoi donc Artémis ne l'a-t-elle pas tuée d'une flèche sur mes nefs, le jour où je l'ai prise en détruisant Lyrnesse ? Moins d'Achéens ainsi eussent mordu la terre immense sous les coups de nos ennemis, alors que ma colère me retenait loin d'eux. Tout le profit a été pour Hector et les Troyens, tandis que les Achéens se souviendront longtemps sans doute de la querelle qui nous a, toi et moi, divisés. Mais laissons le passé être le passé, quel que soit notre déplaisir, et, puisqu'il le faut, domptons notre cœur en notre poitrine. À mon courroux je mets fin aujourd'hui. Aussi bien ne me sied-il pas de m'obstiner sans répit dans ma colère. Va donc, vite, pousser au combat les Achéens chevelus, tandis que j'irai de nouveau affronter et tâter les Troyens. Prétendent-ils dormir à côté de nos nefs ? J'imagine au contraire que ceux-là seuls détendront leurs membres avec joie, qui se seront par la fuite dérobés au combat cruel sous la menace de ma lance. »

3. Cf. *supra*, XVIII, 107 ss., et note 9, p. 65.

Ὣς ἔφαθ᾽, οἱ δ᾽ ἐχάρησαν ἐυκνήμιδες Ἀχαιοὶ
μῆνιν ἀπειπόντος μεγαθύμου Πηλείωνος·   75
τοῖσι δὲ καὶ μετέειπεν ἄναξ, ἀνδρῶν Ἀγαμέμνων
αὐτόθεν ἐξ ἕδρης, οὐδ᾽ ἐν μέσσοισιν ἀναστάς·

« Ὦ φίλοι ἥρωες Δαναοί, θεράποντες Ἄρηος,
ἑσταότος μὲν καλὸν ἀκουέμεν, οὐδὲ ἔοικεν
ὑββάλλειν· χαλεπὸν γὰρ ἐπισταμένῳ περ ἐόντι·   80
ἀνδρῶν δ᾽ ἐν πολλῷ ὁμάδῳ πῶς κέν τις ἀκούσαι
ἢ εἴποι ; βλάβεται δὲ λιγύς περ ἐὼν ἀγορητής.
Πηλείδῃ μὲν ἐγὼν ἐνδείξομαι· αὐτὰρ οἱ ἄλλοι
σύνθεσθ᾽ Ἀργεῖοι, μῦθόν τ᾽ εὖ γνῶτε ἕκαστος.
Πολλάκι δή μοι τοῦτον Ἀχαιοὶ μῦθον ἔειπον,   85
καί τέ με νεικείεσκον· ἐγὼ δ᾽ οὐκ αἴτιός εἰμι,
ἀλλὰ Ζεὺς καὶ Μοῖρα καὶ ἠεροφοῖτις Ἐρινύς,
οἵ τέ μοι εἰν ἀγορῇ φρεσὶν ἔμβαλον ἄγριον ἄτην,
ἤματι τῷ ὅτ᾽ Ἀχιλλῆος γέρας αὐτὸς ἀπηύρων.
Ἀλλὰ τί κεν ῥέξαιμι ; θεὸς διὰ πάντα τελευτᾷ·   90
πρέσβα Διὸς θυγάτηρ Ἄτη, ἣ πάντας ἀᾶται,
οὐλομένη· τῇ μέν θ᾽ ἁπαλοὶ πόδες· οὐ γὰρ ἐπ᾽ οὔδει
πίλναται, ἀλλ᾽ ἄρα ἥ γε κατ᾽ ἀνδρῶν κράατα βαίνει
βλάπτουσ᾽ ἀνθρώπους· κατὰ δ᾽ οὖν ἕτερόν γ᾽ ἐπέδησε.
Καὶ γὰρ δή νύ ποτε Ζῆν᾽ ἄσατο, τόν περ ἄριστον   95
ἀνδρῶν ἠδὲ θεῶν φασ᾽ ἔμμεναι· ἀλλ᾽ ἄρα καὶ τὸν
Ἥρη θῆλυς ἐοῦσα δολοφροσύνης ἀπάτησεν,
ἤματι τῷ ὅτ᾽ ἔμελλε βίην Ἡρακληείην
Ἀλκμήνη τέξεσθαι ἐυστεφάνῳ ἐνὶ Θήβῃ·
ἤτοι ὅ γ᾽ εὐχόμενος μετέφη πάντεσσι θεοῖσι·   100
« Κέκλυτέ μευ, πάντες τε θεοὶ πᾶσαί τε θέαιναι,
« ὄφρ᾽ εἴπω τά με θυμὸς ἐνὶ στήθεσσιν ἀνώγει·

Il dit, et les Achéens aux bonnes jambières sont en joie de voir le magnanime fils de Pélée désavouer son courroux. Lors, à son tour, Agamemnon, protecteur de son peuple, s'adresse à eux, de sa place, sans se lever au milieu de l'assemblée :

« Héros danaens, serviteurs d'Arès, mes amis ! même qui peut parler debout[4], il est décent de l'écouter et malséant de l'interrompre. C'est lui rendre la tâche ardue, quelque expérience qu'il en ait. Au milieu d'une vaste foule, comment, en tel cas, entendre ou parler ? On gêne l'orateur, si sonore que soit sa voix. C'est au fils de Pélée que je veux dire ma pensée ; vous autres, Argiens, saisissez-la bien, et que chacun comprenne mon propos. Souvent les Achéens m'ont tenu ce langage et m'ont pris à partie. Pourtant je ne suis pas coupable. C'est Zeus, c'est le Destin, c'est Érinys qui marche dans la brume, qui, à l'assemblée, soudain m'ont mis dans l'âme une folle erreur[5], le jour où, de mon chef, j'ai dépouillé Achille de sa part d'honneur. Qu'eussé-je pu ? le Ciel seul achève tout. Erreur est fille aînée de Zeus ; c'est elle, la maudite, qui fait errer tous les êtres. Ses pieds sont délicats : elle ne touche pas le sol, elle ne se pose que sur les têtes humaines, au plus grand dam des mortels. Elle prend dans ses rets celui-ci comme celui-là. Elle fit un jour errer Zeus lui-même, Zeus qu'on dit au-dessus des dieux aussi bien qu'au-dessus des hommes ! et pourtant Héré, sa femme, perfidement le joua. C'était le jour où, dans Thèbes aux beaux remparts, Alcmène allait mettre au monde le puissant Héraclès. Zeus se glorifiait, en disant à tous les dieux : "Écoutez-moi tous, et dieux et déesses : je veux dire ici ce qu'en ma poitrine

4. P. Mazon propose cette traduction pour faire comprendre qu'Agamemnon fait certainement allusion à la blessure qui l'empêche de se lever au milieu de l'assemblée.
5. Ce sont les dieux qui mettent l'erreur dans la tête des hommes, l'erreur qui est source d'imprudence et de folie passagère. Sur cette question de l'*atê*, cf. Dodds, 1965, p. 16-20.

« σήμερον ἄνδρα φόως δὲ μογοστόκος Εἰλείθυια

« ἐκφανεῖ, ὃς πάντεσσι περικτιόνεσσιν ἀνάξει,

« τῶν ἀνδρῶν γενεῆς οἵ θ᾽ αἵματος ἐξ ἐμεῦ εἰσι. »   105

Τὸν δὲ δολοφρονέουσα προσηύδα πότνια Ἥρη·

« Ψευστήσεις, οὐδ᾽ αὖτε τέλος μύθῳ ἐπιθήσεις·

« εἰ δ᾽ ἄγε νῦν μοι ὄμοσσον, Ὀλύμπιε, καρτερὸν ὅρκον,

« ἦ μὲν τὸν πάντεσσι περικτιόνεσσιν ἀνάξειν,

« ὅς κεν ἐπ᾽ ἤματι τῷδε πέσῃ μετὰ ποσσὶ γυναικὸς   110

« τῶν ἀνδρῶν οἳ σῆς ἐξ αἵματός εἰσι γενέθλης. »

Ὥς ἔφατο· Ζεὺς δ᾽ οὔ τι δολοφροσύνην ἐνόησεν,

ἀλλ᾽ ὄμοσεν μέγαν ὅρκον, ἔπειτα δὲ πολλὸν ἀάσθη·

Ἥρη δ᾽ ἀΐξασα λίπεν ῥίον Οὐλύμποιο,

καρπαλίμως δ᾽ ἵκετ᾽ Ἄργος Ἀχαιικόν, ἔνθ᾽ ἄρα ᾔδη   115

ἰφθίμην ἄλοχον Σθενέλου Περσηιάδαο·

ἡ δ᾽ ἐκύει φίλον υἱόν, ὁ δ᾽ ἔβδομος ἑστήκει μείς·

ἐκ δ᾽ ἄγαγε πρὸ φόως δὲ καὶ ἠλιτόμηνον ἐόντα,

Ἀλκμήνης δ᾽ ἀπέπαυσε τόκον, σχέθε δ᾽ Εἰλειθυίας·

αὐτὴ δ᾽ ἀγγελέουσα Δία Κρονίωνα προσηύδα·   120

« Ζεῦ πάτερ ἀργικέραυνε, ἔπος τί τοι ἐν φρεσὶ θήσω·

« ἤδη ἀνὴρ γέγον᾽ ἐσθλός, ὃς Ἀργείοισιν ἀνάξει,

« Εὐρυσθεύς, Σθενέλοιο πάϊς Περσηιάδαο,

« σὸν γένος· οὔ οἱ ἀεικὲς ἀνασσέμεν Ἀργείοισιν. »

Ὥς φάτο, τὸν δ᾽ ἄχος ὀξὺ κατὰ φρένα τύψε βαθεῖαν·   125

αὐτίκα δ᾽ εἷλ᾽ Ἄτην κεφαλῆς λιπαροπλοκάμοιο

χωόμενος φρεσὶν ᾗσι, καὶ ὄμοσε καρτερὸν ὅρκον

μή ποτ᾽ ἐς Οὔλυμπόν τε καὶ οὐρανὸν ἀστερόεντα

αὖτις ἐλεύσεσθαι Ἄτην, ἣ πάντας ἀᾶται·

me dicte mon cœur. Aujourd'hui même, Ilithye, qui
veille aux douleurs de l'enfantement, fera venir au jour
un enfant destiné à régner sur tous ses voisins et qui
appartient à la race des mortels sortis de mon sang." Et
l'auguste Héré aux desseins perfides alors dit : "Tu en
auras menti, et tu n'auras pas joint l'acte à la parole.
Allons ! dieu de l'Olympe, jure-moi donc sur l'heure un
puissant serment, qu'il régnera bien sur tous ses voisins,
l'enfant qui en ce jour tombera aux pieds d'une femme,
s'il est des mortels qui appartiennent à la race sortie de
ton sang." Elle dit ; Zeus ne voit pas la perfidie : il jure
un grand serment et commet la plus grande des erreurs.
Héré alors, d'un bond, quitte la cime de l'Olympe. Bien
vite elle gagne Argos d'Achaïe, où elle sait que se
trouve la fière épouse de Sthénélos le Perséide[6]. Celle-ci
est grosse d'un fils ; déjà vient pour lui le septième mois.
Héré l'amène au jour, en dépit des mois qui restent encore, tandis qu'elle suspend les couches d'Alcmène et
retient les Ilithyes[7]. Puis elle annonce elle-même à Zeus,
fils de Cronos : "Zeus Père, à la foudre blanche, je veux
faire entendre un mot à ton cœur. Un noble mortel vient
de naître, qui régnera sur tous les Argiens : c'est
Eurysthée, le fils de Sthénélos le Perséide. Il est de ta
race[8] : il ne messied pas qu'il règne sur les Argiens."
Elle dit ; une douleur aiguë a frappé Zeus au plus profond du cœur. Brusquement, il saisit Erreur par sa tête
aux tresses luisantes, le cœur en courroux, et il jure un
puissant serment, que jamais plus elle ne rentrera ni dans
l'Olympe ni au ciel étoilé, cette Erreur qui fait errer tous

6. Roi de Mycènes et de Tirynthe.
7. Divinités qui président aux accouchements ; cf. XI, 270-271.
8. La ruse d'Héra est d'avoir fait jurer à Zeus qu'il donnerait le
pouvoir de régner sur tous ses voisins à *un* « mortel sorti de [son]
sang » (105 ;111). Or Eurysthée est bien issu de Zeus puisque Persée,
son grand-père, est fils de Zeus et de Danaé.

ὣς εἰπὼν ἔρριψεν ἀπ' οὐρανοῦ ἀστερόεντος   130
χειρὶ περιστρέψας· τάχα δ' ἵκετο ἔργ' ἀνθρώπων·
τὴν αἰεὶ στενάχεσχ', ὅθ' ἑὸν φίλον υἱὸν ὁρῷτο
ἔργον ἀεικὲς ἔχοντα ὑπ' Εὐρυσθῆος ἀέθλων.
Ὣς καὶ ἐγών, ὅτε δ' αὖτε μέγας κορυθαίολος Ἕκτωρ
Ἀργείους ὀλέκεσκεν ἐπὶ πρυμνῇσι νέεσσιν,   135
οὐ δυνάμην λελαθέσθ' Ἄτης, ᾗ πρῶτον ἀάσθην·
ἀλλ' ἐπεὶ ἀασάμην καί μευ φρένας ἐξέλετο Ζεύς,
ἂψ ἐθέλω ἀρέσαι, δόμεναί τ' ἀπερείσι' ἄποινα.
Ἀλλ' ὄρσευ πόλεμον δέ, καὶ ἄλλους ὄρνυθι λαούς·
δῶρα δ' ἐγὼν ὅδε πάντα παρασχέμεν, ὅσσά τοι ἐλθὼν   140
χθιζὸς ἐνὶ κλισίῃσιν ὑπέσχετο δῖος Ὀδυσσεύς.
Εἰ δ' ἐθέλεις, ἐπίμεινον ἐπειγόμενός περ Ἄρηος,
δῶρα δέ τοι θεράποντες ἐμῆς παρὰ νηὸς ἑλόντες
οἴσουσ', ὄφρα ἴδηαι ὅ τοι μενοεικέα δώσω. »
      Τὸν δ' ἀπαμειβόμενος προσέφη πόδας ὠκὺς Ἀχιλλεύς·
   « Ἀτρείδη κύδιστε, ἄναξ ἀνδρῶν Ἀγάμεμνον,   145
δῶρα μὲν αἴ κ' ἐθέλῃσθα παρασχέμεν, ὡς ἐπιεικές,
ἤ τ' ἐχέμεν παρὰ σοί· νῦν δὲ μνησώμεθα χάρμης
αἶψα μάλ'· οὐ γὰρ χρὴ κλοτοπεύειν ἐνθάδ' ἐόντας
οὐδὲ διατρίβειν· ἔτι γὰρ μέγα ἔργον ἄρεκτον·   150
ὥς κέ τις αὖτ' Ἀχιλῆα μετὰ πρώτοισιν ἴδηται
ἔγχεϊ χαλκείῳ Τρώων ὀλέκοντα φάλαγγας·
ὧδέ τις ὑμείων μεμνημένος ἀνδρὶ μαχέσθω. »
      Τὸν δ' ἀπαμειβόμενος προσέφη πολύμητις Ὀδυσσεύς·
   « Μὴ δ' οὕτως ἀγαθός περ ἐών, θεοείκελ' Ἀχιλλεῦ,   155
νήστιας ὄτρυνε προτὶ Ἴλιον υἷας Ἀχαιῶν
Τρωσὶ μαχησομένους, ἐπεὶ οὐκ ὀλίγον χρόνον ἔσται

les êtres. Cela dit, en un tournemain, il la fait pivoter et
la jette du haut du ciel étoilé, d'où elle a vite fait de choir
au milieu des champs des mortels. Et c'est sur elle encore qu'il se lamentait, chaque fois qu'il voyait son fils
dans un labeur ignominieux, au cours des travaux
d'Eurysthée. Et, de même, à mon tour, quand le grand
Hector au casque étincelant, près des poupes de nos
nefs, massacrait les Argiens, je ne pouvais oublier l'erreur qui m'avait fait errer un jour. Mais, si j'ai erré
naguère, si Zeus m'a ravi la raison, j'entends en faire ici
amende honorable et en offrir une immense rançon[9].
Allons ! marche au combat et fais-y marcher tes gens
avec toi ; me voici, moi, ici, prêt à te donner tout ce que
le divin Ulysse est allé te promettre hier dans ta baraque.
Ou, si tu préfères, attends, pour impatient que tu sois de
combat, et mes serviteurs vont prendre dans ma nef et
t'apporter mes présents. Tu verras que j'entends t'offrir
de quoi satisfaire ton cœur. »

Achille aux pieds rapides en réponse lui dit :

« Très glorieux Atride, Agamemnon, protecteur de
ton peuple, tes présents, donne-les, comme il sied, ou
garde-les chez toi : à ta guise ! Pour l'instant, rappelons
seulement notre ardeur guerrière au plus vite. Ce n'est
pas le moment de discourir ni de perdre du temps. Une
grande tâche reste à accomplir. Chacun va de nouveau
voir Achille au premier rang, décimant sous sa pique de
bronze les bataillons troyens : que chacun de vous tout
pareillement songe à se battre avec un ennemi ! »

L'industrieux Ulysse en réplique lui dit :

« Non, ne va pas, pour brave que tu sois, Achille
pareil aux dieux, ne va pas exciter les fils des Achéens à
marcher sur Ilion pour se battre avec les Troyens, avant

---

9. Agamemnon ne nie pas sa responsabilité juridique : pour répa-
rer le tort, le préjudice, fait à Achille il propose une large compensa-
tion.

φύλοπις, εὖτ᾽ ἂν πρῶτον ὁμιλήσωσι φάλαγγες
ἀνδρῶν, ἐν δὲ θεὸς πνεύσῃ μένος ἀμφοτέροισιν.
Ἀλλὰ πάσασθαι ἄνωχθι θοῆς ἐπὶ νηυσὶν Ἀχαιοὺς			160
σίτου καὶ οἴνοιο· τὸ γὰρ μένος ἐστὶ καὶ ἀλκή·
οὐ γὰρ ἀνὴρ πρόπαν ἦμαρ ἐς ἠέλιον καταδύντα
ἄκμηνος σίτοιο δυνήσεται ἄντα μάχεσθαι·
εἴ περ γὰρ θυμῷ γε μενοινάᾳ πολεμίζειν,
ἀλλά τε λάθρῃ γυῖα βαρύνεται, ἠδὲ κιχάνει			165
δίψά τε καὶ λιμός, βλάβεται δέ τε γούνατ᾽ ἰόντι·
ὃς δέ κ᾽ ἀνὴρ οἴνοιο κορεσσάμενος καὶ ἐδωδῆς
ἀνδράσι δυσμενέεσσι πανημέριος πολεμίζῃ,
θαρσαλέον νύ οἱ ἦτορ ἐνὶ φρεσίν, οὐδέ τι γυῖα
πρὶν κάμνει, πρὶν πάντας ἐρωῆσαι πολέμοιο.			170

Ἀλλ᾽ ἄγε λαὸν μὲν σκέδασον καὶ δεῖπνον ἄνωχθι
ὅπλεσθαι· τὰ δὲ δῶρα ἄναξ, ἀνδρῶν Ἀγαμέμνων
οἰσέτω ἐς μέσσην ἀγορήν, ἵνα πάντες Ἀχαιοὶ
ὀφθαλμοῖσιν ἴδωσι, σὺ δὲ φρεσὶ σῇσιν ἰανθῇς.
Ὀμνυέτω δέ τοι ὅρκον ἐν Ἀργείοισιν ἀναστάς,			175
μή ποτε τῆς εὐνῆς ἐπιβήμεναι ἠδὲ μιγῆναι,
ἣ θέμις ἐστίν, ἄναξ, ἤ τ᾽ ἀνδρῶν ἤ τε γυναικῶν·
καὶ δὲ σοὶ αὐτῷ θυμὸς ἐνὶ φρεσὶν ἵλαος ἔστω.
Αὐτὰρ ἔπειτά σε δαιτὶ ἐνὶ κλισίῃς ἀρεσάσθω
πιείρῃ, ἵνα μή τι δίκης ἐπιδευὲς ἔχῃσθα.			180
Ἀτρείδη, σὺ δ᾽ ἔπειτα δικαιότερος καὶ ἐπ᾽ ἄλλῳ
ἔσσεαι· οὐ μὲν γάρ τι νεμεσσητὸν βασιλῆα
ἄνδρ᾽ ἀπαρέσσασθαι, ὅτε τις πρότερος χαλεπήνῃ. »

qu'ils aient mangé. La bataille ne durera pas peu de temps, une fois que les bataillons seront entrés en contact, et que les dieux auront insufflé la fougue aux cœurs des deux partis. Donne donc plutôt ordre aux Achéens de prendre, près des fines nefs, leurs parts de pain et de vin : là sont la fougue et la vaillance. Il n'est pas de guerrier qui puisse affronter le combat une journée entière, jusqu'au soleil couché, s'il n'a goûté au pain[10]. Son cœur a beau brûler du désir de se battre : à son insu, ses membres s'alourdissent, la faim et la soif le pénètrent, et ses genoux sont gênés, quand il marche. L'homme au contraire qui, bien rassasié de viande et de vin, guerroie tout un jour contre l'ennemi, garde en sa poitrine un cœur intrépide, et ses membres ne se lassent pas, avant l'heure où tous s'accordent pour suspendre la bataille. Va, fais rompre les rangs à ton monde, et donne l'ordre qu'on prépare le repas. Qu'Agamemnon, protecteur de son peuple, apporte ses présents en pleine assemblée : tous les Achéens de la sorte le pourront voir de leurs yeux[11], et tu en auras, toi, l'âme épanouie. Puis, que, debout devant les Argiens, il jure par serment qu'il n'est jamais entré au lit de Briséis ni ne s'est uni à elle, ainsi qu'il est normal, tu le sais, seigneur, entre hommes et femmes ; et que ton cœur se rassérène alors au fond de toi. Enfin, qu'il t'offre, en sa baraque, la satisfaction d'un repas plantureux. Ainsi rien ne t'aura manqué de ce qu'exigeait la justice. Pour toi, fils d'Atrée, désormais sache être plus juste, même à l'égard de tout autre qu'Achille. Jamais personne ne trouvera mauvais, de la part d'un roi, qu'il offre des satisfactions à l'homme contre qui il s'est, le premier emporté. »

10. En opposition au souhait d'Achille d'aller « au plus vite » (149) combattre, Ulysse rappelle la nécessité *pratique* de manger.
11. Afin que la réparation soit publique, comme l'a été l'offense, les présents d'Agamemnon doivent être *vus* par l'ensemble des participants à l'assemblée. C'est encore Ulysse qui donne ce conseil.

Τὸν δ' αὖτε προσέειπεν ἄναξ, ἀνδρῶν Ἀγαμέμνων·
« Χαίρω σευ, Λαερτιάδη, τὸν μῦθον ἀκούσας·   185
ἐν μοίρῃ γὰρ πάντα διίκεο καὶ κατέλεξας·
ταῦτα δ' ἐγὼν ἐθέλω ὀμόσαι, κέλεται δέ με θυμός,
οὐδ' ἐπιορκήσω πρὸς δαίμονος. Αὐτὰρ Ἀχιλλεὺς
μιμνέτω αὖθι τέως περ ἐπειγόμενός περ Ἄρηος·
μίμνετε δ' ἄλλοι πάντες ἀολλέες, ὄφρά κε δῶρα   190
ἐκ κλισίης ἔλθῃσι καὶ ὅρκια πιστὰ τάμωμεν.
Σοὶ δ' αὐτῷ τόδ' ἐγὼν ἐπιτέλλομαι ἠδὲ κελεύω·
κρινάμενος κούρητας ἀριστῆας Παναχαιῶν
δῶρα ἐμῆς παρὰ νηὸς ἐνεικέμεν, ὅσσ' Ἀχιλῆι
χθιζὸν ὑπέστημεν δώσειν, ἀγέμεν τε γυναῖκας.   195

Ταλθύβιος δέ μοι ὦκα κατὰ στρατὸν εὐρὺν Ἀχαιῶν
κάπρον ἑτοιμασάτω, ταμέειν Διί τ' Ἠελίῳ τε. »
Τὸν δ' ἀπαμειβόμενος προσέφη πόδας ὠκὺς Ἀχιλλεύς·
« Ἀτρεΐδη κύδιστε, ἄναξ ἀνδρῶν Ἀγάμεμνον,
ἄλλοτέ περ καὶ μᾶλλον ὀφέλλετε ταῦτα πένεσθαι,   200
ὁππότε τις μεταπαυσωλὴ πολέμοιο γένηται
καὶ μένος οὐ τόσον ᾖσιν ἐνὶ στήθεσσιν ἐμοῖσι.
Νῦν δ' οἱ μὲν κέαται δεδαϊγμένοι, οὓς ἐδάμασσεν
Ἕκτωρ Πριαμίδης, ὅτε οἱ Ζεὺς κῦδος ἔδωκεν,
ὑμεῖς δ' ἐς βρωτὺν ὀτρύνετον· ἦ τ' ἂν ἔγωγε   205
νῦν μὲν ἀνώγοιμι πτολεμίζειν υἷας Ἀχαιῶν
νήστιας ἀκμήνους, ἅμα δ' ἠελίῳ καταδύντι
τεύξασθαι μέγα δόρπον, ἐπὴν τισαίμεθα λώβην.
Πρὶν δ' οὔ πως ἂν ἔμοιγε φίλον κατὰ λαιμὸν ἱείη
οὐ πόσις οὐδὲ βρῶσις, ἑταίρου τεθνηῶτος,   210
ὅς μοι ἐνὶ κλισίῃ δεδαϊγμένος ὀξέι χαλκῷ

Agamemnon, protecteur de son peuple, à son tour répond :

« J'ai plaisir, fils de Laërte, à entendre ce que tu dis. Tu as bien tout expliqué et exposé comme il fallait. Ce serment-là, je suis prêt à le jurer – mon cœur lui-même m'y invite – et je ne serai pas parjure en invoquant le nom d'un dieu. Mais qu'Achille, en attendant, demeure là, si impatient qu'il puisse être de combat ; et, vous autres aussi, demeurez assemblés : les présents vont bientôt venir de ma baraque, et nous conclurons un pacte loyal. Pour toi-même, voici ce que je t'enjoins et t'ordonne : choisis de jeunes preux du camp panachéen, qui, de ma nef, ici, apportent mes présents – tous ceux que nous avons hier promis de donner à Achille – et conduisent aussi les femmes. Enfin que Talthybios aille vite, par le vaste camp achéen, se pourvoir d'un verrat, que nous immolerons à Zeus et au Soleil. »

Achille aux pieds rapides en réponse lui dit :

« Très glorieux Atride, Agamemnon, protecteur de ton peuple, une autre heure serait plus propice à telle besogne, – j'entends celle où une pause surviendra dans la bataille, où ma fougue ne sera plus aussi grande en ma poitrine. À celle où nous sommes, des guerriers sont à terre, le corps déchiré, qu'a domptés Hector, le fils de Priam, tandis que Zeus lui accordait la gloire : et vous, vous nous invitez à manger ! C'est à l'instant même que je voudrais, moi, donner aux fils des Achéens l'ordre de combattre, à jeun[12], avant tout repas ; et c'est le soleil couché qu'ils prépareraient le grand repas du soir, notre honte une fois vengée. Jusque-là, nourriture ni boisson ne saurait passer ma gorge, alors que mon ami est mort, que, dans ma baraque, il gît déchiré par le bronze aigu,

---

12. Achille ne veut pas de nourriture ; ce qu'il désire, c'est le sang d'Hector. Sur cette opposition *thumos* (cœur) d'Achille et *gastêr* (faim, ventre), souci premier d'Ulysse, voir la très subtile étude de Pucci, 1995, notamment les p. 232-238.

κεῖται ἀνὰ πρόθυρον τετραμμένος, ἀμφὶ δ' ἑταῖροι
μύρονται· τό μοι οὔ τι μετὰ φρεσὶ ταῦτα μέμηλεν,
ἀλλὰ φόνος τε καὶ αἷμα καὶ ἀργαλέος στόνος ἀνδρῶν. »
    Τὸν δ' ἀπαμειβόμενος προσέφη πολύμητις Ὀδυσσεύς·
« Ὦ Ἀχιλεῦ, Πηλῆος υἱέ, μέγα φέρτατ' Ἀχαιῶν,   216
κρείσσων εἰς ἐμέθεν καὶ φέρτερος οὐκ ὀλίγον περ
ἔγχει, ἐγὼ δέ κε σεῖο νοήματί γε προβαλοίμην
πολλόν, ἐπεὶ πρότερος γενόμην καὶ πλείονα οἶδα·
τῷ τοι ἐπιτλήτω κραδίη μύθοισιν ἐμοῖσιν.   220
Αἶψά τε φυλόπιδος πέλεται κόρος ἀνθρώποισιν,
ἧς τε πλείστην μὲν καλάμην χθονὶ χαλκὸς ἔχευεν,
ἄμητος δ' ὀλίγιστος, ἐπὴν κλίνῃσι τάλαντα
Ζεύς, ὅς τ' ἀνθρώπων ταμίης πολέμοιο τέτυκται.
Γαστέρι δ' οὔ πως ἔστι νέκυν πενθῆσαι Ἀχαιούς·   225
λίην γὰρ πολλοὶ καὶ ἐπήτριμοι ἤματα πάντα
πίπτουσιν· πότε κέν τις ἀναπνεύσειε πόνοιο ;
ἀλλὰ χρὴ τὸν μὲν καταθάπτειν ὅς κε θάνῃσι,
νηλέα θυμὸν ἔχοντας, ἐπ' ἤματι δακρύσαντας·
ὅσσοι δ' ἂν πολέμοιο περὶ στυγεροῖο λίπωνται,   230
μεμνῆσθαι πόσιος καὶ ἐδητύος, ὄφρ' ἔτι μᾶλλον
ἀνδράσι δυσμενέεσσι μαχώμεθα νωλεμὲς αἰεί,
ἑσσάμενοι χροῒ χαλκὸν ἀτειρέα· μηδέ τις ἄλλην
λαῶν ὀτρυντὺν ποτιδέγμενος ἰσχανάασθω·
ἥδε γὰρ ὀτρυντὺς κακὸν ἔσσεται, ὅς κε λίπηται   235
νηυσὶν ἐπ' Ἀργείων· ἀλλ' ἀθρόοι ὁρμηθέντες
Τρωσὶν ἐφ' ἱπποδάμοισιν ἐγείρομεν ὀξὺν Ἄρηα. »
    Ἦ, καὶ Νέστορος υἷας ὀπάσσατο κυδαλίμοιο,
Φυλεΐδην τε Μέγητα Θόαντά τε Μηριόνην τε
καὶ Κρειοντιάδην Λυκομήδεα καὶ Μελάνιππον·   240
βὰν δ' ἴμεν ἐς κλισίην Ἀγαμέμνονος Ἀτρεΐδαο.
Αὐτίκ' ἔπειθ' ἅμα μῦθος ἔην, τετέλεστο δὲ ἔργον.
ἑπτὰ μὲν ἐκ κλισίης τρίποδας φέρον, οὕς οἱ ὑπέστη,
αἴθωνας δὲ λέβητας ἐείκοσι, δώδεκα δ' ἵππους·

tourné vers mon seuil, et qu'autour de lui tous les nôtres pleurent. Rien de ce que tu dis dès lors n'intéresse mon cœur. Il ne songe qu'au meurtre, au sang, aux douloureux sanglots des hommes. »

L'industrieux Ulysse en réponse lui dit :

« Achille, fils de Pélée, le tout premier des Achéens, tu es certes plus fort que moi, et tu me dépasses de beaucoup à la javeline, mais je vaux beaucoup plus que toi en revanche pour la raison, car je suis ton aîné et j'en sais plus que toi. Donc, que ton cœur se résigne à mes avis. L'homme a vite assez du combat : le bronze y verse à terre trop de paille pour peu de grain, à l'heure où Zeus fait pencher la balance, Zeus seul arbitre de tous les combats humains. Ce n'est pas avec leur ventre que les Achéens peuvent mener le deuil d'un mort. Beaucoup trop tombent tous les jours, rapidement, l'un après l'autre. Ah ! quand donc pourra-t-on souffler un peu à la peine ! Celui qui meurt, il faut l'ensevelir, d'un cœur impitoyable, après l'avoir pleuré un jour. Mais tous ceux qui survivent à l'affreuse bataille doivent songer à manger et à boire, afin de mieux se battre avec l'ennemi, obstinément, sans trêve, le corps vêtu d'airain rigide. Mais qu'aucun de nos hommes ne reste ensuite en route, dans l'attente d'un second appel : cet appel-là sera funeste à qui s'attardera près des nefs argiennes. Tous ensemble, en avant ! contre les Troyens dompteurs de cavales, réveillons l'ardent Arès. »

Il dit, et il se fait suivre des fils du glorieux Nestor, et aussi de Mégès, fils de Phylée, de Thoas et de Mérion, — de Lycomède, fils de Créon, ainsi que de Mélanippe, et tous s'en vont vers la baraque d'Agamemnon, le fils d'Atrée. Alors, aussitôt dit, aussitôt fait : de la baraque ils emportent les sept trépieds promis, les vingt bassins resplendissants, les douze chevaux. Ils emmènent aussi,

ἐκ δ' ἄγον αἶψα γυναῖκας ἀμύμονα ἔργα ἰδυίας		245
ἕπτ', ἀτὰρ ὀγδοάτην Βρισηίδα καλλιπάρηον·
χρυσοῦ δὲ στήσας Ὀδυσεὺς δέκα πάντα τάλαντα
ἦρχ', ἅμα δ' ἄλλοι δῶρα φέρον κούρητες Ἀχαιῶν.
Καὶ τὰ μὲν ἐν μέσσῃ ἀγορῇ θέσαν, ἂν δ' Ἀγαμέμνων
ἵστατο· Ταλθύβιος δὲ θεῷ ἐναλίγκιος αὐδὴν		250
κάπρον ἔχων ἐν χειρὶ παρίστατο ποιμένι λαῶν·
Ἀτρεΐδης δὲ ἐρυσσάμενος χείρεσσι μάχαιραν,
ἥ οἱ πὰρ ξίφεος μέγα κουλεὸν αἰὲν ἄωρτο,
κάπρου ἀπὸ τρίχας ἀρξάμενος, Διὶ χεῖρας ἀνασχὼν
εὔχετο· τοὶ δ' ἄρα πάντες ἐπ' αὐτόφιν εἵατο σιγῇ		255
Ἀργεῖοι κατὰ μοῖραν, ἀκούοντες βασιλῆος·
εὐξάμενος δ' ἄρα εἶπεν ἰδὼν εἰς οὐρανὸν εὐρύν·
« Ἴστω νῦν Ζεὺς πρῶτα, θεῶν ὕπατος καὶ ἄριστος,
Γῆ τε καὶ Ἥλιος καὶ Ἐρινύες, αἵ θ' ὑπὸ γαῖαν
ἀνθρώπους τίνυνται, ὅτις κ' ἐπίορκον ὀμόσσῃ,		260
μὴ μὲν ἐγὼ κούρῃ Βρισηίδι χεῖρ' ἐπένεικα,
οὔτ' εὐνῆς πρόφασιν κεχρημένος οὔτέ τευ ἄλλου·
ἀλλ' ἔμεν' ἀπροτίμαστος ἐνὶ κλισίῃσιν ἐμῇσιν.
Εἰ δέ τι τῶνδ' ἐπίορκον, ἐμοὶ θεοὶ ἄλγεα δοῖεν
πολλὰ μάλ', ὅσσα διδοῦσιν ὅτις σφ' ἀλίτηται ὀμόσσας. »
Ἦ, καὶ ἀπὸ στόμαχον κάπρου τάμε νηλέι χαλκῷ·		266
τὸν μὲν Ταλθύβιος πολιῆς ἁλὸς ἐς μέγα λαῖτμα
ῥῖψ' ἐπιδινήσας, βόσιν ἰχθύσιν· αὐτὰρ Ἀχιλλεὺς
ἀνστὰς Ἀργείοισι φιλοπτολέμοισι μετηύδα·
« Ζεῦ πάτερ, ἦ μεγάλας ἄτας ἄνδρεσσι διδοῖσθα·		270
οὐκ ἂν δή ποτε θυμὸν ἐνὶ στήθεσσιν ἐμοῖσιν
Ἀτρεΐδης ὤρινε διαμπερές, οὐδέ κε κούρην
ἦγεν ἐμεῦ ἀέκοντος ἀμήχανος· ἀλλά ποθι Ζεὺς

sans tarder, sept femmes habiles aux travaux impeccables et, pour huitième, la jolie Briséis. Ulysse pèse un
total de dix talents d'or, puis il se met en tête des jeunes
Achéens, et ceux-ci, sur ses pas, apportent les présents,
qu'ils déposent en pleine assemblée. Agamemnon alors
se lève. Talthybios, dont la voix vaut celle d'un dieu, est
aux côtés du pasteur d'hommes, un verrat[13] entre les
bras. L'Atride, de ses mains, tire le coutelas toujours
pendu à côté du long fourreau de son épée, et détache
comme prémices quelques poils du verrat ; puis il prie,
mains tendues vers Zeus. Les autres Argiens restent tous
assis près d'eux, en silence, ainsi qu'il convient et prê-
tant l'oreille au roi. Et celui-ci, ayant prié, dit les yeux
tournés vers le vaste ciel :

« Que Zeus d'abord m'en soit témoin, le plus haut, le
plus grand des dieux ! et la Terre et le Soleil ! et les Érinyes, qui, sous terre, châtient les hommes parjures à un
serment ! non, jamais je n'ai porté la main sur la jeune
Briséis, ni par désir avoué de son lit, ni pour nulle autre
cause. Elle est restée intacte, toujours, dans ma baraque.
Et, si je commets ici le moindre parjure, que les dieux
me fassent souffrir les mille maux qu'ils font souffrir à
qui les a offensés en jurant ! »

Il dit, et, d'un bronze implacable, il fend la gorge au
verrat. Puis Talthybios, faisant tournoyer le corps, le
jette au gouffre immense de la blanche mer, où il nourrira les poissons[14]. Après quoi Achille se lève et, devant
les Argiens belliqueux, il dit :

« Ah ! Zeus Père ! tu inspires aux mortels d'effroyables erreurs ! Sans quoi, jamais l'Atride n'eût si
profondément ému mon cœur en ma poitrine et n'eût
emmené la fille malgré moi, sans rien vouloir entendre.

---

13. Victime habituellement choisie quand le sacrifice s'accompagne d'un serment.
14. Les animaux sacrifiés pour sanctionner un serment étaient
considérés comme impurs, et leur chair n'était pas consommée (cf.
aussi III, 310).

ἤθελ᾽ Ἀχαιοῖσιν θάνατον πολέεσσι γενέσθαι.
Νῦν δ᾽ ἔρχεσθ᾽ ἐπὶ δεῖπνον, ἵνα ξυνάγωμεν Ἄρηα. »   275
    Ὣς ἄρ᾽ ἐφώνησεν, λῦσεν δ᾽ ἀγορὴν αἰψηρήν·

οἱ μὲν ἄρ᾽ ἐσκίδναντο ἑὴν ἐπὶ νῆα ἕκαστος,
δῶρα δὲ Μυρμιδόνες μεγαλήτορες ἀμφεπένοντο,
βὰν δ᾽ ἐπὶ νῆα φέροντες Ἀχιλλῆος θείοιο·
καὶ τὰ μὲν ἐν κλισίῃσι θέσαν, κάθισαν δὲ γυναῖκας,   180
ἵππους δ᾽ εἰς ἀγέλην ἔλασαν θεράποντες ἀγαυοί.

    Βρισηὶς δ᾽ ἄρ᾽ ἔπειτ᾽, ἰκέλη χρυσῇ Ἀφροδίτῃ,
ὡς ἴδε Πάτροκλον δεδαϊγμένον ὀξέι χαλκῷ,
ἀμφ᾽ αὐτῷ χυμένη λίγ᾽ ἐκώκυε, χερσὶ δ᾽ ἄμυσσε
στήθεά τ᾽ ἠδ᾽ ἁπαλὴν δειρὴν ἰδὲ καλὰ πρόσωπα·   285
εἶπε δ᾽ ἄρα κλαίουσα γυνὴ ἐικυῖα θεῇσι·

    « Πάτροκλέ μοι δειλῇ πλεῖστον κεχαρισμένε θυμῷ,
ζωὸν μέν σε ἔλειπον ἐγὼ κλισίηθεν ἰοῦσα,
νῦν δέ σε τεθνηῶτα κιχάνομαι, ὄρχαμε λαῶν,
ἂψ ἀνιοῦσ᾽· ὥς μοι δέχεται κακὸν ἐκ κακοῦ αἰεί.   290
Ἄνδρα μὲν ᾧ ἔδοσάν με πατὴρ καὶ πότνια μήτηρ
εἶδον πρὸ πτόλιος δεδαϊγμένον ὀξέι χαλκῷ,
τρεῖς τε κασιγνήτους, τούς μοι μία γείνατο μήτηρ,
κηδείους, οἳ πάντες ὀλέθριον ἦμαρ ἐπέσπον.
Οὐδὲ μὲν οὐδέ μ᾽ ἔασκες, ὅτ᾽ ἄνδρ᾽ ἐμὸν ὠκὺς Ἀχιλλεὺς   295
ἔκτεινεν, πέρσεν δὲ πόλιν θείοιο Μύνητος,
κλαίειν, ἀλλά μ᾽ ἔφασκες Ἀχιλλῆος θείοιο
κουριδίην ἄλοχον θήσειν, ἄξειν δ᾽ ἐνὶ νηυσὶν
ἐς Φθίην, δαίσειν δὲ γάμον μετὰ Μυρμιδόνεσσι·
τῶ σ᾽ ἄμοτον κλαίω τεθνηότα, μείλιχον αἰεί. »   300

Mais Zeus souhaitait sans doute la mort de nombreux Achéens. Pour l'instant, allez tous à votre repas, et nous pourrons ensuite engager la bataille. »

Ayant ainsi parlé, il dissout l'assemblée, qui se disperse en hâte ; chacun rejoint sa nef. Seuls, les Myrmidons magnanimes cependant s'empressent autour des présents ; ils les portent à la nef du divin Achille, puis les placent dans sa baraque, où ils installent aussi les femmes, pendant que les nobles écuyers mènent les chevaux au troupeau.

À ce moment, Briséis, pareille à Aphrodite d'or, aperçoit Patrocle, déchiré par le bronze aigu. Lors, se laissant tomber sur lui, elle l'embrasse, pousse des sanglots aigus, en même temps que, de ses mains, elle meurtrit sa poitrine, et sa tendre gorge, et son beau visage. Et, pleurante, la captive pareille aux déesses dit :

« Ô Patrocle, si cher au cœur de l'infortunée que je suis, je t'ai laissé vivant, le jour où je suis sortie de cette baraque ; et voici que je te trouve mort, le jour où je reviens ! Pour moi, malheur toujours est suivi de malheur. L'homme à qui m'avaient donné mon père et ma digne mère, je l'ai vu, devant ma ville, déchiré par le bronze aigu, aussi bien que les trois frères que ma mère m'avait donnés, mes frères bien-aimés, qui tous alors ont atteint le jour fatal. Et cependant, même le jour où le rapide Achille eut tué mon époux et ravagé la ville du divin Mynès[15], tu ne me laissais pas pleurer ; tu m'assurais que tu ferais de moi l'épouse légitime du divin Achille, qu'il m'emmènerait à bord de ses nefs et célébrerait mes noces au milieu des Myrmidons. Et c'est pourquoi sur ton cadavre je verse des larmes sans fin — toi qui toujours étais si doux ! »

15. Il s'agit de Lyrnesse ; voir II, 688-693.

Ὣς ἔφατο κλαίουσ᾽, ἐπὶ δὲ στενάχοντο γυναῖκες,
Πάτροκλον πρόφασιν, σφῶν δ᾽ αὐτῶν κήδε᾽ ἑκάστη.
Αὐτὸν δ᾽ ἀμφὶ γέροντες Ἀχαιῶν ἠγερέθοντο
λισσόμενοι δειπνῆσαι· ὁ δ᾽ ἠρνεῖτο στεναχίζων·

« Λίσσομαι, εἴ τις ἔμοιγε φίλων ἐπιπείθεθ᾽ ἑταίρων,   305
μή με πρὶν σίτοιο κελεύετε μηδὲ ποτῆτος
ἄσασθαι φίλον ἦτορ, ἐπεί μ᾽ ἄχος αἰνὸν ἱκάνει·
δύντα δ᾽ ἐς ἠέλιον μενέω καὶ τλήσομαι ἔμπης. »

Ὣς εἰπὼν ἄλλους μὲν ἀπεσκέδασεν βασιλῆας,
δοιὼ δ᾽ Ἀτρείδα μενέτην καὶ δῖος Ὀδυσσεύς,   310
Νέστωρ Ἰδομενεύς τε γέρων θ᾽ ἱππηλάτα Φοῖνιξ,
τέρποντες πυκινῶς ἀκαχήμενον· οὐδέ τι θυμῷ
τέρπετο, πρὶν πολέμου στόμα δύμεναι αἱματόεντος·
μνησάμενος δ᾽ ἀδινῶς ἀνενείκατο φώνησέν τε·

« Ἦ ῥά νύ μοί ποτε καὶ σύ, δυσάμμορε, φίλταθ᾽ ἑταίρων,
αὐτὸς ἐνὶ κλισίῃ λαρὸν παρὰ δεῖπνον ἔθηκας   315
αἶψα καὶ ὀτραλέως, ὁπότε σπερχοίατ᾽ Ἀχαιοὶ
Τρωσὶν ἐφ᾽ ἱπποδάμοισι φέρειν πολύδακρυν Ἄρηα.
Νῦν δὲ σὺ μὲν κεῖσαι δεδαϊγμένος, αὐτὰρ ἐμὸν κῆρ
ἄκμηνον πόσιος καὶ ἐδητύος, ἔνδον ἐόντων,   320
σῇ ποθῇ· οὐ μὲν γάρ τι κακώτερον ἄλλο πάθοιμι,
οὐδ᾽ εἴ κεν τοῦ πατρὸς ἀποφθιμένοιο πυθοίμην,
ὅς που νῦν Φθίηφι τέρεν κατὰ δάκρυον εἴβει
χήτεϊ τοιοῦδ᾽ υἷος· ὁ δ᾽ ἀλλοδαπῷ ἐνὶ δήμῳ
εἵνεκα ῥιγεδανῆς Ἑλένης Τρωσὶν πολεμίζω·   325
ἠὲ τὸν ὃς Σκύρῳ μοι ἔνι τρέφεται φίλος υἱός,

Ainsi dit-elle, pleurante, et les femmes lui répondent par des sanglots, sur Patrocle en apparence, mais, dans le fond, chacune sur son propre chagrin. Pour Achille, les Anciens d'Achaïe se pressent autour de lui, le suppliant de prendre son repas. Il s'y refuse en gémissant :

« Non, j'en supplie ici tous ceux de mes amis qui voudront bien m'en croire : il est trop tôt, ne me demandez pas de rassasier mon cœur de pain ni de boisson, quand un chagrin atroce me pénètre. Je saurai bien résister et tenir jusqu'au soleil couché. »

Il dit et congédie les rois. Seuls, demeurent les deux Atrides, le divin Ulysse, Nestor, Idoménée, avec Phénix, le vieux meneur de chars. Ils cherchent à égayer son lourd chagrin. Mais son cœur ne se laisse pas égayer : il faut qu'il plonge d'abord au gouffre du combat sanglant. Il se souvient, longuement soupire et dit :

« Ah ! toi aussi, infortuné, toi le plus cher de mes amis, toi aussi, dans ma baraque, tu m'as servi naguère, prompt et diligent, un repas savoureux, aux jours où les Achéens s'empressaient à porter contre les Troyens dompteurs de cavales l'Arès source de pleurs. Et te voilà aujourd'hui sur le sol, le corps déchiré ; et mon cœur se prive des aliments et des breuvages que je garde dans mes réserves : il a trop de regret de toi[16]. Non, je ne saurais souffrir rien de pis, quand même j'apprendrais la mort de mon père, qui, à cette heure, en Phthie, répand de tendres pleurs, à l'idée d'être loin d'un tel fils, tandis qu'en pays étranger, pour l'horrible Hélène, je guerroie contre les Troyens ; ou la mort de mon fils qui grandit à

---

16. Pendant le deuil de son ami, Achille ne participe plus aux repas : il est à l'écart de la vie sociale, du banquet. Il ne se nourrira pas avant d'avoir tué Hector. La nourriture paraît incompatible avec ses larmes, qui lui tiennent lieu, en quelque sorte, de repas. Il se nourrit de sa douleur, « mangeant son cœur » et non le pain ; cf. Monsacré, 1984, p. 188-194.

εἴ που ἔτι ζώει γε Νεοπτόλεμος θεοειδής.
Πρὶν μὲν γάρ μοι θυμὸς ἐνὶ στήθεσσιν ἐώλπει
οἷον ἐμὲ φθίσεσθαι ἀπ᾽ Ἄργεος ἱπποβότοιο
αὐτοῦ ἐνὶ Τροίῃ, σὲ δέ τε Φθίην δὲ νέεσθαι,   330
ὡς ἄν μοι τὸν παῖδα θοῇ ἐνὶ νηὶ μελαίνῃ
Σκυρόθεν ἐξαγάγοις καί οἱ δείξειας ἕκαστα,
κτῆσιν ἐμὴν δμῶάς τε καὶ ὑψερεφὲς μέγα δῶμα.
Ἤδη γὰρ Πηλῆά γ᾽ ὀίομαι ἢ κατὰ πάμπαν
τεθνάμεν, ἤ που τυτθὸν ἔτι ζώοντ᾽ ἀκάχησθαι   335
γήραΐ τε στυγερῷ καὶ ἐμὴν ποτιδέγμενον αἰεὶ
λυγρὴν ἀγγελίην, ὅτ᾽ ἀποφθιμένοιο πύθηται. »

   Ὣς ἔφατο κλαίων, ἐπὶ δὲ στενάχοντο γέροντες,
μνησάμενοι τὰ ἕκαστος ἐνὶ μεγάροισιν ἔλειπε·
μυρομένους δ᾽ ἄρα τούς γε ἰδὼν ἐλέησε Κρονίων,   340
αἶψα δ᾽ Ἀθηναίην ἔπεα πτερόεντα προσηύδα·

   « Τέκνον ἐμόν, δὴ πάμπαν ἀποίχεαι ἀνδρὸς ἑῆος·
ἦ νύ τοι οὐκέτι πάγχυ μετὰ φρεσὶ μέμβλετ᾽ Ἀχιλλεύς;
κεῖνος ὅ γε προπάροιθε νεῶν ὀρθοκραιράων
ἧσται ὀδυρόμενος ἕταρον φίλον· οἱ δὲ δὴ ἄλλοι   345
οἴχονται μετὰ δεῖπνον, ὁ δ᾽ ἄκμηνος καὶ ἄπαστος.
Ἀλλ᾽ ἴθι οἱ νέκταρ τε καὶ ἀμβροσίην ἐρατεινὴν
στάξον ἐνὶ στήθεσσ᾽, ἵνα μή μιν λιμὸς ἵκηται. »

   Ὣς εἰπὼν ὤτρυνε πάρος μεμαυῖαν Ἀθήνην·
ἡ δ᾽ ἅρπῃ ἐικυῖα τανυπτέρυγι λιγυφώνῳ   350
οὐρανοῦ ἐκ κατέπαλτο δι᾽ αἰθέρος· αὐτὰρ Ἀχαιοὶ
αὐτίκα θωρήσσοντο κατὰ στρατόν· ἡ δ᾽ Ἀχιλῆι
νέκταρ ἐνὶ στήθεσσι καὶ ἀμβροσίην ἐρατεινὴν
στάξ᾽, ἵνα μή μιν λιμὸς ἀτερπὴς γούναθ᾽ ἵκηται·

Scyros – du moins il vit encore, ce Néoptolème[17] pareil
à un dieu. Avant ce jour, mon cœur comptait en ma poitrine que je périrais seul, ici, en Troade, loin d'Argos,
nourricière de cavales, et que tu reviendrais, toi, en
Phthie, afin de ramener mon fils de Scyros sur ta rapide
nef noire, et de lui montrer tout, mon domaine, mes serviteurs, ma vaste et haute demeure. Car, pour Pélée,
j'imagine que c'en est fait et qu'il est mort, ou que, s'il
a encore quelque reste de vie, il est affligé ensemble et
par la vieillesse odieuse et par l'attente sans fin du message douloureux qui lui fera savoir ma mort. »

Ainsi parle-t-il, en pleurant, et les Anciens lui répondent par des sanglots : chacun se rappelle tout ce qu'il a
laissé dans sa maison. Et, à les voir se lamenter ainsi, le
fils de Cronos les prend en pitié, et aussitôt à Athéné il
adresse ces mots ailés :

« Ma fille, tu as entièrement délaissé ce noble guerrier. Achille n'est-il plus un souci pour ton cœur ? Il reste
là devant ses nefs aux cornes hautes à pleurer son ami ;
tous les autres s'en sont allés à leur repas ; il demeure,
lui, sans rien manger, sans rien prendre. Va, et dans sa
poitrine verse, avec le nectar, l'aimable ambroisie, pour
que la faim n'ait pas prise sur lui. »

Il dit et avive l'ardeur déjà brûlante d'Athéné. Tel
un faucon aux ailes éployées, à la voix sonore, elle
s'élance du haut du ciel à travers l'éther, tandis que les
Achéens sans retard s'arment dans le camp. Dans la poitrine d'Achille elle instille le nectar, en même temps que
l'aimable ambroisie ; elle veut que la faim cruelle n'ait
pas prise sur ses genoux. Après quoi, regagnant la soli-

17. Scyros est mentionnée au chant IX, 667-668. Comme dans
d'autres passages, le poète semble avoir à l'esprit des épisodes qui ont
lieu après la fin de l'*Iliade* telle que nous la connaissons. Dans les
Chants cypriens, Achille séjourne à Scyros et y épouse Deidamie, la
fille du roi Lycomède : leur fils est nommé Néoptolème.

αὐτὴ δὲ πρὸς πατρὸς ἐρισθενέος πυκινὸν δῶ   355
ᾤχετο, τοὶ δ᾽ ἀπάνευθε νεῶν ἐχέοντο θοάων.
Ὡς δ᾽ ὅτε ταρφειαὶ νιφάδες Διὸς ἐκποτέονται,
ψυχραί, ὑπὸ ῥιπῆς αἰθρηγενέος Βορέαο,
ὣς τότε ταρφειαὶ κόρυθες λαμπρὸν γανόωσαι
νηῶν ἐκφορέοντο καὶ ἀσπίδες ὀμφαλόεσσαι   360
θώρηκές τε κραταιγύαλοι καὶ μείλινα δοῦρα·
αἴγλη δ᾽ οὐρανὸν ἷκε, γέλασσε δὲ πᾶσα περὶ χθὼν
χαλκοῦ ὑπὸ στεροπῆς· ὑπὸ δὲ κτύπος ὤρνυτο ποσσὶν
ἀνδρῶν· ἐν δὲ μέσοισι κορύσσετο δῖος Ἀχιλλεύς·
τοῦ καὶ ὀδόντων μὲν καναχὴ πέλε, τὼ δέ οἱ ὄσσε   365
λαμπέσθην ὡς εἴ τε πυρὸς σέλας, ἐν δέ οἱ ἦτορ
δῦν᾽ ἄχος ἄτλητον· ὃ δ᾽ ἄρα Τρωσὶν μενεαίνων
δύσετο δῶρα θεοῦ, τά οἱ Ἥφαιστος κάμε τεύχων.
Κνημῖδας μὲν πρῶτα περὶ κνήμῃσιν ἔθηκε
καλάς, ἀργυρέοισιν ἐπισφυρίοις ἀραρυίας·   370
δεύτερον αὖ θώρηκα περὶ στήθεσσιν ἔδυνεν·
ἀμφὶ δ᾽ ἄρ᾽ ὤμοισιν βάλετο ξίφος ἀργυρόηλον
χάλκεον· αὐτὰρ ἔπειτα σάκος μέγα τε στιβαρόν τε
εἵλετο, τοῦ δ᾽ ἀπάνευθε σέλας γένετ᾽ ἠύτε μήνης.
Ὡς δ᾽ ὅτ᾽ ἂν ἐκ πόντοιο σέλας ναύτῃσι φανήῃ   375
καιομένοιο πυρός, τό τε καίεται ὑψόθ᾽ ὄρεσφι
σταθμῷ ἐν οἰοπόλῳ· τοὺς δ᾽ οὐκ ἐθέλοντας ἄελλαι
πόντον ἐπ᾽ ἰχθυόεντα φίλων ἀπάνευθε φέρουσιν·
ὣς ἀπ᾽ Ἀχιλλῆος σάκεος σέλας αἰθέρ᾽ ἵκανε
καλοῦ δαιδαλέου· περὶ δὲ τρυφάλειαν ἀείρας   380
κρατὶ θέτο βριαρήν· ἣ δ᾽ ἀστὴρ ὣς ἀπέλαμπεν
ἵππουρις τρυφάλεια, περισσείοντο δ᾽ ἔθειραι
χρύσεαι, ἃς Ἥφαιστος ἵει λόφον ἀμφὶ θαμειάς.
Πειρήθη δ᾽ ἕο αὐτοῦ ἐν ἔντεσι δῖος Ἀχιλλεύς,

de demeure du Tout-Puissant, son père, elle disparaît, au moment où les Achéens se répandent hors des fines nefs. Comme, à flocons serrés, la froide neige de Zeus s'envole sous l'élan de Borée issu de l'éther, de même, en foule, voici sortir des nefs les casques qui luisent d'un joyeux éclat, et les écus bombés, et les cuirasses au solide plastron, et les piques de frêne. La lueur en monte au ciel, et la terre à l'entour tout entière rit sous l'éclair du bronze. Un grondement s'élève sous les pas des guerriers. Au milieu d'eux Achille s'arme. Ses dents se heurtent bruyamment. Ses yeux brillent de l'éclat de la flamme. Un intolérable chagrin pénètre son cœur. Plein d'ardeur contre les Troyens, il revêt les présents du dieu, qu'Héphæstos a ouvrés pour lui. À ses jambes d'abord il met ses jambières, ses belles jambières où s'adaptent des couvre-chevilles d'argent. Sur sa poitrine il passe sa cuirasse. Autour de ses épaules il jette son épée de bronze, à clous d'argent. Il prend ensuite son écu, grand et fort, d'où jaillit un éclat pareil à celui de la lune. Sur la mer parfois apparaît aux marins la lueur d'un feu flamboyant, qui brûle sur les montagnes, dans une étable solitaire, tandis que, malgré eux, les rafales du vent les jettent loin des leurs vers la mer poissonneuse : tel jusqu'à l'éther monte l'éclat du bouclier d'Achille, du beau bouclier ouvragé. Il prend ensuite et pose sur sa tête le casque puissant. Il brille comme un astre, le casque à crins de cheval, et autour de lui voltige la crinière d'or qu'Héphæstos a fait tomber, en masse, autour du cimier[18]. Le divin Achille s'essaie dans ses armes :

18. « Flamboyant dans ses armes, les yeux étincelant d'un rayon de feu, quand Achille grimace, claque les mâchoires, pousse un cri de guerre inhumain à la façon d'Athéna Porte-Égide, le héros furieux, possédé du *menos*, présente un visage en masque de Gorgô », Vernant, 1985, p. 42.

εἰ οἷ ἐφαρμόσσειε καὶ ἐντρέχοι ἀγλαὰ γυῖα· 385
τῷ δ' εὖτε πτερὰ γίνετ', ἄειρε δὲ ποιμένα λαῶν.
Ἐκ δ' ἄρα σύριγγος πατρώιον ἐσπάσατ' ἔγχος,
βριθὺ μέγα στιβαρόν· τὸ μὲν οὐ δύνατ'· ἄλλος Ἀχαιῶν
πάλλειν, ἀλλά μιν οἶος ἐπίστατο πῆλαι Ἀχιλλεύς,
Πηλιάδα μελίην, τὴν πατρὶ φίλῳ τάμε Χείρων 390
Πηλίου ἐκ κορυφῆς, φόνον ἔμμεναι ἡρώεσσιν.
Ἵππους δ' Αὐτομέδων τε καὶ Ἄλκιμος ἀμφιέποντες
ζεύγνυον· ἀμφὶ δὲ καλὰ λέπαδν' ἔσαν, ἐν δὲ χαλινοὺς
γαμφηλῇς ἔβαλον, κατὰ δ' ἡνία τεῖναν ὀπίσσω
κολλητὸν ποτὶ δίφρον· ὁ δὲ μάστιγα φαεινὴν 395
χειρὶ λαβὼν ἀραρυῖαν ἐφ' ἵπποιιν ἀνόρουσεν,
Αὐτομέδων· ὄπιθεν δὲ κορυσσάμενος βῆ Ἀχιλλεύς,
τεύχεσι παμφαίνων ὥς τ' ἠλέκτωρ Ὑπερίων,
σμερδαλέον δ' ἵπποισιν ἐκέκλετο πατρὸς ἑοῖο·

« Ξάνθέ τε καὶ Βαλίε, τηλεκλυτὰ τέκνα Ποδάργης, 400
ἄλλως δὴ φράζεσθε σαωσέμεν ἡνιοχῆα
ἂψ Δαναῶν ἐς ὅμιλον, ἐπεί χ' ἕωμεν πολέμοιο,
μηδ' ὡς Πάτροκλον λίπετ' αὐτόθι τεθνηῶτα. »

Τὸν δ' ἄρ' ὑπὸ ζυγόφι προσέφη πόδας αἰόλος ἵππος
Ξάνθος, ἄφαρ δ' ἤμυσε καρήατι· πᾶσα δὲ χαίτη 405
ζεύγλης ἐξεριποῦσα παρὰ ζυγὸν οὖδας ἵκανεν·
αὐδήεντα δ' ἔθηκε θεὰ λευκώλενος Ἥρη·

s'adaptent-elles bien à lui ? ses membres glorieux y jouent-ils aisément ? Ce sont comme des ailes qui lui poussent alors et soulèvent le pasteur d'hommes. De son étui, il tire la pique paternelle, la lourde et longue et forte pique que nul ne peut brandir parmi les Achéens – Achille seul le peut – la pique en bois du Pélion, dont Chiron, qui l'a coupée sur la cime du Pélion, a fait présent à son père[19], pour porter la mort aux héros. Automédon et Alcime s'emploient à mettre les chevaux sous le joug. Ils leur passent les belles courroies ; ils leur mettent le mors aux mâchoires ; ils tirent les rênes en arrière vers la caisse solide du char. Et Automédon, prenant le fouet brillant, bien adapté à sa main, bondit sur le char. Derrière lui, casque en tête, vient se placer Achille, resplendissant dans son armure, comme le soleil d'en haut, et, d'une voix terrible, aux chevaux de son père il lance un appel :

« Xanthe, Balios ! illustres enfants de Podarge, veillez à changer de manière et à ramener vivant votre conducteur dans les lignes des Danaens, dès que nous aurons assez du combat ; et ne le laissez pas, comme Patrocle, mort, sur place. »

Et, de dessous le joug, Xanthe, coursier aux jarrets frémissants, lui répond. Brusquement il baisse la tête, et toute sa crinière, échappant au collier, retombe, le long du joug, jusqu'à terre. La déesse aux bras blancs, Héré, vient à l'instant de le douer de voix humaine :

19. Cf. XVI, 141 ss., et note 10, p. 359.

« Καὶ λίην σ' ἔτι νῦν γε σαώσομεν, ὄβριμ' Ἀχιλλεῦ·
ἀλλά τοι ἐγγύθεν ἦμαρ ὀλέθριον· οὐδέ τοι ἡμεῖς
αἴτιοι, ἀλλὰ θεός τε μέγας καὶ μοῖρα κραταιή·   410
οὐδὲ γὰρ ἡμετέρῃ βραδυτῆτί τε νωχελίῃ τε
Τρῶες ἀπ' ὤμοιιν Πατρόκλου τεύχε' ἕλοντο·
ἀλλὰ θεῶν ὥριστος, ὃν ἠύκομος τέκε Λητώ,
ἔκταν' ἐνὶ προμάχοισι καὶ Ἕκτορι κῦδος ἔδωκε·
νῶι δὲ καί κεν ἅμα πνοιῇ Ζεφύροιο θέοιμεν,   415
ἥν περ ἐλαφροτάτην φάσ' ἔμμεναι· ἀλλὰ σοὶ αὐτῷ
μόρσιμόν ἐστι θεῷ τε καὶ ἀνέρι ἶφι δαμῆναι. »

   Ὣς ἄρα φωνήσαντος Ἐρινύες ἔσχεθον αὐδήν·
τὸν δὲ μέγ' ὀχθήσας προσέφη πόδας ὠκὺς Ἀχιλλεύς·

   « Ξάνθε, τί μοι θάνατον μαντεύεαι; οὐδέ τί σε χρή·   420
εὖ νύ τοι οἶδα καὶ αὐτὸς ὅ μοι μόρος ἐνθάδ' ὀλέσθαι,
νόσφι φίλου πατρὸς καὶ μητέρος· ἀλλὰ καὶ ἔμπης
οὐ λήξω πρὶν Τρῶας ἅδην ἐλάσαι πολέμοιο. »

   Ἦ ῥα, καὶ ἐν πρώτοις ἰάχων ἔχε μώνυχας ἵππους.

« Oui, sans doute, une fois encore, puissant Achille, nous te ramènerons. Mais le jour fatal est proche pour toi. Nous n'en sommes point cause, mais bien plutôt le dieu terrible et l'impérieux destin. Et ce n'est pas davantage à notre lenteur ni à notre indolence que les Troyens ont dû d'arracher ses armes aux épaules de Patrocle. C'est le premier des dieux, celui qui a enfanté Létô aux beaux cheveux, qui l'a tué au milieu des champions hors des lignes et qui a donné la gloire à Hector. Nous saurions, nous, à la course, aller de front avec le souffle de Zéphyr, le plus vite des vents, dit-on ; mais ton destin, à toi, est d'être dompté de force par un dieu et par un homme[20]. »

Il dit, et les Érinyes arrêtent sa voix. Achille aux pieds rapides violemment s'irrite et répond :

« Xanthe, pourquoi me viens-tu prédire la mort ? Aussi bien n'est-ce pas ton rôle. Je le sais bien sans toi : mon sort est de périr ici, loin de mon père et de ma mère. Il n'importe : je ne cesserai pas, que je n'aie aux Troyens donné tout leur soûl de combat. »

Il dit et, à la tête des siens, en criant, il pousse ses chevaux aux sabots massifs.

---

20. Pâris et Apollon ; révélation faite par Hector sur le point d'expirer, cf. XXII, 359.

ΙΛΙΑΔΟΣ Υ

°Ως οἱ μὲν παρὰ νηυσὶ κορωνίσι θωρήσσοντο
ἀμφὶ σέ, Πηλέος υἱέ, μάχης ἀκόρητοι Ἀχαιοί,
Τρῶες δ' αὖθ' ἑτέρωθεν ἐπὶ θρωσμῷ πεδίοιο·
Ζεὺς δὲ Θέμιστα κέλευσε θεοὺς ἀγορὴν δὲ καλέσσαι
κρατὸς ἀπ' Οὐλύμποιο πολυπτύχου· ἡ δ' ἄρα πάντη   5
φοιτήσασα κέλευσε Διὸς πρὸς δῶμα νέεσθαι.
Οὔτέ τις οὖν ποταμῶν ἀπέην, νόσφ' Ὠκεανοῖο,
οὔτ' ἄρα νυμφάων, αἵ τ' ἄλσεα καλὰ νέμονται
καὶ πηγὰς ποταμῶν καὶ πίσεα ποιήεντα·
ἐλθόντες δ' ἐς δῶμα Διὸς νεφεληγερέταο   10
ξεστῇς αἰθούσῃσιν ἐνίζανον, ἃς Διὶ πατρὶ
Ἥφαιστος ποίησεν ἰδυίῃσι πραπίδεσσιν.

  °Ως οἱ μὲν Διὸς ἔνδον ἀγηγέρατ'· οὐδ' Ἐνοσίχθων
νηκούστησε θεᾶς, ἀλλ' ἐξ ἁλὸς ἦλθε μετ' αὐτούς,
ἷζε δ' ἄρ' ἐν μέσσοισι, Διὸς δ' ἐξείρετο βουλήν·   15
  « Τίπτ' αὖτ', ἀργικέραυνε, θεοὺς ἀγορὴν δὲ κάλεσσας;
ἦ τι περὶ Τρώων καὶ Ἀχαιῶν μερμηρίζεις;
τῶν γὰρ νῦν ἄγχιστα μάχη πόλεμός τε δέδηε. »

CHANT XX

Ainsi, près des nefs recourbées, tout autour de toi, Péléide, s'arment les Achéens insatiables de guerre. Les Troyens, de l'autre côté, s'arment tout pareillement sur le mamelon de la plaine. Et Zeus alors, de la cime de l'Olympe aux mille replis, donne l'ordre à Thémis de convoquer les dieux à l'assemblée. Elle va donc de tous côtés leur porter l'ordre de se rendre au palais de Zeus. Pas un des fleuves n'y manque – excepté Océan – pas une des nymphes habitant les bosquets charmants, les ondes des fleuves ou les près herbus. Tous s'en viennent au palais de Zeus, assembleur de nuées, tous s'assoient sous les portiques polis qu'a construits, pour Zeus Père, Héphæstos aux savants pensers.

Ils sont donc ainsi assemblés chez Zeus. Mais l'É-branleur du sol n'est pas sourd non plus à l'appel de la déesse. il sort de la mer pour les retrouver. Il s'assied au milieu d'eux, il s'enquiert du dessein de Zeus :

« Pourquoi, dieu à la foudre blanche, convoques-tu encore les dieux à l'assemblée ? Médites-tu quelque projet pour les Troyens et pour les Achéens ? La bataille et la lutte, à cette heure, flambent bien près d'eux. »

Τὸν δ' ἀπαμειβόμενος προσέφη νεφεληγερέτα Ζεύς·

« Ἔγνως, Ἐννοσίγαιε, ἐμὴν ἐν στήθεσι βουλήν,   20
ὧν ἕνεκα ξυνάγειρα· μέλουσί μοι ὀλλύμενοί περ.
Ἀλλ' ἤτοι μὲν ἐγὼ μενέω πτυχὶ Οὐλύμποιο
ἥμενος, ἔνθ' ὁρόων φρένα τέρψομαι· οἱ δὲ δὴ ἄλλοι
ἔρχεσθ' ὄφρ' ἂν ἵκησθε μετὰ Τρῶας καὶ Ἀχαιούς,
ἀμφοτέροισι δ' ἀρήγεθ', ὅπη νόος ἐστὶν ἑκάστου.   25
Εἰ γὰρ Ἀχιλλεὺς οἶος ἐπὶ Τρώεσσι μαχεῖται,
οὐδὲ μίνυνθ' ἕξουσι ποδώκεα Πηλείωνα·
καὶ δέ τέ μιν καὶ πρόσθεν ὑποτρομέεσκον ὁρῶντες·
νῦν δ' ὅτε δὴ καὶ θυμὸν ἑταίρου χώεται αἰνῶς,
δείδω μὴ καὶ τεῖχος ὑπὲρ μόρον ἐξαλαπάξῃ. »   30

Ὣς ἔφατο Κρονίδης, πόλεμον δ' ἀλίαστον ἔγειρε·
βὰν δ' ἴμεναι πόλεμον δὲ θεοί, δίχα θυμὸν ἔχοντες·
Ἥρη μὲν μετ' ἀγῶνα νεῶν καὶ Παλλὰς Ἀθήνη
ἠδὲ Ποσειδάων γαιήοχος ἠδ' ἐριούνης
Ἑρμείας, ὃς ἐπὶ φρεσὶ πευκαλίμῃσι κέκασται·   35
Ἥφαιστος δ' ἅμα τοῖσι κίε σθένεϊ βλεμεαίνων,
χωλεύων, ὑπὸ δὲ κνῆμαι ῥώοντο ἀραιαί·
ἐς δὲ Τρῶας Ἄρης κορυθαίολος, αὐτὰρ ἅμ' αὐτῷ
Φοῖβος ἀκερσεκόμης ἠδ' Ἄρτεμις ἰοχέαιρα
Λητώ τε Ξάνθός τε φιλομμειδής τ' Ἀφροδίτη.   40

Εἵως μέν ῥ' ἀπάνευθε θεοὶ θνητῶν ἔσαν ἀνδρῶν,
τέως Ἀχαιοὶ μὲν μέγ' ἐκύδανον, οὕνεκ' Ἀχιλλεὺς
ἐξεφάνη, δηρὸν δὲ μάχης ἐπέπαυτ' ἀλεγεινῆς·
Τρῶας δὲ τρόμος αἰνὸς ὑπήλυθε γυῖα ἕκαστον,
δειδιότας, ὅθ' ὁρῶντο ποδώκεα Πηλείωνα   45
τεύχεσι λαμπόμενον, βροτολοιγῷ ἶσον Ἄρηι.
Αὐτὰρ ἐπεὶ μεθ' ὅμιλον Ὀλύμπιοι ἤλυθον ἀνδρῶν,

L'assembleur de nuées, Zeus, en réponse dit :

« Tu as bien saisi, Ébranleur du sol, le dessein qu'enferme ma poitrine et pour lequel je vous ai rassemblés : j'ai souci à les voir périr. Je n'en veux pas moins demeurer assis dans un pli de l'Olympe : les observer de là charmera mon cœur. Mais vous, les autres dieux, allez et rejoignez Troyens et Achéens ; puis portez secours chacun à l'un des deux partis, comme le cœur vous en dira[1]. Si Achille, même seul, entre en lutte contre les Troyens, pas un instant ils ne tiendront en face du Péléide aux pieds rapides. Déjà auparavant ils se dérobaient, épouvantés, à sa vue. Aujourd'hui que son cœur, à la pensée de son ami, nourrit un terrible courroux, j'ai bien peur qu'il n'arrive à devancer le destin et à enlever le rempart. »

Ainsi dit le Cronide, et il réveille une lutte acharnée. Les dieux partent, tous, au combat, mais leurs cœurs se partagent. Héré se dirige vers le groupe des nefs ; de même Pallas Athéné, et Poseidon, le maître de la mer, et Hermès Bienfaisant, qui excelle en subtils pensers. Héphæstos part aussi avec eux, enivré de sa force, boitant et agitant sous lui ses jambes grêles. Vers les Troyens en revanche s'en vont Arès au casque étincelant et, avec lui, Phœbos aux longs cheveux, et Artémis la Sagittaire, et Létô, et le Xanthe, et Aphrodite qui aime les sourires.

Tant que les dieux demeurent loin des hommes, les Achéens hautement triomphent : Achille a reparu, qui avait si longtemps quitté la bataille amère ! Et, au contraire, une atroce terreur s'insinue dans les membres de tous les Troyens ; ils s'effraient à la vue du Péléide aux pieds rapides, brillant dans son armure, émule d'Arès, le fléau des hommes. Mais les Olympiens ont à

1. C'est ici que commence la Théomachie, le « combat des dieux », qui culminera au chant XXI.

ὦρτο δ' Ἔρις κρατερὴ λαοσσόος, αὖε δ' Ἀθήνη,
στᾶσ' ὁτὲ μὲν παρὰ τάφρον ὀρυκτὴν τείχεος ἐκτός,
ἄλλοτ' ἐπ' ἀκτάων ἐριδούπων μακρὸν ἀύτει·   5ο
αὖε δ' Ἄρης ἑτέρωθεν, ἐρεμνῇ λαίλαπι ἶσος,
ὀξὺ κατ' ἀκροτάτης πόλιος Τρώεσσι κελεύων,
ἄλλοτε πὰρ Σιμόεντι θέων ἐπὶ Καλλικολώνῃ.

Ὣς τοὺς ἀμφοτέρους μάκαρες θεοὶ ὀτρύνοντες
σύμβαλον, ἐν δ' αὐτοῖς ἔριδα ῥήγνυντο βαρεῖαν·   55
δεινὸν δὲ βρόντησε πατὴρ ἀνδρῶν τε θεῶν τε
ὑψόθεν· αὐτὰρ ἔνερθε Ποσειδάων ἐτίναξε
γαῖαν ἀπειρεσίην ὀρέων τ' αἰπεινὰ κάρηνα·
πάντες δ' ἐσσείοντο πόδες πολυπίδακος Ἴδης
καὶ κορυφαί, Τρώων τε πόλις καὶ νῆες Ἀχαιῶν·   6ο
ἔδδεισεν δ' ὑπένερθεν ἄναξ ἐνέρων Ἀιδωνεύς,
δείσας δ' ἐκ θρόνου ἆλτο καὶ ἴαχε, μή οἱ ὕπερθε
γαῖαν ἀναρρήξειε Ποσειδάων ἐνοσίχθων,
οἰκία δὲ θνητοῖσι καὶ ἀθανάτοισι φανείη
σμερδαλέ' εὐρώεντα, τά τε στυγέουσι θεοί περ·   65
τόσσος ἄρα κτύπος ὦρτο θεῶν ἔριδι ξυνιόντων.
Ἤτοι μὲν γὰρ ἔναντα Ποσειδάωνος ἄνακτος
ἵστατ' Ἀπόλλων Φοῖβος, ἔχων ἰὰ πτερόεντα,
ἄντα δ' Ἐνυαλίοιο θεὰ γλαυκῶπις Ἀθήνη·
Ἥρῃ δ' ἀντέστη χρυσηλάκατος κελαδεινὴ   7ο
Ἄρτεμις ἰοχέαιρα, κασιγνήτη Ἑκάτοιο·
Λητοῖ δ' ἀντέστη σῶκος ἐριούνιος Ἑρμῆς,
ἄντα δ' ἄρ' Ἡφαίστοιο μέγας ποταμὸς βαθυδίνης,
ὃν Ξάνθον καλέουσι θεοί, ἄνδρες δὲ Σκάμανδρον.

Ὣς οἱ μὲν θεοὶ ἄντα θεῶν ἴσαν· αὐτὰρ Ἀχιλλεὺς   75
Ἕκτορος ἄντα μάλιστα λιλαίετο δῦναι ὅμιλον

peine rejoint le gros des combattants, que brusquement se lève Lutte la Brutale, meneuse de guerriers ; et qu'Athéné crie, tantôt debout, près du fossé ouvert et hors du rempart, tantôt sur les caps sonores, d'où elle pousse une longue clameur ; et que, de l'autre côté, Arès crie tout de même, semblable au noir ouragan et jetant d'une voix perçante ses exhortations aux Troyens, soit du haut de la citadelle, soit encore près du Simoïs, où il court se poster sur la Belle Colline.

Ainsi les dieux bienheureux, avec leurs appels, heurtent les deux partis ensemble, en même temps qu'ils font entre eux éclater un cruel conflit. Le Père des dieux et des hommes terriblement tonne du haut des airs. En dessous, Poseidon émeut la terre infinie et les hautes cimes des monts. Bases et sommets, l'Ida aux mille sources est tout ébranlé, et la cité des Troyens, et la flotte des Achéens. Et, sous la terre, le seigneur des morts, Aïdôneus[2], soudain prend peur. De peur, il saute de son trône et crie : Poseidon, l'Ébranleur du sol, ne va-t-il pas faire éclater la terre dans les airs et ouvrir aux yeux des mortels et des Immortels l'effroyable demeure de la corruption, dont les dieux mêmes ont horreur ? tant est fort le fracas qui s'élève des dieux entrant en conflit. Face à sire Poseidon se dresse Phœbos Apollon, avec ses flèches ailées, et, face à Ényale, la déesse aux yeux pers, Athéné. Devant Héré prend place Artémis la Bruyante, sagittaire à l'arc d'or, la sœur de l'Archer ; devant Létô, le puissant Hermès Bienfaisant ; et, face à Héphæstos, le grand fleuve aux tourbillons profonds, celui que les dieux appellent le Xanthe et les mortels le Scamandre.

C'est ainsi que les dieux affrontent les dieux[3]. Achille, lui, désire avant tout s'enfoncer dans la masse pour affronter Hector le Priamide. C'est du sang

---

2. Autre nom d'Hadès.
3. On notera qu'Aphrodite semble un peu à l'écart : elle n'a pas de partenaire désigné du côté des dieux protégeant les Grecs.

Πριαμίδεω· τοῦ γάρ ῥα μάλιστά ἑ θυμὸς ἀνώγει
αἵματος ἆσαι Ἄρηα ταλαύρινον πολεμιστήν·
Αἰνείαν δ᾽ ἰθὺς λαοσσόος ὦρσεν Ἀπόλλων
ἀντία Πηλείωνος, ἐνῆκε δέ οἱ μένος ἠΰ·   80
υἱέι δὲ Πριάμοιο Λυκάονι εἴσατο φωνήν·
τῷ μιν ἐεισάμενος προσέφη Διὸς υἱὸς Ἀπόλλων·
    « Αἰνεία, Τρώων βουληφόρε, ποῦ τοι ἀπειλαί,
ἃς Τρώων βασιλεῦσιν ὑπίσχεο οἰνοποτάζων,
Πηλείδεω Ἀχιλῆος ἐναντίβιον πτολεμίξειν ; »   85
    Τὸν δ᾽ αὖτ᾽ Αἰνείας ἀπαμειβόμενος προσέειπε·
    « Πριαμίδη, τί με ταῦτα καὶ οὐκ ἐθέλοντα κελεύεις,
ἀντία Πηλείωνος ὑπερθύμοιο μάχεσθαι;
οὐ μὲν γὰρ νῦν πρῶτα ποδώκεος ἄντ᾽ Ἀχιλῆος
στήσομαι, ἀλλ᾽ ἤδη με καὶ ἄλλοτε δουρὶ φόβησεν   90
ἐξ Ἴδης, ὅτε βουσὶν ἐπήλυθεν ἡμετέρῃσι,
πέρσε δὲ Λυρνησσὸν καὶ Πήδασον· αὐτὰρ ἐμὲ Ζεὺς
εἰρύσαθ᾽, ὅς μοι ἐπῶρσε μένος λαιψηρά τε γοῦνα·
ἦ κ᾽ ἐδάμην ὑπὸ χερσὶν Ἀχιλλῆος καὶ Ἀθήνης,
ἥ οἱ πρόσθεν ἰοῦσα τίθει φάος ἠδ᾽ ἐκέλευεν   95
ἔγχεϊ χαλκείῳ Λέλεγας καὶ Τρῶας ἐναίρειν.
Τῶ οὐκ ἔστ᾽ Ἀχιλῆος ἐναντίον ἄνδρα μάχεσθαι·
αἰεὶ γὰρ πάρα εἷς γε θεῶν, ὃς λοιγὸν ἀμύνει·
καὶ δ᾽ ἄλλως τοῦ γ᾽ ἰθὺ βέλος πέτετ᾽, οὐδ᾽ ἀπολήγει
πρὶν χροὸς ἀνδρομέοιο διελθέμεν· εἰ δὲ θεός περ   100
ἶσον τείνειεν πολέμου τέλος, οὔ κε μάλα ῥέα
νικήσει᾽, οὐδ᾽ εἰ παγχάλκεος εὔχεται εἶναι. »
    Τὸν δ᾽ αὖτε προσέειπεν ἄναξ, Διὸς υἱὸς Ἀπόλλων·
    « Ἥρως, ἀλλ᾽ ἄγε καὶ σὺ θεοῖς αἰειγενέτῃσιν
εὔχεο· καὶ δὲ σέ φασι Διὸς κούρης Ἀφροδίτης   105
ἐκγεγάμεν, κεῖνος δὲ χερείονος ἐκ θεοῦ ἐστιν·

d'Hector que son cœur avant tout le pousse à rassasier Arès, l'endurant guerrier. Mais Apollon, le meneur d'hommes, pousse Énée tout droit, face au Péléide et met en lui un noble élan. Il s'est donné la voix de Lycaon, fils de Priam : c'est sous ses traits qu'Apollon, fils de Zeus, s'adresse à Énée en ces termes :

« Énée, bon conseiller des Troyens, où sont donc tes menaces ? où sont ces promesses qu'en vidant ta coupe de vin tu faisais aux rois troyens, de lutter face à face avec Achille, fils de Pélée ? »

Et, à son tour, Énée, en réponse, lui dit :

« Fils de Priam, pourquoi, quand je m'y refuse, m'exhorter à combattre en face le bouillant fils de Pélée ? Ce ne serait pas la première fois que je me dresserais devant Achille aux pieds rapides. Déjà ailleurs, sa lance m'a fait fuir : c'était sur l'Ida, le jour où il attaquait nos bœufs, puis détruisait et Lyrnesse et Pédase. Zeus me sauva alors en me donnant l'élan et des jarrets agiles. Sans cela, j'eusse succombé sous les coups d'Achille et sous ceux d'Athéné qui, marchant devant lui, assurait son salut et l'invitait à détruire les Troyens et les Lélèges avec sa pique de bronze. C'est bien pourquoi il n'est pas d'homme capable de combattre Achille en face : à ses côté toujours il a un dieu, prêt à écarter de lui le malheur ! Son trait, en outre, vole droit et ne s'arrête pas, avant d'avoir troué la peau d'un homme. Si le Ciel tenait les chances égales pour l'issue du combat[4], il ne me vaincrait pas si facilement, fût-il tout entier de bronze, ainsi qu'il se vante de l'être. »

Sire Apollon, fils de Zeus, lui répond :

« Eh bien ! héros, invoque, toi aussi, les dieux toujours vivants. Ne dit-on pas que tu es né d'Aphrodite, fille de Zeus, alors qu'il est né, lui, de bien moindre déesse, puisque l'une est fille de Zeus, et l'autre du

---

4. Autrement dit, si un dieu se tenait près de lui, Énée, qui n'a pas reconnu Apollon derrière les traits de Lycaon.

ἣ μὲν γὰρ Διός ἐσθ', ἣ δ' ἐξ ἁλίοιο γέροντος·
ἀλλ' ἰθὺς φέρε χαλκὸν ἀτειρέα, μηδέ σε πάμπαν
λευγαλέοις ἐπέεσσιν ἀποτρεπέτω καὶ ἀρειῇ. »

Ὣς εἰπὼν ἔμπνευσε μένος μέγα ποιμένι λαῶν,   110
βῆ δὲ διὰ προμάχων κεκορυθμένος αἴθοπι χαλκῷ·
οὐδ' ἔλαθ' Ἀγχίσαο πάις λευκώλενον Ἥρην
ἀντία Πηλείωνος ἰὼν ἀνὰ οὐλαμὸν ἀνδρῶν·
ἣ δ' ἄμυδις καλέσασα θεοὺς μετὰ μῦθον ἔειπε·

« Φράζεσθον δὴ σφῶι, Ποσείδαον καὶ Ἀθήνη,   115
ἐν φρεσὶν ὑμετέρῃσιν, ὅπως ἔσται τάδε ἔργα.
Αἰνείας ὅδ' ἔβη κεκορυθμένος αἴθοπι χαλκῷ
ἀντία Πηλείωνος, ἀνῆκε δὲ Φοῖβος Ἀπόλλων·
ἀλλ' ἄγεθ', ἡμεῖς πέρ μιν ἀποτρωπῶμεν ὀπίσσω
αὐτόθεν· ἤ τις ἔπειτα καὶ ἡμείων Ἀχιλῆι   120
παρσταίη, δοίη δὲ κράτος μέγα, μηδέ τι θυμῷ
δευέσθω, ἵνα εἰδῇ ὅ μιν φιλέουσιν ἄριστοι
ἀθανάτων, οἳ δ' αὖτ' ἀνεμώλιοι οἳ τὸ πάρος περ
Τρωσὶν ἀμύνουσιν πόλεμον καὶ δηιοτῆτα.
Πάντες δ' Οὐλύμποιο κατήλθομεν ἀντιόωντες   125
τῆσδε μάχης, ἵνα μή τι μετὰ Τρώεσσι πάθῃσι
σήμερον· ὕστερον αὖτε τὰ πείσεται ἅσσά οἱ Αἶσα
γεινομένῳ ἐπένησε λίνῳ, ὅτε μιν τέκε μήτηρ.
Εἰ δ' Ἀχιλεὺς οὐ ταῦτα θεῶν ἐκ πεύσεται ὀμφῆς,
δείσετ' ἔπειθ', ὅτε κέν τις ἐναντίβιον θεὸς ἔλθῃ   130
ἐν πολέμῳ· χαλεποὶ δὲ θεοὶ φαίνεσθαι ἐναργεῖς. »

Τὴν δ' ἠμείβετ' ἔπειτα Ποσειδάων ἐνοσίχθων·
« Ἥρη, μὴ χαλέπαινε παρ' ἐκ νόον· οὐδέ τί σε χρή·
οὐκ ἂν ἔγωγ' ἐθέλοιμι θεοὺς ἔριδι ξυνελάσσαι
ἡμέας τοὺς ἄλλους, ἐπεὶ ἦ πολὺ φέρτεροί εἰμεν·   135
ἀλλ' ἡμεῖς μὲν ἔπειτα καθεζώμεσθα κιόντες
ἐκ πάτου ἐς σκοπιήν, πόλεμος δ' ἄνδρεσσι μελήσει.

Vieux de la mer ? Va, pousse tout droit le bronze inflexible ; ne te laisse distraire ni par de vains mots ni par la menace. »

Il dit, et au pasteur d'hommes il insuffle une grande fougue. Il s'en vient à travers les champions hors des lignes casqué du bronze éclatant. Mais Héré aux bras blancs n'est pas sans remarquer le fils d'Anchise allant chercher le Péléide à travers la foule guerrière. Elle assemble alors les dieux autour d'elle et dit :

« Voyez tous deux en votre âme, Poseidon, Athéné, la façon dont iront les choses. Voici Énée qui s'en va, casqué de bronze éclatant, au-devant du fils de Pélée, sur qui l'a lancé Phœbos Apollon. Allons ! faisons-lui faire demi-tour, et tout de suite. Ou bien alors, que l'un de nous s'en aille assister Achille et lui accorde un grand triomphe. Il ne faut pas que son cœur connaisse de défaillance : il doit savoir que ceux qui l'aiment sont les premiers des Immortels, tandis qu'ils sont sans consistance, ceux qui depuis longtemps protègent les Troyens contre la guerre et le carnage. Nous sommes tous descendus de l'Olympe à l'appel de la bataille, pour qu'au milieu des Troyens rien n'arrive à Achille – aujourd'hui du moins : plus tard, en revanche, il devra subir tout ce que la Parque pour lui a filé à sa naissance, le jour où l'enfanta sa mère[5]. Si une voix divine n'en avise pas Achille, il prendra peur, quand il se trouvera face à face avec un dieu dans la mêlée. On soutient mal la vue des dieux qui se montrent en pleine lumière. »

Poseidon, ébranleur du sol, lui répond :

« Héré, ne t'irrite pas plus que de raison : aussi bien cela ne te sied pas. Je ne voudrais pas, moi, voir les dieux en conflit par notre fait, à nous autres, qui sommes cent fois plus forts. Allons plutôt nous asseoir à l'écart, sur une guette : le combat sera l'affaire des hommes.

---

5. Le jour de la mort d'un homme est décidé au moment même de sa naissance ; cf. aussi XXIII, 79.

Εἰ δέ κ' Ἄρης ἄρχωσι μάχης ἢ Φοῖβος Ἀπόλλων,
ἢ Ἀχιλῆ' ἴσχωσι καὶ οὐκ εἰῶσι μάχεσθαι,
αὐτίκ' ἔπειτα καὶ ἄμμι παρ' αὐτόφι νεῖκος ὀρεῖται   140
φυλόπιδος· μάλα δ' ὦκα διακρινθέντας δίω
ἂψ ἴμεν Οὔλυμπον δὲ θεῶν μεθ' ὁμήγυριν ἄλλων,
ἡμετέρης ὑπὸ χερσὶν ἀναγκαίηφι δαμέντας. »

    Ὣς ἄρα φωνήσας ἡγήσατο Κυανοχαίτης
τεῖχος ἐς ἀμφίχυτον Ἡρακλῆος θείοιο,   145
ὑψηλόν, τό ῥά οἱ Τρῶες καὶ Παλλὰς Ἀθήνη
ποίεον, ὄφρα τὸ κῆτος ὑπεκπροφυγὼν ἀλέαιτο,
ὁππότε μιν σεύαιτο ἀπ' ἠιόνος πεδίον δέ.
Ἔνθα Ποσειδάων κατ' ἄρ' ἕζετο καὶ θεοὶ ἄλλοι,
ἀμφὶ δ' ἄρ' ἄρρηκτον νεφέλην ὤμοισιν ἕσαντο·   150
οἱ δ' ἑτέρωσε κάθιζον ἐπ' ὀφρύσι Καλλικολώνης
ἀμφὶ σέ, ἤιε Φοῖβε, καὶ Ἄρηα πτολίπορθον·
ὣς οἱ μέν ῥ' ἑκάτερθε καθείατο μητιόωντες
βουλάς· ἀρχέμεναι δὲ δυσηλεγέος πολέμοιο
ὤκνεον ἀμφότεροι, Ζεὺς δ' ἥμενος ὕψι κέλευε.   155

    Τῶν δ' ἅπαν ἐπλήσθη πεδίον καὶ ἐλάμπετο χαλκῷ,
ἀνδρῶν ἠδ' ἵππων· κάρκαιρε δὲ γαῖα πόδεσσιν
ὀρνυμένων ἄμυδις· δύο δ' ἀνέρες ἔξοχ' ἄριστοι
ἐς μέσον ἀμφοτέρων συνίτην μεμαῶτε μάχεσθαι,
Αἰνείας τ' Ἀγχισιάδης καὶ δῖος Ἀχιλλεύς.   160
Αἰνείας δὲ πρῶτος ἀπειλήσας ἐβεβήκει,
νευστάζων κόρυθι βριαρῇ· ἀτὰρ ἀσπίδα θοῦριν
πρόσθεν ἔχε στέρνοιο, τίνασσε δὲ χάλκεον ἔγχος.
Πηλείδης δ' ἑτέρωθεν ἐναντίον ὦρτο λέων ὥς,

Mais si Arès ou Phœbos Apollon entament la lutte, ou
bien s'ils arrêtent Achille et ne le laissent pas se battre,
alors aussitôt, pour nous-mêmes, se lèvera la querelle
guerrière. Et j'imagine que, bien vite, ils seront mis hors
de cause et partiront pour l'Olympe retrouver l'assemblée des dieux, domptés de force par nos bras. »

Ayant ainsi dit, le dieu aux crins d'azur les conduit
au rempart de terre, au rempart élevé que, pour le divin
Héraclès, naguère avaient bâti les Troyens avec Pallas
Athéné ; c'est là qu'Héraclès devait se réfugier, s'il voulait échapper au monstre marin[6] lancé à sa poursuite du
rivage jusque dans la plaine ; c'est là que Poseidon s'assied à côté des dieux qui le suivent. Leurs épaules sont
couvertes d'un nuage impénétrable. Les autres dieux, de
leur côté, prennent place au sommet sourcilleux de la
Belle Colline, autour de toi, Phœbos, dieu des cris aigus,
et d'Arès, destructeur des villes. C'est ainsi que chaque
groupe est assis de son côté, méditant ses projets. Mais
les deux partis hésitent également à donner le signal du
combat douloureux, bien que Zeus, trônant sur les
cimes, les y ait lui-même engagés.

La plaine entière se remplit d'hommes, de chevaux,
et flambe de l'éclat du bronze. Le sol résonne sous les
pieds des masses qui s'élancent. Deux hommes, braves
entre tous, se rencontrent entre les lignes, brûlant de se
battre, Énée, le fils d'Anchise, et le divin Achille. Le
premier, Énée, menaçant, s'avance, en hochant son
casque puissant. Au-devant de sa poitrine il tient son
vaillant bouclier, tandis qu'il brandit sa pique de bronze.
Le Péléide, à son tour, bondit à sa rencontre. On dirait un

6. « Poséidon, frustré de son salaire par Laomédon (cf. XXI, 446-
457), avait déchaîné sur le littoral de la Troade un monstre marin , à
qui il exigeait qu'on livrât la propre fille du roi, Hésione. Héraclès
s'était offert à combattre le monstre, à la condition que Laomédon lui
donnât ses coursiers immortels ; et il triompha du monstre par la protection d'Athéna », P. Mazon, note au vers 147, *Iliade*, t. IV, p. 28-29.

σίντης, ὅν τε καὶ ἄνδρες ἀποκτάμεναι μεμάασιν   165
ἀγρόμενοι πᾶς δῆμος· ὁ δὲ πρῶτον μὲν ἀτίζων
ἔρχεται, ἀλλ᾽ ὅτε κέν τις ἀρηιθόων αἰζηῶν
δουρὶ βάλῃ, ἑάλη τε χανών, περί τ᾽ ἀφρὸς ὀδόντας
γίνεται, ἐν δέ τέ οἱ κραδίῃ στένει ἄλκιμον ἦτορ,
οὐρῇ δὲ πλευράς τε καὶ ἰσχία ἀμφοτέρωθεν   170
μαστίεται, ἑὲ δ᾽ αὐτὸν ἐποτρύνει μαχέσασθαι,
γλαυκιόων δ᾽ ἰθὺς φέρεται μένει, ἤν τινα πέφνῃ
ἀνδρῶν, ἢ αὐτὸς φθίεται πρώτῳ ἐν ὁμίλῳ·
ὣς Ἀχιλῆ᾽ ὤτρυνε μένος καὶ θυμὸς ἀγήνωρ
ἀντίον ἐλθέμεναι μεγαλήτορος Αἰνείαο.   175
Οἱ δ᾽ ὅτε δὴ σχεδὸν ἦσαν ἐπ᾽ ἀλλήλοισιν ἰόντες,
τὸν πρότερος προσέειπε ποδάρκης δῖος Ἀχιλλεύς·

« Αἰνεία, τί σὺ τόσσον ὁμίλου πολλὸν ἐπελθὼν
ἔστης ; ἦ σέ γε θυμὸς ἐμοὶ μαχέσασθαι ἀνώγει
ἐλπόμενον Τρώεσσιν ἀνάξειν ἱπποδάμοισι   180
τιμῆς τῆς Πριάμου ; ἀτὰρ εἴ κεν ἔμ᾽ ἐξεναρίξῃς,
οὔ τοι τοὔνεκά γε Πρίαμος γέρας ἐν χερὶ θήσει·
εἰσὶν γάρ οἱ παῖδες, ὁ δ᾽ ἔμπεδος οὐδ᾽ ἀεσίφρων.
Ἦ νύ τί τοι Τρῶες τέμενος τάμον ἔξοχον ἄλλων,
καλὸν φυταλιῆς καὶ ἀρούρης, ὄφρα νέμηαι,   185
αἴ κεν ἐμὲ κτείνῃς ; χαλεπῶς δέ σ᾽ ἔολπα τὸ ῥέξειν.
Ἤδη μὲν σέ γέ φημι καὶ ἄλλοτε δουρὶ φοβῆσαι·
ἦ οὐ μέμνῃ ὅτε πέρ σε βοῶν ἄπο μοῦνον ἐόντα
σεῦα κατ᾽ Ἰδαίων ὀρέων ταχέεσσι πόδεσσι

---

7. La rivalité entre les deux lignées royales de Troie a déjà été évoquée en XIII, 459-461 : Déiphobe trouve son allié Énée à la traîne, au
dernier rang de la bataille, « car il avait toujours de la colère *(mênis)*
contre le brillant Priam, parce qu'il [Priam] ne l'*honorait pas*, tout
valeureux qu'il était parmi les héros ». Dans *Le Meilleur des Achéens*
(1994, p. 311-312), Gr. Nagy met en lumière le « parallélisme théma-
tique saisissant entre Énée et Achille, qui s'est retiré du combat de la

lion malfaisant, que des hommes – toute une tribu ras-
semblée – brûlent de mettre à mort. Tout d'abord, il va,
dédaigneux ; mais qu'un gars belliqueux le touche de sa
lance, il se ramasse, gueule ouverte, l'écume aux dents ;
son âme vaillante en son cœur gémit ; il se bat de la
queue, à droite, à gauche, les hanches et les flancs ; il
s'excite au combat, et, l'œil étincelant, il fonce droit
devant lui, furieux, avec l'espoir de tuer un de ces
hommes ou de périr lui-même aux premières lignes.
C'est ainsi que la fougue et le cœur superbe d'Achille le
poussent à affronter le magnanime Énée. Ils marchent
l'un sur l'autre et entrent en contact. Alors, le premier, le
divin Achille aux pieds infatigables dit :

« Énée, pourquoi viens-tu te poster si loin en avant
des lignes ? Serait-ce que ton cœur te pousse à me combattre dans l'espoir de régner sur tous les Troyens dompteurs de cavales, avec le rang qu'a aujourd'hui Priam ?
Mais, quand tu me tuerais, ce n'est pas pour cela que
Priam te mettrait son apanage en main ? Il a des fils[7], il
est d'esprit solide – ce n'est pas une tête folle. À moins
que les Troyens ne t'aient déjà taillé quelque domaine,
supérieur à tous les autres, un beau domaine, aussi
propre aux vergers qu'aux terres à blé, dont tu pourras
jouir, si tu me tues ! Mais je crains que tu n'aies quelque
peine à le faire. Déjà ailleurs, je puis dire que ma pique
t'a mis en fuite. Ou bien aurais-tu oublié le jour où je t'ai
fait courir loin de tes bœufs ? Tu dévalais, seul, des
monts de l'Ida, d'un pied prompt, à toute allure ; tu

même façon parce qu'il avait de la *mênis* contre Agamemnon (*Il.,* I, 1,
etc.). [...] Ces thèmes de *mênis* / retrait / *timê* / excellence ne sont pas
seulement présents dans l'*Iliade* ; ils y sont de fait centraux, infiltrant
toute la composition dans ses dimensions monumentales. [...] En bref,
la nature des thèmes attribués à Énée dans ce passage suggère qu'ils
sont centraux dans une autre tradition épique – celle qui met en valeur
Énée et non Achille comme son héros principal ».

καρπαλίμως; τότε δ' οὔ τι μετατροπαλίζεο φεύγων·   190
ἔνθεν δ' ἐς Λυρνησσὸν ὑπέκφυγες· αὐτὰρ ἐγὼ τὴν
πέρσα μεθορμηθεὶς σὺν Ἀθήνῃ καὶ Διὶ πατρί,
ληιάδας δὲ γυναῖκας ἐλεύθερον ἦμαρ ἀπούρας
ἦγον· ἀτὰρ σὲ Ζεὺς ἐρρύσατο καὶ θεοὶ ἄλλοι.
Ἀλλ' οὐ νῦν σε ῥύεσθαι δίομαι, ὡς ἐνὶ θυμῷ   195
βάλλεαι· ἀλλά σ' ἔγωγ' ἀναχωρήσαντα κελεύω
ἐς πληθὺν ἰέναι, μηδ' ἀντίος ἵστασ' ἐμεῖο,
πρίν τι κακὸν παθέειν· ῥεχθὲν δέ τε νήπιος ἔγνω. »
     Τὸν δ' αὖτ' Αἰνείας ἀπαμείβετο φώνησέν τε·
     « Πηλείδη, μὴ δή μ' ἐπέεσσί γε νηπύτιον ὥς   200
ἔλπεο δειδίξεσθαι, ἐπεὶ σάφα οἶδα καὶ αὐτὸς
ἠμὲν κερτομίας ἠδ' αἴσυλα μυθήσασθαι.
Ἴδμεν δ' ἀλλήλων γενεήν, ἴδμεν δὲ τοκῆας,
πρόκλυτ' ἀκούοντες ἔπεα θνητῶν ἀνθρώπων·
ὄψει δ' οὔτ' ἄρ πω σὺ ἐμοὺς ἴδες οὔτ' ἄρ' ἐγὼ σούς·   205
φασὶ σὲ μὲν Πηλῆος ἀμύμονος ἔκγονον εἶναι,
μητρός τ' ἐκ Θέτιδος καλλιπλοκάμου ἁλοσύδνης·
αὐτὰρ ἐγὼν υἱὸς μεγαλήτορος Ἀγχίσαο
εὔχομαι ἐκγεγάμεν, μήτηρ δέ μοί ἐστ' Ἀφροδίτη·
τῶν δὴ νῦν ἕτεροί γε φίλον παῖδα κλαύσονται   210
σήμερον· οὐ γάρ φημ' ἐπέεσσί γε νηπυτίοισιν
ὧδε διακρινθέντε μάχης ἐξ ἀπονέεσθαι.
Εἰ δ' ἐθέλεις καὶ ταῦτα δαήμεναι, ὄφρ' ἐὺ εἰδῇς
ἡμετέρην γενεήν, πολλοὶ δέ μιν ἄνδρες ἴσασι·
Δάρδανον αὖ πρῶτον τέκετο νεφεληγερέτα Ζεύς,   215
κτίσσε δὲ Δαρδανίην, ἐπεὶ οὔ πω Ἴλιος ἱρὴ
ἐν πεδίῳ πεπόλιστο, πόλις μερόπων ἀνθρώπων,
ἀλλ' ἔθ' ὑπωρείας ᾤκεον πολυπίδακος Ἴδης.
Δάρδανος αὖ τέκεθ' υἱὸν Ἐριχθόνιον βασιλῆα,
ὃς δὴ ἀφνειότατος γένετο θνητῶν ἀνθρώπων·   220
τοῦ τρισχίλιαι ἵπποι ἕλος κάτα βουκολέοντο
θήλειαι, πώλοισιν ἀγαλλόμεναι ἀταλῇσι·

fuyais ce jour-là sans regard en arrière. De là tu as pu te
sauver à Lyrnesse. Moi, lancé sur tes pas, j'ai détruit
cette ville, avec Athéné et Zeus Père ; et j'en ai emmené
les femmes en servage, leur enlevant le jour de la liberté. Toi, Zeus t'a sauvé, et les autres dieux. Mais aujour-
d'hui j'imagine qu'ils ne te protégeront pas, comme tu te
le mets en tête. Va, je t'engage à rompre, à rentrer dans
la masse, sans m'affronter, si tu ne veux qu'il t'arrive
malheur. Le plus sot s'instruit par l'événement. »

Énée alors, en réponse, lui dit :

« Péléide, ne compte pas m'effrayer avec des mots,
comme si j'étais un enfant : je peux aussi bien que toi
railler et lancer des insultes. Nous savons l'origine l'un
de l'autre, nous savons qui sont nos parents : il nous suffit d'ouïr les récits fameux des mortels – bien que, de
nos yeux, nous n'ayons jamais vu encore, toi, mes
parents, ni moi les tiens. On te dit rejeton de Pélée sans
reproche ; Thétis aux belles tresses, Thétis marine est ta
mère. Je me flatte d'être, moi, fils du magnanime
Anchise, et ma mère est Aphrodite. De ces deux couples
il en est un qui va pleurer son enfant dès aujourd'hui.
J'en réponds : on ne nous verra pas revenir du combat
ayant réglé notre querelle, tout bonnement, avec des
mots enfantins. Si pourtant tu en veux apprendre davantage et savoir ma naissance – nombreux déjà sont ceux
qui la connaissent – écoute. C'est l'assembleur des
nuées, Zeus, qui d'abord engendra Dardanos[8]. Celui-ci
fonda Dardanie[9]. La sainte Ilion ne s'élevait pas alors
dans la plaine comme une cité, une vraie cité humaine :
ses hommes habitaient encore les pentes de l'Ida aux
mille sources. Dardanos, à son tour, eut pour fils le roi
Érichthonios, qui fut sans doute le plus riche des
humains. Il avait trois mille cavales, qui paissaient dans
le marais, fières de leurs tendres pouliches. Borée lui-

---

8. Électre, fille d'Atlas, était la mère de Dardanos.
9. Il s'agit de la première ville de Troade, fondée par Dardanos.

τάων καὶ Βορέης ἠράσσατο βοσκομενάων,
ἵππῳ δ' εἰσάμενος παρελέξατο κυανοχαίτῃ·
αἱ δ' ὑποκυσάμεναι ἔτεκον δυοκαίδεκα πώλους·   225
αἱ δ' ὅτε μὲν σκιρτῷεν ἐπὶ ζείδωρον ἄρουραν,
ἄκρον ἐπ' ἀνθερίκων καρπὸν θέον οὐδὲ κατέκλων·
ἀλλ' ὅτε δὴ σκιρτῷεν ἐπ' εὐρέα νῶτα θαλάσσης,
ἄκρον ἐπὶ ῥηγμῖνος ἁλὸς πολιοῖο θέεσκον.
Τρῶα δ' Ἐριχθόνιος τέκετο Τρώεσσιν ἄνακτα·   230
Τρωὸς δ' αὖ τρεῖς παῖδες ἀμύμονες ἐξεγένοντο,
Ἶλός τ' Ἀσσάρακός τε καὶ ἀντίθεος Γανυμήδης,
ὃς δὴ κάλλιστος γένετο θνητῶν ἀνθρώπων·
τὸν καὶ ἀνηρέψαντο θεοὶ Διὶ οἰνοχοεύειν
κάλλεος εἵνεκα οἷο, ἵν' ἀθανάτοισι μετείη.   235
Ἶλος δ' αὖ τέκεθ' υἱὸν ἀμύμονα Λαομέδοντα·
Λαομέδων δ' ἄρα Τιθωνὸν τέκετο Πρίαμόν τε
Λάμπόν τε Κλυτίον θ' Ἱκετάονά τ', ὄζον Ἄρηος·
Ἀσσάρακος δὲ Κάπυν, ὁ δ' ἄρ' Ἀγχίσην τέκε παῖδα·
αὐτὰρ ἔμ' Ἀγχίσης, Πρίαμος δ' ἔτεχ' Ἕκτορα δῖον.   240
Ταύτης τοι γενεῆς τε καὶ αἵματος εὔχομαι εἶναι·
Ζεὺς δ' ἀρετὴν ἄνδρεσσιν ὀφέλλει τε μινύθει τε,
ὅππως κεν ἐθέλῃσιν· ὁ γὰρ κάρτιστος ἁπάντων.
Ἀλλ' ἄγε μηκέτι ταῦτα λεγώμεθα νηπύτιοι ὥς,
ἑσταότ' ἐν μέσσῃ ὑσμίνῃ δηιοτῆτος·   245
ἔστι γὰρ ἀμφοτέροισιν ὀνείδεα μυθήσασθαι
πολλὰ μάλ', οὐδ' ἂν νηῦς ἑκατόζυγος ἄχθος ἄροιτο·
στρεπτὴ δὲ γλῶσσ' ἔστι βροτῶν, πολέες δ' ἔνι μῦθοι
παντοῖοι, ἐπέων δὲ πολὺς νομὸς ἔνθα καὶ ἔνθα·
ὁπποῖόν κ' εἴπῃσθα ἔπος, τοῖόν κ' ἐπακούσαις.   250
Ἀλλὰ τί ἢ ἔριδας καὶ νείκεα νῶιν ἀνάγκη
νεικεῖν ἀλλήλοισιν ἐναντίον, ὥς τε γυναῖκας,

même s'éprit d'elles au pacage et les couvrit, sous la forme d'un étalon aux crins d'azur. De cette saillie douze pouliches naquirent. Quand elles voulaient s'ébattre sur la glèbe nourricière, elles couraient sans les rompre, sur la pointe des épis ; quand elles voulaient s'ébattre sur le large dos de la mer, elles couraient sur la pointe des brisants du flot blanchissant. Érichthonios, lui, fut père de Trôs, le roi des Troyens ; et de Trôs naquirent trois fils sans reproche, Ilos, Assaraque, Ganymède, pareil aux dieux, le plus beau des hommes mortels, que, justement pour sa beauté, les dieux enlevèrent à la terre, afin qu'il servît d'échanson à Zeus et qu'il vécût avec les Immortels[10]. Ilos, à son tour, eut pour fils Laomédon sans reproche ; et Laomédon engendra Tithon, Priam, – Lampos, Clytios et Hikétaon, rejeton d'Arès. Assà)ç,araque, lui, eut pour fils Capys, et Capys Anchise. Anchise m'a donné le jour, tandis que Priam l'a donné au divin Hector. Voilà la race, le sang dont je me flatte d'être issu. Mais, s'il s'agit de courage, c'est Zeus seul qui, chez les hommes, le fait, à son gré, ou grand ou petit, parce qu'il est le tout-puissant. Allons ! ne restons pas là à parler, comme des enfants, alors que nous sommes en pleine mêlée et carnage. Nous avons tous deux sans doute bien des outrages à lancer – toute une cargaison que ne porterait pas une nef à cent bancs. Le langage des hommes est souple ; on y trouve propos de tout genre ; il forme un riche fonds de mots, dans un sens comme dans l'autre. Quelque mot que tu dises, tu t'entendras riposter par un pareil. Mais sommes-nous forcés de nous disputer, de nous prendre à partie ainsi face à face, comme des femmes en colère que l'esprit de

10. Sur la généalogie de Priam, cf. vol. I, chant V, p. 205, note 11. Par cette énumération, Énée montre à Achille qu'il remonte à Zeus, à la fois par sa mère, Aphrodite, et par son père, Anchise.

αἵ τε χολωσάμεναι ἔριδος περὶ θυμοβόροιο
νεικεῦσ' ἀλλήλῃσι μέσην ἐς ἄγυιαν ἰοῦσαι,
πόλλ' ἐτεά τε καὶ οὐκί, χόλος δέ τε καὶ τὰ κελεύει;   255
ἀλκῆς δ' οὔ μ' ἐπέεσσιν ἀποτρέψεις μεμαῶτα
πρὶν χαλκῷ μαχέσασθαι ἐναντίον· ἀλλ' ἄγε θᾶσσον
γευσόμεθ' ἀλλήλων χαλκήρεσιν ἐγχείῃσιν. »

Ἦ ῥα, καὶ ἐν δεινῷ σάκει ἤλασεν ὄβριμον ἔγχος,
σμερδαλέῳ· μέγα δ' ἀμφὶ σάκος μύκε δουρὸς ἀκωκῇ.   260
Πηλεΐδης δὲ σάκος μὲν ἀπὸ ἕο χειρὶ παχείῃ
ἔσχετο ταρβήσας· φάτο γὰρ δολιχόσκιον ἔγχος
ῥέα διελεύσεσθαι μεγαλήτορος Αἰνείαο,
νήπιος, οὐδ' ἐνόησε κατὰ φρένα καὶ κατὰ θυμὸν
ὡς οὐ ῥηΐδι' ἐστὶ θεῶν ἐρικυδέα δῶρα   265
ἀνδράσι γε θνητοῖσι δαμήμεναι οὐδ' ὑποείκειν.
Οὐδὲ τότ' Αἰνείαο δαΐφρονος ὄβριμον ἔγχος
ῥῆξε σάκος· χρυσὸς γὰρ ἐρύκακε, δῶρα θεοῖο·
ἀλλὰ δύω μὲν ἔλασσε διὰ πτύχας, αἱ δ' ἄρ' ἔτι τρεῖς
ἦσαν, ἐπεὶ πέντε πτύχας ἤλασε Κυλλοποδίων,   270
τὰς δύο χαλκείας, δύο δ' ἔνδοθι κασσιτέροιο,
τὴν δὲ μίαν χρυσῆν, τῇ ῥ' ἔσχετο μείλινον ἔγχος.

Δεύτερος αὖτ' Ἀχιλεὺς προΐει δολιχόσκιον ἔγχος,
καὶ βάλεν Αἰνείαο κατ' ἀσπίδα πάντοσ' ἐΐσην,
ἄντυγ' ὑπὸ πρώτην, ᾗ λεπτότατος θέε χαλκός,   275
λεπτοτάτη δ' ἐπέην ῥινὸς βοός· ἡ δὲ διὰ πρὸ
Πηλιὰς ἤϊξεν μελίη, λάκε δ' ἀσπὶς ὑπ' αὐτῆς.
Αἰνείας δ' ἐάλη καὶ ἀπὸ ἕθεν ἀσπίδ' ἀνέσχε
δείσας· ἐγχείη δ' ἄρ' ὑπὲρ νώτου ἐνὶ γαίῃ
ἔστη ἱεμένη, διὰ δ' ἀμφοτέρους ἕλε κύκλους   280
ἀσπίδος ἀμφιβρότης· ὁ δ' ἀλευάμενος δόρυ μακρὸν
ἔστη, κὰδ δ' ἄχος οἱ χύτο μυρίον ὀφθαλμοῖσι,
ταρβήσας ὅ οἱ ἄγχι πάγη βέλος· αὐτὰρ Ἀχιλεὺς
ἐμμεμαὼς ἐπόρουσεν ἐρυσσάμενος ξίφος ὀξύ,

querelle, qui dévore les cœurs, fait aller en pleine rue se prendre à partie et se lancer mutuellement autant de mensonges que de vérités, le dépit leur dictant les uns comme les autres ? Ce n'est pas avec des mots que tu détourneras de toi mon courage impatient. J'entends d'abord combattre contre toi face à face et le bronze au poing. Allons, vite ! tâtons-nous tous les deux de nos piques de bronze. »

Il dit, et il pousse sa puissante pique dans le bouclier terrible, effrayant. L'orbe du grand écu gémit sous la pointe de la lance, et le Péléide, de sa forte main, écarte le bouclier de son corps : il a peur, il se dit que la longue javeline du magnanime Énée peut le traverser aisément. Pauvre sot, qui ne se rend pas compte en son âme et en son cœur qu'il est bien malaisé à de simples mortels de détruire ou faire céder les glorieux présents d'un dieu ! Aussi bien la puissante lance du brave Énée ne brise pas le bouclier : l'or, présent du dieu, l'arrête. Elle traverse bien deux couches ; mais il en reste encore trois, puisque le Bancal a forgé cinq couches, deux de bronze, deux d'étain sur la face interne, une seule d'or : c'est celle qui arrête la pique de frêne.

Après lui, à son tour, Achille lance sa longue javeline et atteint Énée à son bouclier bien rond, au-dessous de la bordure extrême, où court le bronze plus mince, et où le cuir de bœuf est le plus mince aussi. La pique en frêne du Pélion, dans son élan, passe à travers, et l'écu crie sous le choc. Énée se pelotonne et lève son écu le plus loin qu'il peut, saisi de terreur. La lance ardente va, par-dessus son dos, se planter en terre, après avoir percé la double bordure ronde du bouclier qui couvre l'homme entier. Énée a échappé à la longue pique. Il reste là, un immense chagrin épandu sur ses yeux, dans l'épouvante du trait qui s'est fiché si près de lui. Mais Achille en fureur tire son glaive aigu et s'élance, en poussant

σμερδαλέα ἰάχων· ὃ δὲ χερμάδιον λάβε χειρὶ   285
Αἰνείας, μέγα ἔργον, ὃ οὐ δύο γ' ἄνδρε φέροιεν,
οἷοι νῦν βροτοί εἰσ'· ὃ δέ μιν ῥέα πάλλε καὶ οἷος·
ἔνθά κεν Αἰνείας μὲν ἐπεσσύμενον βάλε πέτρῳ
ἢ κόρυθ' ἠὲ σάκος, τό οἱ ἤρκεσε λυγρὸν ὄλεθρον,
τὸν δέ κε Πηλείδης σχεδὸν ἄορι θυμὸν ἀπηύρα,   290
εἰ μὴ ἄρ' ὀξὺ νόησε Ποσειδάων ἐνοσίχθων·
αὐτίκα δ' ἀθανάτοισι θεοῖς μετὰ μῦθον ἔειπεν·

« Ὢ πόποι, ἦ μοι ἄχος μεγαλήτορος Αἰνείαο,
ὃς τάχα Πηλείωνι δαμεὶς Ἄιδος δὲ κάτεισι,
πειθόμενος μύθοισιν Ἀπόλλωνος ἑκάτοιο,   295
νήπιος, οὐδέ τί οἱ χραισμήσει λυγρὸν ὄλεθρον.
Ἀλλὰ τί ἢ νῦν οὗτος ἀναίτιος ἄλγεα πάσχει,
μὰψ ἕνεκ' ἀλλοτρίων ἀχέων, κεχαρισμένα δ' αἰεὶ
δῶρα θεοῖσι δίδωσι, τοὶ οὐρανὸν εὐρὺν ἔχουσιν;
ἀλλ' ἄγεθ' ἡμεῖς πέρ μιν ὑπ' ἐκ θανάτου ἀγάγωμεν,   300
μή πως καὶ Κρονίδης κεχολώσεται, αἴ κεν Ἀχιλλεὺς
τόνδε κατακτείνῃ· μόριμον δέ οἱ ἔστ' ἀλέασθαι,
ὄφρα μὴ ἄσπερμος γενεὴ καὶ ἄφαντος ὄληται
Δαρδάνου, ὃν Κρονίδης περὶ πάντων φίλατο παίδων,
οἳ ἕθεν ἐξεγένοντο γυναικῶν τε θνητάων·   305
ἤδη γὰρ Πριάμου γενεὴν ἤχθηρε Κρονίων·
νῦν δὲ δὴ Αἰνείαο βίη Τρώεσσιν ἀνάξει
καὶ παίδων παῖδες, τοί κεν μετόπισθε γένωνται. »

Τὸν δ' ἠμείβετ' ἔπειτα βοῶπις πότνια Ἥρη·
« Ἐννοσίγαι', αὐτὸς σὺ μετὰ φρεσὶ σῇσι νόησον   310
Αἰνείαν, ἢ κέν μιν ἐρύσσεαι, ἢ κεν ἐάσεις
Πηλείδῃ Ἀχιλῆι δαμήμεναι, ἐσθλὸν ἐόντα·
ἤτοι μὲν γὰρ νῶι πολεῖς ὠμόσσαμεν ὅρκους
πᾶσι μετ' ἀθανάτοισιν, ἐγὼ καὶ Παλλὰς Ἀθήνη,
μή ποτ' ἐπὶ Τρώεσσιν ἀλεξήσειν κακὸν ἦμαρ,   315
μηδ' ὁπότ' ἂν Τροίη μαλερῷ πυρὶ πᾶσα δάηται
δαιομένη, δαίωσι δ' ἀρήιοι υἷες Ἀχαιῶν. »

des cris effroyables. Énée alors dans sa main prend une pierre. L'exploit est merveilleux : deux hommes – deux hommes d'aujourd'hui – ne la porteraient pas. Il la brandit, lui, seul, et sans effort. Et sans doute eût-il, avec cette pierre, atteint Achille en plein élan au casque ou au bouclier, qui eussent de lui écarté le cruel trépas ; sur quoi, le Péléide, s'approchant, lui eût de son épée enlevé la vie, si Poseidon, l'ébranleur du sol, ne l'eût vu de son œil perçant. Aussitôt aux dieux immortels il dit :

« Las ! j'éprouve une grande peine pour le magnanime Énée, qui va bientôt, dompté par le fils de Pélée, descendre chez Hadès, pour avoir ajouté foi aux mots de l'archer Apollon. Pauvre sot ! ce n'est pas Apollon qui lui servira maintenant contre le cruel trépas. Mais pourquoi faut-il que cet innocent souffre de pareils maux, ici, sans raison, pour les chagrins d'autrui, lui qui offre toujours d'agréables présents aux dieux maîtres du vaste ciel ? Alors, dérobons-le nous autres, à la mort. Le Cronide lui-même s'indignerait de voir Achille le tuer. Le destin veut qu'il soit sauvé, afin que ne périsse pas, stérile, anéantie, la race de ce Dardanos que le Cronide a plus aimé qu'aucun des autres enfants qui sont nés de lui et d'une mortelle. Déjà le fils de Cronos a pris en haine la race de Priam. C'est le puissant Énée qui désormais régnera sur les Troyens – Énée et, avec lui, tous les fils de son fils, qui naîtront dans l'avenir. »

Et l'auguste Héré aux grands yeux lui répond :

« Ébranleur du sol, à toi de voir en ton âme quel doit être le sort d'Énée : le sauveras-tu ? ou le laisseras-tu, pour brave qu'il soit, succomber sous Achille, le fils de Pélée ? Pour nous, Pallas Athéné et moi, nous en avons souvent fait le serment devant les Immortels, jamais des Troyens nous n'écarterons le jour du malheur, même quand Troie tout entière, flambant sous la flamme ardente, sera la proie de l'incendie, si les incendiaires sont les preux fils des Achéens. »

Αὐτὰρ ἐπεὶ τό γ' ἄκουσε Ποσειδάων ἐνοσίχθων,
βῆ δ' ἴμεν ἄν τε μάχην καὶ ἀνὰ κλόνον ἐγχειάων,
ἷξε δ' ὅθ' Αἰνείας ἠδ' ὁ κλυτὸς ἦεν Ἀχιλλεύς·   320
αὐτίκα τῷ μὲν ἔπειτα κατ' ὀφθαλμῶν χέεν ἀχλύν,
Πηλεΐδῃ Ἀχιλῆι· ὁ δὲ μελίην εὔχαλκον
ἀσπίδος ἐξέρυσεν μεγαλήτορος Αἰνείαο·
καὶ τὴν μὲν προπάροιθε ποδῶν Ἀχιλῆος ἔθηκεν,
Αἰνείαν δ' ἔσσευεν ἀπὸ χθονὸς ὑψόσ' ἀείρας·   325
πολλὰς δὲ στίχας ἡρώων, πολλὰς δὲ καὶ ἵππων
Αἰνείας ὑπερᾶλτο θεοῦ ἀπὸ χειρὸς ὀρούσας,
ἷξε δ' ἐπ' ἐσχατιὴν πολυάικος πολέμοιο,
ἔνθα δὲ Καύκωνες πόλεμον μέτα θωρήσσοντο·
τῷ δὲ μάλ' ἐγγύθεν ἦλθε Ποσειδάων ἐνοσίχθων,   330
καί μιν φωνήσας ἔπεα πτερόεντα προσηύδα·
« Αἰνεία, τίς σ' ὧδε θεῶν ἀτέοντα κελεύει
ἀντία Πηλείωνος ὑπερθύμοιο μάχεσθαι,
ὅς σεῦ ἅμα κρείσσων καὶ φίλτερος ἀθανάτοισιν ;
ἀλλ' ἀναχωρῆσαι, ὅτε κεν συμβλήσεαι αὐτῷ,   335
μὴ καὶ ὑπὲρ μοῖραν δόμον Ἄιδος εἰσαφίκηαι·
αὐτὰρ ἐπεί κ' Ἀχιλεὺς θάνατον καὶ πότμον ἐπίσπῃ,
θαρσήσας δὴ ἔπειτα μετὰ πρώτοισι μάχεσθαι·
οὐ μὲν γάρ τίς σ' ἄλλος Ἀχαιῶν ἐξεναρίξει. »
Ὣς εἰπὼν λίπεν αὐτόθ', ἐπεὶ διεπέφραδε πάντα·   340
αἶψα δ' ἔπειτ' Ἀχιλῆος ἀπ' ὀφθαλμῶν σκέδασ' ἀχλὺν
θεσπεσίην· ὁ δ' ἔπειτα μέγ' ἔξιδεν ὀφθαλμοῖσιν,
ὀχθήσας δ' ἄρα εἶπε πρὸς ὃν μεγαλήτορα θυμόν·
« Ὢ πόποι, ἦ μέγα θαῦμα τόδ' ὀφθαλμοῖσιν ὁρῶμαι·
ἔγχος μὲν τόδε κεῖται ἐπὶ χθονός, οὐδέ τι φῶτα   345
λεύσσω, τῷ ἐφέηκα κατακτάμεναι μενεαίνων·
ἦ ῥα καὶ Αἰνείας φίλος ἀθανάτοισι θεοῖσιν

À peine Poseidon, ébranleur du sol, a-t-il entendu ces mots, qu'il part à travers la bataille et le fracas des javelines. Il arrive à Énée et à l'illustre Achille. Sur les yeux d'Achille, le fils de Pélée, vite, il épand un brouillard ; après quoi, arrachant la pique de bronze au bouclier du magnanime Énée, il la dépose aux pieds d'Achille. Pour Énée, il le soulève très haut au-dessus du sol. Énée franchit, d'un bond, force rangs de héros et force rangs de chars, la main du dieu lui servant de tremplin, et arrive à l'extrême bord de la bataille bondissante. Les Caucônes[11] sont en train de s'y former pour le combat. Poseidon, ébranleur du sol, lors s'approche de lui et, prenant la parole, lui dit ces mots ailés :

« Énée, quel est donc le dieu qui t'enjoint d'aller ainsi, comme un fou, combattre face à face le bouillant fils de Pélée, qui tout ensemble est bien plus fort que toi et plus aimé des Immortels ? Crois-moi, bats en retraite, lorsque tu le rencontreras, à moins que tu ne veuilles aller chez Hadès avant l'heure. En revanche, une fois qu'Achille sera arrivé à la mort et au terme de son destin, sans peur alors, combats au premier rang : aucun autre Achéen ne te saura tuer. »

Il dit et le laisse là, quand il lui a tout fait entendre. Puis, brusquement, il dissout le nuage merveilleux qui couvrait les yeux d'Achille. Et Achille alors, ouvrant de grands yeux, regarde, et s'irrite, et dit à son cœur magnanime :

« Ah ! le singulier prodige que je vois là de mes yeux ! Voici ma javeline à terre, et je n'aperçois plus le guerrier sur qui je l'avais lancée, brûlant de le tuer. Sans doute Énée a été de tout temps cher aux dieux immor-

11. Peuple de Paphlagonie, allié des Troyens, déjà nommé en X 429.

ἦεν· ἀτάρ μιν ἔφην μάψ αὔτως εὐχετάασθαι·
ἐρρέτω· οὗ οἱ θυμὸς ἐμεῦ ἔτι πειρηθῆναι
ἔσσεται, ὃς καὶ νῦν φύγεν ἄσμενος ἐκ θανάτοιο·   350
ἀλλ' ἄγε δὴ Δαναοῖσι φιλοπτολέμοισι κελεύσας
τῶν ἄλλων Τρώων πειρήσομαι ἀντίος ἐλθών. »

    *Η, καὶ ἐπὶ στίχας ἆλτο, κέλευε δὲ φωτὶ ἑκάστῳ·
« Μηκέτι νῦν Τρώων ἑκὰς ἕστατε, δῖοι 'Αχαιοί,
ἀλλ' ἄγ' ἀνὴρ ἄντ' ἀνδρὸς ἴτω, μεμάτω δὲ μάχεσθαι·   355
ἀργαλέον δέ μοί ἐστι καὶ ἰφθίμῳ περ ἐόντι
τοσσοῦσδ' ἀνθρώπους ἐφέπειν καὶ πᾶσι μάχεσθαι·
οὐδέ κ᾿᾿Άρης, ὅς περ θεὸς ἄμβροτος, οὐδέ κ' 'Αθήνη
τοσσῆσδ' ὑσμίνης ἐφέποι στόμα καὶ πονέοιτο·
ἀλλ' ὅσσον μὲν ἐγὼ δύναμαι χερσίν τε ποσίν τε   360
καὶ σθένει, οὔ μ' ἔτι φημὶ μεθησέμεν οὐδ' ἠβαιόν,
ἀλλὰ μάλα στιχὸς εἶμι διαμπερές, οὐδέ τιν' οἴω
Τρώων χαιρήσειν, ὅς τις σχεδὸν ἔγχεος ἔλθῃ. »

    Ὣς φάτ' ἐποτρύνων· Τρώεσσι δὲ φαίδιμος Ἕκτωρ
κέκλεθ' ὁμοκλήσας, φάτο δ' ἴμεναι ἄντ' 'Αχιλῆος·   365
« Τρῶες ὑπέρθυμοι, μὴ δείδιτε Πηλείωνα·
καί κεν ἐγὼν ἐπέεσσι καὶ ἀθανάτοισι μαχοίμην·
ἔγχεϊ δ' ἀργαλέον, ἐπεὶ ἦ πολὺ φέρτεροί εἰσιν·
οὐδ' 'Αχιλεὺς πάντεσσι τέλος μύθοις ἐπιθήσει,
ἀλλὰ τὸ μὲν τελέει, τὸ δὲ καὶ μεσσηγὺ κολούει·   370
τῷ δ' ἐγὼ ἀντίος εἶμι, καὶ εἰ πυρὶ χεῖρας ἔοικεν,
εἰ πυρὶ χεῖρας ἔοικε, μένος δ' αἴθωνι σιδήρῳ. »

tels ; mais je pensais qu'il se vantait à tort et sans raison.
Qu'il aille périr où il lui plaira ! Il n'aura pas le cœur de
me tâter une seconde fois : il est trop heureux à cette
heure d'avoir échappé à la mort. Allons ! je vais, tout en
encourageant les vaillants Danaens, affronter moi-même
et tâter les autres Troyens. »

Il dit, bondit vers le front et encourage chacun des
combattants :

« Ne restez donc plus si loin des Troyens, divins
Achéens. Allons ! que chaque guerrier affronte un guerrier et brûle de se battre ! Il m'est difficile, pour fier que
je sois, de venir à bout de tant d'hommes et de me battre
avec tous. Arès lui-même – un Immortel pourtant – pas
plus qu'Athéné, ne sauraient venir à bout d'un pareil
front de bataille, quelque peine qu'ils y prissent. Mais
dans la mesure où le peuvent et mes bras et mes pieds et
toute ma force, je vous réponds que, de cette heure, je ne
mollirai pas, si peu que ce soit, que j'irai tout droit à travers leurs lignes, et qu'aucun Troyen, j'imagine, n'aura
lieu de se réjouir, s'il s'en vient devant ma lance. »

Ainsi parle-t-il pour les entraîner. De son côté,
l'illustre Hector gourmande, en criant, les Troyens et
leur donne l'ordre d'affronter Achille :

« Bouillants Troyens, ne craignez pas le Péléide. Moi
aussi, avec des mots, je combattrais les Immortels eux-
mêmes. Avec la lance, ce serait moins aisé, puisqu'ils
sont cent fois plus forts. Pas plus qu'un autre, Achille ne
mettra tous ses mots en actes. S'il réalise l'un, il laisse-
ra l'autre imparfait. J'irai, moi, au-devant de lui, ses
mains fussent-elles pareilles au feu, oui, ses mains
fussent-elles pareilles au feu, sa fureur au fer flamboyant ! »

῝Ως φάτ᾿ ἐποτρύνων, οἱ δ᾿ ἀντίοι ἔγχε᾿ ἄειραν
Τρῶες· τῶν δ᾿ ἄμυδις μίχθη μένος, ὧρτο δ᾿ αὐτή·
καὶ τότ᾿ ἄρ᾿ ῝Εκτορα εἶπε παραστὰς Φοῖβος ᾿Απόλλων·   375
῾ ῝Εκτορ, μηκέτι πάμπαν ᾿Αχιλλῆι προμάχιζε,
ἀλλὰ κατὰ πληθύν τε καὶ ἐκ φλοίσβοιο δέδεξο,
μή πώς σ᾿ ἠὲ βάλῃ ἠὲ σχεδὸν ἄορι τύψῃ. ᾿
῝Ως ἔφαθ᾿, ῝Εκτωρ δ᾿ αὖτις ἐδύσετο οὔλαμον ἀνδρῶν
ταρβήσας, ὅτ᾿ ἄκουσε θεοῦ ὄπα φωνήσαντος.   380
᾿Εν δ᾿ ᾿Αχιλεὺς Τρώεσσι θόρε φρεσὶν εἱμένος ἀλκήν,
σμερδαλέα ἰάχων, πρῶτον δ᾿ ἕλεν ᾿Ιφιτίωνα,
ἐσθλὸν ᾿Οτρυντεΐδην, πολέων ἡγήτορα λαῶν,
ὃν νύμφη τέκε νηὶς ᾿Οτρυντῆι πτολιπόρθῳ
Τμώλῳ ὑπὸ νιφόεντι, ῝Υδης ἐν πίονι δήμῳ·   385
τὸν δ᾿ ἰθὺς μεμαῶτα βάλ᾿ ἔγχεϊ δῖος ᾿Αχιλλεύς
μέσσην κὰκ κεφαλήν· ἡ δ᾿ ἄνδιχα πᾶσα κεάσθη,
δούπησεν δὲ πεσών, ὁ δ᾿ ἐπεύξατο δῖος ᾿Αχιλλεύς·
« Κεῖσαι, ᾿Οτρυντεΐδη, πάντων ἐκπαγλότατ᾿ ἀνδρῶν·
ἐνθάδε τοι θάνατος, γενεὴ δέ τοί ἐστ᾿ ἐπὶ λίμνῃ   390
Γυγαίῃ, ὅθι τοι τέμενος πατρώιόν ἐστιν,
῝Υλλῳ ἐπ᾿ ἰχθυόεντι καὶ ῝Ερμῳ δινήεντι. »
῝Ως ἔφατ᾿ εὐχόμενος, τὸν δὲ σκότος ὄσσε κάλυψε·
τὸν μὲν ᾿Αχαιῶν ἵπποι ἐπισσώτροις δατέοντο
πρώτῃ ἐν ὑσμίνῃ· ὁ δ᾿ ἐπ᾿ αὐτῷ Δημολέοντα,   395
ἐσθλὸν ἀλεξητῆρα μάχης, ᾿Αντήνορος υἱόν,
νύξε κατὰ κρόταφον, κυνέης διὰ χαλκοπαρῄου·
οὐδ᾿ ἄρα χαλκείη κόρυς ἔσχεθεν, ἀλλὰ δι᾿ αὐτῆς
αἰχμὴ ἱεμένη ῥῆξ᾿ ὀστέον, ἐγκέφαλος δὲ

Ainsi parle-t-il pour les entraîner, et les Troyens alors dressent leurs piques contre l'ennemi. Leurs fureurs à tous se mêlent ; une huée s'élève. Mais, à ce moment, Phœbos Apollon s'approche d'Hector et lui dit :

« Hector, ne va plus, à aucun prix, te battre avec Achille en avant des lignes ; attends son assaut dans la foule et en plein tumulte ; sans quoi, crains qu'il ne t'atteigne ou, en s'approchant, ne te frappe de son épée. »

Il dit, et Hector, effrayé, plonge à nouveau dans la foule guerrière, aussitôt qu'il a ouï la voix du dieu qui lui parle. Achille cependant bondit sur les Troyens, le cœur vêtu de vaillance, poussant des cris effroyables. Et il fait d'abord sa proie d'Iphition, le brave fils d'Otryntée, chef de nombreux guerriers qu'une Naïade a enfanté d'Otryntée, preneur de villes, aux pieds du Tmôle neigeux, au gras pays d'Hydé[12]. Iphition fond droit sur lui, quand, de sa pique, le divin Achille l'atteint en pleine tête. La tête tout entière est fendue en deux. L'homme tombe avec fracas ; le divin Achille triomphe :

« Te voilà donc à terre, fils d'Otryntée – l'homme entre tous terrible ! Et tu péris ici, alors que tu es né au bord du lac Gygée, dans le domaine de tes pères, près de l'Hylle poissonneux et de l'Herme tourbillonnant[13]. »

Ainsi parle-t-il, triomphant, tandis que l'ombre couvre les yeux d'Iphition et que les chars des Achéens le déchirent sous les jantes de leurs roues, aux premiers rangs de la bataille. Après lui Achille s'en prend à Démocléon, vaillant défenseur des siens au combat, fils d'Anténor. Il le pique à la tempe, en traversant son casque aux couvre-joues de bronze. Le casque de bronze n'arrête pas la pointe, qui le perce, furieuse, et brise l'os ; la cervelle au dedans est toute fracassée :

12. Probablement en Lydie.
13. Le fleuve Herme, avec son affluent l'Hylle, se jette dans le golfe de Smyrne.

ἔνδον ἅπας πεπάλακτο· δάμασσε δέ μιν μεμαῶτα.　400
Ἱπποδάμαντα δ' ἔπειτα καθ' ἵππων ἀΐξαντα,
πρόσθεν ἔθεν φεύγοντα, μετάφρενον οὔτασε δουρί·
αὐτὰρ ὁ θυμὸν ἄϊσθε καὶ ἤρυγεν, ὡς ὅτε ταῦρος
ἤρυγεν ἑλκόμενος Ἑλικώνιον ἀμφὶ ἄνακτα
κούρων ἑλκόντων· γάνυται δέ τε τοῖς Ἐνοσίχθων·　405
ὣς ἄρα τόν γ' ἐρυγόντα λίπ' ὀστέα θυμὸς ἀγήνωρ.
Αὐτὰρ ὁ βῆ σὺν δουρὶ μετ' ἀντίθεον Πολύδωρον
Πριαμίδην· τὸν δ' οὔ τι πατὴρ εἴασκε μάχεσθαι,
οὕνεκά οἱ μετὰ παισὶ νεώτατος ἔσκε γόνοιο,
καί οἱ φίλτατος ἔσκε, πόδεσσι δὲ πάντας ἐνίκα·　410
δὴ τότε νηπιέῃσι ποδῶν ἀρετὴν ἀναφαίνων
θῦνε διὰ προμάχων, εἵως φίλον ὤλεσε θυμόν·
τὸν βάλε μέσσον ἄκοντι ποδάρκης δῖος Ἀχιλλεὺς
νῶτα παραΐσσοντα, ὅθι ζωστῆρος ὀχῆες
χρύσειοι σύνεχον καὶ διπλόος ἤντετο θώρηξ·　415
ἀντικρὺ δὲ διέσχε παρ' ὀμφαλὸν ἔγχεος αἰχμή,
γνὺξ δ' ἔριπ' οἰμώξας, νεφέλη δέ μιν ἀμφεκάλυψε
κυανέη, προτὶ οἷ δὲ λάβ' ἔντερα χερσὶ λιασθείς.

Ἕκτωρ δ' ὡς ἐνόησε κασίγνητον Πολύδωρον
ἔντερα χερσὶν ἔχοντα, λιαζόμενον ποτὶ γαίῃ,　420
κάρ ῥά οἱ ὀφθαλμῶν κέχυτ' ἀχλύς· οὐδ' ἄρ' ἔτ' ἔτλη
δηρὸν ἑκὰς στρωφᾶσθ', ἀλλ' ἀντίος ἦλθ' Ἀχιλῆϊ
ὀξὺ δόρυ κραδάων, φλογὶ εἴκελος· αὐτὰρ Ἀχιλλεὺς
ὡς εἶδ', ὣς ἀνέπαλτο, καὶ εὐχόμενος ἔπος ηὔδα·

« Ἐγγὺς ἀνὴρ ὃς ἐμόν γε μάλιστ' ἐσεμάσσατο θυμόν,　425
ὅς μοι ἑταῖρον ἔπεφνε τετιμένον· οὐδ' ἄρ' ἔτι δὴν
ἀλλήλους πτώσσοιμεν ἀνὰ πτολέμοιο γεφύρας. »

l'homme est dompté en plein élan. C'est ensuite Hippodamas – qui vient de sauter de son char et qui s'enfuit devant lui – qu'il frappe au dos de sa pique. L'homme exhale sa vie en un mugissement ; tel mugit le taureau que les jeunes gens traînent en l'honneur du dieu maître de l'Hélicon[14] et qui réjouit l'Ébranleur du sol ; c'est avec un mugissement pareil que sa noble vie abandonne ses os. Achille, lance au poing, marche alors sur le divin Polydore, fils de Priam, pareil aux dieux. Son père lui défendait de se battre : il était le plus jeune des fils de son sang ; il était aussi le plus aimé de lui. À la course il triomphait de tous. Aujourd'hui, par enfantillage, pour montrer la valeur de ses jarrets, il bondit à travers les champions hors des lignes, quand soudain il perd la vie. Le divin Achille aux pieds infatigables l'atteint de sa javeline – au moment même où il cherche à tourner brusquement le dos – en plein corps, à l'endroit où se rejoignent les fermoirs en or de son ceinturon et où s'offre au coup une double cuirasse. La pointe de la lance se fraie tout droit sa route à côté du nombril. Il croule, gémissant, sur les genoux. Un nuage sombre aussitôt l'enveloppe, et, de ses mains, il rattrape ses entrailles, en s'effondrant.

Mais Hector voit son frère Polydore, qui retient ses entrailles à pleines mains, en s'effondrant sur le sol. Un brouillard s'épand sur ses yeux. Il n'a pas le cœur de demeurer plus longtemps à l'écart ; il vient au-devant d'Achille, brandissant sa lance aiguë, tout pareil à une flamme. Achille le voit ; aussitôt il s'élance et, triomphant, il dit :

« Le voilà donc près de moi, l'homme qui m'a touché au plus profond du cœur, l'homme qui m'a tué l'ami que je prisais tant ! Nous ne saurions plus longtemps nous terrer l'un devant l'autre sur tout le champ de combat. »

14. C'est-à-dire Poséidon qui y avait un temple.

*Η, καὶ ὑπόδρα ἰδὼν προσεφώνεεν Ἕκτορα δῖον·
« Ἆσσον ἴθ᾽, ὥς κεν θᾶσσον ὀλέθρου πείραθ᾽ ἵκηαι. »
Τὸν δ᾽ οὐ ταρβήσας προσέφη κορυθαίολος Ἕκτωρ·   430
« Πηλείδη, μὴ δή μ᾽ ἐπέεσσί γε νηπύτιον ὣς
ἔλπεο δειδίξεσθαι, ἐπεὶ σάφα οἶδα καὶ αὐτὸς
ἠμὲν κερτομίας ἠδ᾽ αἴσυλα μυθήσασθαι·
οἶδα δ᾽ ὅτι σὺ μὲν ἐσθλός, ἐγὼ δὲ σέθεν πολὺ χείρων·
ἀλλ᾽ ἤτοι μὲν ταῦτα θεῶν ἐν γούνασι κεῖται,   435
αἴ κέ σε χειρότερός περ ἐὼν ἀπὸ θυμὸν ἕλωμαι
δουρὶ βαλών, ἐπεὶ ἦ καὶ ἐμὸν βέλος ὀξὺ πάροιθεν. »
*Η ῥα, καὶ ἀμπεπαλὼν προΐει δόρυ, καὶ τό γ᾽ Ἀθήνη
πνοιῇ Ἀχιλλῆος πάλιν ἔτραπε κυδαλίμοιο,
ἦκα μάλα ψύξασα· τὸ δ᾽ ἂψ ἵκεθ᾽ Ἕκτορα δῖον,   440
αὐτοῦ δὲ προπάροιθε ποδῶν πέσεν· αὐτὰρ Ἀχιλλεὺς
ἐμμεμαὼς ἐπόρουσε κατακτάμεναι μενεαίνων,
σμερδαλέα ἰάχων· τὸν δ᾽ ἐξήρπαξεν Ἀπόλλων
ῥεῖα μάλ᾽ ὥς τε θεός, ἐκάλυψε δ᾽ ἄρ᾽ ἠέρι πολλῇ·
τρὶς μὲν ἔπειτ᾽ ἐπόρουσε ποδάρκης δῖος Ἀχιλλεὺς   445
ἔγχεϊ χαλκείῳ, τρὶς δ᾽ ἠέρα τύψε βαθεῖαν·
ἀλλ᾽ ὅτε δὴ τὸ τέταρτον ἐπέσσυτο δαίμονι ἶσος,
δεινὰ δ᾽ ὁμοκλήσας ἔπεα πτερόεντα προσηύδα·
« Ἐξ αὖ νῦν ἔφυγες θάνατον, κύον· ἦ τέ τοι ἄγχι
ἦλθε κακόν· νῦν αὖτέ σ᾽ ἐρύσατο Φοῖβος Ἀπόλλων,   450
ᾧ μέλλεις εὔχεσθαι ἰὼν ἐς δοῦπον ἀκόντων.
*Η θήν σ᾽ ἐξανύω γε καὶ ὕστερον ἀντιβολήσας,
εἴ πού τις καὶ ἐμοίγε θεῶν ἐπιτάρροθός ἐστι·
νῦν δ᾽ ἄλλους Τρώων ἐπιείσομαι, ὃν κε κιχείω. »

Il dit, et, sur lui levant un œil sombre, il s'adresse au divin Hector :

« Viens donc plus près, et tu arriveras plus vite au terme fixé pour ta perte. »

Mais, sans frémir, Hector au casque étincelant répond :

« Péléide, ne compte pas m'effrayer avec des mots, comme si j'étais un enfant. Je peux aussi bien que toi railler et lancer des insultes. Je sais que tu es brave et que je suis bien au-dessous de toi. Mais tout ceci repose sur les genoux des dieux. Si je ne te vaux pas, ne puis-je pour cela t'arracher la vie, en te touchant de ma pique ? Mon trait, à moi aussi, a déjà su être perçant. »

Il dit, brandit sa pique et la lance. Mais Athéné, de son souffle, la détourne du noble Achille – il lui suffit d'un souffle très léger – la voici qui revient vers le divin Hector et qui choit à ses pieds. Et Achille en fureur s'élance, brûlant de tuer Hector et poussant des cris effroyables. Mais Apollon le lui ravit – c'est un jeu pour un dieu – et le dérobe derrière une épaisse vapeur. Par trois fois, le divin Achille aux pieds infatigables s'élance, sa pique de bronze au poing ; par trois fois, il frappe la vapeur profonde. Et, en s'élançant encore pour la quatrième fois, pareil à un dieu, il gronde d'une voix terrible et il dit ces mots ailés :

« Une fois de plus, chien, tu auras donc échappé à la mort ! Le malheur est venu bien près de toi pourtant ; et cette fois encore Phœbos Apollon t'a mis à l'abri ! Il faut que tu l'invoques chaque fois que tu pars pour le fracas des lances. Sois tranquille, ton compte est bon, si je te rencontre, même dans longtemps. Que je trouve seulement, moi aussi, un dieu pour m'aider ! Je vais en attendant courir sus à d'autres Troyens et voir qui je toucherai. »

Ὣς εἰπὼν Δρύοπ' οὖτα κατ' αὐχένα μέσσον ἄκοντι·   455
ἤριπε δὲ προπάροιθε ποδῶν· ὁ δὲ τὸν μὲν ἔασε,
Δημοῦχον δὲ Φιλητορίδην, ἠύν τε μέγαν τε,
κὰγ γόνυ δουρὶ βαλὼν ἠρύκακε· τὸν μὲν ἔπειτα
οὐτάζων ξίφεϊ μεγάλῳ ἐξαίνυτο θυμόν.
Αὐτὰρ ὁ Λαόγονον καὶ Δάρδανον, υἷε Βίαντος,   460
ἄμφω ἐφορμηθεὶς ἐξ ἵππων ὦσε χαμᾶζε,
τὸν μὲν δουρὶ βαλών, τὸν δὲ σχεδὸν ἄορι τύψας.
Τρῶα δ' Ἀλαστορίδην, — ὁ μὲν ἀντίος ἤλυθε γούνων,
εἴ πως εὖ πεφίδοιτο λαβὼν καὶ ζωὸν ἀφείη,
μηδὲ κατακτείνειεν ὁμηλικίην ἐλεήσας,   465
νήπιος, οὐδὲ τὸ ᾔδη, ὃ οὐ πείσεσθαι ἔμελλεν·
οὐ γάρ τι γλυκύθυμος ἀνὴρ ἦν οὐδ' ἀγανόφρων,
ἀλλὰ μάλ' ἐμμεμαώς· ὁ μὲν ἥπτετο χείρεσι γούνων
ἱέμενος λίσσεσθ', ὁ δὲ φασγάνῳ οὖτα καθ' ἧπαρ·
ἐκ δέ οἱ ἧπαρ ὄλισθεν, ἀτὰρ μέλαν αἷμα κατ' αὐτοῦ   470
κόλπον ἐνέπλησεν· τὸν δὲ σκότος ὄσσε κάλυψε
θυμοῦ δευόμενον· ὁ δὲ Μούλιον οὖτα παραστὰς
δουρὶ κατ' οὖς· εἶθαρ δὲ δι' οὔατος ἦλθ' ἑτέροιο
αἰχμὴ χαλκείη. ὁ δ' Ἀγήνορος υἱὸν Ἔχεκλον
μέσσην κὰκ κεφαλὴν ξίφεϊ ἤλασε κωπήεντι,   475
πᾶν δ' ὑπεθερμάνθη ξίφος αἵματι· τὸν δὲ κατ' ὄσσε
ἔλλαβε πορφύρεος θάνατος καὶ μοῖρα κραταιή.
Δευκαλίωνα δ' ἔπειθ', ἵνα τε ξυνέχουσι τένοντες
ἀγκῶνος, τῇ τόν γε φίλης διὰ χειρὸς ἔπειρεν
αἰχμῇ χαλκείῃ· ὁ δέ μιν μένε χεῖρα βαρυνθείς,   480
πρόσθ' ὁρόων θάνατον· ὁ δὲ φασγάνῳ αὐχένα θείνας
τῆλ' αὐτῇ πήληκι κάρη βάλε· μυελὸς αὖτε
σφονδυλίων ἔκπαλθ', ὁ δ' ἐπὶ χθονὶ κεῖτο τανυσθείς.
Αὐτὰρ ὁ βῆ ῥ' ἰέναι μετ' ἀμύμονα Πείρεω υἱόν,
Ῥίγμον, ὃς ἐκ Θρῄκης ἐριβώλακος εἰληλούθει·   485
τὸν βάλε μέσσον ἄκοντι, πάγη δ' ἐν νηδύι χαλκός,
ἤριπε δ' ἐξ ὀχέων· ὁ δ' Ἀρηίθοον θεράποντα

Il dit et, de sa javeline, il frappe Dryops en plein cou.
L'homme croule à ses pieds. Il le laisse là et va à
Démouque, fils de Philétor, noble et grand guerrier, qu'il
fixe sur place, en le frappant de sa lance aux genoux.
Après quoi, il le sert de sa grande épée et lui prend la vie.
Il se rue ensuite sur Laogone et Dardanos, fils de Bias,
et les culbute tous les deux de leur char, en touchant l'un
de sa lance, en frappant de près l'autre avec son épée.
Puis c'est Trôs, le fils d'Alastor, qui vient tomber à ses
genoux dans l'espoir que, faisant de lui son prisonnier, il
l'épargnera, et, au lieu de le tuer, lui quittera la vie, par
pitié pour un frère d'âge. Pauvre sot ! il ne sait pas qu'il
ne sera pas écouté. Il ne s'agit pas ici d'un homme doux
et facile, mais d'un furieux. Trôs, de ses mains, lui
touche les genoux ; il le veut à tout prix supplier. L'autre
le frappe de son épée au foie. Le foie jaillit hors du
corps ; un sang noir en découle, qui remplit son giron ;
l'ombre couvre ses yeux, le souffle à jamais lui échappe.
Achille alors va à Moulios et le frappe de sa lance à
l'oreille ; la pointe de bronze ressort aussitôt par l'autre
oreille. C'est ensuite Échècle, le fils d'Agénor, qu'il
frappe en pleine tête, de son épée à la bonne poignée.
L'épée devient toute chaude de sang, et dans les yeux de
l'homme entrent en maîtres la mort rouge et l'impérieux
destin. C'est ensuite à Deucalion, là où se rejoignent les
tendons du coude, qu'il transperce le bras de sa pointe
de bronze ; et l'homme reste à l'attendre, le bras lourd,
la mort devant les yeux : de son épée Achille lui tranche
le col et jette ensemble au loin la tête avec le casque ; on
voit même la moelle jaillir des vertèbres ; le corps gît là,
étendu sur le sol. Il part alors à la poursuite du fils sans
reproche de Piréôs, Rhigme, qui est venu de la Thrace au
sol fertile. Il l'atteint en plein corps de sa javeline ; le
bronze va se planter dans le ventre, et l'homme croule de
son char. Son écuyer Aréithoos fait faire alors demi-tour

ἂψ ἵππους στρέψαντα μετάφρενον δξέι δουρὶ
νύξ᾽, ἀπὸ δ᾽ ἅρματος ὦσε· κυκήθησαν δέ οἱ ἵπποι.
  Ὡς δ᾽ ἀναμαιμάει βαθέ᾽ ἄγκεα θεσπιδαὲς πῦρ   490
οὔρεος ἀζαλέοιο, βαθεῖα δὲ καίεται ὕλη,
πάντη τε κλονέων ἄνεμος φλόγα εἰλυφάζει,
ὣς ὅ γε πάντη θῦνε σὺν ἔγχεϊ δαίμονι ἶσος,
κτεινομένους ἐφέπων· ῥέε δ᾽ αἵματι γαῖα μέλαινα.
  Ὡς δ᾽ ὅτε τις ζεύξῃ βόας ἄρσενας εὐρυμετώπους   495
τριβέμεναι κρῖ λευκὸν ἐϋκτιμένῃ ἐν ἀλωῇ,
ῥίμφά τε λέπτ᾽ ἐγένοντο βοῶν ὑπὸ πόσσ᾽ ἐριμύκων,
ὣς ὑπ᾽ Ἀχιλλῆος μεγαθύμου μώνυχες ἵπποι
στεῖβον ὁμοῦ νέκυάς τε καὶ ἀσπίδας· αἵματι δ᾽ ἄξων
νέρθεν ἅπας πεπάλακτο καὶ ἄντυγες αἳ περὶ δίφρον,   500
ἃς ἄρ᾽ ἀφ᾽ ἱππείων ὁπλέων ῥαθάμιγγες ἔβαλλον
αἵ τ᾽ ἀπ᾽ ἐπισσώτρων· ὁ δὲ ἵετο κῦδος ἀρέσθαι
Πηλείδης, λύθρῳ δὲ παλάσσετο χεῖρας ἀάπτους.

à son attelage ; mais Achille le pique au dos de sa lance
aiguë et le culbute de son char, tandis que ses coursiers
s'affolent.

Tel un prodigieux incendie fait rage à travers les vallées profondes d'une montagne desséchée ; la forêt profonde brûle, et le vent, qui la pousse en tout sens, en fait
tournoyer la flamme. Tel, en tout sens, bondit Achille,
lance au poing, pareil à un dieu, se ruant sur ses victimes. La terre noire est inondée de sang. De même
qu'on attelle des bœufs au large front pour fouler l'orge
blanche dans l'aire bien construite, et que le grain bien
vite se dépouille sous les pas des bœufs mugissants, de
même, sous le magnanime Achille, les chevaux aux
sabots massifs écrasent à la fois morts et boucliers. Et
l'essieu sous la caisse, et la rampe, autour, sont tout
souillés de sang ; il jaillit en éclaboussures et sous les
sabots des chevaux et sous les jantes des roues. Le fils
de Pélée brûle de conquérir la gloire, et une poussière
sanglante souille ses mains redoutables.

ΙΛΙΑΔΟΣ Φ

———

Ἀλλ' ὅτε δὴ πόρον ἶξον ἐϋρρεῖος ποταμοῖο,
Ξάνθου δινήεντος, ὃν ἀθάνατος τέκετο Ζεύς,
ἔνθα διατμήξας τοὺς μὲν πεδίον δ' ἐδίωκε
πρὸς πόλιν, ᾗ περ Ἀχαιοὶ ἀτυζόμενοι φοβέοντο
ἤματι τῷ προτέρῳ, ὅτ' ἐμαίνετο φαίδιμος Ἕκτωρ·   5
τῇ ῥ' οἵ γε προχέοντο πεφυζότες, ἠέρα δ' Ἥρη
πίτνα πρόσθε βαθεῖαν ἐρυκέμεν· ἡμίσεες δὲ
ἐς ποταμὸν εἰλεῦντο βαθύρροον ἀργυροδίνην,
ἐν δ' ἔπεσον μεγάλῳ πατάγῳ, βράχε δ' αἰπὰ ῥέεθρα,
ὄχθαι δ' ἀμφὶ περὶ μεγάλ' ἴαχον· οἳ δ' ἀλαλητῷ   10
ἔννεον ἔνθα καὶ ἔνθα, ἑλισσόμενοι περὶ δίνας·
ὡς δ' ὅθ' ὑπὸ ῥιπῆς πυρὸς ἀκρίδες ἠερέθονται
φευγέμεναι ποταμὸν δέ· τὸ δὲ φλέγει ἀκάματον πῦρ
ὄρμενον ἐξαίφνης, ταὶ δὲ πτώσσουσι καθ' ὕδωρ·
ὣς ὑπ' Ἀχιλλῆος Ξάνθου βαθυδινήεντος   15
πλῆτο ῥόος κελάδων ἐπιμὶξ ἵππων τε καὶ ἀνδρῶν.
  Αὐτὰρ ὁ διογενὴς δόρυ μὲν λίπεν αὐτοῦ ἐπ' ὄχθῃ
κεκλιμένον μυρίκῃσιν, ὁ δ' ἔσθορε δαίμονι ἶσος,

———

1. Fuyant devant Achille, les Troyens sont assimilés à des sauterelles que l'on cherche à exterminer par le feu, pratique sans doute utilisée lors d'invasions de ces insectes. On notera que le poète annonce

CHANT XXI

Mais dès qu'ils atteignent le gué du beau fleuve, du Xanthe tourbillonnant, dont le père est Zeus immortel, Achille les coupe en deux. Il pousse les uns vers la plaine, dans la direction de la ville. C'est par où, la veille encore, les Achéens affolés fuyaient la furie de l'illustre Hector, qu'aujourd'hui les Troyens dévalent, apeurés, tandis qu'Héré, devant eux déploie une vapeur épaisse destinée à les retenir ! L'autre moitié en revanche se trouve acculée au fleuve profond, qui roule en tourbillons d'argent. Ils s'y précipitent alors à grand fracas ; les eaux profondes bruissent ; les falaises, tout autour, grondent terriblement. Au milieu des cris, ils nagent, de-ci, de-là, tournant avec les tourbillons. On dirait des sauterelles que la poussée de l'incendie a toutes soulevées pour fuir vers un fleuve : une flamme vivace a brusquement jailli ; elle est là, qui les brûle ; toutes cherchent un abri dans l'eau[1]. Ainsi, sous la poussée d'Achille, le cours du Xanthe aux tourbillons profonds se remplit d'un fracas de chars et d'hommes à la fois.

Le héros divin laisse alors, sur la falaise, sa pique appuyée à des tamaris, et s'élance dans le fleuve, pareil

---

déjà le thème de la lutte de l'eau et du feu qu'il va développer en un extraordinaire passage aux vers 300-355 (le feu d'Héphaïstos contre les eaux du Scamandre).

φάσγανον οἷον ἔχων, κακὰ δὲ φρεσὶ μήδετο ἔργα,
τύπτε δ' ἐπιστροφάδην· τῶν δὲ στόνος ὤρνυτ' ἀεικὴς   20
ἄορι θεινομένων, ἐρυθαίνετο δ' αἵματι ὕδωρ.
Ὡς δ' ὑπὸ δελφῖνος μεγακήτεος ἰχθύες ἄλλοι
φεύγοντες πιμπλᾶσι μυχοὺς λιμένος ἐυόρμου,
δειδιότες· μάλα γάρ τε κατεσθίει ὅν κε λάβῃσιν·
ὣς Τρῶες ποταμοῖο κατὰ δεινοῖο ῥέεθρα   25
πτῶσσον ὑπὸ κρημνούς. Ὁ δ' ἐπεὶ κάμε χεῖρας ἐναίρων,
ζωοὺς ἐκ ποταμοῖο δυώδεκα λέξατο κούρους,
ποινὴν Πατρόκλοιο Μενοιτιάδαο θανόντος·
τοὺς ἐξῆγε θύραζε τεθηπότας ἠύτε νεβρούς,
δῆσε δ' ὀπίσσω χεῖρας ἐυτμήτοισιν ἱμᾶσι,   30
τοὺς αὐτοὶ φορέεσκον ἐπὶ στρεπτοῖσι χιτῶσι,
δῶκε δ' ἑταίροισιν κατάγειν κοίλας ἐπὶ νῆας·
αὐτὰρ ὁ ἂψ ἐπόρουσε δαϊζέμεναι μενεαίνων.

Ἔνθ' υἷι Πριάμοιο συνήντετο Δαρδανίδαο
ἐκ ποταμοῦ φεύγοντι, Λυκάονι, τόν ῥά ποτ' αὐτὸς   35
ἦγε λαβὼν ἐκ πατρὸς ἀλωῆς οὐκ ἐθέλοντα,
ἐννύχιος προμολών· ὁ δ' ἐρινεὸν ὀξέι χαλκῷ
τάμνε νέους ὄρπηκας, ἵν' ἅρματος ἄντυγες εἶεν·
τῷ δ' ἄρ' ἀνώιστον κακὸν ἤλυθε δῖος Ἀχιλλεύς.
Καὶ τότε μέν μιν Λῆμνον ἐυκτιμένην ἐπέρασσε   40
νηυσὶν ἄγων, ἀτὰρ υἱὸς Ἰήσονος ὦνον ἔδωκε·
κεῖθεν δὲ ξεῖνός μιν ἐλύσατο, πολλὰ δ' ἔδωκεν,
Ἴμβριος Ἠετίων, πέμψεν δ' ἐς δῖαν Ἀρίσβην·
ἔνθεν ὑπεκπροφυγὼν πατρώιον ἵκετο δῶμα·

2. En XVIII, 336-337, Achille a annoncé son intention d'immoler douze jeunes Troyens sur le bûcher de Patrocle.

3. Le fils de Jason et d'Hypsipyle est Eunée (déjà mentionné en VII, 467-475) ; cf. vol. I, n. 16, p. 317.

à un dieu. Il n'a qu'une épée ; son cœur ne songe qu'à
des œuvres de mort. Il va frappant avec entrain, et une
plainte monte, horrible, de tous les corps que frappe son
épée. L'onde devient rouge de sang. On voit parfois,
devant un énorme dauphin, les poissons qui s'enfuient et
remplissent les fonds d'un port au bon mouillage : ils ont
si grand-peur ! qui est saisi est sûr d'être mangé. De
même les Troyens, tout le long des eaux du fleuve terrible, cherchent un abri sous l'escarpement des berges.
Mais, quand ses bras sont las de tuer, il ramasse alors,
vivants, dans le fleuve, douze jeunes hommes, qui paie-
ront pour le fils de Ménœtios, pour Patrocle mort[2]. Il les
fait sortir du fleuve, effarés comme des faons ; il leur lie
les bras par derrière, avec les bonnes courroies qu'ils
portent eux-mêmes sur leurs souples tuniques, et il les
confie aux siens, pour qu'ils les emmènent aux nefs
creuses. Puis il bondit de nouveau en avant, avide de
massacre.

Il tombe alors sur un fils de Priam le Dardanide, qui
s'échappe à l'instant du fleuve. C'est Lycaon, qu'il a
pris lui-même naguère et par force emmené du verger de
son père, au cours d'une attaque nocturne. Lycaon s'oc-
cupait, avec le bronze aigu, à couper de jeunes branches
à un figuier sauvage, afin d'en fabriquer une rampe de
char. Le divin Achille s'était à ce moment abattu sur lui
comme un désastre imprévu. Puis il l'avait emmené sur
ses nefs et vendu dans la belle Lemnos, où le fils de
Jason[3] l'avait acheté. Un hôte alors l'avait tiré de là, en
donnant de lui un gros prix[4] ; c'était Éétion d'Imbros,
qui l'avait ensuite renvoyé dans la divine Arisbé, d'où il
s'était échappé et avait regagné le palais paternel.

4. Un peu plus loin, Lycaon précise que le prix de sa rançon avait
été de cent bœufs (v. 79) ; Eunée le revend par la suite à Éétion qui
offre trois fois plus (v. 80) pour sa libération (v. 42, v. 80). Ainsi
Lycaon a-t-il pu retrouver le palais de son père et son rang de prince.

ἕνδεκα δ' ἤματα θυμὸν ἐτέρπετο οἷσι φίλοισιν   45
ἐλθὼν ἐκ Λήμνοιο· δυωδεκάτῃ δέ μιν αὖτις
χερσὶν Ἀχιλλῆος θεὸς ἔμβαλεν, ὅς μιν ἔμελλε
πέμψειν εἰς Ἀίδαο καὶ οὐκ ἐθέλοντα νέεσθαι.
Τὸν δ' ὡς οὖν ἐνόησε ποδάρκης δῖος Ἀχιλλεὺς
γυμνόν, ἄτερ κόρυθός τε καὶ ἀσπίδος, οὐδ' ἔχεν ἔγχος,   50
ἀλλὰ τὰ μέν δ' ἀπὸ πάντα χαμαὶ βάλε· τεῖρε γὰρ ἱδρὼς
φεύγοντ' ἐκ ποταμοῦ, κάματος δ' ὑπὸ γούνατ' ἐδάμνα·
ὀχθήσας δ' ἄρα εἶπε πρὸς ὃν μεγαλήτορα θυμόν·

  « Ὤ πόποι, ἦ μέγα θαῦμα τόδ' ὀφθαλμοῖσιν ὁρῶμαι·
ἦ μάλα δὴ Τρῶες μεγαλήτορες, οὕς περ ἔπεφνον,   55
αὖτις ἀναστήσονται ὑπὸ ζόφου ἠερόεντος,
οἷον δὴ καὶ ὅδ' ἦλθε φυγὼν ὕπο νηλεὲς ἦμαρ,
Λῆμνον ἐς ἠγαθέην πεπερημένος· οὐδέ μιν ἔσχε
πόντος ἁλὸς πολιῆς, ὃ πολεῖς ἀέκοντας ἐρύκει.
Ἀλλ' ἄγε δὴ καὶ δουρὸς ἀκωκῆς ἡμετέροιο   60
γεύσεται, ὄφρα ἴδωμαι ἐνὶ φρεσὶν ἠδὲ δαείω
ἦ ἄρ' ὁμῶς καὶ κεῖθεν ἐλεύσεται, ἦ μιν ἐρύξει
γῆ φυσίζοος, ἥ τε κατὰ κρατερόν περ ἐρύκει. »
  Ὣς ὥρμαινε μένων· ὃ δέ οἱ σχεδὸν ἦλθε τεθηπώς,
γούνων ἅψασθαι μεμαώς, περὶ δ' ἤθελε θυμῷ   65
ἐκφυγέειν θάνατόν τε κακὸν καὶ κῆρα μέλαιναν·
ἤτοι ὃ μὲν δόρυ μακρὸν ἀνέσχετο δῖος Ἀχιλλεὺς
οὐτάμεναι μεμαώς, ὃ δ' ὑπέδραμε καὶ λάβε γούνων
κύψας· ἐγχείη δ' ἄρ' ὑπὲρ νώτου ἐνὶ γαίῃ
ἔστη, ἱεμένη χροὸς ἄμεναι ἀνδρομέοιο·   70
αὐτὰρ ὃ τῇ ἑτέρῃ μὲν ἑλὼν ἐλλίσσετο γούνων,
τῇ δ' ἑτέρῃ ἔχεν ἔγχος ἀκαχμένον οὐδὲ μεθίει·
καί μιν φωνήσας ἔπεα πτερόεντα προσηύδα·

Depuis onze jours, rentré de Lesbos, il goûtait en son cœur la joie de vivre avec les siens. Mais, le douzième jour, le Ciel le fait de nouveau tomber dans les mains d'Achille, qui doit l'expédier de force chez Hadès. Donc, le divin Achille aux pieds infatigables l'aperçoit, désarmé, sans casque ni écu, sans javeline même : il a tout jeté à terre. La sueur l'a épuisé, dans ses efforts pour échapper au fleuve, et la fatigue a dompté ses genoux. Achille alors s'irrite et dit à son grand cœur :

« Ah ! le singulier prodige que je vois là de mes yeux ! Allons ! plus de doute : les Troyens magnanimes que j'aurai abattus vont ressusciter de l'ombre brumeuse, puisque voici déjà celui-là revenu, qui avait échappé au jour impitoyable et avait été vendu dans la divine Lemnos. Le grand large de la blanche mer ne l'a donc pas arrêté, lui qui retient tant d'hommes malgré eux. Eh bien ! il va tâter cette fois de la pointe de ma pique : il faut que mon cœur voie et sache s'il s'en reviendra aussi de là-bas, ou si la terre, source de vie, le saura retenir, elle qui retient les plus forts. »

C'est ainsi qu'il songe, attendant. L'autre s'approche, effaré ; il veut à tout prix toucher ses genoux, et son cœur par-dessus tout souhaite d'échapper à la mort cruelle et au noir trépas. Le divin Achille lève sa longue javeline : il veut, lui, à tout prix le toucher. L'autre se dérobe et, tête baissée, court lui prendre les genoux, cependant que la lance va se planter en terre par-dessus son dos, malgré le désir qui la tient de se repaître de chair d'homme. D'une main, il saisit les genoux, suppliant ; de l'autre, il retient la pique acérée, sans la vouloir lâcher, et, prenant la parole, il dit ces mots ailés :

« Γουνοῦμαί σ', Ἀχιλεῦ· σὺ δέ μ' αἴδεο καί μ' ἐλέησον·
ἀντί τοι εἴμ' ἱκέτao, διοτρεφές, αἰδοίοιο·   75
πάρ γάρ σοι πρώτῳ πασάμην Δήμητερος ἀκτήν,
ἤματι τῷ ὅτε μ' εἷλες ἐυκτιμένῃ ἐν ἀλωῇ,
καί μ' ἐπέρασσας ἄνευθεν ἄγων πατρός τε φίλων τε
Λῆμνον ἐς ἠγαθέην, ἑκατόμβοιον δέ τοι ἦλφον.
Νῦν δέ λύμην τρίς τόσσα πορών· ἠὼς δέ μοί ἐστιν   80
ἥδε δυωδεκάτη, ὅτ' ἐς Ἴλιον εἰλήλουθα
πολλά παθών· νῦν αὖ με τεῇς ἐν χερσίν ἔθηκε
μοῖρ' ὀλοή· μέλλω που ἀπεχθέσθαι Διί πατρί,
ὅς με σοί αὖτις ἔδωκε· μινυνθάδιον δέ με μήτηρ
γείνατο Λαοθόη, θυγάτηρ Ἄλταο γέροντος,   85
Ἄλτεω, ὅς Λελέγεσσι φιλοπτολέμοισιν ἀνάσσει,
Πήδασον αἰπήεσσαν ἔχων ἐπί Σατνιόεντι.
Τοῦ δ' ἔχε θυγατέρα Πρίαμος, πολλάς δέ καί ἄλλας·
τῆς δέ δύω γενόμεσθα, σύ δ' ἄμφω δειροτομήσεις·
ἤτοι τόν πρώτοισι μετά πρυλέεσσι δάμασσας,   90
ἀντίθεον Πολύδωρον, ἐπεί βάλες ὀξέι δουρί·
νῦν δέ δή ἐνθάδ' ἐμοί κακόν ἔσσεται· οὐ γάρ ὀίω
σάς χεῖρας φεύξεσθαι, ἐπεί ῥ' ἐπέλασσέ γε δαίμων.
Ἄλλο δέ τοι ἐρέω, σύ δ' ἐνί φρεσί βάλλεο σῇσι·
μή με κτεῖν', ἐπεί οὐχ ὁμογάστριος Ἕκτορός εἰμι,   95
ὅς τοι ἑταῖρον ἔπεφνεν ἐνηέα τε κρατερόν τε. »
    Ὥς ἄρα μιν Πριάμοιο προσηύδα φαίδιμος υἱός
λισσόμενος ἐπέεσσιν, ἀμείλικτον δ' ὅπ' ἄκουσε·

5. Comme le fait remarquer Pucci, 1995, p. 192 ss., la formule de
cette supplication : « J'embrasse tes genoux (gounoumai). Aie pour
moi respect et pitié (su de m'aideo kai m'eleêson) » ne se rencontre
qu'en ce passage de l'*Iliade* et deux fois dans l'*Odyssée* à propos de
Léiôdès suppliant Ulysse (*Od.*, XXII, 312 ; 344). Lycaon et Léiôdès,

« Je suis à tes genoux, Achille, aie pour moi respect et pitié[5] ; pour toi, fils de Zeus, je suis un suppliant, j'ai droit à ton respect. Tu es le premier chez qui j'ai mangé la mouture de Déméter[6], le jour où tu m'as pris dans mon bon verger, pour m'emmener et pour me vendre, loin de mon père et des miens, dans la divine Lemnos, où je t'ai rapporté le prix de cent bœufs. J'ai été racheté pour trois fois autant, et voici douze matins que j'ai regagné Ilion après bien des épreuves. Et le destin maudit, une fois encore, me jette dans tes mains ! Ah ! il faut que je sois en horreur à Zeus Père, pour qu'il m'ait livré à toi de nouveau ; et c'est pour une vie bien courte que m'aura enfanté ma mère, Laothoé, fille du vieil Altès – Altès, qui commande aux Lélègues belliqueux et qui tient la haute Pédase au bord du Satnioïs. Priam avait sa fille pour épouse, parmi ses nombreuses femmes. C'est d'elle que nous sommes nés, deux fils, et tu nous auras égorgés tous les deux ! L'un, le divin Polydore, tu l'as abattu au premier rang des fantassins, en le touchant de ta javeline aiguë[7]. Et maintenant, ici même, le malheur va venir sur moi. Non, je ne compte point échapper à ton bras, puisque c'est le Ciel qui l'a déchaîné. Mais j'ai encore quelque chose à te dire, mets-le toi bien en tête. Ne me tue pas : je ne suis pas sorti du même sein qu'Hector, qui t'a tué ton bon et fort ami. »

Voilà comment l'illustre Priamide parle à Achille en termes suppliants. Mais la voix qu'il entend est de celles que rien n'apaise :

tous deux désarmés, sont exécutés de la même manière, par un coup d'épée à la gorge.

6. Dans la mesure où Lycaon s'est restauré chez Achille, il est en droit de revendiquer les liens de l'hospitalité établis entre eux deux et qui sont sacrés.

7. Voir XX, 407-418.

« Νήπιε, μή μοι ἄποινα πιφαύσκεο μηδ᾽ ἀγόρευε·
πρὶν μὲν γὰρ Πάτροκλον ἐπισπεῖν αἴσιμον ἦμαρ,   100
τόφρά τί μοι πεφιδέσθαι ἐνὶ φρεσὶ φίλτερον ἦεν
Τρώων, καὶ πολλοὺς ζωοὺς ἕλον ἠδ᾽ ἐπέρασσα·
νῦν δ᾽ οὐκ ἔσθ᾽ ὅς τις θάνατον φύγοι, ὅν κε θεός γε
Ἰλίου προπάροιθεν ἐμῇς ἐν χερσὶ βάλῃσι,
καὶ πάντων Τρώων, πέρι δ᾽ αὖ Πριάμοιό γε παίδων.   105
Ἀλλά, φίλος, θάνε καὶ σύ· τί ἦ ὀλοφύρεαι οὕτως ;
κάτθανε καὶ Πάτροκλος, ὅ περ σέο πολλὸν ἀμείνων·
οὐχ ὁράᾳς οἷος καὶ ἐγὼ καλός τε μέγας τε ;
πατρὸς δ᾽ εἴμ᾽ ἀγαθοῖο, θεὰ δέ με γείνατο μήτηρ·
ἀλλ᾽ ἔπι τοι καὶ ἐμοὶ θάνατος καὶ μοῖρα κραταιή·   110
ἔσσεται ἢ ἠὼς ἢ δείλη ἢ μέσον ἦμαρ,
ὁππότε τις καὶ ἐμεῖο Ἄρῃ ἐκ θυμὸν ἕληται,
ἢ ὅ γε δουρὶ βαλὼν ἢ ἀπὸ νευρῆφιν ὀιστῷ. »

Ὣς φάτο, τοῦ δ᾽ αὐτοῦ λύτο γούνατα καὶ φίλον ἦτορ·
ἔγχος μέν ῥ᾽ ἀφέηκεν, ὁ δ᾽ ἕζετο χεῖρε πετάσσας   115
ἀμφοτέρας· Ἀχιλεὺς δὲ ἐρυσσάμενος ξίφος ὀξὺ
τύψε κατὰ κληῖδα παρ᾽ αὐχένα, πᾶν δέ οἱ εἴσω
δῦ ξίφος ἄμφηκες· ὁ δ᾽ ἄρα πρηνὴς ἐπὶ γαίῃ
κεῖτο ταθείς, ἐκ δ᾽ αἷμα μέλαν ῥέε, δεῦε δὲ γαῖαν·
τὸν δ᾽ Ἀχιλεὺς ποταμόν δὲ λαβὼν ποδὸς ἧκε φέρεσθαι,   120
καί οἱ ἐπευχόμενος ἔπεα πτερόεντ᾽ ἀγόρευεν·

« Ἐνταυθοῖ νῦν κεῖσο μετ᾽ ἰχθύσιν, οἵ σ᾽ ὠτειλὴν
αἷμ᾽ ἀπολιχμήσονται ἀκηδέες· οὐδέ σε μήτηρ
ἐνθεμένη λεχέεσσι γοήσεται, ἀλλὰ Σκάμανδρος

« Pauvre sot ! ne m'offre donc pas de rançon, ne m'en parle même pas. Naguère, avant que Patrocle eût atteint le jour fatal, mon cœur se plaisait à épargner les Troyens. Combien n'en ai-je pas pris vivants, puis vendus ! Mais aucun désormais n'évitera la mort, aucun de ceux que le Ciel, devant Ilion, fera tomber dans mes mains – aucun de tous les Troyens, mais aucun surtout des fils de Priam. Va, mon ami, meurs à ton tour[8]. Pourquoi gémir ainsi ? Patrocle est bien mort, qui valait cent fois plus que toi. Moi-même, tu le vois, je suis beau, je suis grand, je sors d'un noble père, une déesse fut ma mère : et néanmoins la mort est sur ma tête et l'impérieux destin. Un matin viendra – un soir, un midi – où quelqu'un au combat m'arrachera, à moi aussi, la vie, en me touchant ou de sa pique ou d'un trait jailli de son arc. »

Il dit, et Lycaon sent se rompre sur place ses genoux et son cœur. Il lâche la pique et s'affaisse, les deux bras étendus. Mais Achille a déjà tiré son épée aiguë ; il le frappe, près du cou, à la clavicule. L'épée à deux tranchants y plonge tout entière ; et l'homme gît là, le front en avant, allongé sur le sol ; son sang noir coule et trempe la terre. Achille le prend par un pied et le jette au fleuve – qu'il l'emporte ! Puis, triomphant, il dit ces mots ailés :

« Va-t'en donc reposer là-bas, chez les poissons. Ils lécheront le sang de ta blessure sans s'en émouvoir. Ta mère ne te mettra pas sur un lit funèbre, avant d'entonner sa lamentation. Le Scamandre tourbillonnant t'em-

---

8. La mort de Patrocle interdit désormais à Achille d'épargner ses ennemis, et, dans ce contexte cruel, l'emploi du mot *philos*, « ami », qui a intrigué beaucoup de commentateurs, est plutôt à interpréter comme l'affirmation de la communauté de la mort. Dans ce magnifique vers : « Va, mon ami, meurs à ton tour », Achille marque magistralement les limites de tout discours humain face à la mort inéluctable.

οἴσει δινήεις εἴσω ἁλὸς εὐρέα κόλπον·   125
θρῴσκων τις κατὰ κῦμα μέλαιναν φρῖχ' ὑπαΐξει
ἰχθύς, ὅς κε φάγῃσι Λυκάονος ἀργέτα δημόν.
Φθείρεσθ', εἰς ὅ κεν ἄστυ κιχείομεν Ἰλίου ἱρῆς,
ὑμεῖς μὲν φεύγοντες, ἐγὼ δ' ὄπιθεν κεραΐζων·
οὐδ' ὑμῖν ποταμός περ ἐύρροος ἀργυροδίνης   130
ἀρκέσει, ᾧ δὴ δηθὰ πολεῖς ἱερεύετε ταύρους,
ζωοὺς δ' ἐν δίνῃσι καθίετε μώνυχας ἵππους·
ἀλλὰ καὶ ὣς ὀλέεσθε κακὸν μόρον, εἰς ὅ κε πάντες
τίσετε Πατρόκλοιο φόνον καὶ λοιγὸν Ἀχαιῶν,
οὓς ἐπὶ νηυσὶ θοῇσιν ἐπέφνετε νόσφιν ἐμεῖο. »   135

    Ὣς ἄρ' ἔφη, ποταμὸς δὲ χολώσατο κηρόθι μᾶλλον,
ὅρμηνεν δ' ἀνὰ θυμὸν ὅπως παύσειε πόνοιο
δῖον Ἀχιλλῆα, Τρώεσσι δὲ λοιγὸν ἀλάλκοι.

    Τόφρα δὲ Πηλέος υἱὸς ἔχων δολιχόσκιον ἔγχος
Ἀστεροπαίῳ ἐπᾶλτο κατακτάμεναι μενεαίνων,   140
υἱέι Πηλεγόνος· τὸν δ' Ἀξιὸς εὐρυρέεθρος
γείνατο καὶ Περίβοια, Ἀκεσσαμενοῖο θυγατρῶν
πρεσβυτάτη· τῇ γάρ ῥα]μίγη ποταμὸς βαθυδίνης·
τῷ ῥ' Ἀχιλεὺς ἐπόρουσεν, ὁ δ' ἀντίος ἐκ ποταμοῖο
ἔστη ἔχων δύο δοῦρε· μένος δέ οἱ ἐν φρεσὶ θῆκε   145
Ξάνθος, ἐπεὶ κεχόλωτο δαϊ κταμένων αἰζηῶν,
τοὺς Ἀχιλεὺς ἐδάιζε κατὰ ῥόον οὐδ' ἐλέαιρεν.
Οἱ δ' ὅτε δὴ σχεδὸν ἦσαν ἐπ' ἀλλήλοισιν ἰόντες,
τὸν πρότερος προσέειπε ποδάρκης δῖος Ἀχιλλεύς·

    « Τίς πόθεν εἰς ἀνδρῶν, ὅ μευ ἔτλης ἀντίος ἐλθεῖν ;   150
δυστήνων δέ τε παῖδες ἐμῷ μένει ἀντιόωσι. »

portera dans le large sein de la mer ; et quelque poisson
alors, en bondissant au fil du flot, s'en viendra, sous le
noir frémissement de l'onde, dévorer la blanche graisse
de Lycaon !... Tous, à mort ! et cela jusqu'à l'heure où
nous aurons atteint la ville sainte d'Ilion – oui, tous, et,
autant que vous qui fuyez, moi qui me rue sur vos pas !
Et le beau fleuve aux tourbillons d'argent ne vous défen-
dra pas. Vous aurez eu beau lui immoler force taureaux
et jeter tout vivants dans ses tourbillons des chevaux aux
sabots massifs : vous n'en périrez pas moins d'une mort
cruelle, jusqu'à ce que, tous, vous ayez payé la mort de
Patrocle et le malheur des Achéens que vous avez tués
près des fines nefs, alors que j'étais loin d'eux. »

　　Il dit, et le fleuve en son cœur sent croître sa colère.
Il agite en son âme comment il pourra mettre fin à
l'œuvre du divin Achille et écarter le malheur des
Troyens.

　　Cependant le fils de Pélée, sa longue javeline au
poing, bondit, brûlant de le tuer, sur Astéropée, fils de
Pélégon – Pélégon que l'Axios au large cours engendra
avec Péribée, fille aînée d'Acessamène[9], à laquelle
s'était uni le fleuve aux tourbillons profonds. Achille
bondit sur lui. L'autre fait front : il sort du fleuve, deux
javelines à la main. Le Xanthe a mis la furie en son
cœur, dans le dépit qu'il éprouve pour les jouvenceaux
massacrés qu'Achille a sans pitié mis en pièces dans ses
ondes. Ils marchent l'un sur l'autre et entrent en contact.
Alors, le premier, le divin Achille aux pieds infatigables
dit :

　　« Qui es-tu donc, et d'où viens-tu, toi qui m'oses
affronter ? Malheur aux parents dont les fils viennent
affronter ma fureur ? »

　　9. L'Axios est un fleuve de Macédoine qui traverse la Péonie ;
cf. II, 849.

Τὸν δ' αὖ Πηλεγόνος προσεφώνεε φαίδιμος υἱός·
« Πηλείδη μεγάθυμε, τί ἦ γενεὴν ἐρεείνεις ;
εἴμ' ἐκ Παιονίης ἐριβώλου, τηλόθ' ἐούσης,
Παίονας ἄνδρας ἄγων δολιχεγχέας· ἦδε δέ μοι νῦν   155
ἠὼς ἑνδεκάτη, ὅτ' ἐς Ἴλιον εἰλήλουθα·
αὐτὰρ ἐμοὶ γενεὴ ἐξ Ἀξιοῦ εὐρὺ ῥέοντος,
Ἀξιοῦ, ὃς κάλλιστον ὕδωρ ἐπὶ γαῖαν ἵησιν,
ὃς τέκε Πηλεγόνα κλυτὸν ἔγχεϊ· τὸν δέ μέ φασι
γείνασθαι· νῦν αὖτε μαχώμεθα, φαίδιμ' Ἀχιλλεῦ. »   160
Ὣς φάτ' ἀπειλήσας, ὁ δ' ἀνέσχετο δῖος Ἀχιλλεὺς
Πηλιάδα μελίην· ὁ δ' ἁμαρτῇ δούρασιν ἀμφὶς
ἥρως Ἀστεροπαῖος, ἐπεὶ περιδέξιος ἦεν·
καὶ ῥ' ἑτέρῳ μὲν δουρὶ σάκος βάλεν, οὐδὲ διὰ πρὸ
ῥῆξε σάκος· χρυσὸς γὰρ ἐρύκακε, δῶρα θεοῖο·   165
τῷ δ' ἑτέρῳ μιν πῆχυν ἐπιγράβδην βάλε χειρὸς
δεξιτερῆς, σύτο δ' αἷμα κελαινεφές· ἡ δ' ὑπὲρ αὐτοῦ
γαίῃ ἐνεστήρικτο, λιλαιομένη χροὸς ἆσαι.
Δεύτερος αὖτ' Ἀχιλεὺς μελίην ἰθυπτίωνα
Ἀστεροπαίῳ ἐφῆκε κατακτάμεναι μενεαίνων·   170
καὶ τοῦ μέν ῥ' ἀφάμαρτεν, ὁ δ' ὑψηλὴν βάλεν ὄχθην,
μεσσοπαγὲς δ' ἄρ' ἔθηκε κατ' ὄχθης μείλινον ἔγχος.
Πηλείδης δ' ἄορ ὀξὺ ἐρυσσάμενος παρὰ μηροῦ
ἆλτ' ἐπί οἱ μεμαώς· ὁ δ' ἄρα μελίην Ἀχιλῆος
οὐ δύνατ' ἐκ κρημνοῖο ἐρύσσαι χειρὶ παχείῃ·   175
τρὶς μέν μιν πελέμιξεν ἐρύσσεσθαι μενεαίνων,
τρὶς δὲ μεθῆκε βίης· τὸ δὲ τέτρατον ἤθελε θυμῷ
ἄξαι ἐπιγνάμψας δόρυ μείλινον Αἰακίδαο,
ἀλλὰ πρὶν Ἀχιλεὺς σχεδὸν ἄορι θυμὸν ἀπηύρα·
γαστέρα γάρ μιν τύψε παρ' ὀμφαλόν, ἐκ δ' ἄρα πᾶσαι   180
χύντο χαμαὶ χολάδες· τὸν δὲ σκότος ὄσσε κάλυψεν
ἀσθμαίνοντ'· Ἀχιλεὺς δ' ἄρ' ἐνὶ στήθεσσιν ὀρούσας
τεύχεά τ' ἐξενάριξε καὶ εὐχόμενος ἔπος ηὔδα·

L'illustre fils de Pélégon à son tour réplique :

« Fils de Pélée magnanime, pourquoi me demander
quelle est ma naissance ? Je suis de la Péonie plantureuse – loin d'ici – et je mène les Péoniens aux longues
piques. Voici onze matins déjà que je suis à Ilion. Mon
origine remonte à l'Axios au large cours, l'Axios qui,
sur la terre, répand la plus belle des ondes et qui a
engendré Pélégon à la lance illustre ; et c'est de Pélégon,
dit-on, que je suis né. Et maintenant, au combat, illustre
Achille ! »

Ainsi parle-t-il menaçant. Le divin Achille lève sa
pique en bois du Pélion, et le héros Astéropée ses deux
javelines ensemble – car il sait tirer des deux bras. L'une
s'en va frapper le bouclier, mais sans le rompre : l'or,
présent du dieu, l'arrête. L'autre touche et égratigne le
coude du bras droit ; elle en fait gicler le sang noir, puis
va, par delà le héros, se planter dans le sol, malgré l'envie qui la possède de se repaître de sa chair. Achille, à
son tour, sur Astéropée lâche sa pique au vol bien droit.
Il brûle de le tuer. Mais il le manque et touche la haute
falaise : c'est en pleine falaise qu'il a mis sa pique de
frêne. Le Péléide alors tire l'épée aiguë qui pend le long
de sa cuisse et bondit, furieux, sur Astéropée. Et celui-ci
n'arrive pas à arracher à l'abrupte paroi, de sa forte
main, la pique d'Achille ! Trois fois il l'a ébranlée, car il
veut à tout prix l'en tirer ; et trois fois il a dû relâcher son
effort. La quatrième fois, il voudrait en son cœur la
ployer, la briser, cette pique de frêne du petit-fils
d'Éaque ; mais Achille est déjà près de lui et, de son
épée, lui arrache la vie. Il le frappe au ventre, à côté du
nombril. Toutes ses entrailles s'épandent à terre ;
l'ombre recouvre ses yeux d'agonisant. Achille alors
bondit sur sa poitrine, le dépouille de ses armes et,
triomphant, dit :

« Κεῖσ᾽ οὕτως· χαλεπόν τοι ἐρισθενέος Κρονίωνος
παισὶν ἐριζέμεναι ποταμοῖό περ ἐκγεγαῶτι.   185
Φῆσθα σὺ μὲν ποταμοῦ γένος ἔμμεναι εὐρὺ ῥέοντος,
αὐτὰρ ἐγὼ γενεὴν μεγάλου Διὸς εὔχομαι εἶναι·
τίκτέ μ᾽ ἀνὴρ πολλοῖσιν ἀνάσσων Μυρμιδόνεσσι,
Πηλεὺς Αἰακίδης· ὁ δ᾽ ἄρ᾽ Αἰακὸς ἐκ Διὸς ἦεν·
τῷ κρείσσων μὲν Ζεὺς ποταμῶν ἁλιμυρηέντων,   190
κρείσσων δ᾽ αὖτε Διὸς γενεὴ ποταμοῖο τέτυκται.
Καὶ γὰρ σοὶ ποταμός γε πάρα μέγας, εἰ δύναταί τι
χραισμεῖν· ἀλλ᾽ οὐκ ἔστι Διὶ Κρονίωνι μάχεσθαι,
τῷ οὐδὲ κρείων Ἀχελώιος ἰσοφαρίζει,
οὐδὲ βαθυρρείταο μέγα σθένος Ὠκεανοῖο,   195
ἐξ οὗ περ πάντες ποταμοὶ καὶ πᾶσα θάλασσα
καὶ πᾶσαι κρῆναι καὶ φρείατα μακρὰ νάουσιν·
ἀλλὰ καὶ ὃς δείδοικε Διὸς μεγάλοιο κεραυνὸν
δεινήν τε βροντήν, ὅτ᾽ ἀπ᾽ οὐρανόθεν σμαραγήσῃ. »
Ἦ ῥα, καὶ ἐκ κρημνοῖο ἐρύσσατο χάλκεον ἔγχος,   200
τὸν δὲ κατ᾽ αὐτόθι λεῖπεν, ἐπεὶ φίλον ἦτορ ἀπηύρα,
κείμενον ἐν ψαμάθοισι, δίαινε δέ μιν μέλαν ὕδωρ.
Τὸν μὲν ἄρ᾽ ἐγχέλυές τε καὶ ἰχθύες ἀμφεπένοντο,
δημὸν ἐρεπτόμενοι ἐπινεφρίδιον κείροντες·
αὐτὰρ ὁ βῆ δ᾽ ἰέναι μετὰ Παίονας ἱπποκορυστάς,   205
οἳ δ᾽ ἔτι πὰρ ποταμὸν πεφοβήατο δινήεντα,
ὡς εἶδον τὸν ἄριστον ἐνὶ κρατερῇ ὑσμίνῃ
χέρσ᾽ ὕπο Πηλείδαο καὶ ἄορι ἶφι δαμέντα.
Ἔνθ᾽ ἕλε Θερσίλοχόν τε Μύδωνά τε Ἀστύπυλόν τε
Μνῆσόν τε Θρασίον τε καὶ Αἴνιον ἠδ᾽ Ὀφελέστην·   210
καὶ νύ κ᾽ ἔτι πλέονας κτάνε Παίονας ὠκὺς Ἀχιλλεύς,
εἰ μὴ χωσάμενος προσέφη ποταμὸς βαθυδίνης,
ἀνέρι εἰσάμενος, βαθέης δ᾽ ἐκφθέγξατο δίνης·

« Reste étendu là. Il est dangereux, fût-on né d'un fleuve, de lutter avec des fils du Cronide tout-puissant. Tu prétendais que tu avais pour père un fleuve au large cours : je me flatte, moi, de sortir du grand Zeus. L'homme qui m'engendra commande aux Myrmidons innombrables ; c'est Pélée l'Éacide. Or, Éaque était fils de Zeus. Autant Zeus l'emporte sur les fleuves coulant à la mer, autant sa descendance l'emporte sur celle d'un fleuve. Tu as près de toi un grand fleuve : vois donc s'il peut te prêter aide !... Non, il n'est pas possible de lutter contre Zeus, le fils de Cronos. À Zeus ne se comparent ni le royal Achélôos[10], ni même la force puissante d'Océan aux eaux profondes, d'où sortent tous les fleuves, toute la mer, toutes les sources et tous les puits profonds ; Océan lui-même craint la foudre du grand Zeus et son terrible tonnerre, quand il éclate au haut des cieux. »

Il dit, et de la falaise il arrache sa pique de bronze. Pour Astéropée, après lui avoir enlevé la vie, il le laisse là, couché sur le sable, trempé par l'eau noire. Autour de lui, anguilles et poissons s'occupent à le déchirer et à ronger la graisse enveloppant ses reins, tandis qu'Achille, lui, repart en chasse des Péoniens aux bons chars de combat. Ils sont toujours en fuite sur la rive du fleuve tourbillonnant, depuis l'instant où ils ont vu le plus brave d'entre eux violemment abattu dans la mêlée brutale par les bras et l'épée du fils de Pélée. Alors il fait sa proie de Thersiloque, Mydon et Astypyle, – de Mnèse, Thrasios, Ænios, Ophéleste. Et il eût encore, le rapide Achille, tué bien d'autres Péoniens, si, courroucé, le fleuve aux tourbillons profonds ne lui eût parlé, sous les traits d'un homme, et n'eût fait entendre sa voix du fond de son tourbillon :

10. L'allusion porte ici sur l'Achélôos, le fleuve le plus renommé de la Grèce septentrionale. Son nom était employé comme un nom commun pour désigner n'importe quelle eau.

« Ὦ Ἀχιλεῦ, περὶ μὲν κρατέεις, περὶ δ᾽ αἴσυλα ῥέζεις
ἀνδρῶν· αἰεὶ γάρ τοι ἀμύνουσιν θεοὶ αὐτοί.   215
Εἴ τοι Τρῶας ἔδωκε Κρόνου παῖς πάντας ὀλέσσαι,
ἐξ ἐμέθεν γ᾽ ἐλάσας πεδίον κάτα μέρμερα ῥέζε·
πλήθει γὰρ δή μοι νεκύων ἐρατεινὰ ῥέεθρα,
οὐδέ τί πη δύναμαι προχέειν ῥόον εἰς ἅλα δῖαν
στεινόμενος νεκύεσσι, σὺ δὲ κτείνεις ἀιδήλως·   220
ἀλλ᾽ ἄγε δὴ καὶ ἔασον· ἄγη μ᾽ ἔχει, ὄρχαμε λαῶν. »

    Τὸν δ᾽ ἀπαμειβόμενος προσέφη πόδας ὠκὺς Ἀχιλλεύς·
« Ἔσται ταῦτα, Σκάμανδρε διοτρεφές, ὡς σὺ κελεύεις.
Τρῶας δ᾽ οὐ πρὶν λήξω ὑπερφιάλους ἐναρίζων,
πρὶν ἔλσαι κατὰ ἄστυ καὶ Ἕκτορι πειρηθῆναι   225
ἀντιβίην, ἤ κέν με δαμάσσεται, ἦ κεν ἐγὼ τόν. »

    Ὣς εἰπὼν Τρώεσσιν ἐπέσσυτο δαίμονι ἶσος·
καὶ τότ᾽ Ἀπόλλωνα προσέφη ποταμὸς βαθυδίνης·
« Ὦ πόποι, Ἀργυρότοξε, Διὸς τέκος, οὐ σύ γε βουλὰς
εἰρύσαο Κρονίωνος, ὅ τοι μάλα πόλλ᾽ ἐπέτελλε   230
Τρωσὶ παρεστάμεναι καὶ ἀμύνειν, εἰς ὅ κεν ἔλθῃ
δείελος ὀψὲ δύων, σκιάσῃ δ᾽ ἐρίβωλον ἄρουραν. »

    Ἦ, καὶ Ἀχιλλεὺς μὲν δουρὶ κλυτὸς ἔνθορε μέσσῳ
κρημνοῦ ἀπαΐξας· ὁ δ᾽ ἐπέσσυτο οἴδματι θυίων,
πάντα δ᾽ ὄρινε ῥέεθρα κυκώμενος, ὦσε δὲ νεκροὺς   235
πολλούς, οἵ ῥα κατ᾽ αὐτὸν ἔσαν ἅλις, οὓς κτάν᾽ Ἀχιλλεύς·
τοὺς ἔκβαλλε θύραζε, μεμυκὼς ἠύτε ταῦρος,
χέρσον δέ· ζωοὺς δὲ σάω κατὰ καλὰ ῥέεθρα,
κρύπτων ἐν δίνῃσι βαθείῃσιν μεγάλῃσι.
Δεινὸν δ᾽ ἀμφ᾽ Ἀχιλῆα κυκώμενον ἵστατο κῦμα,   240
ὦθει δ᾽ ἐν σάκεϊ πίπτων ῥόος· οὐδὲ πόδεσσιν

« Achille, tu l'emportes sur tous les humains par ta force, mais aussi par tes méfaits. Tu as toujours des dieux prêts à t'assister d'eux-mêmes. Si le fils de Cronos t'accorde d'anéantir tous les Troyens, du moins chasse-les loin de moi dans la plaine, avant de te livrer à ces atrocités. Mes aimables ondes déjà sont pleines de cadavres, et je ne puis plus déverser mon flot à la mer divine, tant les morts l'encombrent ; et toi, tu vas toujours tuant, exterminant !… Cette fois, finis ! tu me fais horreur, commandeur de guerriers. »

Achille aux pieds rapides en réponse lui dit :

« Il sera fait comme tu le demandes, Scamandre divin. Je ne cesserai pas pourtant de massacrer les Troyens arrogants, jusqu'à l'heure où je les aurai acculés dans leur ville et où j'aurai, face à face avec Hector, tenté de savoir si c'est lui qui me doit dompter, ou moi lui. »

Il dit, et il se lance à l'assaut des Troyens, pareil à un dieu. Le fleuve aux tourbillons profonds alors s'adresse à Apollon :

« Las ! dieu à l'arc d'argent, fils de Zeus, te refuses-tu donc à observer les volontés de Zeus, qui t'a si instamment commandé de défendre et d'assister les Troyens, jusqu'à l'heure tardive où le soir viendra se coucher et couvrira d'ombre la glèbe fertile ? »

Il dit. Cependant Achille, l'illustre guerrier, de la berge abrupte, saute et se lance en plein fleuve. Mais le fleuve, pour l'assaillir, se gonfle, furieux. Il émeut toutes ses ondes, qui se troublent ; il repousse les morts innombrables, victimes d'Achille, qui pullulent dans son lit ; il les jette au dehors, sur le sol, en mugissant comme un taureau. Les vivants qu'il trouve dans ses belles eaux, il les sauve au contraire, il les dissimule au fond de ses tourbillons immenses. Terrible, un flot trouble se lève autour d'Achille : le courant se précipite sur son bouclier

εἶχε στηρίξασθαι· ὃ δὲ πτελέην ἕλε χερσὶν
εὐφυέα μεγάλην· ἣ δ' ἐκ ῥιζῶν ἐριποῦσα
κρημνὸν ἅπαντα διῶσεν, ἐπέσχε δὲ καλὰ ῥέεθρα
ὄζοισιν πυκινοῖσι, γεφύρωσεν δέ μιν αὐτὸν   245
εἴσω πᾶσ' ἐριποῦσ'· ὃ δ' ἄρ' ἐκ δίνης ἀνορούσας
ἤιξεν πεδίοιο ποσὶ κραιπνοῖσι πέτεσθαι,
δείσας· οὐδέ τ' ἔληγε θεὸς μέγας, ὦρτο δ' ἐπ' αὐτῷ
ἀκροκελαινιόων, ἵνα μιν παύσειε πόνοιο
δῖον Ἀχιλλῆα, Τρώεσσι δὲ λοιγὸν ἀλάλκοι.   250
Πηλεΐδης δ' ἀπόρουσεν ὅσον τ' ἐπὶ δουρὸς ἐρωή,
αἰετοῦ οἴματ' ἔχων μέλανος, τοῦ θηρητῆρος,
ὅς θ' ἅμα κάρτιστός τε καὶ ὤκιστος πετεηνῶν·
τῷ ἐικὼς ἤιξεν, ἐπὶ στήθεσσι δὲ χαλκὸς
σμερδαλέον κονάβιζεν· ὕπαιθα δὲ τοῖο λιασθεὶς   255
φεῦγ', ὃ δ' ὄπισθε ῥέων ἕπετο μεγάλῳ ὀρυμαγδῷ.
Ὡς δ' ὅτ' ἀνὴρ ὀχετηγὸς ἀπὸ κρήνης μελανύδρου
ἂμ φυτὰ καὶ κήπους ὕδατι ῥόον ἡγεμονεύῃ
χερσὶ μάκελλαν ἔχων, ἀμάρης ἐξ ἔχματα βάλλων·
τοῦ μέν τε προρέοντος ὑπὸ ψηφῖδες ἅπασαι   260
ὀχλεῦνται· τὸ δέ τ' ὦκα κατειβόμενον κελαρύζει
χώρῳ ἐνὶ προαλεῖ, φθάνει δέ τε καὶ τὸν ἄγοντα·
ὣς αἰεὶ Ἀχιλῆα κιχήσατο κῦμα ῥόοιο
καὶ λαιψηρὸν ἐόντα· θεοὶ δέ τε φέρτεροι ἀνδρῶν.
Ὁσσάκι δ' ὁρμήσειε ποδάρκης δῖος Ἀχιλλεὺς   265
στῆναι ἐναντίβιον καὶ γνώμεναι εἴ μιν ἅπαντες
ἀθάνατοι φοβέουσι, τοὶ οὐρανὸν εὐρὺν ἔχουσι,
τοσσάκι μιν μέγα κῦμα διιπετέος ποταμοῖο
πλάζ' ὤμους καθύπερθεν· ὃ δ' ὑψόσε ποσσὶν ἐπήδα
θυμῷ ἀνιάζων· ποταμὸς δ' ὑπὸ γούνατ' ἐδάμνα   270
λάβρος ὕπαιθα ῥέων, κονίην δ' ὑπέρεπτε ποδοῖιν·
Πηλεΐδης δ' ᾤμωξεν ἰδὼν εἰς οὐρανὸν εὐρύν·

et tâche à le repousser. Et le héros ne peut pas davantage s'assurer sur ses pieds ! Ses mains alors empoignent
un grand et bel ormeau, qui s'écroule, déraciné, emportant toute la berge et qui, de ses branches serrées, arrête
le beau cours des eaux. En s'écroulant tout entier dans le
fleuve, il a jeté un pont sur lui. Achille, grâce à lui, sort
du tourbillon et s'élance à travers la plaine, volant de ses
pieds rapides, pris de peur. Mais le puissant dieu ne s'en
tient pas là ; il s'élance sur lui, avec sa crête noire : il
entend mettre fin à l'œuvre du divin Achille et écarter le
malheur des Troyens. Le Péléide s'éloigne, en un seul
bond, d'une portée de lance. Il a l'élan de l'aigle noir,
l'aigle chasseur, le plus fort ensemble et le plus vite des
oiseaux. Il bondit tout pareillement ; et, autour de sa poitrine, le bronze résonne, terrible, tandis qu'il se dérobe,
prend du champ et fuit. Mais le Xanthe, à grands flots,
le suit par derrière, dans un tumulte effroyable. Qui n'a
vu un homme tracer des rigoles partant d'une source
sombre, pour guider le cours de l'eau à travers plants et
jardins ? Un hoyau à la main, il fait sauter ce qui obstrue
chaque canal. L'eau alors se précipite, roulant en masse
les cailloux, et vivement s'écoule, murmurante, sur la
pente du terrain, dépassant même celui qui la conduit.
De même, à chaque instant, le flux atteint Achille, si
prompt qu'il puisse être : les dieux sont plus forts que les
hommes ! À chaque fois, le divin Achille aux pieds infatigables songe à se retourner et à faire front ; il voudrait
voir si ce ne sont pas tous les Immortels, maîtres du
vaste ciel, qui sont lancés à sa poursuite : à chaque fois,
le flux puissant du fleuve tombé du ciel déferle sur ses
épaules, et Achille aussitôt, d'un appel de pied, bondit
plus haut, l'âme en peine. Mais, par-dessous également,
le fleuve dompte ses genoux, en affluant, violent, au-
dessous d'eux, et en dévorant le sol poudreux sous ses
pieds. Le Péléide alors gémit, les yeux tournés au vaste
ciel :

α Ζεῦ πάτερ, ὡς οὔ τίς με θεῶν ἐλεεινὸν ὑπέστη
ἐκ ποταμοῖο. σαῶσαι· ἔπειτα δὲ καί τι πάθοιμι.
Ἄλλος δ' οὔ τίς μοι τόσον αἴτιος Οὐρανιώνων,   275
ἀλλὰ φίλη μήτηρ, ἥ με ψεύδεσσιν ἔθελγεν·
ἥ μ' ἔφατο Τρώων ὑπὸ τείχει θωρηκτάων
λαιψηροῖς ὀλέεσθαι Ἀπόλλωνος βελέεσσιν.
Ὥς μ' ὄφελ' Ἕκτωρ κτεῖναι, ὃς ἐνθάδε γ' ἔτραφ' ἄριστος·
τῶ κ' ἀγαθὸς μὲν ἔπεφν', ἀγαθὸν δέ κεν ἐξενάριξε·   280
νῦν δέ με λευγαλέῳ θανάτῳ εἵμαρτο ἁλῶναι
ἐρχθέντ' ἐν μεγάλῳ ποταμῷ, ὡς παῖδα συφορβόν,
ὃν ῥά τ' ἔναυλος ἀποέρσῃ χειμῶνι περῶντα. »

Ὥς φάτο, τῷ δὲ μάλ' ὦκα Ποσειδάων καὶ Ἀθήνη
στήτην ἐγγὺς ἰόντε, δέμας δ' ἄνδρεσσιν ἔϊκτην,   285
χειρὶ δὲ χεῖρα λαβόντες ἐπιστώσαντ' ἐπέεσσι·
τοῖσι δὲ μύθων ἦρχε Ποσειδάων ἐνοσίχθων·

« Πηλείδη, μήτ' ἄρ τι λίην τρέε μήτέ τι τάρβει·
τοίω γάρ τοι νῶι θεῶν ἐπιταρρόθω εἰμέν,
Ζηνὸς ἐπαινήσαντος, ἐγὼ καὶ Παλλὰς Ἀθήνη·   290
ὡς οὔ τοι ποταμῷ γε δαμήμεναι αἴσιμόν ἐστιν,
ἀλλ' ὅδε μὲν τάχα λωφήσει, σὺ δὲ εἴσεαι αὐτός·
αὐτάρ τοι πυκινῶς ὑποθησόμεθ', αἴ κε πίθηαι·
μὴ πρὶν παύειν χεῖρας ὁμοιίου πτολέμοιο,
πρὶν κατὰ Ἰλιόφι κλυτὰ τείχεα λαὸν ἐέλσαι   295
Τρωικόν, ὃς κε φύγῃσι· σὺ δ' Ἕκτορι θυμὸν ἀπούρας
ἂψ ἐπὶ νῆας ἴμεν· δίδομεν δέ τοι εὖχος ἀρέσθαι. »

Τὼ μὲν ἄρ' ὣς εἰπόντε μετ' ἀθανάτους ἀπεβήτην·
αὐτὰρ ὁ βῆ, μέγα γάρ ῥα θεῶν ὤτρυνεν ἐφετμή,
ἐς πεδίον· τὸ δὲ πᾶν πλῆθ' ὕδατος ἐκχυμένοιο,   300
πολλὰ δὲ τεύχεα καλὰ δαῒ κταμένων αἰζηῶν
πλῶον καὶ νέκυες· τοῦ δ' ὑψόσε γούνατ' ἐπήδα

« Ah ! Zeus Père ! se peut-il que nul dieu n'ait le cœur de sauver de ce fleuve le malheureux que je suis ? Eh bien ! arrive que pourra ! Mais nul des dieux, issus de Ciel, ici n'est coupable. Ma mère l'est seule, qui m'a endormi avec ses mensonges. Elle prétendait que je périrais sous les murs des Troyens belliqueux, victime des flèches rapides d'Apollon ! Ah ! pourquoi n'est-ce pas plutôt Hector qui m'a tué, lui qui a grandi ici le meilleur de tous ? C'eût été alors un brave qui m'eût tué, et il eût dépouillé un brave. Tandis qu'en fait, mon destin, je le vois, est de périr ici, d'une mort atroce, proie d'un fleuve effrayant, ainsi qu'un jeune porcher entraîné par le torrent qu'il passait un jour d'orage. »

Il dit, et Poseidon et Athéné vite s'en viennent près de lui, sous forme de mortels. Leurs mains prennent sa main ; leurs paroles l'assurent de leur foi. Poseidon, ébranleur du sol, le premier lui dit :

« Fils de Pélée, n'aie pas trop de crainte ou de tremblement. Songe quels dieux tu as là, pour te prêter aide, Pallas Athéné et moi, — et cela de l'aveu de Zeus. Non, ton destin n'est pas de périr dans le fleuve. Celui-ci ne va pas tarder à se calmer : tu vas l'apprendre par toi-même. Mais nous te donnerons, si tu veux nous en croire, un sage conseil. Dans le combat qui n'épargne personne, n'arrête pas tes coups, avant d'avoir forcé l'armée troyenne – ce qui en restera – à rallier les murs illustres d'Ilion. Puis tu arracheras la vie à Hector, avant de revenir aux nefs. Nous t'accordons de conquérir la gloire. »

Ils disent, et tous deux s'en retournent vers les Immortels. Achille, lui, va vers la plaine : l'avis reçu des dieux puissamment le stimule. La plaine est toute couverte de l'eau qui y a débordé. On y voit par centaines flotter de belles armes de jeunes guerriers massacrés, et autant de cadavres. Pour lutter avec le flux, on voit sau-

πρὸς ῥόον ἀίσσοντος ἀν' ἰθύν, οὐδέ μιν ἔσχεν
εὐρὺ ῥέων ποταμός· μέγα γὰρ σθένος ἔμβαλ' Ἀθήνη.
Οὐδὲ Σκάμανδρος ἔληγε τὸ ὃν μένος, ἀλλ' ἔτι μᾶλλον   3ο5
χώετο Πηλείωνι, κόρυσσε δὲ κῦμα ῥόοιο
ὑψόσ' ἀειρόμενος, Σιμόεντι δὲ κέκλετ' ἀύσας·

« Φίλε κασίγνητε, σθένος ἀνέρος ἀμφότεροί περ
σχῶμεν, ἐπεὶ τάχα ἄστυ μέγα Πριάμοιο ἄνακτος
ἐκπέρσει, Τρῶες δὲ κατὰ μόθον οὐ μενέουσιν.   31ο
Ἀλλ' ἐπάμυνε τάχιστα, καὶ ἐμπίπληθι ῥέεθρα
ὕδατος ἐκ πηγέων, πάντας δ' ὀρόθυνον ἐναύλους,
ἵστη δὲ μέγα κῦμα, πολὺν δ' ὀρυμαγδὸν ὄρινε
φιτρῶν καὶ λάων, ἵνα παύσομεν ἄγριον ἄνδρα,
ὃς δὴ νῦν κρατέει, μέμονεν δ' ὅ γε ἶσα θεοῖσι.   315
Φημὶ γὰρ οὔτε βίην χραισμησέμεν οὔτέ τι εἶδος,
οὔτε τὰ τεύχεα καλά, τά που μάλα νειόθι λίμνης
κείσεθ' ὑπ' ἰλύος κεκαλυμμένα· κὰδ δέ μιν αὐτὸν
εἰλύσω ψαμάθοισιν ἅλις χέραδος περιχεύας
μυρίον, οὐδέ οἱ ὀστέ' ἐπιστήσονται Ἀχαιοὶ   32ο
ἀλλέξαι· τόσσην οἱ ἄσιν καθύπερθε καλύψω·
αὐτοῦ οἱ καὶ σῆμα τετεύξεται, οὐδέ τί μιν χρεὼ
ἔσται τυμβοχόης, ὅτε μιν θάπτωσιν Ἀχαιοί. »

Ἦ, καὶ ἐπῶρτ' Ἀχιλῆι κυκώμενος, ὑψόσε θυίων,
μορμύρων ἀφρῷ τε καὶ αἵματι καὶ νεκύεσσι·   325
πορφύρεον δ' ἄρα κῦμα διιπετέος ποταμοῖο
ἵστατ' ἀειρόμενον, κατὰ δ' ᾕρεε Πηλείωνα·
Ἥρη δὲ μέγ' ἄυσε περιδδείσασ' Ἀχιλῆι,

ter haut les genoux d'Achille, tandis qu'il suit sa route
en bondissant. Le fleuve au large cours ne l'arrête plus :
Athéné en lui a mis une force immense. Mais le
Scamandre ne suspend pas davantage son élan ; sa colère ne fait que croître contre le fils de Pélée ; il soulève,
il dresse bien haut le flux de ses ondes et, en criant, il
lance un appel au Simoïs :

« Mon bon frère, joignons-nous l'un à l'autre, pour
contenir la force de cet homme, puisqu'il doit bientôt
détruire la grande ville de sire Priam et que les Troyens
ne vont plus tenir au combat. Vite, à la rescousse ! remplis ton lit d'eau des sources ; soulève tous les torrents ;
dresse une immense houle ; suscite un grand fracas de
bois, de pierres. Nous arrêterons ainsi ce guerrier sauvage, qui, pour l'instant, triomphe et montre la fureur
d'un dieu. Je prétends que sa force ne lui serve de rien,
ni sa beauté, ni ses armes superbes, qui, bientôt, repose-
ront tout au fond d'un marécage, recouvertes par un
limon. Lui, je le roulerai dans un sable épais, je le cou-
vrirai de galets par milliers, si bien que les Achéens ne
sauront même plus où recueillir ses os, tant je l'aurai
enfoui dans la boue. Là sera son tombeau ; plus ne sera
besoin de répandre sur lui de terre, le jour où les
Achéens célébreront ses funérailles[11]. »

Il dit et bondit sur Achille, avec son flot trouble, sou-
levé par la fureur, dans un grondement d'écume, de
sang, de cadavres. La houle bouillonnante du fleuve
tombé du ciel est là, qui se soulève et monte et cherche
à écraser le Péléide. Héré pousse un grand cri. Elle a pris

11. L'édification d'un tombeau et d'une stèle *(sêma)*, qui rappelle
les exploits du héros tombé en pleine vaillance, est une des compo-
santes essentielles de l'idéal héroïque. En ce sens, les menaces du
Scamandre représentent l'horreur absolue : livré cru aux poissons,
morcellé, sans « corps funéraire » localisé, le mort est alors perdu pour
la mémoire des hommes. Sur tout cela, voir Vernant, 1989, p. 66-79.

μή μιν ἀποέρσειε μέγας ποταμὸς βαθυδίνης,
αὐτίκα δ' Ἥφαιστον προσεφώνεεν, ὃν φίλον υἱόν·   330
    « Ὄρσεο, Κυλλοπόδιον, ἐμὸν τέκος· ἄντα σέθεν γὰρ
Ξάνθον δινήεντα μάχῃ ἠΐσκομεν εἶναι·
ἀλλ' ἐπάμυνε τάχιστα, πιφαύσκεο δὲ φλόγα πολλήν·
αὐτὰρ ἐγὼ Ζεφύροιο καὶ ἀργεστᾶο Νότοιο
εἴσομαι ἐξ ἁλόθεν χαλεπὴν ὄρσουσα θύελλαν,   335
ἥ κεν ἀπὸ Τρώων κεφαλὰς καὶ τεύχεα κήαι,
φλέγμα κακὸν φορέουσα· σὺ δὲ Ξάνθοιο παρ' ὄχθας
δένδρεα καῖ', ἐν δ' αὐτὸν ἵει πυρί· μηδέ σε πάμπαν
μειλιχίοις ἐπέεσσιν ἀποτρεπέτω καὶ ἀρειῇ·
μηδὲ πρὶν ἀπόπαυε τεὸν μένος, ἀλλ' ὁπότ' ἂν δὴ   340
φθέγξομ' ἐγὼν ἰάχουσα, τότε σχεῖν ἀκάματον πῦρ. »
    Ὣς ἔφαθ', Ἥφαιστος δὲ τιτύσκετο θεσπιδαὲς πῦρ.
Πρῶτα μὲν ἐν πεδίῳ πῦρ δαίετο, καῖε δὲ νεκροὺς
πολλούς, οἵ ῥα κατ' αὐτὸν ἅλις ἔσαν, οὓς κτάν' Ἀχιλλεύς·
πᾶν δ' ἐξηράνθη πεδίον, σχέτο δ' ἀγλαὸν ὕδωρ.   345
Ὡς δ' ὅτ' ὀπωρινὸς Βορέης νεοαρδέ' ἀλωὴν
αἶψ' ἀνξηράνῃ· χαίρει δέ μιν ὅς τις ἐθείρῃ·
ὣς ἐξηράνθη πεδίον πᾶν, κὰδ δ' ἄρα νεκροὺς
κῆεν· ὁ δ' ἐς ποταμὸν τρέψε φλόγα παμφανόωσαν.
Καίοντο πτελέαι καὶ ἰτέαι ἠδὲ μυρῖκαι,   350
καίετο δὲ λωτός τε ἰδὲ θρύον ἠδὲ κύπειρον,
τὰ περὶ καλὰ ῥέεθρα ἅλις ποταμοῖο πεφύκει·
τείροντ' ἐγχέλυές τε καὶ ἰχθύες οἳ κατὰ δίνας,
οἳ κατὰ καλὰ ῥέεθρα κυβίστων ἔνθα καὶ ἔνθα
πνοιῇ τειρόμενοι πολυμήτιος Ἡφαίστοιο·   355
καίετο δ' ἲς ποταμοῖο ἔπος τ' ἔφατ' ἔκ τ' ὀνόμαζεν·
    « Ἥφαιστ', οὔ τις σοί γε θεῶν δύνατ' ἀντιφερίζειν,
οὐδ' ἂν ἐγὼ σοί γ' ὧδε πυρὶ φλεγέθοντι μαχοίμην·
λῆγ' ἔριδος, Τρῶας δὲ καὶ αὐτίκα δῖος Ἀχιλεὺς

peur pour Achille ; le puissant fleuve aux tourbillons
profonds ne va-t-il pas l'enlever ? Vite, elle s'adresse à
son fils Héphæstos :

« Debout ! Bancal, mon fils : le Xanthe tourbillonnant m'a toujours semblé un adversaire fait pour toi.
Vite, à la rescousse ! déploie largement ta flamme. Moi,
j'irai soulever du côté de la mer une dure bourrasque de
Zéphyr et de blanc Notos, qui brûlera les armes et les
corps des Troyens, en portant parmi eux le funeste
incendie. Le long des berges du Xanthe, toi, brûle les
arbres, et livre-le lui-même au feu, sans te laisser distraire par des mots apaisants ni par des menaces. Va,
ne suspends pas ton élan, avant que je ne t'aie fait entendre ma voix. Alors seulement, tu arrêteras la flamme
vivace. »

Elle dit ; Héphæstos prépare un prodigieux incendie.
C'est dans la plaine qu'il s'allume d'abord. Il brûle les
morts innombrables, victimes d'Achille, qui encombrent
le fleuve. Toute la plaine est asséchée, l'eau brillante
suspend son cours. On voit, à l'arrière-saison, Borée
soudain assécher un verger arrosé l'instant d'avant, pour
la plus grande joie de ceux qui le cultivent. De même la
plaine est toute asséchée, le feu a brûlé les cadavres. Il
tourne alors vers le fleuve sa flamme resplendissante.
Voici les ormeaux qui brûlent, et les saules, et les tamaris ; le lôtos brûle aussi, et le jonc, et le souchet, qui ont
poussé en abondance le long des belles eaux du fleuve.
Les anguilles sont au tourment, et tous les poissons.
Dans les tourbillons, dans les belles eaux courantes, ils
culbutent en tout sens, tourmentés par le souffle de l'in-
génieux Héphæstos. La force du fleuve brûle ! Alors, il
parle à Héphæstos en l'appelant de tous ses noms :

« Héphæstos, il n'est pas de dieu capable de se mesurer avec toi, et ce n'est pas moi, qui te puis combattre,
quand ton feu flambe de la sorte. Va, cesse la lutte. Que

ἄστεος ἐξελάσειε· τί μοι ἔριδος καὶ ἀρωγῆς ; »   360
    Φῆ πυρὶ καιόμενος, ἀνὰ δ' ἔφλυε καλὰ ῥέεθρα·
Ὡς δὲ λέβης ζεῖ ἔνδον ἐπειγόμενος πυρὶ πολλῷ,
κνίσην μελδόμενος ἁπαλοτρεφέος σιάλοιο,
πάντοθεν ἀμβολάδην, ὑπὸ δὲ ξύλα κάγκανα κεῖται,
ὣς τοῦ καλὰ ῥέεθρα πυρὶ φλέγετο, ζέε δ' ὕδωρ·   365
οὐδ' ἔθελε προρέειν, ἀλλ', ἴσχετο· τεῖρε δ' ἀυτμὴ
Ἡφαίστοιο βίηφι πολύφρονος·   αὐτὰρ ὅ γ' Ἥρην
πολλὰ λισσόμενος ἔπεα πτερόεντα προσηύδα·
    « Ἥρη, τίπτε σὸς υἱὸς ἐμὸν ῥόον ἔχραε κήδειν
ἐξ ἄλλων ; οὐ μέν τοι ἐγὼ τόσον αἴτιός εἰμι,   370
ὅσσον οἱ ἄλλοι πάντες, ὅσοι Τρώεσσιν ἀρωγοί.
Ἀλλ' ἤτοι μὲν ἐγὼν ἀποπαύσομαι, εἰ σὺ κελεύεις,
παυέσθω δὲ καὶ οὗτος· ἐγὼ δ' ἐπὶ καὶ τόδ' ὀμοῦμαι,
μή ποτ' ἐπὶ Τρώεσσιν ἀλεξήσειν κακὸν ἦμαρ,
μηδ' ὁπότ' ἂν Τροίη μαλερῷ πυρὶ πᾶσα δάηται   375
καιομένη, καίωσι δ' ἀρήιοι υἷες Ἀχαιῶν. »
    Αὐτὰρ ἐπεὶ τό γ' ἄκουσε θεὰ λευκώλενος Ἥρη,
αὐτίκ' ἄρ' Ἥφαιστον προσεφώνεεν, ὃν φίλον υἱόν·
    « Ἥφαιστε, σχέο, τέκνον ἀγακλεές· οὐ γὰρ ἔοικεν
ἀθάνατον θεὸν ὧδε βροτῶν ἕνεκα στυφελίζειν. »   380
    Ὣς ἔφαθ', Ἥφαιστος δὲ κατέσβεσε θεσπιδαὲς πῦρ,
ἄψορρον δ' ἄρα κῦμα κατέσσυτο καλὰ ῥέεθρα.
    Αὐτὰρ ἐπεὶ Ξάνθοιο δάμη μένος, οἱ μὲν ἔπειτα
παυσάσθην· Ἥρη γὰρ ἐρύκακε χωομένη περ·
ἐν δ' ἄλλοισι θεοῖσιν ἔρις πέσε βεβριθυῖα   385
ἀργαλέη, δίχα δέ σφιν ἐνὶ φρεσὶ θυμὸς ἄητο·
σὺν δ' ἔπεσον μεγάλῳ πατάγῳ, βράχε δ' εὐρεῖα χθών,
ἀμφὶ δὲ σάλπιγξεν μέγας οὐρανός. Ἄιε δὲ Ζεὺς

le divin Achille bannisse aujourd'hui même les Troyens
de leur ville : pourquoi irais-je batailler et me porter à
leur secours ? »

Ainsi parle-t-il, brûlé par le feu. Des bulles jaillissent
sur ses belles eaux. Comme bout l'intérieur d'une bassi-
ne, où fond la graisse d'un porc grassement nourri, et
que de tous côtés attaque le grand feu qui jaillit du bois
sec entassé par-dessous, ainsi, sous l'action du feu,
flambent les belles eaux du Xanthe. Son flot bout ; il ne
peut plus avancer : il est arrêté ; et le souffle de l'ingé-
nieux Héphæstos le tourmente brutalement. Alors, avec
instance, suppliant Héré, il dit ces mots ailés :

« Héré, pourquoi ton fils s'en prend-il à mon cours,
de préférence à d'autres, pour lui faire du mal ? Je suis
beaucoup moins en cause qu'aucun autre champion de
Troie. Je veux bien m'arrêter, si tu me le demandes ;
mais qu'alors il s'arrête aussi ! Et je veux bien aussi te
faire un serment : non, jamais des Troyens je n'écarterai
le jour du malheur, même quand Troie tout entière, flambant sous la flamme ardente, sera la proie de l'incendie,
si les incendiaires sont les preux fils des Achéens. »

À peine la déesse aux bras blancs, Héré, l'entend-
elle, que vite elle s'adresse à son fils Héphæstos :

« Héphæstos, mon illustre enfant, arrête. Il ne sied
pas, pour des mortels, de maltraiter ainsi un dieu immortel. »

Elle dit ; Héphæstos éteint le prodigieux incendie, et
le flot, reculant, redescend au lit de ses belles eaux.

La fureur du Xanthe domptée, les deux adversaires
s'arrêtent : Héré les contient, malgré sa propre colère.
Mais alors, c'est au milieu des autres dieux qu'une
pénible querelle vient s'abattre lourdement. Leurs
cœurs, au fond d'eux-mêmes, flottent dans deux sens
contraires. Ils se ruent les uns sur les autres, dans un terrible fracas ; la large terre gronde, et le ciel immense
claironne autour d'eux la bataille. Zeus l'entend, assis

ἥμενος Οὐλύμπῳ· ἐγέλασσε δέ οἱ φίλον ἦτορ
γηθοσύνῃ, ὅθ᾽ ὁρᾶτο θεοὺς ἔριδι ξυνιόντας.   390
Ἔνθ᾽ οἵ γ᾽ οὐκέτι δηρὸν ἀφέστασαν· ἦρχε γὰρ Ἄρης
ῥινοτόρος, καὶ πρῶτος Ἀθηναίῃ ἐπόρουσε
χάλκεον ἔγχος ἔχων, καὶ ὀνείδειον φάτο μῦθον·

« Τίπτ᾽ αὖτ᾽, ὦ κυνάμυια, θεοὺς ἔριδι ξυνελαύνεις
θάρσος ἄητον ἔχουσα, μέγας δέ σε θυμὸς ἀνῆκεν ;   395
ἦ οὐ μέμνῃ ὅτε Τυδεΐδην Διομήδε᾽ ἀνῆκας
οὐτάμεναι, αὐτὴ δὲ πανόψιον ἔγχος ἑλοῦσα
ἰθὺς ἐμεῦ ὦσας, διὰ δὲ χρόα καλὸν ἔδαψας ;
τῶ σ᾽ αὖ νῦν ὀίω ἀποτισέμεν ὅσσα ἔοργας. »

Ὣς εἰπὼν οὔτησε κατ᾽ αἰγίδα θυσσανόεσσαν   400
σμερδαλέην, ἣν οὐδὲ Διὸς δάμνησι κεραυνός·
τῇ μιν Ἄρης οὔτησε μιαιφόνος ἔγχεϊ μακρῷ.
Ἡ δ᾽ ἀναχασσαμένη λίθον εἵλετο χειρὶ παχείῃ
κείμενον ἐν πεδίῳ μέλανα, τρηχύν τε μέγαν τε,
τόν ῥ᾽ ἄνδρες πρότεροι θέσαν ἔμμεναι οὖρον ἀρούρης·   405
τῷ βάλε θοῦρον Ἄρηα κατ᾽ αὐχένα, λῦσε δὲ γυῖα·
ἑπτὰ δ᾽ ἐπέσχε πέλεθρα πεσών, ἐκόνισε δὲ χαίτας,
τεύχεά τ᾽ ἀμφαράβησε· γέλασσε δὲ Παλλὰς Ἀθήνη,
καί οἱ ἐπευχομένη ἔπεα πτερόεντα προσηύδα·

« Νηπύτι᾽, οὐδέ νύ πώ περ ἐπεφράσω ὅσσον ἀρείων   410
εὔχομ᾽ ἐγὼν ἔμεναι, ὅτι μοι μένος ἀντιφερίζεις.
Οὕτω κεν τῆς μητρὸς Ἐρινύας ἐξαποτίνοις,
ἥ τοι χωομένη κακὰ μήδεται, οὕνεκ᾽ Ἀχαιοὺς
κάλλιπες, αὐτὰρ Τρωσὶν ὑπερφιάλοισιν ἀμύνεις. »

sur l'Olympe, et son cœur en liesse rit de voir les dieux entrer en conflit. Ils ne restent pas longtemps éloignés les uns des autres. Arès, perceur de boucliers, donne le signal. Le premier, il se jette sur Athéné, la lance de bronze à la main, et lui tient ces propos injurieux :

« Pourquoi, mouche à chien, mets-tu donc encore les dieux en conflit, avec une audace folle, dès que ton grand cœur t'y pousse ? Aurais-tu oublié le jour où tu as poussé le fils de Tydée, Diomède, à me blesser, et où toi-même, ayant en main une pique visible à tous, tu l'as poussée droit sur moi, déchirant ma belle peau[12] ? Aussi je crois bien qu'à ton tour, aujourd'hui, tu me vas payer ce que tu m'as fait. »

Il dit, et il frappe l'égide frangée, redoutable, dont ne triomphe pas la foudre même de Zeus. C'est là qu'Arès meurtrier touche Athéné avec sa longue pique. Athéné recule et, de sa forte main, saisit une pierre, qui se trouve là dans la plaine, noire, rugueuse, énorme, que les gens d'autrefois ont un jour placée là pour borner quelque champ. Elle en frappe l'ardent Arès au cou et lui rompt les membres. Il tombe et, sur le sol, il couvre sept arpents[13]. Ses cheveux sont souillés de poussière ; ses armes vibrent sur lui. Pallas Athéné éclate de rire, et, triomphante, elle lui dit ces mots ailés :

« Pauvre sot ! tu n'as donc pas compris encore à quel point je puis me flatter d'être plus forte que toi, pour que tu ailles de la sorte mesurer ta fureur à la mienne ? tu vas ainsi payer ta dette aux Érinyes de ta mère, qui t'en veut et médite ton malheur, parce que tu as abandonné les Achéens et que maintenant tu portes secours à ces Troyens arrogants. »

12. Cf. V, 837-863.
13. Littéralement : sept plèthres. À l'époque classique, le plèthre représentait une longueur de 100 pieds, soit environ 30 m. On ne peut savoir si cette unité de mesure avait la même valeur à l'époque de la composition du poème.

Ὣς ἄρα φωνήσασα πάλιν τρέπεν ὄσσε φαεινά·   415
τὸν δ' ἄγε χειρὸς ἑλοῦσα Διὸς θυγάτηρ Ἀφροδίτη
πυκνὰ μάλα στενάχοντα· μόγις δ' ἐσαγείρετο θυμόν·
τὴν δ' ὡς οὖν ἐνόησε θεὰ λευκώλενος Ἥρη,
αὐτίκ' Ἀθηναίην ἔπεα πτερόεντα προσηύδα·

« Ὢ πόποι, αἰγιόχοιο Διὸς τέκος, Ἀτρυτώνη,   420
καὶ δ' αὖθ' ἡ κυνάμυια ἄγει βροτολοιγὸν Ἄρηα
δηΐου ἐκ πολέμοιο κατὰ κλόνον· ἀλλὰ μέτελθε. »

Ὣς φάτ', Ἀθηναίη δὲ μετέσσυτο, χαῖρε δὲ θυμῷ,
καὶ ῥ' ἐπιεισαμένη πρὸς στήθεα χειρὶ παχείῃ
ἤλασε· τῆς δ' αὐτοῦ λύτο γούνατα καὶ φίλον ἦτορ.   425
Τὼ μὲν ἄρ' ἄμφω κεῖντο ἐπὶ χθονὶ πουλυβοτείρῃ,
ἡ δ' ἄρ' ἐπευχομένη ἔπεα πτερόεντ' ἀγόρευε·

« Τοιοῦτοι νῦν πάντες, ὅσοι Τρώεσσιν ἀρωγοί,
εἶεν, ὅτ' Ἀργείοισι μαχοίατο θωρηκτῇσιν,
ὧδέ τε θαρσαλέοι καὶ τλήμονες, ὡς Ἀφροδίτη   430
ἦλθεν Ἄρη ἐπίκουρος ἐμῷ μένει ἀντιόωσα·
τῷ κεν δὴ πάλαι ἄμμες ἐπαυσάμεθα πτολέμοιο,
Ἰλίου ἐκπέρσαντες ἐϋκτίμενον πτολίεθρον. »

Ὣς φάτο, μείδησεν δὲ θεὰ λευκώλενος Ἥρη.
Αὐτὰρ Ἀπόλλωνα προσέφη κρείων Ἐνοσίχθων·   435

« Φοῖβε, τί ἦ δὴ νῶϊ διέσταμεν; οὐδὲ ἔοικεν
ἀρξάντων ἑτέρων· τὸ μὲν αἴσχιον, αἴ κ' ἀμαχητὶ
ἴομεν Οὔλυμπον δὲ Διὸς ποτὶ χαλκοβατὲς δῶ·
ἄρχε· σὺ γὰρ γενεῆφι νεώτερος· οὐ γὰρ ἔμοιγε
καλόν, ἐπεὶ πρότερος γενόμην καὶ πλείονα οἶδα.   440
Νηπύτι', ὡς ἄνοον κραδίην ἔχες· οὐδέ νυ τῶν περ

Elle dit et détourne ses yeux éclatants. Lors la fille de Zeus, Aphrodite, vient prendre Arès par la main et cherche à l'emmener[14]. Il gémit sans arrêt ; il a peine à rassembler son courage. Mais Héré aux bras blancs a vu Aphrodite. Brusquement, à Athéné, elle adresse ces mots ailés :

« Gare ! fille de Zeus qui tient l'égide, Infatigable ! voici encore la mouche à chien qui veut emmener Arès, ce fléau des hommes, hors du combat cruel à travers la mêlée. Cours à sa poursuite. »

Elle dit ; Athéné s'élance derrière elle, le cœur plein de joie ; elle attaque, en frappant en pleine poitrine, de sa forte main. Aphrodite ne va pas plus loin : elle a les genoux et le cœur rompus. Les voilà tous deux étendus sur la terre nourricière, et, triomphante, Athéné dit ces mots ailés :

« Tel soit le sort de tous les protecteurs de Troie, s'ils combattent les guerriers d'Argos avec l'impudence et l'audace de cette Aphrodite, qui se porte au secours d'Arès, en affrontant ma fureur ! Il y a longtemps que, sans eux, nous eussions terminé la guerre et détruit la belle ville d'Ilion. »

Elle dit et fait sourire Héré la déesse aux bras blancs. Cependant le puissant Ébranleur du sol s'adresse à Apollon :

« Phœbos, pourquoi restons-nous, tous deux, loin l'un de l'autre ? Cela ne convient guère maintenant que les autres nous ont donné l'exemple. Il serait honteux de regagner l'Olympe et le palais de Zeus au seuil de bronze sans avoir combattu. Commence : tu es le plus jeune. De ma part, ce serait malséant, car je suis ton aîné et j'en sais plus que toi. Pauvre sot ! comme tu as l'âme dénuée de sens ! Tu ne te souviens même pas des maux

14. Dans l'*Odyssée*, VIII, 266-366, Arès et Aphrodite sont amants. Le mari trompé, Héphaïstos, leur tend un piège en façonnant une sorte de toile d'araignée métallique qui les retient prisonniers sur le lit.

μέμνηαι, ὅσα δὴ πάθομεν κακὰ Ἴλιον ἀμφὶ
μοῦνοι νῶι θεῶν, ὅτ' ἀγήνορι Λαομέδοντι
πὰρ Διὸς ἐλθόντες θητεύσαμεν εἰς ἐνιαυτὸν
μισθῷ ἐπὶ ῥητῷ· ὁ δὲ σημαίνων ἐπέτελλεν.   445
Ἤτοι ἐγὼ Τρώεσσι πόλιν πέρι τεῖχος ἔδειμα
εὐρύ τε καὶ μάλα καλόν, ἵν' ἄρρηκτος πόλις εἴη·
Φοῖβε, σὺ δ' εἰλίποδας ἕλικας βοῦς βουκολέεσκες
Ἴδης ἐν κνημοῖσι πολυπτύχου ὑληέσσης.
Ἀλλ' ὅτε δὴ μισθοῖο τέλος πολυγηθέες ὧραι   450
ἐξέφερον, τότε νῶι βιήσατο μισθὸν ἅπαντα
Λαομέδων ἔκπαγλος, ἀπειλήσας δ' ἀπέπεμπε·
σὺν μὲν ὅ γ' ἠπείλησε πόδας καὶ χεῖρας ὕπερθε
δήσειν, καὶ περάαν νήσων ἐπὶ τηλεδαπάων·
στεῦτο δ' ὅ γ' ἀμφοτέρων ἀπολεψέμεν οὔατα χαλκῷ·   455
νῶι δέ τ' ἄψορροι κίομεν κεκοτηότι θυμῷ,
μισθοῦ χωόμενοι, τὸν ὑποστὰς οὐκ ἐτέλεσσε.
Τοῦ δὴ νῦν λαοῖσι φέρεις χάριν, οὐδὲ μεθ' ἡμέων
πειρᾷ ὥς κε Τρῶες ὑπερφίαλοι ἀπόλωνται
πρόχνυ κακῶς, σὺν παισὶ καὶ αἰδοίης ἀλόχοισι. »   460
    Τὸν δ' αὖτε προσέειπεν ἄναξ, ἑκάεργος Ἀπόλλων·
« Ἐννοσίγαι', οὐκ ἄν με σαόφρονα μυθήσαιο
ἔμμεναι, εἰ δή σοί γε βροτῶν ἕνεκα πτολεμίξω
δειλῶν, οἳ φύλλοισιν ἐοικότες ἄλλοτε μέν τε
ζαφλεγέες τελέθουσιν, ἀρούρης καρπὸν ἔδοντες,   465
ἄλλοτε δὲ φθινύθουσιν ἀκήριοι. Ἀλλὰ τάχιστα
παυώμεσθα μάχης· οἱ δ' αὐτοὶ δηριαάσθων. »
    Ὣς ἄρα φωνήσας πάλιν ἐτράπετ'· αἴδετο γάρ ῥα
πατροκασιγνήτοιο μιγήμεναι ἐν παλάμῃσι.

que, seuls parmi les dieux, nous avons soufferts tous
deux autour d'Ilion, quand nous sommes venus, sur
l'ordre de Zeus, louer nos services à l'année chez le
noble Laomédon, pour un salaire convenu. Il était notre
maître, il nous donnait des ordres. J'ai alors, moi, pour
les Troyens, bâti autour de leur cité une large et superbe
muraille[15], qui rend leur ville inexpugnable, tandis que
toi, Phœbos, tu faisais paître leurs bœufs cornus à la
démarche torse dans les vallons boisés de l'Ida aux
replis sans nombre. Mais voici que, quand les joyeuses
saisons amènent le terme fixé pour le paiement, brutalement le terrible Laomédon nous ravit tout notre salaire
et nous congédie avec des menaces : il nous lierait les
pieds et – en remontant – les bras, puis nous vendrait
dans des îles lointaines. Il clamait même qu'à tous deux
il couperait les oreilles avec le bronze. Et nous rentrions
ainsi, tous les deux, le cœur dépité, furieux à la pensée
de ce salaire promis et non payé. Et c'est au peuple de
cet homme que maintenant tu donnes ta faveur, au lieu
de tâcher avec nous à le faire périr, ces Troyens arrogants – entièrement, cruellement, avec tous leurs enfants
et leurs dignes épouses ! »

Et sire Apollon, le Préservateur, lui répond :

« Ébranleur du sol, tu me dirais que j'ai l'esprit
atteint, si je partais en guerre contre toi pour de pauvres
humains, pareils à des feuilles, qui tantôt vivent pleins
d'éclat, en mangeant le fruit de la terre, et tantôt se
consument et tombent au néant. Arrêtons au plus vite ce
combat, et laissons-les régler eux-mêmes leurs que-
relles. »

Il dit et se détourne ; il répugne à l'idée d'en venir
aux mains avec le frère de son père. Mais sa sœur alors

---

15. Épisode évoqué avec quelques différences en VII, 452-453.

Τὸν δὲ κασιγνήτη μάλα νείκεσε, πότνια θηρῶν,   470
Ἄρτεμις ἀγροτέρη, καὶ ὀνείδειον φάτο μῦθον·

« Φεύγεις δή, Ἑκάεργε, Ποσειδάωνι δὲ νίκην·
πᾶσαν ἐπέτρεψας, μέλεον δέ οἱ εὖχος ἔδωκας·
νηπύτιε, τί νυ τόξον ἔχεις ἀνεμώλιον αὔτως ;
μή σευ νῦν ἔτι πατρὸς ἐνὶ μεγάροισιν ἀκούσω   475
εὐχομένου, ὡς τὸ πρὶν ἐν ἀθανάτοισι θεοῖσιν,
ἄντα Ποσειδάωνος ἐναντίβιον πτολεμίξειν. »

Ὣς φάτο, τὴν δ᾽ οὔ τι προσέφη ἑκάεργος Ἀπόλλων,
ἀλλὰ χολωσαμένη Διὸς αἰδοίη παράκοιτις
νείκεσεν Ἰοχέαιραν ὀνειδείοις ἐπέεσσι·   480

« Πῶς δὲ σὺ νῦν μέμονας, κύον ἀδδεές, ἀντί᾽ ἐμεῖο
στήσεσθαι ; χαλεπή τοι ἐγὼ μένος ἀντιφέρεσθαι
τοξοφόρῳ περ ἐούσῃ, ἐπεὶ σὲ λέοντα γυναιξὶ
Ζεὺς θῆκεν, καὶ ἔδωκε κατακτάμεν ἥν κ᾽ ἐθέλῃσθα.
Ἤτοι βέλτερόν ἐστι κατ᾽ οὔρεα θῆρας ἐναίρειν   485
ἀγροτέρας τ᾽ ἐλάφους ἢ κρείσσοσιν ἶφι μάχεσθαι.
Εἰ δ᾽ ἐθέλεις πολέμοιο δαήμεναι, ὄφρ᾽ ἐὺ εἰδῇς
ὅσσον φερτέρη εἴμ᾽, ὅτι μοι μένος ἀντιφερίζεις. »

Ἦ ῥα, καὶ ἀμφοτέρας ἐπὶ καρπῷ χεῖρας ἔμαρπτε
σκαιῇ, δεξιτερῇ δ᾽ ἄρ᾽ ἀπ᾽ ὤμων αἴνυτο τόξα,   490
αὐτοῖσιν δ᾽ ἄρ᾽ ἔθεινε παρ᾽ οὔατα μειδιόωσα
ἐντροπαλιζομένην· ταχέες δ᾽ ἔκπιπτον ὀιστοί·
δακρυόεσσα δ᾽ ὕπαιθα θεὰ φύγεν ὥς τε πέλεια,
ἥ ῥά θ᾽ ὑπ᾽ ἴρηκος κοίλην εἰσέπτατο πέτρην,
χηραμόν· οὐδ᾽ ἄρα τῇ γε ἁλώμεναι αἴσιμον ἦεν·   495
ὣς ἡ δακρυόεσσα φύγεν, λίπε δ᾽ αὐτόθι τόξα·
Λητὼ δὲ προσέειπε διάκτορος Ἀργεϊφόντης·

16. Sœur jumelle d'Apollon, fille de Zeus et de Létô. Armée d'un
arc (la Sagittaire), Artémis se plaît à la chasse et apparaît souvent
comme une déesse sauvage, vivant dans les bois et les montagnes, au
milieu des fauves.

le prend à partie, la Dame des fauves, Artémis agreste[16],
et elle lui tient ces propos injurieux :

« Quoi ! tu fuis, Préservateur, tu laisses ici pleine
victoire à Poseidon ! tu lui donnes une vaine gloire !
Pauvre sot ! pourquoi as-tu un arc, s'il ne te sert de rien ?
Que désormais je ne t'entende plus au palais paternel te
vanter, comme jadis, au milieu des dieux immortels, de
lutter ouvertement face à face avec Poseidon ! »

Elle dit ; Apollon Préservateur ne réplique rien. Mais
la digne épouse de Zeus, irritée, prend à partie la
Sagittaire avec ces mots injurieux :

« Quoi ! tu as donc envie aujourd'hui, chienne
effrontée, de me tenir tête ! Je te ferai voir, moi, ce qu'il
en coûte de vouloir mesurer ta fureur à la mienne, en
dépit de l'arc que tu portes – parce que Zeus a fait de toi
une lionne pour les femmes et t'a permis de tuer celle
qu'il te plaît[17] ! Ne ferais-tu pas mieux d'aller massacrer
les bêtes des montagnes et les biches sauvages, que
d'entrer en guerre ouverte avec qui est plus fort que toi ?
Pourtant si tu veux t'instruire au combat, eh bien ! tu vas
savoir combien je vaux plus que toi, alors que tu prétends mesurer ta fureur à la mienne. »

Elle dit, et, de sa main gauche, elle lui prend les deux
mains au poignet, de sa droite elle lui enlève l'arc des
épaules ; puis, de cet arc, en souriant, elle la frappe au
visage, près des oreilles, tandis que l'autre tourne la tête
à chaque coup et que les flèches rapides se répandent sur
le sol. La déesse baisse la tête en pleurant et s'enfuit.
On dirait une colombe qui, sous l'assaut du faucon, s'envole vers un rocher creux, vers le trou où est son nid, le
sort ne voulant pas qu'elle soit prise cette fois. Toute
pareille fuit Artémis en pleurs, laissant là son arc. Et le
Messager, Tueur d'Argos, alors dit à Létô :

17. On attribuait à ses flèches les morts subites, en particulier
celles des femmes qui mouraient en couches.

« Λητοῖ, ἐγὼ δέ τοι οὔ τι μαχήσομαι· ἀργαλέον δὲ
πληκτίζεσθ' ἀλόχοισι Διὸς νεφεληγερέταο·
ἀλλὰ μάλα πρόφρασσα μετ' ἀθανάτοισι θεοῖσιν   500
εὔχεσθαι ἐμὲ νικῆσαι κρατερῆφι βίηφιν. »

Ὣς ἄρ' ἔφη, Λητὼ δὲ συναίνυτο καμπύλα τόξα
πεπτεῶτ' ἄλλυδις ἄλλα μετὰ στροφάλιγγι κονίης.
Ἡ μὲν τόξα λαβοῦσα πάλιν κίε θυγατέρος ἧς·
ἡ δ' ἄρ' Ὄλυμπον ἵκανε Διὸς ποτὶ χαλκοβατὲς δῶ,   505
δακρυόεσσα δὲ πατρὸς ἐφέζετο γούνασι κούρη,
ἀμφὶ δ' ἄρ' ἀμβρόσιος ἑανὸς τρέμε· τὴν δὲ προτὶ οἷ
εἷλε πατὴρ Κρονίδης, καὶ ἀνείρετο ἡδὺ γελάσσας·

« Τίς νύ σε τοιάδ' ἔρεξε, φίλον τέκος, Οὐρανιώνων
μαψιδίως, ὡς εἴ τι κακὸν ῥέζουσαν ἐνωπῇ ; »   510

Τὸν δ' αὖτε προσέειπεν ἐυστέφανος Κελαδεινή·

« Σή μ' ἄλοχος στυφέλιξε, πάτερ, λευκώλενος Ἥρη,
ἐξ ἧς ἀθανάτοισιν ἔρις καὶ νεῖκος ἐφῆπται. »

Ὣς οἱ μὲν τοιαῦτα πρὸς ἀλλήλους ἀγόρευον·
αὐτὰρ Ἀπόλλων Φοῖβος ἐδύσετο Ἴλιον ἱρήν·   515
μέμβλετο γάρ οἱ τεῖχος ἐυδμήτοιο πόληος,
μὴ Δαναοὶ πέρσειαν·ὑπὲρ μόρον ἤματι κείνῳ.
Οἱ δ' ἄλλοι πρὸς Ὄλυμπον ἴσαν θεοὶ αἰὲν ἐόντες,
οἱ μὲν χωόμενοι, οἱ δὲ μέγα κυδιόωντες·
κὰδ δ' ἷζον παρὰ πατρὶ κελαινεφεῖ· αὐτὰρ Ἀχιλλεὺς   520
Τρῶας ὁμῶς αὐτούς τ' ὄλεκεν καὶ μώνυχας ἵππους.
Ὡς δ' ὅτε καπνὸς ἰὼν εἰς οὐρανὸν εὐρὺν ἱκάνει
ἄστεος αἰθομένοιο, θεῶν δέ ἑ μῆνις ἀνῆκε,
πᾶσι δ' ἔθηκε πόνον, πολλοῖσι δὲ κήδε' ἐφῆκεν,
ὣς Ἀχιλεὺς Τρώεσσι πόνον καὶ κήδε' ἔθηκεν.   525

Ἑστήκει δ' ὁ γέρων Πρίαμος θείου ἐπὶ πύργου,
ἐς δ' ἐνόησ' Ἀχιλῆα πελώριον· αὐτὰρ ὑπ' αὐτοῦ

« Létô, ce n'est pas moi qui entrerai en lutte contre toi ; il est dangereux d'en venir aux coups avec les épouses de Zeus, assembleur de nuées. Va, tu peux aller te vanter avec entrain, au milieu des Immortels, d'avoir triomphé de moi par la force brutale. »

Il dit ; Létô ramasse l'arc recourbé et les flèches qui de tous côtés sont tombées à terre dans un tourbillon poudreux, et, tandis qu'ainsi elle prend l'arc et les flèches de sa fille, puis s'en va, la vierge regagne l'Olympe et le palais de Zeus au seuil de bronze. Pleurante, elle va s'asseoir sur les genoux de son père : sa robe divine tremble tout autour d'elle. Lors le Cronide, son père, l'attire à lui et lui demande avec un doux sourire :

« Qui, des fils du Ciel, mon enfant, t'a ainsi traitée, sans raison, comme pour te punir d'un méfait notoire ? »

Et la déesse à la belle couronne, la Bruyante, répond :

« C'est ta femme, père, qui m'a maltraitée, Héré aux bras blancs, grâce à qui lutte et querelle sont le lot attaché aux dieux. »

C'est ainsi qu'ils parlent entre eux. Cependant Phœbos Apollon pénètre dans la sainte Ilion. Il s'inquiète des murs de la bonne cité : si les Danaens, devançant le destin, allaient les détruire ce jour même ! Les autres dieux toujours vivants s'en retournent vers l'Olympe, les uns dépités, les autres triomphants, et s'assoient à côté de leur père à la nuée noire. Pendant ce temps Achille massacre les Troyens, et, aussi bien que les hommes, les chevaux aux sabots massifs. Ainsi la flamme fumeuse qui monte au vaste ciel d'une ville en feu et qu'a déchaînée le courroux divin : à tous elle apporte la peine, sur beaucoup elle fait choir le deuil ; ainsi Achille apporte peine et deuil aux Troyens.

Le vieux Priam était alors posté sur le rempart divin. Il aperçoit le gigantesque Achille. Par lui, les Troyens

Τρῶες ἄφαρ κλονέοντο πεφυζότες, οὐδέ τις ἀλκὴ
γίνεθ'· ὁ δ' οἰμώξας ἀπὸ πύργου βαῖνε χαμᾶζε,
ὀτρύνων παρὰ τεῖχος ἀγακλειτοὺς πυλαωρούς·   530

    « Πεπταμένας ἐν χερσὶ πύλας ἔχετ', εἰς ὅ κε λαοὶ
ἔλθωσι προτὶ ἄστυ πεφυζότες· ἦ γὰρ Ἀχιλλεὺς
ἐγγὺς ὅδε κλονέων· νῦν οἴω λοίγι' ἔσεσθαι.
Αὐτὰρ ἐπεί κ' ἐς τεῖχος ἀναπνεύσωσιν ἀλέντες,
αὖτις ἐπ' ἄψ θέμεναι σανίδας πυκινῶς ἀραρυίας·   535
δείδια γὰρ μὴ οὖλος ἀνὴρ ἐς τεῖχος ἄληται. »
    Ὣς ἔφαθ', οἱ δ' ἄνεσάν τε πύλας καὶ ἀπῶσαν ὀχῆας·
αἱ δὲ πετασθεῖσαι τεῦξαν φάος· αὐτὰρ Ἀπόλλων
ἀντίος ἐξέθορε, Τρώων ἵνα λοιγὸν ἀλάλκοι.

Οἱ δ' ἰθὺς πόλιος καὶ τείχεος ὑψηλοῖο,   540
δίψῃ καρχαλέοι, κεκονιμένοι ἐκ πεδίοιο
φεῦγον· ὁ δὲ σφεδανὸν ἔφεπ' ἔγχεϊ, λύσσα δέ οἱ κῆρ
αἰὲν ἔχε κρατερή, μενέαινε δὲ κῦδος ἀρέσθαι.
    Ἔνθα κεν ὑψίπυλον Τροίην ἕλον υἷες Ἀχαιῶν,
εἰ μὴ Ἀπόλλων Φοῖβος Ἀγήνορα δῖον ἀνῆκε,   545
φῶτ' Ἀντήνορος υἱὸν ἀμύμονά τε κρατερόν τε·
ἐν μέν οἱ κραδίῃ θάρσος βάλε, πὰρ δέ οἱ αὐτὸς
ἔστη, ὅπως θανάτοιο βαρείας χεῖρας ἀλάλκοι,
φηγῷ κεκλιμένος· κεκάλυπτο δ' ἄρ' ἠέρι πολλῇ·
αὐτὰρ ὅ γ' ὡς ἐνόησεν Ἀχιλλῆα πτολίπορθον,   550
ἔστη, πολλὰ δέ οἱ κραδίη πόρφυρε μένοντι·
ὀχθήσας δ' ἄρα εἶπε πρὸς ὃν μεγαλήτορα θυμόν·
    « Ὤ μοι ἐγών· εἰ μέν κεν ὑπὸ κρατεροῦ Ἀχιλῆος
φεύγω, τῇ περ οἱ ἄλλοι ἀτυζόμενοι κλονέονται,
αἱρήσει με καὶ ὧς, καὶ ἀνάλκιδα δειροτομήσει.   555
Εἰ δ' ἂν ἐγὼ τούτους μὲν ὑποκλονέεσθαι ἐάσω
Πηλείδῃ Ἀχιλῆι, ποσὶν δ' ἀπὸ τείχεος ἄλλῃ
φεύγω πρὸς πεδίον Ἰλήιον, ὄφρ' ἂν ἵκωμαι

viennent tout à coup d'être bousculés ; ils fuient, apeurés, sans qu'aucun secours apparaisse. Priam gémit et
descend du rempart : il stimule les illustres portiers pla-
cés le long des murs :

« Ah ! que vos bras maintiennent les portes bien
ouvertes, jusqu'au moment où nos gens apeurés auront
atteint la ville. Achille est là, tout près, qui les bouscule.
Je crois bien qu'à cette heure nous allons à un désastre.
Lorsqu'ils auront rallié les murs et qu'ils souffleront un
peu, refermez les vantaux solidement joints : j'ai peur
que l'homme fatal, d'un bond, ne soit dans nos murs. »

Il dit, et ils ouvrent les portes, en en poussant les
barres. Les portes ouvertes font luire le salut. Apollon
s'élance au-devant des Troyens : il les veut préserver du
malheur. Eux, sont en train de fuir droit vers la ville et
vers son haut rempart. Ils ont la gorge desséchée par la
soif ; ils sont couverts de la poussière de la plaine. Et
Achille, sans relâche, les poursuit, la lance au poing ;
une rage brutale toujours lui tient le cœur ; il brûle d'obtenir la gloire.

À ce moment, les fils des Achéens auraient enlevé
Troie aux hautes portes, si Phœbos Apollon n'avait
poussé de l'avant le divin Agénor, héros puissant et sans
reproche, fils d'Anténor. Il lui met l'audace au cœur, et,
pour le garder des mains cruelles de la mort, il se tient
près de lui, appuyé à un chêne, enveloppé d'une épaisse
vapeur. Mais, dès qu'Agénor aperçoit Achille, le preneur
des villes, il s'arrête et, tandis qu'il attend, mille pensers
s'agitent dans son cœur. Lors il s'irrite et dit à son cœur
magnanime :

« Ah ! misère ! si je fuis devant le puissant Achille
du côté où tous les autres se bousculent, affolés, je n'en
serai pas moins sa proie, et il me coupera la gorge, sans
que je puisse me défendre... Et, si je laissais les autres
être bousculés par Achille, le fils de Pélée, pour fuir
moi-même à toutes jambes, ailleurs, loin du rempart,
vers la plaine d'Ilion, jusqu'au moment où j'atteindrais

Ἴδης τε κνημοὺς κατά τε ῥωπήια δύω·
ἑσπέριος δ' ἂν ἔπειτα λοεσσάμενος ποταμοῖο   560
ἱδρῶ ἀποψυχθεὶς προτὶ Ἴλιον ἀπονεοίμην—
Ἀλλὰ τί ἤ μοι ταῦτα φίλος διελέξατο θυμός ;
μή μ' ἀπαειρόμενον πόλιος πεδίον δὲ νοήσῃ
καί με μεταΐξας μάρψῃ ταχέεσσι πόδεσσιν·
οὐκέτ' ἔπειτ' ἔσται θάνατον καὶ κῆρας ἀλύξαι·   565
λίην γὰρ κρατερὸς περὶ πάντων ἔστ' ἀνθρώπων.
Εἰ δέ κέν οἱ προπάροιθε πόλιος κατεναντίον ἔλθω·
καὶ γάρ θην τούτῳ τρωτὸς χρὼς ὀξέι χαλκῷ,
ἐν δὲ ἴα ψυχή, θνητὸν δέ ἕ φασ' ἄνθρωποι
ἔμμεναι· αὐτάρ οἱ Κρονίδης Ζεὺς κῦδος ὀπάζει. »   570
    Ὣς εἰπὼν Ἀχιλῆα ἀλεὶς μένεν, ἐν δέ οἱ ἦτορ
ἄλκιμον ὥρματο πτολεμίζειν ἠδὲ μάχεσθαι.
Ἠΰτε πόρδαλις εἶσι βαθείης ἐκ ξυλόχοιο
ἀνδρὸς θηρητῆρος ἐναντίον, οὐδέ τι θυμῷ
ταρβεῖ οὐδὲ φοβεῖται, ἐπεί κεν ὑλαγμὸν ἀκούσῃ·   575
εἴ περ γὰρ φθάμενός μιν ἢ οὐτάσῃ ἠὲ βάλῃσιν,
ἀλλά τε καὶ περὶ δουρὶ πεπαρμένη οὐκ ἀπολήγει
ἀλκῆς, πρίν γ' ἠὲ ξυμβλήμεναι ἠὲ δαμῆναι·
ὣς Ἀντήνορος υἱὸς ἀγαυοῦ, δῖος Ἀγήνωρ,
οὐκ ἔθελεν φεύγειν, πρὶν πειρήσαιτ' Ἀχιλῆος,   580
ἀλλ' ὅ γ' ἄρ' ἀσπίδα μὲν πρόσθ' ἔσχετο πάντοσ' ἐΐσην,
ἐγχείῃ δ' αὐτοῖο τιτύσκετο, καὶ μέγ' ἀΰτει·
    « Ἦ δή που μάλ' ἔολπας ἐνὶ φρεσί, φαίδιμ' Ἀχιλλεῦ,
ἤματι τῷδε πόλιν πέρσειν Τρώων ἀγερώχων,
νήπυτι'· ἦ τ' ἔτι πολλὰ τετεύξεται ἄλγε' ἐπ' αὐτῇ·   585
ἐν γάρ οἱ πολέες τε καὶ ἄλκιμοι ἀνέρες εἰμέν,
οἵ κε πρόσθε φίλων τοκέων ἀλόχων τε καὶ υἱῶν
Ἴλιον εἰρυόμεσθα· σὺ δ' ἐνθάδε πότμον ἐφέψεις,
ὧδ' ἔκπαγλος ἐὼν καὶ θαρσαλέος πολεμιστής. »

les gorges de l'Ida et plongerais dans leurs taillis ! Alors, le soir venu, après m'être baigné dans les eaux du fleuve, après avoir étanché ma sueur, je regagnerais Ilion... Mais qu'a besoin mon cœur de disputer ainsi ? N'est-il pas à craindre qu'il ne m'aperçoive, détalant de la cité vers la plaine et, lancé à ma poursuite, ne m'atteigne de ses pieds rapides ? Aurai-je alors aucun moyen d'éviter mort et trépas ? Il est d'une vigueur qui dépasse trop celle des autres hommes. – Et si, alors, j'allais à lui, bien en face, devant la ville ? Il a, comme les autres, une peau qu'entaille la pointe du bronze[18], une vie semblable à la nôtre, et tous les humains le disent mortel – n'était Zeus, fils de Cronos, qui lui accorde la gloire. »

Il dit, et ramassé sur lui-même, il attend Achille ; son cœur vaillant ne tend qu'à la lutte et à la bataille. Telle une panthère, sortant d'un fourré profond, qui affronte un chasseur. Son cœur ne ressent ni peur ni envie de fuir, parce qu'elle entend hurler les chiens. si l'homme, le premier, la touche ou l'atteint, même transpercée par la javeline, elle n'oublie pas sa vaillance : elle attaquera d'abord ou périra. Tel le fils du noble Anténor, le divin Agénor, n'entend pas fuir avant d'avoir tâté Achille. Il met devant lui son bouclier bien rond, il vise Achille de sa lance et bien haut lui crie :

« Tu t'es figuré sans doute en ton cœur, illustre Achille, que tu détruirais aujourd'hui la cité des Troyens altiers ? Pauvre sot ! il vous faudra encore pour elle supporter bien d'autres misères : nous sommes dans ses murs nombre de vaillants, qui nous placerons devant nos parents, nos femmes, nos fils, et saurons défendre Ilion. Et c'est toi qui atteindras ici même ton destin, si terrible que tu sois et si hardi combattant. »

18. Homère semble ignorer la légende de l'invulnérabilité d'Achille.

Ἦ ῥα, καὶ ὀξὺν ἄκοντα βαρείης χειρὸς ἀφῆκε,   590
καὶ ρ᾽ ἔβαλε κνήμην ὑπὸ γούνατος οὐδ᾽ ἀφάμαρτεν·
ἀμφὶ δέ οἱ κνημὶς νεοτεύκτου κασσιτέροιο
σμερδαλέον κονάβησε· πάλιν δ᾽ ἀπὸ χαλκὸς ὄρουσε
βλημένου, οὐδ᾽ ἐπέρησε, θεοῦ δ᾽ ἠρύκακε δῶρα.
Πηλείδης δ᾽ ὡρμήσατ᾽ Ἀγήνορος ἀντιθέοιο   595
δεύτερος· οὐδέ τ᾽ ἔασεν Ἀπόλλων κῦδος ἀρέσθαι,
ἀλλά μιν ἐξήρπαξε, κάλυψε δ᾽ ἄρ᾽ ἠέρι πολλῇ,
ἡσύχιον δ᾽ ἄρα μιν πολέμου ἔκπεμπε νέεσθαι.
Αὐτὰρ ὁ Πηλείωνα δόλῳ ἀποέργαθε λαοῦ·
αὐτῷ γὰρ Ἑκάεργος Ἀγήνορι πάντα ἐοικὼς   600
ἔστη πρόσθε ποδῶν, ὁ δ᾽ ἐπέσσυτο ποσσὶ διώκειν·
ἕως ὁ τὸν πεδίοιο διώκετο πυροφόροιο,
τρέψας πὰρ ποταμὸν βαθυδινήεντα Σκάμανδρον,
τυτθὸν ὑπεκπροθέοντα· δόλῳ δ᾽ ἄρ᾽ ἔθελγεν Ἀπόλλων,
ὥς αἰεὶ ἔλποιτο κιχήσεσθαι ποσὶν οἷσι·   605
τόφρ᾽ ἄλλοι Τρῶες πεφοβημένοι ἦλθον ὁμίλῳ
ἀσπάσιοι προτὶ ἄστυ, πόλις δ᾽ ἔμπλητο ἀλέντων·
οὐδ᾽ ἄρα τοί γ᾽ ἔτλαν πόλιος καὶ τείχεος ἐκτὸς
μεῖναι ἔτ᾽ ἀλλήλους, καὶ γνώμεναι ὅς τε πεφεύγοι
ὅς τ᾽ ἔθαν᾽ ἐν πολέμῳ· ἀλλ᾽ ἐσσυμένως ἐσέχυντο   610
ἐς πόλιν, ὃν τινα τῶν γε πόδες καὶ γοῦνα σάωσαν.

Il dit, et, de sa lourde main, lançant sa javeline aiguë, il touche la jambe au-dessous du genou, sans faute. La jambière d'étain neuf entourant la jambe rend un son terrible ; mais le bronze a rejailli, loin de l'homme atteint, sans la traverser : les présents du dieu l'en ont écarté. Le Péléide alors s'élance à son tour sur le divin Agénor. Mais Apollon lui refuse de conquérir cette gloire : il lui arrache l'homme et le lui dérobe derrière une épaisse vapeur ; puis il le conduit à l'abri de la bataille. Il tend en même temps un piège au Péléide, pour l'éloigner des siens. C'est le Préservateur lui-même qui prend tous les traits d'Agénor et se dresse devant Achille. Aussitôt celui-ci se rue à sa poursuite. Longtemps, il le poursuit par la plaine fertile ; puis il le fait tourner et longer le Scamandre aux tourbillons profonds. Apollon se dérobe, mais en ne gardant qu'une faible avance. Perfidement il berne Achille de l'espoir toujours nouveau que ses pieds vont enfin l'atteindre. Et, pendant tout ce temps, les autres Troyens, saisis de panique, en masse, atteignent la ville, trop heureux d'être saufs ; et la cité se remplit des guerriers qui la rallient. Ils n'osent même plus s'attendre les uns les autres hors de la ville et du rempart, pour savoir qui a échappé ou qui est mort au combat, et l'on voit se déverser précipitamment dans Troie tous ceux qu'ont pu sauver leurs pieds et leurs jarrets.

ΙΛΙΑΔΟΣ Χ

Ὣς οἱ μὲν κατὰ ἄστυ πεφυζότες ἠύτε νεβροὶ
ἱδρῶ ἀπεψύχοντο πίον τ' ἀκέοντό τε δίψαν,
κεκλιμένοι καλῇσιν ἐπάλξεσιν· αὐτὰρ Ἀχαιοὶ
τείχεος ἄσσον ἴσαν, σάκε' ὤμοισι κλίναντες·
Ἕκτορα δ' αὐτοῦ μεῖναι ὀλοιὴ μοῖρ' ἐπέδησεν   5
Ἰλίου προπάροιθε πυλάων τε Σκαιάων.
Αὐτὰρ Πηλείωνα προσηύδα Φοῖβος Ἀπόλλων·
« Τίπτέ με, Πηλέος υἱέ, ποσὶν ταχέεσσι διώκεις,
αὐτὸς θνητὸς ἐὼν θεὸν ἄμβροτον; οὐδέ νύ πώ με
ἔγνως ὡς θεός εἰμι, σὺ δ' ἀσπερχὲς μενεαίνεις·   10
ἦ νύ τοι οὔ τι μέλει Τρώων πόνος, οὓς ἐφόβησας,
οἳ δή τοι εἰς ἄστυ ἄλεν, σὺ δὲ δεῦρ' ἐλιάσθης·
οὐ μέν με κτενέεις, ἐπεὶ οὔ τοι μόρσιμός εἰμι. »
Τὸν δὲ μέγ' ὀχθήσας προσέφη πόδας ὠκὺς Ἀχιλλεύς·
« Ἔβλαψάς μ', Ἑκάεργε, θεῶν ὀλοώτατε πάντων,   15
ἐνθάδε νῦν τρέψας ἀπὸ τείχεος· ἦ κ' ἔτι πολλοὶ
γαῖαν ὀδὰξ εἷλον πρὶν Ἴλιον εἰσαφικέσθαι·
νῦν δ' ἐμὲ μὲν μέγα κῦδος ἀφείλεο, τοὺς δ' ἐσάωσας

---

1. Dans un premier et bref affrontement, Achille et Hector se sont
rencontrés en XX, 425-443 ; mais le vrai duel n'a pas eu lieu, Apollon
ayant dissimulé Hector derrière un nuage (443-444). La réapparition

CHANT XXII

C'est ainsi que, dans la ville, apeurés comme des faons, ils étanchent à l'air leur sueur et boivent pour calmer leur soif, appuyés aux beaux parapets. Les Achéens pendant ce temps approchent des murailles, le bouclier contre l'épaule. Seul[1], Hector, reste là, lié par un destin funeste, devant Ilion et les portes Scées. Phœbos Apollon alors s'adresse au Péléide :

« Pourquoi, fils de Pélée, me poursuivre ainsi de tes pieds rapides ? Tu n'es qu'un homme ; je suis moi, un dieu immortel. Tu n'as donc pas encore reconnu le dieu en moi, que tu t'obstines en ta fureur ? Vraiment, tu ne songes guère à te battre avec les Troyens, que tu avais mis en fuite ! Ils ont, ma foi ! rallié leur ville, tandis que toi, tu t'égarais ici. Non, tu ne me tueras pas : je ne suis pas de ceux que t'accorde le destin. »

Lors Achille aux pieds rapides violemment s'irrite et dit :

« Tu m'as joué, Préservateur – le plus exécrable des dieux – en m'éloignant des murs pour me mener ici ! Bien d'autres guerriers sans cela eussent mordu la poussière, avant d'atteindre Ilion. Mais tu m'as voulu ravir

---

d'Hector, après les atrocités du chant précédent et le déchaînement des forces surnaturelles, n'en est que plus dramatiquement préparée. Il est seul, et son destin tragique va se jouer maintenant (annoncé par *oloiê moîra*, 5).

ῥηιδίως, ἐπεὶ οὔ τι τίσιν γ' ἔδδεισας ὀπίσσω·
ἦ σ' ἂν τισαίμην, εἴ μοι δύναμίς γε παρείη. »　　　20

Ὣς εἰπὼν προτὶ ἄστυ μέγα φρονέων ἐβεβήκει,
σευάμενος ὥς θ' ἵππος ἀεθλοφόρος σὺν ὄχεσφιν,
ὅς ῥά τε ῥεῖα θέῃσι τιταινόμενος πεδίοιο·
ὣς Ἀχιλεὺς λαιψηρὰ πόδας καὶ γούνατ' ἐνώμα.

Τὸν δ' ὁ γέρων Πρίαμος πρῶτος ἴδεν ὀφθαλμοῖσι,　　　25
παμφαίνονθ' ὥς τ' ἀστέρ' ἐπεσσύμενον πεδίοιο,
ὅς ῥά τ' ὀπώρης εἶσιν, ἀρίζηλοι δέ οἱ αὐγαὶ
φαίνονται πολλοῖσι μετ' ἀστράσι νυκτὸς ἀμολγῷ,
ὅν τε κύν' Ὠρίωνος ἐπίκλησιν καλέουσι·
λαμπρότατος μὲν ὅ γ' ἐστί, κακὸν δέ τε σῆμα τέτυκται,　　　30
καί τε φέρει πολλὸν πυρετὸν δειλοῖσι βροτοῖσιν·
ὣς τοῦ χαλκὸς ἔλαμπε περὶ στήθεσσι θέοντος.

Ὤιμωξεν δ' ὁ γέρων, κεφαλὴν δ' ὅ γε κόψατο χερσὶν
ὑψόσ' ἀνασχόμενος, μέγα δ' οἰμώξας ἐγεγώνει
λισσόμενος φίλον υἱόν· ὁ δὲ προπάροιθε πυλάων　　　35
ἑστήκει, ἄμοτον μεμαὼς Ἀχιλῆι μάχεσθαι·
τὸν δ' ὁ γέρων ἐλεεινὰ προσηύδα χεῖρας ὀρεγνύς·

« Ἕκτορ, μή μοι μίμνε, φίλον τέκος, ἀνέρα τοῦτον
οἶος ἄνευθ' ἄλλων, ἵνα μὴ τάχα πότμον ἐπίσπῃς
Πηλεΐωνι δαμείς, ἐπεὶ ἦ πολὺ φέρτερός ἐστι,　　　40
σχέτλιος· αἴθε θεοῖσι φίλος τοσσόνδε γένοιτο
ὅσσον ἐμοί· τάχα κέν ἑ κύνες καὶ γῦπες ἔδονται

2. Même devant Apollon, Achille fait allusion à son honneur
(*mega kûdos*, 18) et à sa vengeance (*tisaimên*, 20), attitude contrastant
avec la docilité dont font preuve Diomède et Patrocle qui, lorsqu'ils le
rencontrent, craignent la colère du dieu (V, 443-444 ; XVI, 710-711).

3. Orion est un chasseur géant, fils d'Euryalé et de Poséidon (ou
bien d'Hyriée), d'une force et d'une beauté exceptionnelles. Il est

une grande gloire, en sauvant les Troyens – sans risque, puisque tu ne redoutes aucun châtiment à venir ! Ah ! je te châtierais bien, moi, si j'en avais les moyens[2]. »

Il dit, et, plein de superbe, s'en va vers la ville. Il galope ; on dirait un cheval vainqueur, suivi de son char, qui court sans effort, en allongeant, dans la plaine. Tel Achille, rapide, joue des pieds et des jarrets.

C'est le vieux Priam, le premier, qui de ses yeux l'aperçoit, bondissant dans la plaine, resplendissant comme l'astre qui vient à l'arrière-saison et dont les feux éblouissants éclatent au milieu des étoiles sans nombre, au plein cœur de la nuit. On l'appelle le Chien d'Orion, et son éclat est sans pareil. Mais il n'est qu'un sinistre présage[3], tant il porte de fièvres pour les pauvres humains ! Le bronze luit d'un éclat tout semblable autour de la poitrine d'Achille courant. Lors le vieillard gémit ; il lève haut les mains et s'en frappe la tête ; puis, avec un profond sanglot, il crie[4], suppliant son fils, qui reste là, devant les portes, dans un désir obstiné de se battre avec Achille. D'une voix pitoyable, le vieux dit, les deux bras tendus :

« Hector, crois-moi, et n'attends pas cet homme, mon enfant, seul ainsi, loin des autres ; sans quoi, bien vite tu seras au terme de ton destin, dompté par le Péléide : il est cent fois plus fort que toi. Le cruel ! ah ! si les dieux l'aimaient comme je l'aime, moi ! Chiens et vautours vite le mangeraient, étendu sur le sol ; et un

transformé en constellation, après avoir tenté de violer Artémis, et son chien devient l'étoile de la Canicule, Sirius. L'arrière-saison correspond à l'été : en Grèce, de mi-juillet à fin août, la Canicule provoquait de nombreuses maladies.
4. Manière d'exprimer une douleur morale intense et geste traditionnel de la lamentation funèbre ; cf. Reiner, 1938, p. 42-43 ; Alexiou, 1974, p. 6.

κείμενον· ἦ κέ μοι αἰνὸν ἀπὸ πραπίδων ἄχος ἔλθοι·
ὃς μ' υἱῶν πολλῶν τε καὶ ἐσθλῶν εὖνιν ἔθηκε,
κτείνων καὶ περνὰς νήσων ἐπὶ τηλεδαπάων.   45
Καὶ γὰρ νῦν δύο παῖδε, Λυκάονα καὶ Πολύδωρον,
οὐ δύναμαι ἰδέειν Τρώων εἰς ἄστυ ἀλέντων,
τούς μοι Λαοθόη τέκετο, κρείουσα γυναικῶν.
Ἀλλ' εἰ μὲν ζώουσι μετὰ στρατῷ, ἦ τ' ἂν ἔπειτα
χαλκοῦ τε χρυσοῦ τ' ἀπολυσόμεθ'· ἔστι γὰρ ἔνδον·   50
πολλὰ γὰρ ὤπασε παιδὶ γέρων ὀνομάκλυτος Ἄλτης·
εἰ δ' ἤδη τεθνᾶσι καὶ εἰν Ἀίδαο δόμοισιν,
ἄλγος ἐμῷ θυμῷ καὶ μητέρι, τοὶ τεκόμεσθα·
λαοῖσιν δ' ἄλλοισι μινυνθαδιώτερον ἄλγος
ἔσσεται, ἢν μὴ καὶ σὺ θάνῃς Ἀχιλῆι δαμασθείς.   55
 Ἀλλ' εἰσέρχεο τεῖχος, ἐμὸν τέκος, ὄφρα σαώσῃς
Τρῶας καὶ Τρῳάς, μηδὲ μέγα κῦδος ὀρέξῃς
Πηλείδῃ, αὐτὸς δὲ φίλης αἰῶνος ἀμερθῇς·
πρὸς δ' ἐμὲ τὸν δύστηνον ἔτι φρονέοντ' ἐλέησον,
δύσμορον, ὅν ῥα πατὴρ Κρονίδης ἐπὶ γήραος οὐδῷ 60
αἴσῃ ἐν ἀργαλέῃ φθίσει, κακὰ πόλλ' ἐπιδόντα,
υἷάς τ' ὀλλυμένους ἑλκηθείσας τε θύγατρας,
καὶ θαλάμους κεραϊζομένους, καὶ νήπια τέκνα
βαλλόμενα προτὶ γαίῃ ἐν αἰνῇ δηιοτῆτι,
ἑλκομένας τε νυοὺς ὀλοῇς ὑπὸ χερσὶν Ἀχαιῶν·   65
αὐτὸν δ' ἂν πύματόν με κύνες πρώτῃσι θύρῃσιν
ὠμησταὶ ἐρύουσιν, ἐπεί κέ τις ὀξέι χαλκῷ
τύψας ἠὲ βαλὼν ῥεθέων ἐκ θυμὸν ἕληται,

chagrin atroce enfin quitterait mon cœur. Il m'a pris tant
de fils, et si braves, qu'il a tués ou vendus dans des îles
lointaines ! Et aujourd'hui encore, il est deux de mes
fils, Lycaon, Polydore, que je n'arrive pas à apercevoir
parmi les Troyens qui ont rallié la ville. Ce sont ceux que
m'avait donnés Laothoé, noble femme entre toutes. S'ils
sont vivants encore au milieu du camp, nous les rachè-
terons à prix de bronze et d'or ; ce n'est pas là ce qui
manque chez nous : Altès[5], l'illustre vieillard, en a
donné largement à sa fille… Mais, si déjà ils ont péri,
s'ils sont aux demeures d'Hadès, quelle peine pour notre
cœur, à moi et à leur mère, qui leur avons donné le jour !
Pour le reste des nôtres la peine cependant sera beaucoup plus brève, si toi, du moins, tu ne succombes pas,
dompté par Achille. Va, rentre dans nos murs, mon
enfant : tu sauveras ainsi les Troyens et Troyennes, tu ne
donneras pas une immense gloire au fils de Pélée, tu ne
perdras pas toi-même la vie. Et puis aie pitié de moi
aussi, de moi, le pauvre vieux, qui garde quelque sens
encore, de moi, le malheureux que Zeus Père va faire
périr sous le coup d'un destin cruel au seuil même de la
vieillesse, après avoir vu mille maux : ses fils agoni-
sants, ses filles traînées en servage, ses chambres rava-
gées, ses petits-fils précipités à terre dans l'atroce carnage, et ses brus enlevées entre les bras maudits des
Achéens ; tandis que, pour finir, les chiens carnassiers
me mettront moi-même en pièces à la première de mes
portes, dès que le bronze aigu d'une épée ou d'un trait
aura pris la vie à mes membres – ces chiens que je nour-
rissais à ma table, dans mon palais, pour monter la garde
à mes portes, et qui, après avoir humé mon sang, le cœur

---

5. Achille a tué Polydore dans la plaine (XX, 407-418) et Lycaon
près du Scamandre (XXI, 116-119). Fille d'Altès, roi des Lélèges,
Laothé est une des épouses légitimes de Priam.

οὓς τρέφον ἐν μεγάροισι τραπεζῆας θυραωρούς,
ἵ κ' ἐμὸν αἷμα πιόντες ἀλύσσοντες περὶ θυμῷ   70
κείσοντ' ἐν προθύροισι. Νέῳ δέ τε πάντ' ἐπέοικεν
Ἄρηι κταμένῳ, δεδαϊγμένῳ ὀξέι χαλκῷ,
κεῖσθαι· πάντα δὲ καλὰ θανόντι περ, ὅττι φανήῃ·
ἀλλ' ὅτε δὴ πολιόν τε κάρη πολιόν τε γένειον
αἰδῶ τ' αἰσχύνωσι κύνες κταμένοιο γέροντος,   75
τοῦτο δὴ οἴκτιστον πέλεται δειλοῖσι βροτοῖσιν. »

Ἦ ῥ' ὁ γέρων, πολιὰς δ' ἄρ' ἀνὰ τρίχας ἕλκετο χερσὶ
τίλλων ἐκ κεφαλῆς· οὐδ' Ἕκτορι θυμὸν ἔπειθε.
Μήτηρ δ' αὖθ' ἑτέρωθεν ὀδύρετο δάκρυ χέουσα,
κόλπον ἀνιεμένη, ἑτέρηφι δὲ μαζὸν ἀνέσχε·   80
καί μιν δάκρυ χέουσ' ἔπεα πτερόεντα προσηύδα·

« Ἕκτορ, τέκνον ἐμόν, τάδε τ' αἴδεο καί μ' ἐλέησον
αὐτήν, εἴ ποτέ τοι λαθικηδέα μαζὸν ἐπέσχον·
τῶν μνῆσαι, φίλε τέκνον, ἄμυνε δὲ δήιον ἄνδρα
τείχεος ἐντὸς ἐών, μηδὲ πρόμος ἵστασο τούτῳ,   85
σχέτλιος· εἴ περ γάρ σε κατακτάνῃ, οὔ σ' ἔτ' ἔγωγε
κλαύσομαι ἐν λεχέεσσι, φίλον θάλος, ὃν τέκον αὐτή,
οὐδ' ἄλοχος πολύδωρος· ἄνευθε δέ σε μέγα νῶιν
Ἀργείων παρὰ νηυσὶ κύνες ταχέες κατέδονται. »

Ὣς τώ γε κλαίοντε προσαυδήτην φίλον υἱόν,   90
πολλὰ λισσομένω· οὐδ' Ἕκτορι θυμὸν ἔπειθον,
ἀλλ' ὅ γε μίμν' Ἀχιλῆα πελώριον ἆσσον ἰόντα·

6. Terrible image qui évoque un futur pire que la simple mort :
Priam imagine la mise à sac de Troie, le pillage de ses biens, le
désordre social. Ses chiens domestiqués, qui partageaient sa nourriture et gardaient ses trésors, vont se transformer en bêtes sauvages et
inverser les relations de subordination en dévorant leur maître ;
cf. Segal, 1971, p. 33 ss.

en furie, s'étendront dans mon vestibule[6] ! À un jeune
guerrier tué par l'ennemi, déchiré par le bronze aigu,
tout va. Tout ce qu'il laisse voir, même mort, est beau[7].
Mais des chiens que l'on voit insulter à un front blanc, à
une barbe blanche, à la virilité d'un vieux massacré, il
n'est rien de plus pitoyable pour les malheureux
humains ! »

Ainsi dit le vieillard et, à pleines mains, il se tire, il
s'arrache ses cheveux blancs de la tête, sans pour autant
persuader l'âme d'Hector. Sa mère, de son côté, se
lamente en versant des pleurs. Elle fait d'une main tomber le haut de sa robe, de l'autre soulève son sein, et,
toute en pleurs, elle lui dit ces mots ailés :

« Hector, mon enfant, aie respect de ce sein. Et de
moi aussi aie pitié[8], de moi qui t'ai jadis offert cette
mamelle où s'oublient les soucis ; souviens-t'en, mon
enfant ! Si tu veux repousser ce guerrier ennemi, fais-le
donc de derrière nos murs, et ne te campe pas en champion devant lui. Ah ! cruel ! s'il te tue, je ne pourrai pas,
mon grand, te pleurer sur un lit funèbre, ni moi, qui t'ai
donné le jour, ni non plus l'épouse que tu as payée de
tant de présents ; et, bien loin de nous, près des nefs, les
chiens rapides des Argiens te mangeront. »

Ainsi père et mère parlent à leur fils en pleurant et
instamment le supplient, sans pour autant persuader
l'âme d'Hector. Il reste toujours là, attendant l'approche
du gigantesque Achille. Tel un serpent des montagnes,

7. Beauté virile rehaussée par la trace des blessures, jeunesse du
guerrier : telles sont les qualités prêtées au héros, digne d'être chanté,
dans sa belle mort. Cf. Vernant, 1989, p. 41-101.
8. Peu de scènes sont aussi pathétiques que celle où Hécube supplie son fils, en dévoilant son sein, emblème féminin de la maternité,
le lieu où « s'oublient les soucis » (*lathikêdea mazon*, 83). Hécube
emploie ici les mots de la supplication, celle que fait le guerrier qui
demande grâce (cf. XXI, 74).

ὡς δὲ δράκων ἐπὶ χειῇ ὀρέστερος ἄνδρα μένῃσι,
βεβρωκὼς κακὰ φάρμακ᾽, ἔδυ δέ τέ μιν χόλος αἰνός,
σμερδαλέον δὲ δέδορκεν ἑλισσόμενος περὶ χειῇ·   95
ὣς Ἕκτωρ ἄσβεστον ἔχων μένος οὐχ ὑπεχώρει,
πύργῳ ἔπι προὔχοντι φαεινὴν ἀσπίδ᾽ ἐρείσας·
ὀχθήσας δ᾽ ἄρα εἶπε πρὸς ὃν μεγαλήτορα θυμόν·

   « Ὤ μοι ἐγών, εἰ μέν κε πύλας καὶ τείχεα δύω,
Πουλυδάμας μοι πρῶτος ἐλεγχείην ἀναθήσει,   100
ὅς μ᾽ ἐκέλευε Τρωσὶ ποτὶ πτόλιν ἡγήσασθαι
νύχθ᾽ ὑπὸ τήνδ᾽ ὀλοήν, ὅτε τ᾽ ὤρετο δῖος Ἀχιλλεύς·
ἀλλ᾽ ἐγὼ οὐ πιθόμην· ἦ τ᾽ ἂν πολὺ κέρδιον ἦεν·
νῦν δ᾽ ἐπεὶ ὤλεσα λαὸν ἀτασθαλίῃσιν ἐμῇσιν,
αἰδέομαι Τρῶας καὶ Τρῳάδας ἑλκεσιπέπλους,   105
μή ποτέ τις εἴπῃσι κακώτερος ἄλλος ἐμεῖο·
   « Ἕκτωρ ἧφι βίηφι πιθήσας ὤλεσε λαόν »·
ὣς ἐρέουσιν· ἐμοὶ δὲ τότ᾽ ἂν πολὺ κέρδιον εἴη
ἄντην ἢ Ἀχιλῆα κατακτείναντα νέεσθαι,
ἠέ κεν αὐτῷ ὀλέσθαι ἐυκλειῶς πρὸ πόληος.   110
Εἰ δέ κεν ἀσπίδα μὲν καταθείομαι ὀμφαλόεσσαν
καὶ κόρυθα βριαρήν, δόρυ δὲ πρὸς τεῖχος ἐρείσας
αὐτὸς ἰὼν Ἀχιλῆος ἀμύμονος ἀντίος ἔλθω
καί οἱ ὑπόσχωμαι Ἑλένην καὶ κτήμαθ᾽ ἅμ᾽ αὐτῇ,
πάντα μάλ᾽ ὅσσά τ᾽ Ἀλέξανδρος κοίλῃς ἐνὶ νηυσὶν   115
ἠγάγετο Τροίην δ᾽, ἥ τ᾽ ἔπλετο νείκεος ἀρχή,
δωσέμεν Ἀτρείδῃσιν ἄγειν, ἅμα δ᾽ ἀμφὶς Ἀχαιοῖς
ἄλλ᾽ ἀποδάσσασθαι, ὅσσα πτόλις ἥδε κέκευθε·

9. C'est-à-dire qu'Hector laisse le bord inférieur de son bouclier
reposer sur la saillie du rempart pour soulager son épaule ; image analogue au vers 112, lorsqu'Achille « s'appuie sur sa lance à la pointe de
bronze ».

sur son trou, attend l'homme ; il s'est repu de poisons malfaisants, une colère atroce le pénètre ; il regarde d'un œil effrayant, lové autour de son trou. Tel Hector, plein d'une ardeur que rien ne peut éteindre, demeure là, sans reculer, son écu brillant appuyé sur la saillie du rempart[9]. Lors il s'irrite et dit à son cœur magnanime :

« Ah ! misère ! si je franchis les portes et la muraille, Polydamas sera le premier à m'en faire honte, lui qui me conseillait de diriger les Troyens vers la ville, dans cette nuit maudite qui a vu se lever le divin Achille. Et je ne l'ai pas cru... Comme cela eût mieux valu pourtant ! Et maintenant que j'ai, par ma folie, perdu mon peuple, j'ai honte en face des Troyens, des Troyennes aux robes traî-nantes. Je ne veux pas qu'un moins brave que moi aille dire un jour : "Pour avoir eu trop confiance en sa force, Hector a perdu son peuple[10]." C'est là ce qu'on dira : pour moi, mieux vaudrait cent fois affronter Achille et ne revenir qu'après l'avoir tué, ou succomber sous lui, glorieusement, devant ma cité. – Pourtant, si je déposais là mon bouclier bombé et mon casque puissant, si j'ap-puyais ma pique à la muraille et si j'allais droit à Achille sans reproche, pour lui promettre qu'Hélène, et les tré-sors qui l'ont suivie, tout ce qu'Alexandre a jadis amené sur ses nefs creuses à Troie – et qui a été l'origine même de notre querelle – tout cela je le donnerai aux Atrides – qu'ils l'emmènent ! – en même temps que je partagerai aussi aux Achéens tout ce qu'enferme cette ville, et que

10. Les vers 104-106 font écho aux vers 441-443 du chant VI, mais de façon inversée. Alors que dans son entretien avec Andromaque (chant VI), il évoquait la honte – *aidôs* (*aideomai*, v. 43) – que, vis-à-vis de son peuple, il ressentirait à rester loin de la bataille, il évoque maintenant, dans les mêmes termes, la honte qui s'abat sur lui, pour « avoir eu trop confiance en sa force [...] il a perdu son peuple » (v. 107). La « tragédie » d'Hector est bien là : « C'est précisément sa vertu singulière qui cause la perte de ce héros, à la fois humain et res-ponsable », écrit Redfield, 1986, p. 199.

Τρωσὶν δ' αὖ μετόπισθε γερούσιον ὅρκον ἕλωμαι
μή τι κατακρύψειν, ἀλλ' ἄνδιχα πάντα δάσασθαι   120
κτῆσιν ὅσην πτολίεθρον ἐπήρατον ἐντὸς ἐέργει —
Ἀλλὰ τί ἦ μοι ταῦτα φίλος διελέξατο θυμός ;
μή μιν ἐγὼ μὲν ἵκωμαι ἰών, ὁ δέ μ' οὐκ ἐλεήσει
οὐδέ τί μ' αἰδέσεται, κτενέει δέ με γυμνὸν ἐόντα
αὔτως ὥς τε γυναῖκα, ἐπεί κ' ἀπὸ τεύχεα δύω.   125
Οὐ μέν πως νῦν ἔστιν ἀπὸ δρυὸς οὐδ' ἀπὸ πέτρης
τῷ ὀαριζέμεναι, ἅ τε παρθένος ἠίθεός τε,
παρθένος ἠίθεός τ' ὀαρίζετον ἀλλήλοιιν·
βέλτερον αὖτ' ἔριδι ξυνελαυνέμεν ὅττι τάχιστα·
εἴδομεν ὁπποτέρῳ κεν Ὀλύμπιος εὖχος ὀρέξῃ. »   130
   Ὣς ὅρμαινε μένων, ὁ δέ οἱ σχεδὸν ἦλθεν Ἀχιλλεὺς
ἶσος Ἐνυαλίῳ, κορυθάικι πτολεμιστῇ,
σείων Πηλιάδα μελίην κατὰ δεξιὸν ὦμον
δεινήν· ἀμφὶ δὲ χαλκὸς ἐλάμπετο εἴκελος αὐγῇ
ἢ πυρὸς αἰθομένου ἢ ἠελίου ἀνιόντος.   135
Ἕκτορα δ', ὡς ἐνόησεν, ἕλε τρόμος· οὐδ' ἄρ' ἔτ' ἔτλη
αὖθι μένειν, ὀπίσω δὲ πύλας λίπε, βῆ δὲ φοβηθείς·
Πηλεΐδης δ' ἐπόρουσε ποσὶ κραιπνοῖσι πεποιθώς.
Ἠύτε κίρκος ὄρεσφιν, ἐλαφρότατος πετεηνῶν,
ῥηιδίως οἴμησε μετὰ τρήρωνα πέλειαν,   140
ἡ δέ θ' ὕπαιθα φοβεῖται, ὁ δ' ἐγγύθεν ὀξὺ λεληκὼς
ταρφέ' ἐπαΐσσει, ἑλέειν τέ ἑ θυμὸς ἀνώγει·
ὣς ἄρ' ὅ γ' ἐμμεμαὼς ἰθὺς πέτετο, τρέσε δ' Ἕκτωρ
τεῖχος ὑπὸ Τρώων, λαιψηρὰ δὲ γούνατ' ἐνώμα.
Οἱ δὲ παρὰ σκοπιὴν καὶ ἐρινεὸν ἠνεμόεντα   145
τείχεος αἰὲν ὑπ' ἐκ κατ' ἀμαξιτὸν ἐσσεύοντο.

j'obtiendrai même des Anciens de Troie le serment de ne rien dérober et de faire deux parts de toutes les richesses que garde dans ses murs notre aimable cité… Mais qu'a besoin mon cœur de disputer ainsi ? N'ai-je pas à craindre, si je vais à lui, qu'il n'ait pour moi ni pitié ni respect, et qu'il ne me tue, aussi désarmé qu'une femme, lorsque j'aurai dépouillé mon harnois ? Non, non, ce n'est pas l'heure de remonter au chêne et au rocher[11], et de deviser tendrement comme jeune homme et jeune fille – comme jeune homme et jeune fille tendrement devisent ensemble. Mieux vaut vider notre querelle, en nous rencontrant au plus tôt. Sachons à qui des deux l'Olympien entend donner la gloire. »

C'est ainsi qu'il songe, attendant. Mais voici qu'Achille s'approche, pareil à Ényale, guerrier au casque bondissant. Sa pique en frêne du Pélion est là, qui vibre à son épaule droite, effrayante, et, tout autour de lui, le bronze resplendit, pareil à l'éclat du feu qui flamboie ou du soleil qui se lève. Dès qu'il le voit, la terreur prend Hector. Il n'a plus le cœur de rester où il est ; laissant derrière lui les portes, il part et prend la fuite[12] ; et le fils de Pélée s'élance, sûr de ses pieds agiles. Ainsi dans les montagnes, le milan, rapide entre les oiseaux, d'un élan aisé, fond sur la palombe timide. Elle, se dérobe et fuit. Lui, avec des cris aigus, se rapproche, à bonds pressés : son cœur lui enjoint de la prendre. Ainsi, Achille, ardent, vole droit sur Hector, qui fuit, pris de peur, sous le rempart de Troie, et joue, rapide, des jarrets. Ils passent donc la guette et le figuier battu des vents, s'écartant toujours plus des murs, et s'élancent sur

11. Expression proverbiale (cf. Hésiode, *Théogonie*, 35), dont le sens ne peut être établi avec certitude, mais où les Anciens voyaient une allusion aux mythes qui faisaient sortir la race humaine soit des arbres, soit des pierres.
12. Au spectacle du flamboiement d'Achille, la déroute (*tromos*, 136) s'empare d'Hector, il a peur et il prend la fuite (*phobêtheis*, 137).

κρουνὼ δ' ἵκανον καλλιρρόω· ἔνθα δὲ πηγαὶ
δοιαὶ ἀναΐσσουσι Σκαμάνδρου δινήεντος·
ἡ μὲν γάρ θ' ὕδατι λιαρῷ ῥέει, ἀμφὶ δὲ καπνὸς
γίνεται ἐξ αὐτῆς ὡς εἰ πυρὸς αἰθομένοιο·　　　　　150
ἡ δ' ἑτέρη θέρει προρέει εἰκυῖα χαλάζῃ,
ἢ χιόνι ψυχρῇ, ἢ ἐξ ὕδατος κρυστάλλῳ.
Ἔνθα δ' ἐπ' αὐτάων πλυνοὶ εὐρέες ἐγγὺς ἔασι
καλοὶ λαΐνεοι, ὅθι εἵματα σιγαλόεντα
πλύνεσκον Τρώων ἄλοχοι καλαί τε θύγατρες　　　155
τὸ πρὶν ἐπ' εἰρήνης, πρὶν ἐλθεῖν υἷας Ἀχαιῶν·
τῇ ῥα παραδραμέτην, φεύγων, ὁ δ' ὄπισθε διώκων·
πρόσθε μὲν ἐσθλὸς ἔφευγε, δίωκε δέ μιν μέγ' ἀμείνων
καρπαλίμως, ἐπεὶ οὐχ ἱερήιον οὐδὲ βοείην
ἀρνύσθην, ἅ τε ποσσὶν ἀέθλια γίνεται ἀνδρῶν,　　　160
ἀλλὰ περὶ ψυχῆς θέον Ἕκτορος ἱπποδάμοιο.
Ὡς δ' ὅτ' ἀεθλοφόροι περὶ τέρματα μώνυχες ἵπποι
ῥίμφα μάλα τρωχῶσι· τὸ δὲ μέγα κεῖται ἄεθλον,
ἢ τρίπος ἠὲ γυνή, ἀνδρὸς κατατεθνηῶτος·
ὣς τὼ τρὶς Πριάμοιο πόλιν πέρι δινηθήτην　　　165
καρπαλίμοισι πόδεσσι· θεοὶ δ' ἐς πάντες ὁρῶντο·
τοῖσι δὲ μύθων ἦρχε πατὴρ ἀνδρῶν τε θεῶν τε·

　α Ὢ πόποι, ἦ φίλον ἄνδρα διωκόμενον περὶ τεῖχος
ὀφθαλμοῖσιν ὁρῶμαι· ἐμὸν δ' ὀλοφύρεται ἦτορ
Ἕκτορος, ὅς μοι πολλὰ βοῶν ἐπὶ μηρί' ἔκηεν　　　170
Ἴδης ἐν κορυφῇσι πολυπτύχου, ἄλλοτε δ' αὖτε
ἐν πόλει ἀκροτάτῃ· νῦν αὖτέ ἑ δῖος Ἀχιλλεὺς
ἄστυ περὶ Πριάμοιο ποσὶν ταχέεσσι διώκει.
Ἀλλ' ἄγετε φράζεσθε, θεοί, καὶ μητιάασθε

la grande route. Ils atteignent ainsi les deux fontaines
aux belles eaux. Là jaillissent les deux sources du
Scamandre tourbillonnant. De l'une coule une onde
tiède ; une vapeur s'en élève, toute semblable à celle du
feu flamboyant. De l'autre, en plein été, sort un flot
pareil à la grêle, à la neige froide, à l'eau congelée. À
côté sont de larges et beaux lavoirs de pierre, où les
femmes et les belles filles de Troie lavaient leurs vêtements brillants, jadis, aux jours de la paix, avant que
vinssent les fils des Achéens. Ils les dépassent en courant, l'un fuyant, l'autre, derrière, le poursuivant.
Devant, c'est un brave qui fuit, mais plus brave est encore celui qui le poursuit – à toutes jambes[13]. C'est
qu'ils ne luttent pas pour une victime, pour une peau de
bœuf, pour ce qui est le prix d'un concours de vitesse,
mais pour la vie d'Hector dompteur de cavales. On dirait
des coursiers aux sabots massifs, déjà souvent vainqueurs, qui, à toute allure, contournent la borne : un prix
de valeur leur est proposé, un trépied, une femme, pour
honorer un guerrier mort. Ainsi, par trois fois, de leurs
pieds rapides, ils font le tour de la ville de Priam. Et tous
les dieux les contemplent[14]. Le Père des dieux et des
hommes prend alors, le premier, la parole :

« Ah ! l'homme m'est cher, que je vois de mes yeux
poursuivi autour du rempart, et mon âme se désole pour
Hector : il m'a brûlé tant de cuisseaux de bœufs, tantôt
sur les cimes de l'Ida aux replis sans nombre, tantôt sur
son acropole ! Et maintenant voici le divin Achille qui,
de ses pieds rapides, le poursuit tout autour de la cité de
Priam. Allons ! réfléchissez, dieux, et consultez. Le sau-

13. Analysant les mécanismes de la peur *(Phobos)*, N. Loraux
commente ainsi ce passage : « Achille terrifiant, Hector terrifié sont
comme fondus en un seul élan, ce que dit le duel, forme verbale de la
dualité qui ne fait qu'un *(paradrametên)*. Les deux héros rivalisent de
vitesse », cf. Loraux, 1989, p. 100.

14. Ainsi que les Troyens du haut des remparts et l'armée grecque
un peu en retrait (cf. 206-207).

ἠέ μιν ἐκ θανάτοιο σαώσομεν, ἦέ μιν ἤδη   175
Πηλείδῃ Ἀχιλῆι δαμάσσομεν ἐσθλὸν ἐόντα. »
    Τὸν δ᾽ αὖτε προσέειπε θεὰ γλαυκῶπις Ἀθήνη·
« Ὦ πάτερ ἀργικέραυνε, κελαινεφές, οἷον ἔειπες·
ἄνδρα θνητὸν ἐόντα, πάλαι πεπρωμένον αἴσῃ,
ἂψ ἐθέλεις θανάτοιο δυσηχέος ἐξαναλῦσαι;   180
ἔρδ᾽· ἀτὰρ οὔ τοι πάντες ἐπαινέομεν θεοὶ ἄλλοι. »
    Τὴν δ᾽ ἀπαμειβόμενος προσέφη νεφεληγερέτα Ζεύς·
« Θάρσει, Τριτογένεια, φίλον τέκος· οὔ νύ τι θυμῷ
πρόφρονι μυθέομαι, ἐθέλω δέ τοι ἤπιος εἶναι·
ἔρξον ὅπῃ δή τοι νόος ἔπλετο, μηδ᾽ ἔτ᾽ ἐρώει. »   185
    Ὣς εἰπὼν ὤτρυνε πάρος μεμαυῖαν Ἀθήνην·
βῆ δὲ κατ᾽ Οὐλύμποιο καρήνων ἀίξασα.
    Ἕκτορα δ᾽ ἀσπερχὲς κλονέων ἔφεπ᾽ ὠκὺς Ἀχιλλεύς·
ὡς δ᾽ ὅτε νεβρὸν ὄρεσφι κύων ἐλάφοιο δίηται,
ὄρσας ἐξ εὐνῆς, διά τ᾽ ἄγκεα καὶ διὰ βήσσας·   190
τὸν δ᾽ εἴ πέρ τε λάθῃσι καταπτήξας ὑπὸ θάμνῳ,
ἀλλά τ᾽ ἀνιχνεύων θέει ἔμπεδον, ὄφρά κεν εὕρῃ·
ὣς Ἕκτωρ οὐ λῆθε ποδώκεα Πηλείωνα.
Ὁσσάκι δ᾽ ὁρμήσειε πυλάων Δαρδανιάων
ἀντίον ἀίξασθαι ἐυδμήτους ὑπὸ πύργους,   195
εἴ πώς οἱ καθύπερθεν ἀλάλκοιεν βελέεσσι,
τοσσάκι μιν προπάροιθεν ἀποστρέψασκε παραφθὰς
πρὸς πεδίον· αὐτὸς δὲ ποτὶ πτόλιος πέτετ᾽ αἰεί.
Ὡς δ᾽ ἐν ὀνείρῳ οὐ δύναται φεύγοντα διώκειν·
οὔτ᾽ ἄρ᾽ ὁ τὸν δύναται ὑποφεύγειν οὔθ᾽ ὁ διώκειν·   200

verons-nous de la mort ? ou allons-nous à cette heure,
pour brave qu'il soit, le faire tomber sous Achille, le fils
de Pélée ?

La déesse aux yeux pers, Athéné, lui répond :

« Père à la foudre blanche, à la nuée noire, quels
mots dis-tu là ? Quoi ! un simple mortel, depuis longtemps voué à son destin, tu voudrais maintenant le sous-
traire à la mort cruelle ? À ta guise ! mais nous, les
autres dieux, nous ne sommes pas tous d'accord pour
t'approuver. »

L'assembleur des nuée, Zeus, à son tour réplique :

« Va, n'aie pas peur, Tritogénie[15], ma fille. Je ne
parle pas d'un cœur tout à fait franc, et je veux avec toi
être débonnaire. Fais suivant tes desseins, et ne tarde
plus. »

Il dit et avive l'ardeur déjà brûlante d'Athéné. D'un
bond, elle descend des cimes de l'Olympe.

Cependant le rapide Achille obstinément bouscule et
poursuit Hector. On dirait un chien qui, dans les montagnes, suit le faon d'une biche, qu'il a levé au gîte, par
les combes et les vallées. Le faon s'est-il, sans être vu,
terré sous un taillis : le chien court à sa recherche, obstinément, jusqu'à ce qu'il l'ait trouvé. De même Hector
ne parvient pas à échapper à l'œil du rapide fils de Pélée.
À chaque fois qu'il songe à se jeter sur les portes dardaniennes et à se placer sous le bon rempart, dans l'espoir
que les Troyens de là-haut le défendront avec leurs
traits, à chaque fois Achille, prenant les devants, lui
coupe la route et le détourne vers la plaine, en volant
toujours lui-même dans la direction de la ville. Ainsi
qu'un homme dans un rêve n'arrive pas à poursuivre un
fuyard, et que celui-ci à son tour ne peut pas plus fuir
que l'autre le poursuivre ; ainsi Achille, en ce jour, n'ar-

15. Sur cette épithète au sens obscur, cf. IV, 515 ; VIII, 38, et
vol. I, n. 19, p. 181.

ὣς ὁ τὸν οὐ δύνατο μάρψαι ποσίν, οὐδ' ὃς ἀλύξαι.
Πῶς δέ κεν Ἕκτωρ κῆρας ὑπεξέφυγεν θανάτοιο,
εἰ μή οἱ πύματόν τε καὶ ὕστατον ἤντετ' Ἀπόλλων
ἐγγύθεν, ὅς οἱ ἐπῶρσε μένος λαιψηρά τε γοῦνα ;
Λαοῖσιν δ' ἀνένευε καρήατι δῖος Ἀχιλλεύς,   205
οὐδ' ἔα ἱέμεναι ἐπὶ Ἕκτορι πικρὰ βέλεμνα,
μή τις κῦδος ἄροιτο βαλών, ὁ δὲ δεύτερος ἔλθοι.
Ἀλλ' ὅτε δὴ τὸ τέταρτον ἐπὶ κρουνοὺς ἀφίκοντο,
καὶ τότε δὴ χρύσεια πατὴρ ἐτίταινε τάλαντα,
ἐν δ' ἐτίθει δύο κῆρε τανηλεγέος θανάτοιο,   210
τὴν μὲν Ἀχιλλῆος, τὴν δ' Ἕκτορος ἱπποδάμοιο,
ἕλκε δὲ μέσσα λαβών· ῥέπε δ' Ἕκτορος αἴσιμον ἦμαρ,
ᾤχετο δ' εἰς Ἀίδαο, λίπεν δέ ἑ Φοῖβος Ἀπόλλων·

Πηλείωνα δ' ἵκανε θεὰ γλαυκῶπις Ἀθήνη,
ἀγχοῦ δ' ἱσταμένη ἔπεα πτερόεντα προσηύδα·   215
« Νῦν δὴ νῶί γ' ἔολπα, Διὶ φίλε φαίδιμ' Ἀχιλλεῦ,
οἴσεσθαι μέγα κῦδος Ἀχαιοῖσι προτὶ νῆας,
Ἕκτορα δηώσαντε μάχης ἄατόν περ ἐόντα·
οὔ οἱ νῦν ἔτι γ' ἔστι πεφυγμένον ἄμμε γενέσθαι,
οὐδ' εἴ κεν μάλα πολλὰ πάθοι ἑκάεργος Ἀπόλλων   220
προπροκυλινδόμενος πατρὸς Διὸς αἰγιόχοιο·
ἀλλὰ σὺ μὲν νῦν στῆθι καὶ ἄμπνυε, τόνδε δ' ἐγώ τοι
οἰχομένη πεπιθήσω ἐναντίβιον μαχέσασθαι. »

rive pas plus à atteindre Hector à la course qu'Hector à lui échapper. Et, dès lors, comment Hector eût-il pu se dérober aux déesses du trépas, si une fois encore – une dernière fois – Apollon n'était venu à lui, pour stimuler sa fougue et ses jarrets agiles ? Cependant le divin Achille, d'un signe aux siens, leur fait défense de lancer sur Hector leurs traits amers : il ne veut pas que quelque autre l'atteigne et en retire la gloire, alors qu'il ne viendrait lui, que le second. Mais les voici qui reviennent aux fontaines pour la quatrième fois. Cette fois, le Père des dieux déploie sa balance d'or[16] ; il y place les deux déesses du trépas douloureux, celle d'Achille, celle d'Hector, le dompteur de cavales ; puis, la prenant par le milieu, il la soulève, et c'est le jour fatal d'Hector qui, par son poids, l'emporte et disparaît dans l'Hadès. Alors Phœbos Apollon l'abandonne[17]. Au contraire, la déesse aux yeux pers, Athéné, s'en vient trouver le Péléide ; de lui elle s'approche et lui dit ces mots ailés :

« Cette fois, je crois bien qu'à nous deux, illustre Achille cher à Zeus, nous allons rapporter une grande gloire aux nefs des Achéens, en pourfendant Hector, si insatiable de bataille qu'il soit. Il ne peut plus à cette heure nous échapper, quand bien même Apollon Préservateur se donnerait tout le mal qu'il voudrait, en se roulant aux pieds de Zeus Père, qui tient l'égide. Arrête-toi donc maintenant, et souffle : je m'en vais, moi, le persuader de te combattre face à face. »

16. La poursuite dure déjà depuis trois tours ; au quatrième, Zeus décide que la mort d'Hector, depuis longtemps arrêtée, doit se produire à ce moment : il déploie sa balance d'or et sa décision est irrévocable.

17. Il faut noter l'extraordinaire force de ces deux vers (212-213) : tout se joue extrêmement vite : le destin d'Hector s'enfonce, disparaît dans l'Hadès, et Apollon aussitôt l'abandonne.

Ὣς φάτ' Ἀθηναίη, ὁ δ' ἐπείθετο, χαῖρε δὲ θυμῷ,
στῆ δ' ἄρ' ἐπὶ μελίης χαλκογλώχινος ἐρεισθείς.   225
Ἡ δ' ἄρα τὸν μὲν ἔλειπε, κιχήσατο δ' Ἕκτορα δῖον
Δηιφόβῳ ἐικυῖα δέμας καὶ ἀτειρέα φωνήν·
ἀγχοῦ δ' ἱσταμένη ἔπεα πτερόεντα προσηύδα·
« Ἠθεῖ', ἦ μάλα δή σε βιάζεται ὠκὺς Ἀχιλλεύς,
ἄστυ περὶ Πριάμοιο ποσὶν ταχέεσσι διώκων·   230
ἀλλ' ἄγε δὴ στέωμεν καὶ ἀλεξώμεσθα μένοντες. »
     Τὴν δ' αὖτε προσέειπε μέγας κορυθαίολος Ἕκτωρ·
« Δηίφοβ', ἦ μέν μοι τὸ πάρος πολὺ φίλτατος ἦσθα
γνωτῶν, οὓς Ἑκάβη ἠδὲ Πρίαμος τέκε παῖδας·
νῦν δ' ἔτι καὶ μᾶλλον νοέω φρεσὶ τιμήσασθαι,   235
ὃς ἔτλης ἐμεῦ εἵνεκ', ἐπεὶ ἴδες ὀφθαλμοῖσι,
τείχεος ἐξελθεῖν, ἄλλοι δ' ἔντοσθε μένουσι. »
     Τὸν δ' αὖτε προσέειπε θεὰ γλαυκῶπις Ἀθήνη·
« Ἠθεῖ', ἦ μὲν πολλὰ πατὴρ καὶ πότνια μήτηρ
λίσσονθ' ἑξείης γουνούμενοι, ἀμφὶ δ' ἑταῖροι,   240
αὖθι μένειν· τοῖον γὰρ ὑποτρομέουσιν ἅπαντες·
ἀλλ' ἐμὸς ἔνδοθι θυμὸς ἐτείρετο πένθεϊ λυγρῷ.
Νῦν δ' ἰθὺς μεμαῶτε μαχώμεθα, μηδέ τι δούρων
ἔστω φειδωλή, ἵνα εἴδομεν εἴ κεν Ἀχιλλεὺς
νῶι κατακτείνας ἔναρα βροτόεντα φέρηται   245
νῆας ἔπι γλαφυράς, ἦ κεν σῷ δουρὶ δαμείη. »
     Ὣς φαμένη καὶ κερδοσύνῃ ἡγήσατ' Ἀθήνη·
οἱ δ' ὅτε δὴ σχεδὸν ἦσαν ἐπ' ἀλλήλοισιν ἰόντες,
τὸν πρότερος προσέειπε μέγας κορυθαίολος Ἕκτωρ·
« Οὔ σ' ἔτι, Πηλέος υἱέ, φοβήσομαι, ὡς τὸ πάρος περ   250
τρὶς περὶ ἄστυ μέγα Πριάμου δίον, οὐδέ ποτ' ἔτλην
μεῖναι ἐπερχόμενον· νῦν αὖτέ με θυμὸς ἀνῆκε
στήμεναι ἀντία σεῖο· ἕλοιμί κεν, ἤ κεν ἁλοίην.

Ainsi dit Athéné : l'autre lui obéit, et son cœur est
en joie. Il s'arrête et s'appuie sur sa lance à pointe de
bronze, tandis qu'elle le laisse et s'en va trouver le divin
Hector. Elle a pris la stature de Déiphobe et sa voix sans
défaillance, et, s'approchant, elle lui dit ces mots ailés :

« Doux ami, le rapide Achille est en train de te for-
cer vraiment, en te poursuivant de ses pieds rapides tout
autour de la ville de Priam. Allons ! faisons halte, et
tenons-lui tête pour le repousser. »

Le grand Hector au casque étincelant répond :

« Déiphobe, tu étais déjà pour moi de beaucoup le
plus aimé de tous mes frères nés de Priam et d'Hécube.
Mais j'apprends aujourd'hui à te priser bien plus encore, toi qui, pour moi, as eu le cœur, dès que tes yeux
m'ont vu, de sortir du rempart, alors que les autres restent tous derrière. »

La déesse aux yeux pers, Athéné, lui répond :

« Ah ! doux ami, c'est avec instance que mon père et
ma digne mère m'ont supplié tour à tour, en se jetant à
mes pieds, et mes amis en m'entourant, de demeurer où
j'étais ; tant ils tremblent tous ! Mais mon cœur, au fond
de moi, était meurtri d'un deuil cruel. Allons, tous deux,
maintenant droit devant nous et combattons avec furie,
sans épargner nos javelines. Ainsi nous saurons si
Achille doit nous tuer ou emporter à ses nefs creuses nos
dépouilles sanglantes, ou bien s'il sera dompté par ta
lance. »

Ainsi dit Athéné, et, perfidement, elle lui montre le
chemin. Ils marchent l'un sur l'autre et entrent en
contact. Le grand Hector au casque étincelant alors, le
premier, dit :

« Je ne veux plus te fuir, fils de Pélée : c'est fini. Si
j'ai fait trois fois en courant le tour de la grande ville de
Priam, au lieu d'oser attendre ton attaque, cette fois en
revanche mon cœur me pousse à t'affronter. Je t'aurai,

'Αλλ' ἄγε δεῦρο θεοὺς ἐπιδώμεθα· τοὶ γὰρ ἄριστοι
μάρτυροι ἔσσονται καὶ ἐπίσκοποι ἁρμονιάων·   255
οὐ γὰρ ἐγώ σ' ἔκπαγλον ἀεικιῶ, αἴ κεν ἐμοὶ Ζεὺς
δώῃ καμμονίην, σὴν δὲ ψυχὴν ἀφέλωμαι·
ἀλλ' ἐπεὶ ἄρ κέ σε συλήσω κλυτὰ τεύχε', 'Αχιλλεῦ,
νεκρὸν 'Αχαιοῖσιν δώσω πάλιν· ὣς δὲ σὺ ῥέζειν. »
    Τὸν δ' ἄρ' ὑπόδρα ἰδὼν προσέφη πόδας ὠκὺς 'Αχιλλεύς·
« Ἕκτορ, μή μοι, ἄλαστε, συνημοσύνας ἀγόρευε·   261
ὡς οὐκ ἔστι λέουσι καὶ ἀνδράσιν ὅρκια πιστά,
οὐδὲ λύκοι καὶ ἄρνες ὁμόφρονα θυμὸν ἔχουσιν,
ἀλλὰ κακὰ φρονέουσι διαμπερὲς ἀλλήλοισιν,
ὣς οὐκ ἔστ' ἐμὲ καὶ σὲ φιλήμεναι, οὐδέ τι νῶιν   265
ὅρκια ἔσσονται, πρίν γ' ἢ ἕτερόν γε πεσόντα
αἵματος ἆσαι Ἄρηα, ταλαύρινον πολεμιστήν.
Παντοίης ἀρετῆς μιμνήσκεο· νῦν σε μάλα χρὴ
αἰχμητήν τ' ἔμεναι καὶ θαρσαλέον πολεμιστήν·
οὔ τοι ἔτ' ἔσθ' ὑπάλυξις, ἄφαρ δέ σε Παλλὰς 'Αθήνη   270
ἔγχει ἐμῷ δαμάᾳ· νῦν δ' ἀθρόα πάντ' ἀποτίσεις
κήδε' ἐμῶν ἑτάρων, οὓς ἔκτανες ἔγχεϊ θυίων. »
    Ἦ ῥα, καὶ ἀμπεπαλὼν προΐει δολιχόσκιον ἔγχος·
καὶ τὸ μὲν ἄντα ἰδὼν ἠλεύατο φαίδιμος Ἕκτωρ·
ἕζετο γὰρ προϊδών, τὸ δ' ὑπέρπτατο χάλκεον ἔγχος,   275
ἐν γαίῃ δ' ἐπάγη· ἀνὰ δ' ἥρπασε Παλλὰς 'Αθήνη,
ἂψ δ' 'Αχιλῆι δίδου, λάθε δ' Ἕκτορα, ποιμένα λαῶν·
Ἕκτωρ δὲ προσέειπεν ἀμύμονα Πηλεΐωνα·

ou tu m'auras. Allons ! prenons ici les dieux pour
garants : ils seront les meilleurs témoins et gardiens de
nos accords. Je ne songe pas, pour ma part, à t'infliger
de monstrueux outrages, si Zeus m'octroie de tenir bon
et de t'arracher la vie ; mais, au contraire, quand je t'aurai pris tes armes illustres, j'entends rendre ton corps,
Achille, aux Achéens. Fais donc, toi, de même. »

Achille aux pieds légers sur lui lève un œil sombre et
dit :

« Hector, ne viens pas, maudit, me parler d'accords[18]. Il n'est pas de pacte loyal entre les hommes et
les lions, pas plus que loups ni agneaux n'ont de cœurs
faits pour s'accorder ; sans relâche, au contraire, ils
méditent le malheur les uns des autres. Il ne nous est pas
permis davantage de nous aimer, toi et moi. Aucun pacte
entre nous n'interviendra, avant que l'un des deux n'ait,
en succombant, rassasié de son sang Arès, l'endurant
guerrier. Rappelle-toi donc toute ta vaillance : c'est bien
maintenant, si jamais, qu'il te faut être un combattant,
un guerrier intrépide. Il n'est plus pour toi de refuge ;
c'est à l'instant même que Pallas Athéné te va dompter
sous mon bras ; et tu vas payer d'un seul coup tous les
chagrins que j'ai sentis pour ceux des miens qu'a tués ta
pique furieuse. »

Il dit, et, brandissant sa javeline, il la lance en avant.
Mais l'illustre Hector la voit venir et l'évite : il a prévu
le coup et s'est accroupi ; la pique de bronze passe, dans
son vol, au-dessus de lui et va se ficher au sol. Pallas
Athéné aussitôt la saisit et la rend à Achille, sans être
vue d'Hector, le pasteur d'hommes. Hector alors
s'adresse au Péléide sans reproche :

18. Achille refuse, d'avance, de respecter le code grec de la
guerre et de l'honneur, c'est-à-dire de rendre le corps du guerrier
tombé en avant des lignes.

« Ἤμβροτες, οὐδ' ἄρα πώ τι, θεοῖς ἐπιείκελ' Ἀχιλλεῦ,
ἐκ Διὸς ἠείδης τὸν ἐμὸν μόρον· ἦ τοι ἔφης γε·   280
ἀλλά τις ἀρτιεπὴς καὶ ἐπίκλοπος ἔπλεο μύθων,
ὄφρά σ' ὑποδδείσας μένεος ἀλκῆς τε λάθωμαι.
Οὐ μέν μοι φεύγοντι μεταφρένῳ ἐν δόρυ πήξεις,
ἀλλ' ἰθὺς μεμαῶτι διὰ στήθεσφιν ἔλασσον,
εἴ τοι ἔδωκε θεός· νῦν αὖτ' ἐμὸν ἔγχος ἄλευαι   285
χάλκεον· ὥς δή μιν σῷ ἐν χροΐ πᾶν κομίσαιο·
καὶ κεν ἐλαφρότερος πόλεμος Τρώεσσι γένοιτο
σεῖο καταφθιμένοιο· σὺ γάρ σφισι πῆμα μέγιστον. »

Ἦ ῥα, καὶ ἀμπεπαλὼν προΐει δολιχόσκιον ἔγχος,
καὶ βάλε Πηλείδαο μέσον σάκος οὐδ' ἀφάμαρτε·   290
τῆλε δ' ἀπεπλάγχθη σάκεος δόρυ· χώσατο δ' Ἕκτωρ
ὅττι ῥά οἱ βέλος ὠκὺ ἐτώσιον ἔκφυγε χειρός,
στῆ δὲ κατηφήσας, οὐδ' ἄλλ' ἔχε μείλινον ἔγχος·
Δηίφοβον δ' ἐκάλει λευκάσπιδα μακρὸν ἀύσας·
ᾔτεέ μιν δόρυ μακρόν· ὁ δ' οὔ τί οἱ ἐγγύθεν ἦεν·   295
Ἕκτωρ δ' ἔγνω ᾗσιν ἐνὶ φρεσὶ φώνησέν τε·

« Ὢ πόποι, ἦ μάλα δή με θεοὶ θάνατον δὲ κάλεσσαν·
Δηίφοβον γὰρ ἔγωγ' ἐφάμην ἥρωα παρεῖναι·
ἀλλ' ὁ μὲν ἐν τείχει, ἐμὲ δ' ἐξαπάτησεν Ἀθήνη.
Νῦν δὲ δὴ ἐγγύθι μοι θάνατος κακός, οὐδ' ἔτ' ἄνευθεν   300
οὐδ' ἀλέη· ἦ γάρ ῥα πάλαι τό γε φίλτερον ἦεν
Ζηνί τε καὶ Διὸς υἷι Ἑκηβόλῳ, οἵ με πάρος γε
πρόφρονες εἰρύατο· νῦν αὖτέ με μοῖρα κιχάνει.
Μὴ μὰν ἀσπουδί γε καὶ ἀκλειῶς ἀπολοίμην,
ἀλλὰ μέγα ῥέξας τι καὶ ἐσσομένοισι πυθέσθαι. »   305

« Manqué ! Donc tu ne savais nullement de Zeus,
Achille pareil aux dieux, l'heure de ma mort. Tu le disais
pourtant ! Mais tu n'es qu'un beau parleur, un fourbe, et
tu voulais que, pris de peur, j'oubliasse[19] ma fougue et
ma valeur. Non, tu ne planteras pas ta pique au dos d'un
fuyard : je marche droit sur toi ; pousse-la-moi donc en
pleine poitrine, si le Ciel te le permet. Et, pour l'instant,
évite, toi, ma javeline de bronze. Ah ! si tu pouvais donc
l'emporter, toute, dans ta peau ! La guerre serait moins
lourde aux Troyens, si tu étais mort : pour eux, tu es le
pire des fléaux. »

Il dit, et brandissant sa longue javeline, il la lance en
avant. Et il atteint le Péléide au milieu de son bouclier,
sans faute. Mais la lance est rejetée bien loin de l'écu, et
Hector s'irrite de voir qu'un trait rapide est parti pour
rien de sa main. Il reste là, humilié ; il n'a plus de pique
de frêne. Il appelle d'un grand cri Déiphobe au bouclier
blanc, il demande une longue lance : et Déiphobe n'est
plus à ses côtés ! Hector en son cœur comprend, et il dit :

« Hélas ! point de doute, les dieux m'appellent à la
mort. Je croyais près de moi avoir le héros Déiphobe.
Mais il est dans nos murs : Pallas Athéné m'a joué ! À
cette heure, elle n'est plus loin, elle est là, pour moi toute
proche, la cruelle mort. Nul moyen de lui échapper.
C'était donc là depuis longtemps le bon plaisir de Zeus,
ainsi que de son fils, l'Archer, eux qui naguère me pro-
tégeaient si volontiers ! Et voici maintenant le Destin qui
me tient. Eh bien ! non, je n'entends pas mourir sans
lutte ni sans gloire, ni sans quelque haut fait, dont le récit
parvienne aux hommes à venir[20]. »

---

19. Tout le passage est encadré par le thème de la mémoire :
Hector n'entend plus fuir ; s'il a cédé un temps à la panique (il l'a dit
lui-même à Achille, v. 250-252), s'il avait oublié sa vaillance, il vient
de s'en souvenir.

20. Canon de l'idéal héroïque et raison d'être de la poésie épique,
qui prolongera les exploits du héros et consacrera sa gloire.

Ὣς ἄρα φωνήσας εἰρύσσατο φάσγανον ὀξύ,
τό οἱ ὑπὸ λαπάρην τέτατο μέγα τε στιβαρόν τε,
οἴμησεν δὲ ἀλεὶς ὥς τ' αἰετὸς ὑψιπετήεις,
ὅς τ' εἶσιν πεδίον δὲ διὰ νεφέων ἐρεβεννῶν
ἁρπάξων ἢ ἄρν' ἀμαλὴν ἢ πτῶκα λαγωόν·   310
ὣς Ἕκτωρ οἴμησε τινάσσων φάσγανον ὀξύ.
Ὡρμήθη δ' Ἀχιλεύς, μένεος δ' ἐμπλήσατο θυμὸν
ἀγρίου, πρόσθεν δὲ σάκος στέρνοιο κάλυψε
καλὸν δαιδάλεον, κόρυθι δ' ἐπένευε φαεινῇ
τετραφάλῳ· καλαὶ δὲ περισσείοντο ἔθειραι   315
χρύσεαι, ἃς Ἥφαιστος ἵει λόφον ἀμφὶ θαμειάς.
Οἷος δ' ἀστὴρ εἶσι μετ' ἀστράσι νυκτὸς ἀμολγῷ
Ἕσπερος, ὃς κάλλιστος ἐν οὐρανῷ ἵσταται ἀστήρ,
ὣς αἰχμῆς ἀπέλαμπ' εὐήκεος, ἣν ἄρ' Ἀχιλεὺς
πάλλεν δεξιτερῇ φρονέων κακὸν Ἕκτορι δίῳ,   320
εἰσορόων χρόα καλόν, ὅπη εἴξειε μάλιστα.
Τοῦ δὲ καὶ ἄλλο τόσον μὲν ἔχε χρόα χάλκεα τεύχε̣α,
καλά, τὰ Πατρόκλοιο βίην ἐνάριξε κατακτάς·
φαίνετο δ' ᾗ κληῖδες ἀπ' ὤμων αὐχέν' ἔχουσι,
λαυκανίην, ἵνα τε ψυχῆς ὤκιστος ὄλεθρος·   325
τῇ ῥ' ἐπὶ οἷ μεμαὼτ' ἔλασ' ἔγχεϊ δῖος Ἀχιλλεύς,
ἀντικρὺ δ' ἁπαλοῖο δι' αὐχένος ἤλυθ' ἀκωκή·
οὐδ' ἄρ' ἀπ' ἀσφάραγον μελίη τάμε χαλκοβάρεια,
ὄφρά τί μιν προτιείποι ἀμειβόμενος ἐπέεσσιν·
ἤριπε δ' ἐν κονίῃς· ὁ δ' ἐπεύξατο δῖος Ἀχιλλεύς·   330
« Ἕκτορ, ἀτάρ που ἔφης Πατροκλῆ' ἐξεναρίζων
σῶς ἔσσεσθ', ἐμὲ δ' οὐδὲν ὀπίζεο νόσφιν ἐόντα,
νήπιε· τοῖο δ' ἄνευθεν ἀοσσητὴρ μέγ' ἀμείνων
νηυσὶν ἐπὶ γλαφυρῇσιν ἐγὼ μετόπισθε λελείμμην,
ὅς τοι γούνατ' ἔλυσα· σὲ μὲν κύνες ἠδ' οἰωνοὶ   335
ἑλκήσουσ' ἀϊκῶς, τὸν δὲ κτεριοῦσιν Ἀχαιοί. »

Il dit, et il tire le glaive aigu suspendu à son flanc, le
glaive grand et fort ; puis, se ramassant, il prend son
élan, tel l'aigle de haut vol, qui s'en va vers la plaine, à
travers les nues ténébreuses, pour ravir un tendre agneau
ou un lièvre qui se terre ; tel s'élance Hector, agitant son
glaive aigu. Achille aussi bondit ; son cœur se remplit
d'une ardeur sauvage ; il couvre sa poitrine de son bel
écu ouvragé ; sur son front oscille son casque étincelant
à quatre bossettes, où voltige la crinière d'or splendide,
qu'Héphæstos a fait tomber en masse autour du cimier.
Comme l'étoile qui s'avance, entourée des autres
étoiles, au plein cœur de la nuit, comme l'Étoile du soir,
la plus belle qui ait sa place au firmament, ainsi luit la
pique acérée qu'Achille brandit dans sa droite, méditant
la perte du divin Hector et cherchant des yeux, sur sa
belle chair, où elle offrira le moins de résistance. Tout le
reste du corps est protégé par ses armes de bronze, les
belles armes dont il a dépouillé le puissant Patrocle,
après l'avoir tué. Un seul point se laisse voir, celui où la
clavicule sépare l'épaule du cou, de la gorge. C'est là
que la vie se laisse détruire au plus vite, c'est là que le
divin Achille pousse sa javeline contre Hector en pleine
ardeur. La pointe va tout droit à travers le cou délicat. La
lourde pique de bronze ne perce pas cependant la tra-
chée : il peut ainsi répondre et dire quelques mots. Et
cependant qu'il s'écroule dans la poussière, le divin
Achille triomphe :

« Hector, tu croyais peut-être, quand tu dépouillais
Patrocle, qu'il ne t'en coûterait rien ; tu n'avais cure de
moi ; j'étais si loin ! Pauvre sot !… Mais, à l'écart, près
des nefs creuses, un défenseur – bien plus brave – était
resté en arrière : moi, moi qui viens de te rompre les
genoux, et les chiens, les oiseaux te mettront en pièces
outrageusement, tandis qu'à lui les Achéens rendront les
honneurs funèbres :

Τὸν δ' ὀλιγοδρανέων προσέφη κορυθαίολος Ἕκτωρ·

« Λίσσομ' ὑπὲρ ψυχῆς καὶ γούνων σῶν τε τοκήων,

μή με ἔα παρὰ νηυσὶ κύνας καταδάψαι Ἀχαιῶν,

ἀλλὰ σὺ μὲν χαλκόν τε ἅλις χρυσόν τε δέδεξο,   340

δῶρα τά τοι δώσουσι πατὴρ καὶ πότνια μήτηρ,

σῶμα δὲ οἴκαδ' ἐμὸν δόμεναι πάλιν, ὄφρα πυρός με

Τρῶες καὶ Τρώων ἄλοχοι λελάχωσι θανόντα. »

Τὸν δ' ἄρ' ὑπόδρα ἰδὼν προσέφη πόδας ὠκὺς Ἀχιλλεύς·

« Μή με, κύον, γούνων γουνάζεο μηδὲ τοκήων·   345

αἲ γάρ πως αὐτόν με μένος καὶ θυμὸς ἀνείη

ὤμ' ἀποταμνόμενον κρέα ἔδμεναι, οἷά μ' ἔοργας,

ὡς οὐκ ἔσθ' ὃς σῆς γε κύνας κεφαλῆς ἀπαλάλκοι,

οὐδ' εἴ κεν δεκάκις τε καὶ εἰκοσινήριτ' ἄποινα

στήσωσ' ἐνθάδ' ἄγοντες, ὑπόσχωνται δὲ καὶ ἄλλα,   350

οὐδ' εἴ κέν σ' αὐτὸν χρυσῷ ἐρύσασθαι ἀνώγοι

Δαρδανίδης Πρίαμος· οὐδ' ὣς σέ γε πότνια μήτηρ

ἐνθεμένη λεχέεσσι γοήσεται, ὃν τέκεν αὐτή,

ἀλλὰ κύνες τε καὶ οἰωνοὶ κατὰ πάντα δάσονται. »

Τὸν δὲ καταθνῄσκων προσέφη κορυθαίολος Ἕκτωρ·   355

« Ἦ σ' εὖ γινώσκων προτιόσσομαι, οὐδ' ἄρ' ἔμελλον

πείσειν· ἦ γὰρ σοί γε σιδήρεος ἐν φρεσὶ θυμός.

Φράζεο νῦν, μή τοί τι θεῶν μήνιμα γένωμαι

ἤματι τῷ ὅτε κέν σε Πάρις καὶ Φοῖβος Ἀπόλλων

ἐσθλὸν ἐόντ' ὀλέσωσιν ἐνὶ Σκαιῇσι πύλῃσιν. »   360

21. Pour obtenir le *kleos aphtiton*, la « gloire impérissable », le
héros doit avoir accompli de grands exploits, que l'épopée chantera
pour en garder le souvenir, et son cadavre doit avoir reçu sa « part
d'honneur » (le *geras thanontôn*, cf. XVI, 457, 675), sa « part de

D'une voix défaillante, Hector au casque étincelant répond :

« Je t'en supplie, par ta vie, par tes genoux, par tes parents, ne laisse pas les chiens me dévorer près des nefs achéennes ; accepte bronze et or à ta suffisance ; accepte les présents que t'offriront mon père et ma digne mère ; rends-leur mon corps à ramener chez moi, afin que les Troyens et les femmes des Troyens au mort que je serai donnent sa part de feu[21]. »

Achille aux pieds rapides vers lui lève un œil sombre et dit :

« Non, chien, ne me supplie ni par mes genoux ni par mes parents. Aussi vrai que je voudrais voir ma colère et mon cœur m'induire à couper ton corps pour le dévorer tout cru[22], après ce que tu m'as fait, nul n'écartera les chiens de ta tête, quand même on m'amènerait, on me pèserait ici dix ou vingt fois la rançon, en m'en promettant davantage encore ; non, quand bien même Priam le Dardanide ferait dans la balance mettre ton pesant d'or ; non, quoi qu'on fasse, ta digne mère ne te placera pas sur un lit funèbre, pour pleurer celui qu'elle a mis au monde, et les chiens, les oiseaux te dévoreront tout entier. »

Et Hector, mourant, Hector au casque étincelant répond :

« Oui, oui, je n'ai qu'à te voir pour te connaître : je ne pouvais te persuader, un cœur de fer est en toi. Prends garde seulement que je ne sois pour toi le sujet du courroux céleste, le jour où Pâris et Phœbos Apollon, tout brave que tu es, te donneront la mort devant les portes Scées. »

---

feu » : sans funérailles, sans sépulture, il est exclu du monde des vivants comme de celui des morts. Voir Vernant, 1989, p. 41-79.

22. On notera que, s'il n'a toujours pas consommé de nourriture, se rassasiant de ses larmes (cf. *supra*, p. 127), Achille, dans sa fureur, envisage de manger la chair d'Hector.

Ὣς ἄρα μιν εἰπόντα τέλος θανάτοιο κάλυψε,
ψυχὴ δ' ἐκ ῥεθέων πταμένη Ἄιδος δὲ βεβήκει,
ὃν πότμον γοόωσα, λιποῦσ' ἀδροτῆτα καὶ ἥβην·
τὸν καὶ τεθνηῶτα προσηύδα δῖος Ἀχιλλεύς·

« Τέθναθι· κῆρα δ' ἐγὼ τότε δέξομαι, ὁππότε κεν δὴ   365
Ζεὺς ἐθέλῃ τελέσαι ἠδ' ἀθάνατοι θεοὶ ἄλλοι. »

Ἦ ῥα, καὶ ἐκ νεκροῖο ἐρύσσατο χάλκεον ἔγχος,
καὶ τό γ' ἄνευθεν ἔθηχ', ὁ δ' ἀπ' ὤμων τεύχε' ἐσύλα
αἱματόεντ'· ἄλλοι δὲ περίδραμον υἷες Ἀχαιῶν,
οἳ καὶ θηήσαντο φυὴν καὶ εἶδος ἀγητὸν   370
Ἕκτορος· οὐδ' ἄρα οἵ τις ἀνουτητί γε παρέστη·
ὧδε δέ τις εἴπεσκεν ἰδὼν ἐς πλησίον ἄλλον·

« Ὢ πόποι, ἦ μάλα δὴ μαλακώτερος ἀμφαφάασθαι
Ἕκτωρ ἢ ὅτε νῆας ἐνέπρησεν πυρὶ κηλέῳ. »

Ὣς ἄρα τις εἴπεσκε καὶ οὐτήσασκε παραστάς.   375
Τὸν δ' ἐπεὶ ἐξενάριξε ποδάρκης δῖος Ἀχιλλεύς,
στὰς ἐν Ἀχαιοῖσιν ἔπεα πτερόεντ' ἀγόρευεν·

« Ὢ φίλοι, Ἀργείων ἡγήτορες ἠδὲ μέδοντες,
ἐπεὶ δὴ τόνδ' ἄνδρα θεοὶ δαμάσασθαι ἔδωκαν,
ὃς κακὰ πόλλ' ἔρρεξεν, ὅσ' οὐ σύμπαντες οἱ ἄλλοι,   380
εἰ δ' ἄγετ' ἀμφὶ πόλιν σὺν τεύχεσι πειρηθῶμεν,
ὄφρά κέ τι γνῶμεν Τρώων νόον, ὅν τιν' ἔχουσιν,
ἢ καταλείψουσιν πόλιν ἄκρην τοῦδε πεσόντος,
ἦε μένειν μεμάασι καὶ Ἕκτορος οὐκέτ' ἐόντος.
Ἀλλὰ τί ἤ μοι ταῦτα φίλος διελέξατο θυμός;   385
κεῖται πὰρ νήεσσι νέκυς ἄκλαυτος ἄθαπτος
Πάτροκλος· τοῦ δ' οὐκ ἐπιλήσομαι, ὄφρ' ἂν ἔγωγε
ζωοῖσιν μετέω καί μοι φίλα γούνατ' ὀρώρῃ·

À peine a-t-il parlé : la mort, qui tout achève, déjà l'enveloppe. Son âme quitte ses membres et s'en va, en volant, chez Hadès, pleurant sur son destin, abandonnant la force et la jeunesse. Il est déjà mort, quand le divin Achille dit :

« Meurs : la mort, moi, je la recevrai le jour où Zeus et les autres dieux immortels voudront bien me la donner. »

Il dit et retire du mort sa pique de bronze, qu'il laisse de côté ; puis, des épaules, il détache les armes sanglantes. Les fils des Achéens de tous côtés accourent. Ils admirent la taille, la beauté enviable d'Hector. Aucun d'eux ne s'approche sans lui porter un coup, et chacun alors de dire en regardant son voisin :

« Oh ! oh ! cet Hector-là est vraiment plus doux à palper que celui qui naguère livrait nos nefs à la flamme brûlante[23] ! »

Voilà comment tous parlent, pour s'approcher ensuite et frapper le mort. Mais le divin Achille aux pieds infatigables a cependant fini de le dépouiller. Il se dresse au milieu des Argiens et dit ces mots ailés :

« Amis, guides et chefs des Argiens, maintenant que les dieux nous ont donné de mettre à bas cet homme, qui nous a causé, à lui seul, plus de maux que tous les autres à la fois, allons ! faisons en armes tout le tour de la ville, pour tâter les Troyens et savoir leurs desseins, soit qu'ils abandonnent leur haute cité, aujourd'hui qu'Hector est tombé, ou qu'ils veuillent à tout prix tenir, même alors qu'il n'est plus là. Mais qu'a besoin mon cœur de disputer ainsi ? Près de nos nefs, Patrocle est étendu, sans que son cadavre ait été encore pleuré ni enseveli. Non, je ne saurai l'oublier, tant que je serai parmi les vivants

---

23. Pour tout ce passage, on ne peut que renvoyer à la lecture des travaux de J.-P. Vernant, qui montre si bien comment, sur le corps du héros qui s'est voué à la guerre, à l'exploit et à la mort, sa qualité essentielle transparaît dans sa beauté ; cf. Vernant, 1989, p. 41-101.

εἰ δὲ θανόντων περ καταλήθοντ' εἰν Ἀίδαο,
αὐτὰρ ἐγὼ καὶ κεῖθι φίλου μεμνήσομ' ἑταίρου.   390
Νῦν δ' ἄγ' ἀείδοντες παιήονα κοῦροι Ἀχαιῶν
νηυσὶν ἐπὶ γλαφυρῇσι νεώμεθα, τόνδε δ' ἄγωμεν·
ἠράμεθα μέγα κῦδος· ἐπέφνομεν Ἕκτορα δῖον,
ᾧ Τρῶες κατὰ ἄστυ θεῷ ὣς εὐχετόωντο. »

    Ἦ ῥα, καὶ Ἕκτορα δῖον ἀεικέα μήδετο ἔργα·   395
ἀμφοτέρων μετόπισθε ποδῶν τέτρηνε τένοντε
ἐς σφυρὸν ἐκ πτέρνης, βοέους δ' ἐξῆπτεν ἱμάντας,
ἐκ δίφροιο δ' ἔδησε, κάρη δ' ἕλκεσθαι ἔασεν·
ἐς δίφρον δ' ἀναβὰς ἀνά τε κλυτὰ τεύχε' ἀείρας
μάστιξέν ῥ' ἐλάαν, τὼ δ' οὐκ ἀέκοντε πετέσθην·   400
τοῦ δ' ἦν ἑλκομένοιο κονίσαλος, ἀμφὶ δὲ χαῖται
κυάνεαι πίτναντο, κάρη δ' ἅπαν ἐν κονίῃσι
κεῖτο πάρος χαρίεν· τότε δὲ Ζεὺς δυσμενέεσσι
δῶκεν ἀεικίσσασθαι ἑῇ ἐν πατρίδι γαίῃ.

    Ὣς τοῦ μὲν κεκόνιτο κάρη ἅπαν· ἡ δέ νυ μήτηρ   405
τίλλε κόμην, ἀπὸ δὲ λιπαρὴν ἔρριψε καλύπτρην
τηλόσε, κώκυσεν δὲ μάλα μέγα παῖδ' ἐσιδοῦσα·
ᾤμωξεν δ' ἐλεεινὰ πατὴρ φίλος, ἀμφὶ δὲ λαοὶ
κωκυτῷ τ' εἴχοντο καὶ οἰμωγῇ κατὰ ἄστυ·
τῷ δὲ μάλιστ' ἄρ' ἔην ἐναλίγκιον, ὡς εἰ ἅπασα   410
Ἴλιος ὀφρυόεσσα πυρὶ σμύχοιτο κατ' ἄκρης.
Λαοὶ μέν ῥα γέροντα μόγις ἔχον ἀσχαλόωντα,
ἐξελθεῖν μεμαῶτα πυλάων Δαρδανιάων·
πάντας δ' ἐλλιτάνευε κυλινδόμενος κατὰ κόπρον,
ἐξονομακλήδην ὀνομάζων ἄνδρα ἕκαστον·   415

et que se mouvront mes jarrets ; et, même au cas où dans l'Hadès on pourrait oublier ses morts, moi, du moins, même là, je me souviendrai de mon compagnon. Pour l'instant, fils des Achéens, en chantant le péan, retournons aux nefs creuses, et emmenons cet homme. Nous avons conquis une grande gloire : nous avons abattu le divin Hector, à qui les Troyens dans leur ville adressaient des prières tout comme à un dieu. »

Il dit, et au divin Hector il prépare un sort outrageux. À l'arrière des deux pieds, il lui perce les tendons entre cheville et talon ; il y passe des courroies, et il les attache à son char, en laissant la tête traîner. Puis il monte sur le char, emportant les armes illustres ; d'un coup de fouet, il enlève ses chevaux, et ceux-ci pleins d'ardeur s'envolent. Un nuage de poussière s'élève autour du corps ainsi traîné ; ses cheveux sombres se déploient ; sa tête gît toute dans la poussière – cette tête jadis charmante et que Zeus maintenant livre à ses ennemis, pour qu'ils l'outragent à leur gré sur la terre de sa patrie !

Et, tandis que cette tête se couvre toute de poussière, sa mère s'arrache les cheveux, et, rejetant loin d'elle son voile éclatant, elle pousse un long sanglot à la vue de son enfant. Et son père aussi pitoyablement gémit : et, autour d'eux, les gens sont tous en proie aux sanglots, aux gémissements, par toute la ville. On croirait que la sourcilleuse Ilion est tout entière, de la base au sommet, consumée par le feu. Les gens ont peine à retenir le vieillard indigné, qui veut à tout prix sortir des portes dardaniennes. Il supplie tout le monde en se roulant dans la fange[24] ; il appelle chacun par son nom :

24. Priam souille et enlaidit son corps en écho à l'outrage qu'Achille fait subir au cadavre d'Hector.

« Σχέσθε, φίλοι, καί μ' οἶον ἐάσατε κηδόμενοί περ
ἐξελθόντα πόληος ἱκέσθ' ἐπὶ νῆας Ἀχαιῶν,
λίσσωμ' ἀνέρα τοῦτον ἀτάσθαλον ὀβριμοεργόν,
ἤν πως ἡλικίην αἰδέσσεται ἠδ' ἐλεήσῃ
γῆρας· καὶ δέ νυ τῷ γε πατὴρ τοιόσδε τέτυκται,   420
Πηλεύς, ὅς μιν ἔτικτε καὶ ἔτρεφε πῆμα γενέσθαι
Τρωσί· μάλιστα δ' ἐμοὶ περὶ πάντων ἄλγε' ἔθηκε·
τόσσους γάρ μοι παῖδας ἀπέκτανε τηλεθάοντας·
τῶν πάντων οὐ τόσσον ὀδύρομαι ἀχνύμενός περ
ὡς ἑνός, οὗ μ' ἄχος ὀξὺ κατοίσεται Ἄιδος εἴσω,   425
Ἕκτορος· ὡς ὄφελεν θανέειν ἐν χερσὶν ἐμῇσι·
τῶ κε κορεσσάμεθα κλαίοντέ τε μυρομένω τε,
μήτηρ θ', ἥ μιν ἔτικτε δυσάμμορος, ἠδ' ἐγὼ αὐτός. »
      Ὣς ἔφατο κλαίων, ἐπὶ δὲ στενάχοντο πολῖται·
Τρῳῇσιν δ' Ἑκάβη ἀδινοῦ ἐξῆρχε γόοιο·   430
« Τέκνον, ἐγὼ δειλή· τί νυ βείομαι αἰνὰ παθοῦσα,
σεῦ ἀποτεθνηῶτος; ὅ μοι νύκτάς τε καὶ ἦμαρ
εὐχωλὴ κατὰ ἄστυ πελέσκεο, πᾶσί τ' ὄνειαρ
Τρωσί τε καὶ Τρῳῇσι κατὰ πτόλιν, οἵ σε θεὸν ὣς
δειδέχατ'· ἦ γὰρ καί σφι μάλα μέγα κῦδος ἔησθα   435
ζωὸς ἐών· νῦν αὖ θάνατος καὶ μοῖρα κιχάνει. »
      Ὣς ἔφατο κλαίουσ', ἄλοχος δ' οὔ πώ τι πέπυστο
Ἕκτορος· οὐ γάρ οἵ τις ἐτήτυμος ἄγγελος ἐλθὼν
ἤγγειλ' ὅττι ῥά οἱ πόσις ἔκτοθι μίμνε πυλάων,
ἀλλ' ἥ γ' ἱστὸν ὕφαινε μυχῷ δόμου ὑψηλοῖο   440
δίπλακα πορφυρέην, ἐν δὲ θρόνα ποικίλ' ἔπασσε.
Κέκλετο δ' ἀμφιπόλοισιν ἐϋπλοκάμοις κατὰ δῶμα
ἀμφὶ πυρὶ στῆσαι τρίποδα μέγαν, ὄφρα πέλοιτο
Ἕκτορι θερμὰ λοετρὰ μάχης ἐκ νοστήσαντι,
νηπίη, οὐδ' ἐνόησεν ὅ μιν μάλα τῆλε λοετρῶν   445

« Arrière, amis ! laissez-moi, quelque souci que je vous donne, sortir seul de la cité et aller aux nefs achéennes. Je veux supplier cet homme, tout égarement, toute violence, et voir s'il n'aura pas quelque respect pour mon âge, quelque pitié pour ma vieillesse. Il a, lui aussi, un père comme moi, Pélée, qui l'a engendré et nourri, pour devenir le fléau des Troyens et me valoir, à moi surtout, des douleurs ignorées des autres. Il m'a tué tant de fils, de si jeunes et beaux fils ! Mais, tous ensemble, et quel que soit le chagrin que j'en aie, je ne les pleure pas autant que je fais un seul, Hector, dont le deuil cruel me fera descendre au fond de l'Hadès. Pourquoi n'est-il pas mort tout au moins dans mes bras ? Nous nous serions alors gavés de pleurs et de sanglots, sa mère qui l'enfanta – la malheureuse ! – et moi. »

Ainsi dit-il en pleurant, et les citoyens lui répondent par des sanglots, tandis qu'aux Troyennes Hécube à son tour donne le signal d'une longue plainte :

« Ô mon fils, quelle misère est donc la mienne ! Comment vivrai-je après avoir souffert ce sort atroce, après t'avoir perdu ? Nuit et jour, tu faisais mon orgueil dans la ville, en même temps que la force de tous, Troyens, Troyennes, en ta cité. Tous te saluaient comme un dieu ; car pour eux, tu étais une immense gloire aussi – tant que tu vivais ; mais aujourd'hui la mort et le destin te tiennent. »

Ainsi dit-elle, pleurante. Mais l'épouse d'Hector ne sait rien encore. Aucun messager véridique ne lui est venu dire que son époux est resté hors des portes. Elle tisse au métier, dans le fond de la haute demeure, un manteau double de pourpre, qu'elle va parsemant de dessins variés. Elle vient de donner ordre à ses suivantes aux beaux cheveux dans la maison de mettre au feu un grand trépied, afin qu'Hector trouve un bain chaud, quand il rentrera du combat. Pauvre folle ! elle ignore

χερσὶν Ἀχιλλῆος δάμασε γλαυκῶπις Ἀθήνη.
Κωκυτοῦ δ' ἤκουσε καὶ οἰμωγῆς ἀπὸ πύργου·
τῆς δ' ἐλελίχθη γυῖα, χαμαὶ δέ οἱ ἔκπεσε κερκίς·
ἡ δ' αὖτις δμῳῇσιν ἐϋπλοκάμοισι μετηύδα·

« Δεῦτε, δύω μοι ἕπεσθον, ἴδωμ' ὅτιν' ἔργα τέτυκται·   450
αἰδοίης ἑκυρῆς ὀπὸς ἔκλυον, ἐν δ' ἐμοὶ αὐτῇ
στήθεσι πάλλεται ἦτορ ἀνὰ στόμα, νέρθε δὲ γοῦνα
πήγνυται· ἐγγὺς δή τι κακὸν Πριάμοιο τέκεσσιν.
Αἲ γὰρ ἀπ' οὔατος εἴη ἐμεῦ ἔπος· ἀλλὰ μάλ' αἰνῶς
δείδω μὴ δή μοι θρασὺν Ἕκτορα δῖος Ἀχιλλεὺς   455
μοῦνον ἀποτμήξας πόλιος πεδίον δὲ δίηται,
καὶ δή μιν καταπαύσῃ ἀγηνορίης ἀλεγεινῆς,
ἥ μιν ἔχεσκ', ἐπεὶ οὔ ποτ' ἐνὶ πληθυῖ μένεν ἀνδρῶν,
ἀλλὰ πολὺ προθέεσκε, τὸ ὃν μένος οὐδενὶ εἴκων. »

Ὣς φαμένη μεγάροιο διέσσυτο μαινάδι ἴση,   460
παλλομένη κραδίην· ἅμα δ' ἀμφίπολοι κίον αὐτῇ.
Αὐτὰρ ἐπεὶ πύργόν τε καὶ ἀνδρῶν ἷξεν ὅμιλον,
ἔστη παπτήνασ' ἐπὶ τείχεϊ, τὸν δ' ἐνόησεν
ἑλκόμενον πρόσθεν πόλιος· ταχέες δέ μιν ἵπποι
ἕλκον ἀκηδέστως κοίλας ἐπὶ νῆας Ἀχαιῶν.   465
Τὴν δὲ κατ' ὀφθαλμῶν ἐρεβεννὴ νὺξ ἐκάλυψεν,
ἤριπε δ' ἐξοπίσω, ἀπὸ δὲ ψυχὴν ἐκάπυσσε·
τῆλε δ' ἀπὸ κρατὸς χέε δέσματα σιγαλόεντα,
ἄμπυκα κεκρύφαλόν τε ἰδὲ πλεκτὴν ἀναδέσμην

25. Pressentant le malheur, Andromaque est atteinte dans son corps exactement comme un guerrier touché : ses membres vibrent et la navette qu'elle tient lui échappe des mains, comme l'arme d'un homme qui s'écroule (III, 428-434). Son cœur s'agite violemment comme un javelot brandi par la main d'un guerrier (III, 19 ; XVI,

que, bien loin de son bain, Athéné aux yeux pers l'a
dompté sous le bras d'Achille. Elle vient d'entendre des
sanglots, des gémissements : ils viennent du rempart !
Ses membres chancellent ; la navette lui échappe et
tombe à terre. Lors elle dit à ses captives aux belles
tresses :

« Venez, que deux de vous me suivent ; je veux aller
voir ce qui s'est passé. J'ai entendu le voix de ma digne
belle-mère ; et moi-même, je sens, au fond de ma poitrine, le cœur me sauter aux lèvres, tandis que mes
genoux se raidissent sous moi[25] : un malheur est tout
proche pour les fils de Priam. Ah ! de tels mots puissent-
ils demeurer loin de mes oreilles ! Mais j'ai terriblement
peur que le divin Achille ne coupe de la ville l'intrépide
Hector, tout seul, ne le poursuive dans la plaine et ne
mette une fin à la triste vaillance qui le possède tout
entier. Jamais il ne restait au milieu de la masse ; il cou-
rait bien au delà, et, pour la fougue, il ne le cédait à personne. »

Elle dit et traverse en courant le palais, pareille à une
folle, le cœur palpitant. Ses suivantes l'accompagnent.
À peine a-t-elle rejoint les murs et la foule qu'elle s'arrête, l'œil inquiet, sur le rempart, et qu'elle voit Hector
traîné devant la ville : les chevaux rapides, brutalement,
l'emportent aux nefs creuses des Achéens. Une nuit
sombre enveloppe ses yeux ; elle croule en arrière, expi-
rante[26]. Loin de son front, elle fait glisser ses liens écla-

142) ; ses genoux se « fichent » dans le sol comme une lance dans un
casque (IV, 460).
    26. Sur elle s'épand une nuit noire, synonyme de la mort du guer-
rier au combat (V, 659 ; XIII, 580) ; immédiatement après, elle
s'écroule. Reprenant sa respiration comme le fait un combattant (V,
697 ; XI, 359), elle sort de son évanouissement. Sa douleur est donc, à
la lettre, analogue à celle d'un héros blessé ou tué. Andromaque
souffre comme Hector meurt.

κρήδεμνόν θ’, ὅ ῥά οἱ δῶκε χρυσῆ ’Αφροδίτη   470
ἤματι τῷ ὅτε μιν κορυθαίολος ἠγάγεθ’ ῞Εκτωρ
ἐκ δόμου ’Ηετίωνος, ἐπεὶ πόρε μυρία ἕδνα.
’Αμφὶ δέ μιν γαλόῳ τε καὶ εἰνατέρες ἅλις ἔσταν,
αἵ ἑ μετὰ σφίσιν εἶχον ἀτυζομένην ἀπολέσθαι·
ἡ δ’ ἐπεὶ οὖν ἄμπνυτο καὶ ἐς φρένα θυμὸς ἀγέρθη,   475
ἀμβλήδην γοόωσα μετὰ Τρῳῆσιν ἔειπεν·

« ῞Εκτορ, ἐγὼ δύστηνος· ἰῇ ἄρα γεινόμεθ’ αἴσῃ
ἀμφότεροι, σὺ μὲν ἐν Τροίῃ Πριάμου κατὰ δῶμα,
αὐτὰρ ἐγὼ Θήβῃσιν ὑπὸ Πλάκῳ ὑληέσσῃ
ἐν δόμῳ ’Ηετίωνος, ὅ μ’ ἔτρεφε τυτθὸν ἐοῦσαν,   480
δύσμορος αἰνόμορον· ὡς μὴ ὤφελλε τεκέσθαι.
Νῦν δὲ σὺ μὲν ’Αίδαο δόμους ὑπὸ κεύθεσι γαίης
ἔρχεαι, αὐτὰρ ἐμὲ στυγερῷ ἐνὶ πένθεϊ λείπεις
χήρην ἐν μεγάροισι· πάϊς δ’ ἔτι νήπιος αὔτως,
ὃν τέκομεν σύ τ’ ἐγώ τε δυσάμμοροι· οὔτε σὺ τούτῳ   485
ἔσσεαι, ῞Εκτορ, ὄνειαρ, ἐπεὶ θάνες, οὔτε σοὶ οὗτος.
῍Ην περ γὰρ πόλεμόν γε φύγῃ πολύδακρυν ’Αχαιῶν,
αἰεί τοι τούτῳ γε πόνος καὶ κήδε’ ὀπίσσω
ἔσσοντ’· ἄλλοι γάρ οἱ ἀπουρήσουσιν ἀρούρας.

῏Ημαρ δ’ ὀρφανικὸν παναφήλικα παῖδα τίθησι·   490
πάντα δ’ ὑπεμνήμυκε, δεδάκρυνται δὲ παρειαί,
δευόμενος δέ τ’ ἄνεισι πάϊς ἐς πατρὸς ἑταίρους,
ἄλλον μὲν χλαίνης ἐρύων, ἄλλον δὲ χιτῶνος·
τῶν δ’ ἐλεησάντων κοτύλην τις τυτθὸν ἐπέσχε,
χείλεα μέν τ’ ἐδίην’, ὑπερῴην δ’ οὐκ ἐδίηνε·   495
τὸν δὲ καὶ ἀμφιθαλὴς ἐκ δαιτύος ἐστυφέλιξε,
χερσὶν πεπληγὼς καὶ ὀνειδείοισιν ἐνίσσων·

tants, le diadème, la coiffe et son cordon tressé, le voile
enfin dont lui a fait don Aphrodite d'or, le jour
qu'Hector au casque étincelant l'emmenait de la maison
d'Éétion, après avoir pour elle donné des présents infinis. Tout autour se tiennent, en nombre, les sœurs de son
mari et les femmes de ses beaux-frères, qui la retiennent
parmi elles, éperdue à mourir. À peine a-t-elle enfin
repris haleine et rassemblé son courage en son âme
qu'au milieu des Troyennes, avec un profond sanglot,
elle dit :

  « Las ! Hector ! quelle infortune est donc la mienne !
Ainsi nous sommes nés pour un même destin, tous les
deux, toi à Troie dans la demeure de Priam, moi à Thèbe
sous le Placos forestier, au palais d'Éétion, qui m'élevait
tout enfant – père misérable d'une malheureuse ! Ah !
qu'il eût mieux valu qu'il ne m'eût pas fait naître ! Et te
voilà qui t'en vas dans les profondeurs de la terre, vers
la demeure d'Hadès, et qui me laisses, moi, dans un
deuil affreux, veuve en ta maison. Et il est si petit encore, le fils que nous avons mis au monde, toi et moi,
malheureux ! Et tu ne seras pas pour lui un soutien,
Hector, maintenant que tu n'es plus, et pas davantage n'en sera-t-il un pour toi. S'il échappe à la guerre,
source de pleurs, que nous font les Achéens, l'avenir
pour lui ne sera que peines et que deuils ; d'autres lui
raviront ses champs. Le jour qui fait un enfant orphelin
le prive en même temps des amis de son âge. Devant
tous il baisse la tête ; ses joues sont humides de larmes.
Pressé par le besoin, l'enfant recourt aux amis de son
père ; il tire l'un par son manteau, l'autre par sa tunique.
Mais, même parmi ceux qui ont pitié de lui, plus d'un,
s'il lui offre un instant sa coupe, le laisse seulement y
mouiller ses lèvres, non point son palais. Et celui qui a
père et mère brutalement l'écarte du festin, avec des
mains qui frappent et des mots qui insultent : "File, et

« Ἔρρ' οὕτως· οὐ σός γε πατὴρ μεταδαίνυται ἡμῖν. »
Δακρυόεις δέ τ' ἄνεισι πάις ἐς μητέρα χήρην,
Ἀστυάναξ, ὃς πρὶν μὲν ἑοῦ ἐπὶ γούνασι πατρὸς   500
μυελὸν οἶον ἔδεσκε καὶ οἰῶν πίονα δημόν·
αὐτὰρ ὅθ' ὕπνος ἕλοι, παύσαιτό τε νηπιαχεύων,
εὕδεσκ' ἐν λέκτροισιν, ἐν ἀγκαλίδεσσι τιθήνης,
εὐνῇ ἔνι μαλακῇ, θαλέων ἐμπλησάμενος κῆρ·
νῦν δ' ἂν πολλὰ πάθῃσι, φίλου ἀπὸ πατρὸς ἁμαρτών,   505
Ἀστυάναξ, ὃν Τρῶες ἐπίκλησιν καλέουσιν·
οἶος γάρ σφιν ἔρυσο πύλας καὶ τείχεα μακρά.
Νῦν δὲ σὲ μὲν παρὰ νηυσὶ κορωνίσι νόσφι τοκήων
αἰόλαι εὐλαὶ ἔδονται, ἐπεί κε κύνες κορέσωνται,
γυμνόν· ἀτάρ τοι εἵματ' ἐνὶ μεγάροισι κέονται   510
λεπτά τε καὶ χαρίεντα, τετυγμένα χερσὶ γυναικῶν.
Ἀλλ' ἤτοι τάδε πάντα καταφλέξω πυρὶ κηλέῳ,
οὐδὲν σοί γ' ὄφελος, ἐπεὶ οὐκ ἐγκείσεαι αὐτοῖς,
ἀλλὰ πρὸς Τρώων καὶ Τρωιάδων κλέος εἶναι. »
Ὣς ἔφατο κλαίουσ', ἐπὶ δὲ στενάχοντο γυναῖκες.   515

sans faire de façons : ton père n'est pas de la fête." Et,
dans ses larmes, il a pour seul recours une mère veuve,
ce fils, cet Astyanax qui, sur les genoux de son père,
jadis ne mangeait que moelle ou riche graisse de mouton ; puis, quand le sommeil le prenait, quand il avait
fini ses jeux enfantins, il dormait dans un lit, aux bras de
sa nourrice, sur une molle couche, le cœur gavé de
bonnes choses. Aujourd'hui, au contraire, privé de son
père, que de peines l'attendent, celui à qui les Troyens
donnent le nom d'Astyanax, parce que c'était toi, toi
seul, qui protégeais[27] leurs portes et leurs hautes
murailles ! Et maintenant, près des nefs creuses, loin de
tes parents, les vers grouillants, après les chiens repus,
vont dévorer ton corps – ton corps nu, alors qu'en ton
palais des vêtements sont là, légers et charmants, ouvrés
de main de femme… Mais je les veux livrer tous, à la
flamme ardente – sans profit pour toi, c'est vrai, puisque
tu ne dois pas reposer vêtu d'eux, mais afin qu'ils te ren-
dent gloire aux yeux des Troyens et Troyennes. »

Ainsi dit-elle, pleurante, et les femmes lui répondent
par des sanglots.

27. Cf. VI, 403.

ΙΛΙΑΔΟΣ Ψ

῝Ως οἱ μὲν στενάχοντο κατὰ πτόλιν· αὐτὰρ Ἀχαιοὶ
ἐπεὶ δὴ νῆάς τε καὶ Ἑλλήσποντον ἵκοντο,
οἱ μὲν ἄρ᾽ ἐσκίδναντο ἑὴν ἐπὶ νῆα ἕκαστος,
Μυρμιδόνας δ᾽ οὐκ εἴα ἀποσκίδνασθαι Ἀχιλλεύς,
ἀλλ᾽ ὃ γε οἷς ἑτάροισι φιλοπτολέμοισι μετηύδα·   5
   « Μυρμιδόνες ταχύπωλοι, ἐμοὶ ἐρίηρες ἑταῖροι,
μὴ δή πω ὑπ᾽ ὄχεσφι λυώμεθα μώνυχας ἵππους,
ἀλλ᾽ αὐτοῖς ἵπποισι καὶ ἅρμασιν ἆσσον ἰόντες
Πάτροκλον κλαίωμεν· ὃ γὰρ γέρας ἐστὶ θανόντων·
αὐτὰρ ἐπεὶ κ᾽ ὀλοοῖο τεταρπώμεσθα γόοιο,   10
ἵππους λυσάμενοι δορπήσομεν ἐνθάδε πάντες. »
   ῝Ως ἔφαθ᾽, οἱ δ᾽ ᾤμωξαν ἀολλέες, ἦρχε δ᾽ Ἀχιλλεύς·
οἱ δὲ τρὶς περὶ νεκρὸν ἐΰτριχας ἤλασαν ἵππους
μυρόμενοι· μετὰ δέ σφι Θέτις γόου ἵμερον ὦρσε·

---

1. Les Troyens pleurent la mort d'Hector (cf. XXII, 515).
2. On a vu qu'à plusieurs reprises Achille a refusé de manger
avant d'avoir accompli les rites funèbres pour Patrocle (XIX, 206-
214 ; 303-308, etc.). Le verbe *terpô* exprime à la fois la jouissance et

CHANT XXIII

C'est ainsi qu'on sanglote à Troie[1]. Les Achéens cependant, sitôt de retour à leurs nefs et à l'Hellespont, rompent les rangs ; chacun regagne sa nef. Mais aux Myrmidons Achille interdit de rompre et de partir ; il dit à ses belliqueux compagnons :

« Myrmidons aux prompts coursiers, mes gentils compagnons, ne détachons pas des chars tout de suite nos chevaux aux sabots massifs, mais, avec chevaux et chars, approchons, et pleurons Patrocle, puisque c'est là l'hommage dû aux morts. Quand nous aurons joui de nos tristes sanglots, nous détacherons les chevaux et nous souperons tous ici[2]. »

Il dit, et tous, à l'unisson, se mettent à gémir, Achille donnant le signal. Trois fois autour du cadavre, ils poussent leurs chevaux aux belles crinières en se lamentant ; Thétis en eux fait naître le désir des sanglots. Le sable

---

le rassasiement ; il est d'ailleurs souvent employé à l'occasion de repas (cf., par ex., IX, 705 ; XI, 780, etc.). Ici il peint la satisfaction physique qu'apporteront les pleurs (*olooîo tetarpômestha gooio,* 10). Sur les rapports plaisir/larmes, nourriture/larmes, cf Monsacré, 1984, p. 188-196.

δεύοντο ψάμαθοι, δεύοντο δὲ τεύχεα φωτῶν   15
δάκρυσι· τοῖον γὰρ πόθεον μήστωρα φόβοιο·
τοῖσι δὲ Πηλείδης ἁδινοῦ ἐξῆρχε γόοιο,
χεῖρας ἐπ᾽ ἀνδροφόνους θέμενος στήθεσσιν ἑταίρου·
« Χαῖρέ μοι, ὦ Πάτροκλε, καὶ εἰν Ἀίδαο δόμοισι·
πάντα γὰρ ἤδη τοι τελέω τὰ πάροιθεν ὑπέστην,   20
Ἕκτορα δεῦρ᾽ ἐρύσας δώσειν κυσὶν ὠμὰ δάσασθαι,
δώδεκα δὲ προπάροιθε πυρῆς ἀποδειροτομήσειν
Τρώων ἀγλαὰ τέκνα, σέθεν κταμένοιο χολωθείς. »
Ἦ ῥα, καὶ Ἕκτορα δῖον ἀεικέα μήδετο ἔργα,
πρηνέα πὰρ λεχέεσσι Μενοιτιάδαο τανύσσας   25
ἐν κονίης· οἱ δ᾽ ἔντε᾽ ἀφωπλίζοντο ἕκαστος
χάλκεα μαρμαίροντα, λύον δ᾽ ὑψηχέας ἵππους,
κὰδ δ᾽ ἷζον παρὰ νηὶ ποδώκεος Αἰακίδαο
μυρίοι· αὐτὰρ ὁ τοῖσι τάφον μενοεικέα δαίνυ·
πολλοὶ μὲν βόες ἀργοὶ ὀρέχθεον ἀμφὶ σιδήρῳ   30
σφαζόμενοι, πολλοὶ δ᾽ ὄιες καὶ μηκάδες αἶγες·
πολλοὶ δ᾽ ἀργιόδοντες ὕες, θαλέθοντες ἀλοιφῇ,
εὑόμενοι τανύοντο διὰ φλογὸς Ἡφαίστοιο·
πάντῃ δ᾽ ἀμφὶ νέκυν κοτυλήρυτον ἔρρεεν αἷμα.
Αὐτὰρ τόν γε ἄνακτα ποδώκεα Πηλείωνα   35
εἰς Ἀγαμέμνονα δῖον ἄγον βασιλῆες Ἀχαιῶν,
σπουδῇ παρπεπιθόντες ἑταίρου χωόμενον κῆρ.

---

3. Pour les funérailles, le corps de Patrocle a donc été transporté
de la tente d'Achille au rivage. Ces vers 12-18 dépeignent fortement
l'irrésistible douleur qui s'empare des Myrmidons : la répétition du
verbe *deuô*, « mouiller » (anaphore imitée par Virgile dans l'*Énéide*,
XI, 191, *Spargitur et tellus lacrimis, sparguntur et arma*, « La terre
même, et les larmes, sont arrosées de pleurs ») et l'insistance dans le
vocabulaire des pleurs (*goou himeron*, 14 ; *dakrusi*, 16 ; *adinou ...
gooio*, 17) confèrent à ce passage un caractère pathétique.

du rivage, les armures guerrières sont trempés de leurs
larmes ; ils pleurent un tel maître de déroute ! Et le fils
de Pélée entonne une longue plainte, en posant ses
mains meurtrières sur le sein de son ami[3] :

« Je te salue, Patrocle, même au fond de l'Hadès !
Tout ce que naguère je t'avais promis, à l'instant je vais
l'accomplir : traîner ici Hector et donner ses chairs crues
à déchirer aux chiens ; puis trancher la gorge, devant ton
bûcher, à douze brillants fils de Troie[4], dans le courroux
qui me tient de ta mort. »

Il dit, et au divin Hector il prépare un sort outrageux.
Près du lit où repose le fils de Ménœtios, il l'étend, face
au sol, dans la poussière. Tous les autres dépouillent
alors leurs armes de bronze éclatantes, détellent leurs
coursiers hennissants, enfin s'assoient près de la nef de
l'Éacide aux pieds rapides. Ils sont là des milliers[5].
Achille, pour les funérailles, leur offre un festin délec-
table. Force taureaux blancs meuglent autour du fer
qui entre dans leur gorge, force brebis aussi et chèvres
bêlantes ; force porcs aux dents blanches, débor-
dantes de graisse, grillent, étendus au milieu du feu
d'Héphæstos ; et leur sang, puisé à pleines coupes, coule
partout autour du mort[6].

Cependant les rois achéens amènent au divin
Agamemnon sire Achille aux pieds rapides. Il a fallu
longtemps pour le convaincre, tant son cœur est en cour-

---

4. Promesse énoncée en XVIII, 333-337 et XXII, 354. Les douze
Troyens ont été faits prisonniers en XXI, 27-32.
5. La gravité du moment est soulignée par l'exceptionnel nombre
de participants aux funérailles. Selon XVI, 168, les Myrmidons
seraient 2 500.
6. Les viandes du banquet vont aux vivants ; le mort reçoit sa part
avec le sang du sacrifice puisé dans un vase à sang.

Οἱ δ' ὅτε δὴ κλισίην Ἀγαμέμνονος ἷξον ἰόντες,
αὐτίκα κηρύκεσσι λιγυφθόγγοισι κέλευσαν
ἀμφὶ πυρὶ στῆσαι τρίποδα μέγαν, εἰ πεπίθοιεν   40
Πηλείδην λούσασθαι ἄπο βρότον αἱματόεντα·
αὐτὰρ ὅ γ' ἠρνεῖτο στερεῶς, ἐπὶ δ' ὅρκον ὄμοσσεν·
   « Οὐ μὰ Ζῆν', ὅς τίς τε θεῶν ὕπατος καὶ ἄριστος,
οὐ θέμις ἐστὶ λοετρὰ καρήατος ἄσσον ἱκέσθαι,
πρίν γ' ἐνὶ Πάτροκλον θέμεναι πυρὶ σῆμά τε χεῦαι   45
κείρασθαί τε κόμην, ἐπεὶ οὔ μ' ἔτι δεύτερον ὧδε
ἵξετ' ἄχος κραδίην, ὄφρα ζωοῖσι μετείω.
Ἀλλ' ἤτοι νῦν μὲν στυγερῇ πειθώμεθα δαιτί·
ἠῶθεν δ' ὄτρυνον, ἄναξ ἀνδρῶν Ἀγάμεμνον,
ὕλην τ' ἀξέμεναι παρά τε σχεῖν ὅσσ' ἐπιεικὲς   50
νεκρὸν ἔχοντα νέεσθαι ὑπὸ ζόφον ἠερόεντα,
ὄφρ' ἤτοι τοῦτον μὲν ἐπιφλέγῃ ἀκάματον πῦρ
θᾶσσον ἀπ' ὀφθαλμῶν, λαοὶ δ' ἐπὶ ἔργα τράπωνται. »
   Ὣς ἔφαθ', οἱ δ' ἄρα τοῦ μάλα μὲν κλύον ἠδ' ἐπίθοντο·
ἐσσυμένως δ' ἄρα δόρπον ἐφοπλίσσαντες ἕκαστοι   55
δαίνυντ', οὐδέ τι θυμὸς ἐδεύετο δαιτὸς ἐίσης.
Αὐτὰρ ἐπεὶ πόσιος καὶ ἐδητύος ἐξ ἔρον ἕντο,
οἱ μὲν κακκείοντες ἔβαν κλισίην δὲ ἕκαστος,
Πηλείδης δ' ἐπὶ θινὶ πολυφλοίσβοιο θαλάσσης
κεῖτο βαρὺ στενάχων, πολέσιν μετὰ Μυρμιδόνεσσιν,   60
ἐν καθαρῷ, ὅθι κύματ' ἐπ' ἠιόνος κλύζεσκον·
εὖτε τὸν ὕπνος ἔμαρπτε, λύων μελεδήματα θυμοῦ,
νήδυμος ἀμφιχυθείς — μάλα γὰρ κάμε φαίδιμα γυῖα
Ἕκτορ' ἐπαΐσσων προτὶ Ἴλιον ἠνεμόεσσαν —
ἦλθε δ' ἐπὶ ψυχὴ Πατροκλῆος δειλοῖο,   65

roux pour son compagnon. À peine sont-ils arrivés à la baraque d'Agamemnon qu'ils ordonnent aux hérauts à la voix sonore de mettre un grand trépied au feu : ils voudraient persuader le Péléide de laver le sang qui le couvre. Mais Achille fermement refuse, et il appuie son refus d'un serment :

« Non, par Zeus, le plus haut, le plus grand des dieux, il n'est pas admissible que je permette à l'eau d'approcher de mon front, avant que dans le feu j'aie déposé Patrocle et répandu sur lui la terre d'un tombeau, avant que j'aie aussi coupé ma chevelure ; car pareille souffrance n'atteindra pas mon cœur une seconde fois, tant que je resterai au nombre des vivants. Mais allons ! pour l'instant, répondons à l'appel de l'horrible repas ; puis, dès l'aube, Agamemnon, protecteur de ton peuple, fais apporter du bois et fournir au mort tout ce qu'il sied qu'il ait pour plonger dans l'ombre brumeuse[7]. Ainsi le feu vivace va vite, dans sa flamme, le ravir à nos yeux, et nos gens pourront alors retourner à leur besogne. »

Il dit, et tous, avec entrain, d'entendre et d'obéir. Vivement, dans chaque groupe, on prépare le repas, on se met à table, et le cœur n'a pas à se plaindre d'un repas où tous ont leur part. Puis, quand ils ont chassé la soif et l'appétit, désireux de dormir, chacun rentre dans sa baraque. Seul, le Péléide, étendu sur la rive où bruit la mer, sanglote lourdement, au milieu de nombreux Myrmidons, dans un endroit découvert, où le flot déferle au rivage. Enfin le sommeil le prend, donnant congé aux soucis de son cœur, épandant sa douceur sur lui : il a tant peiné dans ses membres illustres, quand il poussait Hector vers Ilion battue des vents[8] ! Et voici que vient à lui l'âme du malheureux Patrocle, en tout

7. On brûle avec le mort ses animaux familiers et ses objets préférés (armes : VI, 418 ; vêtements : XXII, 512).
8. Achille a pleuré durant une nuit entière (XVIII, 354) et a combattu toute la journée suivante (cf. chants XXI et XXII).

πάντ' αὐτῷ μέγεθός τε καὶ ὄμματα κάλ' ἐικυῖα,
καὶ φωνήν, καὶ τοῖα περὶ χροῒ εἵματα ἔστο·
στῆ δ' ἄρ' ὑπὲρ κεφαλῆς καί μιν πρὸς μῦθον ἔειπεν·

« Εὕδεις, αὐτὰρ ἐμεῖο λελασμένος ἔπλευ, Ἀχιλλεῦ·
οὐ μέν μευ ζώοντος ἀκήδεις, ἀλλὰ θανόντος·   70
θάπτέ με ὅττι τάχιστα, πύλας Ἀΐδαο περήσω·
τῆλέ με εἴργουσι ψυχαί, εἴδωλα καμόντων,
οὐδέ μέ πω μίσγεσθαι ὑπὲρ ποταμοῖο ἐῶσιν,
ἀλλ' αὔτως ἀλάλημαι ἀν' εὐρυπυλὲς Ἄϊδος δῶ.
Καί μοι δὸς τὴν χεῖρ', ὀλοφύρομαι· οὐ γὰρ ἔτ' αὖτις   75
νίσομαι ἐξ Ἀΐδαο, ἐπήν με πυρὸς λελάχητε·
οὐ μὲν γὰρ ζωοί γε φίλων ἀπάνευθεν ἑταίρων
βουλὰς ἑζόμενοι βουλεύσομεν, ἀλλ' ἐμὲ μὲν κὴρ
ἀμφέχανε στυγερή, ἥ περ λάχε γεινόμενόν περ·
καὶ δὲ σοὶ αὐτῷ μοῖρα, θεοῖς ἐπιείκελ' Ἀχιλλεῦ,   80
τείχει ὑπὸ Τρώων εὐηφενέων ἀπολέσθαι.
Ἄλλο δέ τοι ἐρέω καὶ ἐφήσομαι, αἴ κε πίθηαι·
μὴ ἐμὰ σῶν ἀπάνευθε τιθήμεναι ὀστέ', Ἀχιλλεῦ, x
ἀλλ' ὁμοῦ, ὡς ἐτράφημεν ἐν ὑμετέροισι δόμοισιν,
εὖτέ με τυτθὸν ἐόντα Μενοίτιος ἐξ Ὀπόεντος   85
ἤγαγεν ὑμέτερον δ' ἀνδροκτασίης ὑπὸ λυγρῆς,
ἤματι.τῷ ὅτε παῖδα κατέκτανον Ἀμφιδάμαντος,
νήπιος, οὐκ ἐθέλων, ἀμφ' ἀστραγάλοισι χολωθείς·

9. L'âme, le fantôme, de Patrocle existe dans l'espace : elle se tient
au-dessus de la tête d'Achille (*stê*, 68), elle parle au vivant qu'elle
visite (« Tu es endormi, Achille », 69). Sur la description homérique
du rêve comme « fait objectif », voir Dodds, 1965, p. 106-110.

10. Bien qu'Achille se soit adressé à son ami « au fond de
l'Hadès » (v. 19), l'allusion à l'errance de l'âme de Patrocle, qui ne
parvient pas à passer les portes de l'Hadès, signifie que l'entrée dans
le monde des morts et l'apaisement n'interviendront qu'après l'ac-
complissement des rites.

pareille au héros pour la taille, les beaux yeux, la voix, et son corps est vêtu des mêmes vêtements. Il se dresse au-dessus de son front, et il dit à Achille[9] :

« Tu dors, et moi, tu m'as oublié, Achille ! Tu avais souci du vivant, tu n'as nul souci du mort. Ensevelis-moi au plus vite, afin que je passe les portes d'Hadès. Des âmes sont là, qui m'écartent, m'éloignent, ombres de défunts. Elles m'interdisent de franchir le fleuve et de les rejoindre, et je suis là, à errer vainement à travers la demeure d'Hadès aux larges portes[10]. Va, donne-moi ta main, je te le demande en pleurant. Je ne sortirai plus désormais de l'Hadès, quand vous m'aurez donné ma part de feu. Nous ne tiendrons plus conseil tous les deux, vivants, assis loin des nôtres : l'odieux trépas m'a englouti. Aussi bien était-ce mon lot dès le jour où je suis né. Et ton destin, à toi-même, Achille pareil aux dieux, n'est-il donc pas aussi de périr sous les murs des Troyens opulents ? – Mais j'ai encore quelque chose à te dire, à te recommander : m'écouteras-tu ? Ne place pas mes cendres loin des tiennes, Achille ; mets-les ensemble au contraire : nous avons ensemble grandi dans votre maison, quand, tout jeune encore, Ménœtios m'amena chez vous d'Oponte, à la suite d'un homicide déplorable, le jour où j'avais tué le fils d'Amphidamas, pauvre sot ! sans le vouloir, en colère pour des osselets[11].

11. « Le pays d'origine de Patrocle, pour Homère, est tantôt la Phthie, où vit son père Ménœtios (XI, 765-766 ; XVI, 13-15), tantôt Oponte, en Locride, où Achille avait promis à Ménœtios de reconduire son fils, quand tous deux auraient conquis Troie (XVIII, 326-327). C'est sans doute pour résoudre cette contradiction qu'on imagina l'histoire rapportée ici. [...] Ménœtios serait resté lui-même en Phthie pendant toute la jeunesse de Patrocle et ne serait retourné à Oponte qu'après le départ des jeunes gens pour Troie », P. Mazon, note aux vers 84-88, *Iliade*, t. IV, p. 100.

ἔνθά με δεξάμενος ἐν δώμασιν ἱππότα Πηλεὺς
ἔτρεφέ τ᾽ ἐνδυκέως καὶ σὸν θεράποντ᾽ ὀνόμηνεν·   90
ὣς δὲ καὶ ὀστέα νῶιν ὁμὴ σορὸς ἀμφικαλύπτοι
χρύσεος ἀμφιφορεύς, τόν τοι πόρε πότνια μήτηρ. »

Τὸν δ᾽ ἀπαμειβόμενος προσέφη πόδας ὠκὺς Ἀχιλλεύς·

« Τίπτέ μοι, ἠθείη κεφαλή, δεῦρ᾽ εἰλήλουθας,
καί μοι ταῦτα ἕκαστ᾽ ἐπιτέλλεαι; αὐτὰρ ἐγώ τοι   95
πάντα μάλ᾽ ἐκτελέω καὶ πείσομαι ὡς σὺ κελεύεις.
Ἀλλά μοι ἆσσον στῆθι· μίνυνθά περ ἀμφιβαλόντε
ἀλλήλους ὀλοοῖο τεταρπώμεσθα γόοιο. »

Ὣς ἄρα φωνήσας ὠρέξατο χερσὶ φίλῃσιν,
οὐδ᾽ ἔλαβε· ψυχὴ δὲ κατὰ χθονὸς ἠύτε καπνὸς   100
ᾤχετο τετριγυῖα· ταφὼν δ᾽ ἀνόρουσεν Ἀχιλλεὺς
χερσί τε συμπλατάγησεν, ἔπος δ᾽ ὀλοφυδνὸν ἔειπεν·

« Ὢ πόποι, ἦ ῥά τίς ἐστι καὶ εἰν Ἀίδαο δόμοισι
ψυχὴ καὶ εἴδωλον, ἀτὰρ φρένες οὐκ ἔνι πάμπαν·
παννυχίη γάρ μοι Πατροκλῆος δειλοῖο   105
ψυχὴ ἐφεστήκει γοόωσά τε μυρομένη τε,
καί μοι ἕκαστ᾽ ἐπέτελλεν, ἔικτο δὲ θέσκελον αὐτῷ. »

Ὣς φάτο, τοῖσι δὲ πᾶσιν ὑφ᾽ ἵμερον ὦρσε γόοιο·
μυρομένοισι δὲ τοῖσι φάνη ῥοδοδάκτυλος Ἠὼς
ἀμφὶ νέκυν ἐλεεινόν. Ἀτὰρ κρείων Ἀγαμέμνων   110
οὐρῆάς τ᾽ ὤτρυνε καὶ ἀνέρας ἀξέμεν ὕλην
πάντοθεν ἐκ κλισιῶν· ἐπὶ δ᾽ ἀνὴρ ἐσθλὸς ὀρώρει,
Μηριόνης, θεράπων ἀγαπήνορος Ἰδομενῆος.

---

12. Vers supposé imité de l'*Odyssée*, XXIV, 73-74, où il est question d'une urne d'or, faite par Héphaïstos, et offerte à Thétis par Dionysos.
13. L'âme est une vapeur et pousse de petits cris, comme un oiseau (cf. les âmes des prétendants dans l'*Odyssée*, XXIV, 5-9), et Achille ne peut la saisir (cf. *Od.*, XI, 206-224).

Pélée, le bon meneur de chars, alors me reçut chez lui,
m'éleva avec de grands soins, et me nomma ton écuyer.
Tout de même, qu'un seul cercueil enferme nos cendres
à tous deux : l'urne d'or que t'a donnée ta digne
mère[12] ! »

Achille aux pieds rapides en réponse lui dit :

« Pourquoi, dis-moi, tête chérie, es-tu donc venu
ici ? Et pourquoi tant d'injonctions ? Va, sois-en sûr, je
te veux obéir et faire tout comme tu le demandes. Mais
viens plus près de moi : qu'un instant au moins, aux bras
l'un de l'autre, nous jouissions de nos tristes sanglots ! »

Il dit et tend les bras, mais sans rien saisir : l'âme,
comme une vapeur, est partie sous terre, dans un petit
cri[13]. Achille, surpris, d'un bond, est debout. Il frappe
ses mains l'une contre l'autre et dit ces mots pitoyables :

« Ah ! point de doute, un je ne sais quoi vit encore
chez Hadès, une âme, une ombre, mais où n'habite plus
l'esprit[14]. Toute la nuit, l'âme du malheureux Patrocle
s'est tenue devant moi, se lamentant, se désolant, multi-
pliant les injonctions. Elle lui ressemblait prodigieuse-
ment. »

Il dit, et il fait chez tous naître le désir des sanglots.
Quand apparaît l'Aurore aux doigts de rose, ils sont
encore là, à se lamenter autour du mort pitoyable. Mais
voici que le roi Agamemnon donne l'ordre qu'hommes
et mules, de toutes les baraques, aillent chercher du bois.
Un preux est chargé d'y veiller, Mérion, l'écuyer du

14. On préférera traduire par « la force, la consistance ». Ces vers
célèbres ont donné lieu à une importante littérature à propos des
conceptions homériques de la survie de l'âme. La *psukhê* est un je ne
sais quoi (*tis* ou *ti*), un souffle, une image (v. 104 et l'*eidôlon* des
défunts qui empêchent Patrocle de pénétrer dans l'Hadès, v. 72),
« mais les *phrenes* n'y habitent plus du tout » (v. 104). Les *phrenes*
sont le diaphragme et, plus généralement, les membranes des parties
nobles ; ils sont le siège de la pensée, de l'énergie vitale. Cf. Böhme,
1929 ; Snell, 1953 ; Onians, 1954. L'âme de Patrocle apparaît comme
privée de la consistance qui donne la vie.

Οἱ δ᾽ ἴσαν ὑλοτόμους πελέκεας ἐν χερσὶν ἔχοντες
σειράς τ᾽ εὐπλέκτους· πρὸ δ᾽ ἄρ᾽ οὐρῆες κίον αὐτῶν·   115
πολλὰ δ᾽ ἄναντα κάταντα πάραντά τε δόχμιά τ᾽ ἦλθον.
Ἀλλ᾽ ὅτε δὴ κνημοὺς προσέβαν πολυπίδακος Ἴδης,
αὐτίκ᾽ ἄρα δρῦς ὑψικόμους ταναήκεϊ χαλκῷ
τάμνον ἐπειγόμενοι· ταὶ δὲ μεγάλα κτυπέουσαι
πῖπτον· τὰς μὲν ἔπειτα διαπλήσσοντες Ἀχαιοὶ   120
ἔκδεον ἡμιόνων· ταὶ δὲ χθόνα ποσσὶ δατεῦντο
ἐλδόμεναι πεδίοιο διὰ ῥωπήια πυκνά·
πάντες δ᾽ ὑλοτόμοι φιτροὺς φέρον· ὣς γὰρ ἀνώγει
Μηριόνης, θεράπων ἀγαπήνορος Ἰδομενῆος·
κὰδ δ᾽ ἄρ᾽ ἐπ᾽ ἀκτῆς βάλλον ἐπισχερώ, ἔνθ᾽ ἄρ᾽ Ἀχιλλεὺς
φράσσατο Πατρόκλῳ μέγα ἠρίον ἠδὲ οἷ αὐτῷ.   126

Αὐτὰρ ἐπεὶ πάντη παρακάββαλον ἄσπετον ὕλην,
εἵατ᾽ ἄρ᾽ αὖθι μένοντες ἀολλέες. Αὐτὰρ Ἀχιλλεὺς
αὐτίκα Μυρμιδόνεσσι φιλοπτολέμοισι κέλευσε
χαλκὸν ζώννυσθαι, ζεῦξαι δ᾽ ὑπ᾽ ὄχεσφιν ἕκαστον   130
ἵππους· οἱ δ᾽ ὄρνυντο καὶ ἐν τεύχεσσιν ἔδυνον,
ἂν δ᾽ ἔβαν ἐν δίφροισι παραιβάται ἡνίοχοί τε,
πρόσθε μὲν ἱππῆες, μετὰ δὲ νέφος εἵπετο πεζῶν,
μυρίοι· ἐν δὲ μέσοισι φέρον Πάτροκλον ἑταῖροι·
θριξὶ δὲ πάντα νέκυν καταείνυον, ἃς ἐπέβαλλον   135
κειρόμενοι· ὄπιθεν δὲ κάρη ἔχε δῖος Ἀχιλλεὺς
ἀχνύμενος· ἕταρον γὰρ ἀμύμονα πέμπ᾽ Ἄϊδος δέ.

courtois Idoménée. Ils partent, ayant en main cognées de
bûcheron et cordes bien tressées. Les mules marchent
devant. Et ils vont sans cesse montant, descendant, lon-
geant, zigzaguant[15]. Mais à peine arrivés aux flancs de
l'Ida aux sources sans nombre, vite ils s'empressent
d'abattre, avec le bronze au long tranchant, des chênes
hauts et feuillus, qui tombent à grand fracas. Les
Achéens alors les fendent et les lient derrière leurs
mules. Celles-ci, de leurs pieds, dévorent l'espace ; elles
aspirent à la plaine à travers les halliers touffus. Et tous
les coupeurs de bois portent aussi des rondins – ainsi
l'ordonne Mérion, l'écuyer du courtois Idoménée – et ils
les jettent côte à côte sur le rivage, à l'endroit où Achille
médite un grand tombeau pour Patrocle et lui-même.

Puis, lorsqu'ils ont étalé en tous sens une masse
énorme de bois, ils s'assoient là, tous ensemble, et attendent. Mais, brusquement, Achille à ses Myrmidons belliqueux donne ordre de ceindre le bronze et d'atteler,
tous, leurs chevaux et leurs chars. Ils se lèvent, revêtent
leurs armes et montent, tous, sur les chars, combattants
comme cochers. Les chars vont devant ; derrière marche
une nuée de gens de pied ; ils sont innombrables. Au
milieu, Patrocle est porté par les siens. Le cadavre se vêt
tout entier des cheveux coupés sur leurs fronts qu'ils
s'en viennent jeter sur lui[16]. Derrière, vient le divin
Achille, soutenant la tête du mort, désolé : il mène chez
Hadès un ami sans reproche !

15. Ce vers, qui n'apparaît qu'en ce passage, est fameux pour ses
allitérations, le rythme et l'effet produit par les quatre adverbes.
16. Tandis que le cortège avance, les Myrmidons jettent leurs cheveux sur le cadavre et l'en « habillent » peu à peu. L'offrande des cheveux est un rite connu (cf. *Od.*, IV, 198 ; XXIV, 46). Symbolisant la
vigueur et la jeunesse, leur offrande établissait un lien avec le disparu

Οἱ δ' ὅτε χῶρον ἵκανον ὅθι σφισι πέφραδ' Ἀχιλλεύς,
κάτθεσαν, αἶψα δέ οἱ μενοεικέα νήεον ὕλην.
Ἔνθ' αὖτ' ἀλλ' ἐνόησε ποδάρκης δῖος Ἀχιλλεύς·   140
στὰς ἀπάνευθε πυρῆς ξανθὴν ἀπεκείρατο χαίτην,
τὴν ῥα Σπερχειῷ ποταμῷ τρέφε τηλεθόωσαν·
ὀχθήσας δ' ἄρα εἶπεν ἰδὼν ἐπὶ οἴνοπα πόντον·

« Σπερχεί', ἄλλως σοί γε πατὴρ ἠρήσατο Πηλεύς,
κεῖσέ με νοστήσαντα φίλην ἐς πατρίδα γαῖαν   145
σοί τε κόμην κερέειν ῥέξειν θ' ἱερὴν ἑκατόμβην,
πεντήκοντα δ' ἔνορχα παρ' αὐτόθι μῆλ' ἱερεύσειν
ἐς πηγάς, ὅθι τοι τέμενος βωμός τε θυήεις·
ὣς ἠρᾶθ' ὁ γέρων, σὺ δέ οἱ νόον οὐκ ἐτέλεσσας·
νῦν δ' ἐπεὶ οὐ νέομαί γε φίλην ἐς πατρίδα γαῖαν,   150
Πατρόκλῳ ἥρωι κόμην ὀπάσαιμι φέρεσθαι. »

Ὣς εἰπὼν ἐν χερσὶ κόμην ἑτάροιο φίλοιο·
θῆκεν, τοῖσι δὲ πᾶσιν ὑφ' ἵμερον ὦρσε γόοιο·
καὶ νύ κ' ὀδυρομένοισιν ἔδυ φάος ἠελίοιο,
εἰ μὴ Ἀχιλλεὺς αἶψ' Ἀγαμέμνονι εἶπε παραστάς·   155

« Ἀτρεΐδη, σοὶ γάρ τε μάλιστά γε λαὸς Ἀχαιῶν
πείσονται μύθοισι, γόοιο μὲν ἔστι καὶ ἆσαι,
νῦν δ' ἀπὸ πυρκαϊῆς σκέδασον καὶ δεῖπνον ἄνωχθι
ὅπλεσθαι· τάδε δ' ἀμφὶ πονησόμεθ' οἷσι μάλιστα
κήδεός ἐστι νέκυς· παρὰ δ' οἵ τ' ἀγοὶ ἄμμι μενόντων. »   160

Arrivés à l'endroit que leur désigne Achille, ils déposent le corps ; sans tarder, ils amassent tout le bois voulu. Lors le divin Achille aux pieds infatigables a une autre pensée. Il s'écarte du bûcher ; il coupe cette blonde chevelure qu'il a nourrie, luxuriante, pour le fleuve Sperchios. Puis, irrité, il dit, en regardant la mer aux teintes lie de vin :

« Sperchios, c'est donc en vain que mon père Pélée aura fait le vœu que, si je revenais un jour là-bas, dans ma patrie, je couperais pour toi ma chevelure[17] et t'offrirais une sainte hécatombe, en t'immolant cinquante boucs, sur place, dans tes eaux mêmes, là où sont ton sanctuaire et ton autel odorant. Tel était le vœu du vieillard ; mais tu n'as pas accompli son désir. Et puisqu'en fait je ne dois plus revoir les rives de ma patrie, eh bien ! c'est au héros Patrocle que je veux offrir ici ma chevelure à emporter. »

Il dit et dépose ses cheveux dans les mains de son ami, et chez tous il fait naître le désir des sanglots. Ils fussent restés là, à gémir encore, au moment où se couchent les feux du soleil, si Achille n'était soudain allé à Agamemnon pour lui dire :

« Atride, c'est à ta voix avant toute autre que doit obéir l'armée argienne. Sans doute il est permis de se gaver de plaintes ; mais, pour toi, à cette heure, disperse les hommes loin de ce bûcher et donne ordre qu'on prépare le repas. Pour ce qui suit, c'est nous qui y pourvoirons, nous pour qui le mort est plus que pour d'autres un sujet de deuil. Que les chefs seuls demeurent avec nous. »

17. On consacrait ainsi aux fleuves la vie et la croissance des jeunes gens (cf. Eschyle, les *Choéphores*, 6). En XVI, 173-178, ce dieu-fleuve était dit le père « divin » de Patrocle.

Αὐτὰρ ἐπεὶ τό γ' ἄκουσεν ἄναξ, ἀνδρῶν Ἀγαμέμνων,
αὐτίκα λαὸν μὲν σκέδασεν κατὰ νῆας ἐΐσας,
κηδεμόνες δὲ παρ' αὖθι μένον καὶ νήεον ὕλην,
ποίησαν δὲ πυρὴν ἑκατόμπεδον ἔνθα καὶ ἔνθα,
ἐν δὲ πυρῇ ὑπάτῃ νεκρὸν θέσαν ἀχνύμενοι κῆρ.   165
Πολλὰ δὲ ἴφια μῆλα καὶ εἰλίποδας ἕλικας βοῦς
πρόσθε πυρῆς ἔδερόν τε καὶ ἄμφεπον· ἐκ δ' ἄρα πάντων
δημὸν ἑλὼν ἐκάλυψε νέκυν μεγάθυμος Ἀχιλλεὺς
ἐς πόδας ἐκ κεφαλῆς, περὶ δὲ δρατὰ σώματα νήει·
ἐν δ' ἐτίθει μέλιτος καὶ ἀλείφατος ἀμφιφορῆας,   170
πρὸς λέχεα κλίνων· πίσυρας δ' ἐριαύχενας ἵππους
ἐσσυμένως ἐνέβαλλε πυρῇ μεγάλα στεναχίζων.
Ἐννέα τῷ γε ἄνακτι τραπεζῆες κύνες ἦσαν,
καὶ μὲν τῶν ἐνέβαλλε πυρῇ δύο δειροτομήσας,
δώδεκα δὲ Τρώων μεγαθύμων υἱέας ἐσθλοὺς   175
χαλκῷ δηιόων· κακὰ δὲ φρεσὶ μήδετο ἔργα·
ἐν δὲ πυρὸς μένος ἧκε σιδήρεον, ὄφρα νέμοιτο.
Ὤιμωξέν τ' ἄρ' ἔπειτα, φίλον δ' ὀνόμηνεν ἑταῖρον·
« Χαῖρέ μοι, ὦ Πάτροκλε, καὶ εἰν Ἀΐδαο δόμοισι·
πάντα γὰρ ἤδη τοι τελέω τὰ πάροιθεν ὑπέστην·   180
δώδεκα μὲν Τρώων μεγαθύμων υἱέας ἐσθλοὺς
τοὺς ἅμα σοὶ πάντας πῦρ ἐσθίει· Ἕκτορα δ' οὔ τι
δώσω Πριαμίδην πυρὶ δαπτέμεν, ἀλλὰ κύνεσσιν. »

18. Les victimes fournissent la graisse nécessaire à l'incinération.
19. Des squelettes de chevaux ont été retrouvés à Marathon et à
Argos, au voisinage de tombeaux mycéniens, mais on ne peut avec
certitude donner la date à laquelle correspondent ces rites. Mylonas
(A Companion..., p. 478-488) semble admettre que des sacrifices d'es-
claves en l'honneur d'un mort ont été pratiqués à l'époque mycé-
nienne ; par ailleurs, dans une tombe royale de Salamine de Chypre,
datant du VIIIᵉ ou du VIIᵉ s., trois squelettes d'homme ont été décou-

À peine a-t-il ouï ces mots qu'Agamemnon, protecteur de son peuple, sans retard, disperse les hommes à
travers les bonnes nefs. Les intimes, seuls, restent là ; ils
entassent le bois et bâtissent un bûcher qui mesure cent
pieds dans un sens et dans l'autre. Au sommet du bûcher
ils déposent le mort, le cœur désolé. Maints gros moutons, maints bœufs cornus à démarche torse sont, par
eux, devant le bûcher, dépouillés et parés. À tous le
magnanime Achille prend de leur graisse, pour en couvrir le mort de la tête aux pieds[18] ; puis, tout autour, il
entasse les corps dépouillés. Il place là aussi des jarres,
toutes pleines de miel et d'huile, qu'il appuie au lit
funèbre. Avec de grands gémissements, prestement, sur
le bûcher, il jette quatre cavales altières. Sire Patrocle
avait neuf chiens familiers : il coupe la gorge à deux et
les jette sur le bûcher. Il fait de même pour douze nobles
fils des Troyens magnanimes[19], qu'il massacre avec le
bronze – son cœur ne songe qu'à des œuvres de mort !
Il déchaîne enfin l'élan implacable du feu, pour que du
tout il fasse sa pâture. Et il sanglote, il appelle son ami :

« Je te salue, Patrocle, même au fond de l'Hadès !
Tout ce que naguère je t'avais promis, à l'instant je vais
accomplir. Ce sont douze braves fils des Troyens
magnanimes que le feu dévore, tous, ici avec toi. Pour
Hector le Priamide, ce n'est pas à la flamme que je le
veux donner à dévorer, c'est aux chiens. »

verts, dont l'un paraissait enchaîné. Cf. V. Karageorghis, *Excavations
in the Necropolis of Salamis,* Nicosie, 1967, p. 31-39 ; D. D. Hughes,
Human Sacrifice in Ancient Greece, Londres, 1991.

On peut interpréter l'immolation des douze Troyens comme la
survivance d'un rite ancien, en notant toutefois qu'un tel sacrifice
(chevaux, chiens, hommes) est unique dans les poèmes homériques, et
que, très probablement, dans cette cruelle évocation, le poète cherchait
à souligner le caractère exceptionnel de ces funérailles, à relier avec
l'exceptionnelle douleur d'Achille, personnage hors norme.

Ὣς φάτ' ἀπειλήσας· τὸν δ' οὐ κύνες ἀμφεπένοντο,
ἀλλὰ κύνας μὲν ἄλαλκε Διὸς θυγάτηρ Ἀφροδίτη   185
ἤματα καὶ νύκτας, ῥοδόεντι δὲ χρῖεν ἐλαίῳ
ἀμβροσίῳ, ἵνα μή μιν ἀποδρύφοι ἑλκυστάζων·
τῷ δ' ἐπὶ κυάνεον νέφος ἤγαγε Φοῖβος Ἀπόλλων
οὐρανόθεν πεδίον δέ, κάλυψε δὲ χῶρον ἅπαντα
ὅσσον ἐπεῖχε νέκυς, μὴ πρὶν μένος ἠελίοιο   190
σκήλει' ἀμφὶ περὶ χρόα ἴνεσιν ἠδὲ μέλεσσιν.

Οὐδὲ πυρὴ Πατρόκλου ἐκαίετο τεθνηῶτος·
ἔνθ' αὖτ' ἄλλ' ἐνόησε ποδάρκης δῖος Ἀχιλλεύς·
στὰς ἀπάνευθε πυρῆς δοιοῖς ἠρᾶτ' ἀνέμοισι,
Βορέῃ καὶ Ζεφύρῳ, καὶ ὑπίσχετο ἱερὰ καλά·   195
πολλὰ δὲ καὶ σπένδων χρυσέῳ δέπαϊ λιτάνευεν
ἐλθέμεν, ὄφρα τάχιστα πυρὶ φλεγεθοίατο νεκροί,
ὕλη τε σεύαιτο καήμεναι· ὦκα δὲ Ἶρις
ἀράων ἀΐουσα μετάγγελος ἦλθ' ἀνέμοισιν.
Οἱ μὲν ἄρα Ζεφύροιο δυσαέος ἀθρόοι ἔνδον   200
εἰλαπίνην δαίνυντο· θέουσα δὲ Ἶρις ἐπέστη
βηλῷ ἐπὶ λιθέῳ· τοὶ δ' ὡς ἴδον ὀφθαλμοῖσι,
πάντες ἀνήιξαν, κάλεόν τέ μιν εἰς ἓ ἕκαστος·
ἡ δ' αὖθ' ἕζεσθαι μὲν ἀνήνατο, εἶπε δὲ μῦθον·

« Οὐχ ἕδος· εἶμι γὰρ αὖτις ἐπ' Ὠκεανοῖο ῥέεθρα,   205
Αἰθιόπων ἐς γαῖαν, ὅθι ῥέζουσ' ἑκατόμβας
ἀθανάτοις, ἵνα δὴ καὶ ἐγὼ μεταδαίσομαι ἱρῶν.
Ἀλλ' Ἀχιλεὺς Βορέην ἠδὲ Ζέφυρον κελαδεινὸν
ἐλθεῖν ἀρᾶται, καὶ ὑπίσχεται ἱερὰ καλά,
ὄφρα πυρὴν ὄρσητε καήμεναι, ᾗ ἔνι κεῖται   210
Πάτροκλος, τὸν πάντες ἀναστενάχουσιν Ἀχαιοί. »

Ainsi dit-il, menaçant. Autour d'Hector cependant les chiens ne s'affairent pas. La fille de Zeus, Aphrodite, nuit et jour, de lui les écarte. Elle l'oint d'une huile divine, fleurant la rose, de peur qu'Achille lui arrache toute la peau en le traînant. Pour lui, Phœbos Apollon amène du ciel sur la plaine une nuée sombre et dérobe aux yeux tout l'espace qu'occupe le corps : il ne veut pas que l'ardeur du soleil lui dessèche trop vite[20] la peau autour des tendons et des membres.

Mais le bûcher où gît le corps de Patrocle ne s'enflamme pas. Le divin Achille aux pieds infatigables alors a une autre pensée. Il s'écarte du bûcher et adresse un vœu à deux vents, Borée et Zéphyr ; il leur promet de splendides offrandes ; il multiplie les libations avec une coupe d'or ; il les supplie de venir, afin que les morts soient le plus tôt possible consumés par le feu, et que d'abord le bois se mette à s'enflammer. Et, vite, Iris, entendant ses prières, va porter le message aux vents. Ils sont tous réunis chez l'orageux Zéphyr autour d'un banquet. Iris, courante, s'arrête sur le seuil de pierre. Dès que leurs yeux la voient, tous vivement se lèvent, l'invitant à s'asseoir chacun près de lui. Mais elle décline l'offre de s'asseoir et leur dit :

« Ce n'est pas le moment de m'asseoir ; je repars et m'en vais aux bords de l'Océan dans le pays des Éthiopiens. Ils sont en train d'offrir des hécatombes aux Immortels, et je veux, moi aussi, prendre part au festin sacré. Mais Achille supplie Borée et le bruyant Zéphyr ; il vous promet de splendides offrandes, si vous venez exciter la flamme du bûcher sur lequel gît Patrocle, pleuré de tous les Achéens. »

---

20. Littéralement : « avant », soit avant que le corps soit rendu à Priam.

Ἡ μὲν ἄρ' ὣς εἰποῦσ' ἀπεβήσετο, τοὶ δ' ὀρέοντο
ἠχῇ θεσπεσίῃ, **νέφεα κλονέοντε πάροιθεν·**
αἶψα δὲ πόντον ἵκανον ἀήμεναι, ὦρτο δὲ κῦμα
πνοιῇ ὕπο λιγυρῇ· Τροίην δ' ἐρίβωλον ἵκέσθην,   215
ἐν δὲ πυρῇ πεσέτην, μέγα δ' ἴαχε θεσπιδαὲς πῦρ.
Παννύχιοι δ' ἄρα τοί γε πυρῆς ἄμυδις φλόγ' ἔβαλλον,
φυσῶντες λιγέως· ὁ δὲ πάννυχος ὠκὺς Ἀχιλλεὺς
χρυσέου ἐκ κρητῆρος, ἑλὼν δέπας ἀμφικύπελλον,
οἶνον ἀφυσσόμενος χαμάδις χέε, δεῦε δὲ γαῖαν,   220
ψυχὴν κικλήσκων Πατροκλῆος δειλοῖο.
Ὡς δὲ πατὴρ οὗ παιδὸς ὀδύρεται ὀστέα καίων,
νυμφίου, ὅς τε θανὼν δειλοὺς ἀκάχησε·τοκῆας,
ὣς Ἀχιλεὺς ἑτάροιο ὀδύρετο ὀστέα καίων,
ἑρπύζων παρὰ πυρκαϊήν, ἀδινὰ στεναχίζων.   225

Ἦμος δ' ἑωσφόρος εἶσι φόως ἐρέων ἐπὶ γαῖαν,
ὅν τε μέτα κροκόπεπλος ὑπεὶρ ἅλα κίδναται ἠώς,
τῆμος πυρκαϊὴ ἐμαραίνετο, παύσατο δὲ φλόξ·
οἱ δ' ἄνεμοι πάλιν αὖτις ἔβαν οἶκον δὲ νέεσθαι
Θρηίκιον κατὰ πόντον· ὁ δ' ἔστενεν οἴδματι θύων.   230
Πηλεΐδης δ' ἀπὸ πυρκαϊῆς ἑτέρωσε λιασθεὶς
κλίνθη κεκμηώς, ἐπὶ δὲ γλυκὺς ὕπνος ὄρουσεν·
οἱ δ' ἀμφ' Ἀτρεΐωνα ἀολλέες ἠγερέθοντο·
τῶν μιν ἐπερχομένων ὅμαδος καὶ δοῦπος ἔγειρεν,
ἕζετο δ' ὀρθωθεὶς καὶ σφεας πρὸς μῦθον ἔειπεν·   235

« Ἀτρεΐδη τε καὶ ἄλλοι ἀριστῆες Παναχαιῶν,
πρῶτον μὲν κατὰ πυρκαϊὴν σβέσατ' αἴθοπι οἴνῳ
πᾶσαν, ὁπόσσον ἐπέσχε πυρὸς μένος· αὐτὰρ ἔπειτα
ὀστέα Πατρόκλοιο Μενοιτιάδαο λέγωμεν
εὖ διαγινώσκοντες· ἀριφραδέα δὲ τέτυκται·   240
ἐν μέσσῃ γὰρ ἔκειτο πυρῇ, τοὶ δ' ἄλλοι ἄνευθεν
ἐσχατιῇ καίοντ' ἐπιμὶξ ἵπποι τε καὶ ἄνδρες.

Elle dit et s'en va. Eux, se lèvent dans un fracas prodigieux, bousculant devant eux les nuées. Vite, les voilà
soufflant sur la mer, et le flot se soulève sous leur souffle
sonore. Ils atteignent la Troade fertile, ils s'abattent
sur le bûcher, et, soudain, un feu prodigieux terriblement crépite. Toute la nuit, ensemble, de leur
bruyante haleine, ils fouettent le feu du bûcher, et, toute
la nuit, le rapide Achille, puisant le vin, dans le cratère
avec une coupe à deux anses, le répand sur le sol, en
inonde la terre, et va invoquant l'âme du malheureux
Patrocle. Ainsi qu'un père se lamente, qui brûle les os de
son fils – un nouveau marié, dont la mort désole ses
pauvres parents – ainsi pleure Achille, en brûlant les os
de son compagnon. Il se traîne autour du bûcher, il pousse de longs sanglots.

Mais quand l'Étoile du matin vient annoncer la
lumière à la terre, l'Étoile du matin, derrière qui
l'Aurore en robe de safran s'épand sur la mer, le feu du
bûcher s'apaise, la flamme tombe, et les vents chez eux
s'en retournent à travers la mer de Thrace, qui gémit
dans un gonflement furieux. Le Péléide alors s'écarte du
bûcher ; il se couche, épuisé ; le doux sommeil s'abat sur
lui. Mais l'Atride et les siens, en masse, s'assemblent :
aussitôt le tumulte, le bruit des arrivants l'éveillent. Il se
redresse, se met sur son séant et dit :

« Atride, et vous, héros du camp panachéen, avec le
vin aux sombres feux[21], commencez donc par éteindre le
bûcher, entièrement, partout où a régné la fougue de la
flamme. Recueillons ensuite les os de Patrocle, le fils
de Ménœtios. Distinguons-les soigneusement ; ils se
laissent aisément reconnaître : ils sont au milieu du
bûcher, tandis que les autres ont brûlé à part, à l'extrême
bord, hommes et chevaux ensemble. Plaçons-les dans

21. Le vin est une offrande couramment utilisée dans le rituel
funéraire.

Καὶ τὰ μὲν ἐν χρυσέῃ φιάλῃ καὶ δίπλακι δημῷ
θείομεν, εἰς ὅ κεν αὐτὸς ἐγὼν "Αιδι κεύθωμαι·
τύμβον δ' οὐ μάλα πολλὸν ἐγὼ πονέεσθαι ἄνωγα,   245
ἀλλ' ἐπιεικέα τοῖον· ἔπειτα δὲ καὶ τὸν Ἀχαιοὶ
εὐρύν θ' ὑψηλόν τε τιθήμεναι, οἵ κεν ἐμεῖο
δεύτεροι ἐν νήεσσι πολυκλήισι λίπησθε. »

   "Ως ἔφαθ', οἱ δ' ἐπίθοντο ποδώκεϊ Πηλείωνι·
πρῶτον μὲν κατὰ πυρκαϊὴν σβέσαν αἴθοπι οἴνῳ,   250
ὅσσον ἐπὶ φλὸξ ἦλθε, βαθεῖα δὲ κάππεσε τέφρη·
κλαίοντες δ' ἑτάροιο ἐνηέος ὀστέα λευκὰ
ἄλλεγον ἐς χρυσέην φιάλην καὶ δίπλακα δημόν,
ἐν κλισίῃσι δὲ θέντες ἑανῷ λιτὶ κάλυψαν·
τορνώσαντο δὲ σῆμα θεμείλιά τε προβάλοντο   255
ἀμφὶ πυρῇ· εἶθαρ δὲ χυτὴν ἐπὶ γαῖαν ἔχευαν,
χεύαντες δὲ τὸ σῆμα πάλιν κίον. Αὐτὰρ Ἀχιλλεὺς
αὐτοῦ λαὸν ἔρυκε καὶ ἵζανεν εὐρὺν ἀγῶνα,
νηῶν δ' ἔκφερ' ἄεθλα, λέβητάς τε τρίποδάς τε
ἵππους θ' ἡμιόνους τε βοῶν τ' ἴφθιμα κάρηνα,   260
ἠδὲ γυναῖκας ἐυζώνους πολιόν τε σίδηρον.

   Ἱππεῦσιν μὲν πρῶτα ποδώκεσιν ἀγλά' ἄεθλα
θῆκε γυναῖκα ἄγεσθαι ἀμύμονα ἔργα ἰδυῖαν
καὶ τρίποδ' ὠτώεντα δυωκαιεικοσίμετρον,
τῷ πρώτῳ· ἀτὰρ αὖ τῷ δευτέρῳ ἵππον ἔθηκεν   265
ἑξέτε' ἀδμήτην, βρέφος ἡμίονον κυέουσαν·
αὐτὰρ τῷ τριτάτῳ ἄπυρον κατέθηκε λέβητα
καλόν, τέσσαρα μέτρα κεχανδότα, λευκὸν ἔτ' αὔτως·
τῷ δὲ τετάρτῳ θῆκε δύο χρυσοῖο τάλαντα,
πέμπτῳ δ' ἀμφίθετον φιάλην ἀπύρωτον ἔθηκε·   270
στῆ δ' ὀρθὸς καὶ μῦθον ἐν Ἀργείοισιν ἔειπεν·

une urne d'or avec double couche de graisse, en attendant le jour où je m'enfoncerai moi-même dans l'Hadès.
Pour la tombe, j'entends qu'on la fasse pas très grande,
mais convenable – rien de plus. Plus tard, les Achéens la
lui dresseront large et haute – je veux dire : vous autres,
vous qui resterez après moi[22] sur les nefs bien garnies de
rames. »

Il dit, et tous d'obéir au Péléide aux pieds rapides.
Avec le vin aux sombres feux ils commencent par
éteindre le bûcher, partout où a été la flamme, où s'est
déposée une cendre épaisse. En pleurant, ils recueillent
les os blancs de leur bon compagnon dans une urne d'or,
avec double couche de graisse ; ils les déposent ensuite
dans la baraque, ils les couvrent d'un souple tissu. Ils
dessinent alors le cercle d'un tombeau et en jettent les
bases tout autour du bûcher. Rapidement ils y répandent
de la terre, et, quand la terre répandue a formé un tombeau, ils s'éloignent. Achille cependant retient là son
monde pour siéger en vaste assemblée[23]. Des nefs il
apporte des prix : bassines, trépieds, chevaux, mules,
têtes fières de bœufs, captives à belle ceinture, et fer
gris.

Pour les prompts meneurs de chars, d'abord, il offre
un prix magnifique, une captive à emmener, qui sait les
travaux impeccables, et un trépied à anses, de vingt-
deux mesures : ce sera le lot du premier. Il offre, pour le
second, une jument de six ans, encore indomptée, pleine
d'un mulet. Pour le troisième, il offre un bassin qui n'a
pas encore été au feu, un beau bassin, d'une contenance
de quatre mesures, tout brillant neuf ; pour le quatrième,
deux talents d'or ; pour le cinquième, une urne à deux
poignées, ignorante encore de la flamme. Puis, debout, il
s'adresse aux Argiens en ces termes :

22. Après moi *(emeio / deuteroi)*, c'est-à-dire « après ma mort ».
23. L'Assemblée des guerriers qui vont assister aux Jeux.

α Ἀτρείδη τε καὶ ἄλλοι ἐυκνήμιδες Ἀχαιοί,
ἱππῆας τάδ' ἄεθλα δεδεγμένα κεῖτ' ἐν ἀγῶνι.
Εἰ μὲν νῦν ἐπὶ ἄλλῳ ἀεθλεύοιμεν Ἀχαιοί,
ἦ τ' ἂν ἐγὼ τὰ πρῶτα λαβὼν κλισίην δὲ φεροίμην·   275
ἴστε γὰρ ὅσσον ἐμοὶ ἀρετῇ περιβάλλετον ἵπποι·
ἀθάνατοί τε γάρ εἰσι, Ποσειδάων δ' ἔπορ' αὐτοὺς
πατρὶ ἐμῷ Πηλῆι, ὁ δ' αὖτ' ἐμοὶ ἐγγυάλιξεν.
Ἀλλ' ἤτοι μὲν ἐγὼ μενέω καὶ μώνυχες ἵπποι·
τοίου γὰρ κλέος ἐσθλὸν ἀπώλεσαν ἡνιόχοιο,   280
ἠπίου, ὃ σφωιν μάλα πολλάκις ὑγρὸν ἔλαιον
χαιτάων κατέχευε, λοέσσας ὕδατι λευκῷ·
τὸν τώ γ' ἑσταότες πενθείετον, οὔδει δὲ σφι
χαῖται ἐρηρέδαται, τὼ δ' ἕστατον ἀχνυμένω κῆρ.
Ἄλλοι δὲ στέλλεσθε κατὰ στρατόν, ὅς τις Ἀχαιῶν   285
ἵπποισίν τε πέποιθε καὶ ἅρμασι κολλητοῖσιν. »

Ὣς φάτο Πηλεΐδης, ταχέες δ' ἱππῆες ἄγερθεν.
Ὦρτο πολὺ πρῶτος μὲν ἄναξ, ἀνδρῶν Εὔμηλος,
Ἀδμήτου φίλος υἱός, ὃς ἱπποσύνῃ ἐκέκαστο.
Τῷ δ' ἐπὶ Τυδεΐδης ὦρτο κρατερὸς Διομήδης,   290
ἵππους δὲ Τρῳοὺς ὕπαγε ζυγόν, οὓς ποτ' ἀπηύρα
Αἰνείαν, ἀτὰρ αὐτὸν ὑπεξεσάωσεν Ἀπόλλων.
Τῷ δ' ἄρ' ἐπ' Ἀτρεΐδης ὦρτο ξανθὸς Μενέλαος
διογενής, ὑπὸ δὲ ζυγὸν ἤγαγεν ὠκέας ἵππους,
Αἴθην τὴν Ἀγαμεμνονέην τὸν ἑόν τε Πόδαργον·   295
τὴν Ἀγαμέμνονι δῶκ' Ἀγχισιάδης Ἐχέπωλος
δῶρ', ἵνα μή οἱ ἕποιθ' ὑπὸ Ἴλιον ἠνεμόεσσαν,
ἀλλ' αὐτοῦ τέρποιτο μένων· μέγα γάρ οἱ ἔδωκε
Ζεὺς ἄφενος, ναῖεν δ' ὅ γ' ἐν εὐρυχώρῳ Σικυῶνι·
τὴν ὅ γ' ὑπὸ ζυγὸν ἦγε, μέγα δρόμου ἰχανόωσαν.   300

« Atride, et vous aussi, Achéens, aux bonnes jambières, voici les prix qui attendent les meneurs de chars
au concours. Si les Achéens aujourd'hui célébraient des
jeux en l'honneur d'un autre, c'est moi sans aucun doute
qui prendrais le premier et l'emporterais jusqu'à ma
baraque. Vous savez combien mes chevaux, par leur
valeur, dépassent tous les autres. C'est qu'ils sont éternels, et que Poseidon lui-même les a donnés à mon père
Pélée, qui me les a octroyés à son tour. Mais j'entends
cette fois rester où je suis, tout comme mes chevaux aux
sabots massifs. Ils ont perdu la noble gloire d'un cocher
si doux ! Que de fois sur leurs crinières il a versé
l'huile onctueuse, après les avoir baignés dans l'eau
claire. C'est lui qu'ils pleurent là, tous deux, leur crinière touchant le sol, immobiles, le cœur désolé. – À
d'autres donc, à vous tous, dans le camp, de vous mettre
en branle, à tous les Achéens qui s'assurent en leurs chevaux ainsi qu'en leur char solide. »

Ainsi dit le Péléide, et les meneurs de chars, rapides,
s'assemblent. Le tout premier qui se lève est le protecteur de son peuple, Eumèle, le fils chéri d'Admète, qui
excelle dans l'art de mener les chevaux. Après lui se lève
le fils de Tydée, Diomède le Fort, qui met sous le joug
les chevaux de Trôs, dont il a dépouillé Énée, au
moment où Énée lui était dérobé par Apollon[24]. C'est le
fils d'Atrée, qui se lève ensuite, le blond Ménélas, le
héros divin ; il met sous le joug deux coursiers rapides :
Éthé, cavale d'Agamemnon, et son cheval, à lui-même,
Podarge. Éthé est un don fait à Agamemnon par Échépole, fils d'Anchise : en échange de ce présent, il ne
devait pas le suivre sous Ilion battue des vents, il aurait
la joie de rester chez lui. Zeus lui avait donné une
immense richesse ; il habitait la vaste Sicyone. Ménélas
la met donc sous le joug, impatiente de courir.

24. Cf. V, 323-324 ; 445-446.

Ἀντίλοχος δὲ τέταρτος ἐΰτριχας ὡπλίσαθ᾽ ἵππους,
Νέστορος ἀγλαὸς υἱὸς ὑπερθύμοιο ἄνακτος,
τοῦ Νηληϊάδαο· Πυλοιγενέες δέ οἱ ἵπποι
ὠκύποδες φέρον ἄρμα· πατὴρ δέ οἱ ἄγχι παραστὰς
μυθεῖτ᾽ εἰς ἀγαθὰ φρονέων νοέοντι καὶ αὐτῷ·   305

« Ἀντίλοχ᾽, ἤτοι μέν σε νέον περ ἐόντ᾽ ἐφίλησαν
Ζεύς τε Ποσειδάων τε, καὶ ἱπποσύνας ἐδίδαξαν
παντοίας· τῷ καί σε διδασκέμεν οὔ τι μάλα χρεώ·
οἶσθα γὰρ εὖ περὶ τέρμαθ᾽ ἑλισσέμεν· ἀλλά τοι ἵπποι
βάρδιστοι θείειν· τῷ τ᾽ οἴω λοίγι᾽ ἔσεσθαι.   310
Τῶν δ᾽ ἵπποι μὲν ἔασιν ἀφάρτεροι, οὐδὲ μὲν αὐτοὶ
πλείονα ἴσασιν σέθεν αὐτοῦ μητίσασθαι·
ἀλλ᾽ ἄγε δὴ σύ, φίλος, μῆτιν ἐμβάλλεο θυμῷ
παντοίην, ἵνα μή σε παρεκπροφύγῃσιν ἄεθλα·
μήτι τοι δρυτόμος μέγ᾽ ἀμείνων ἠὲ βίηφι·   315
μήτι δ᾽ αὖτε κυβερνήτης ἐνὶ οἴνοπι πόντῳ
νῆα θοὴν ἰθύνει ἐρεχθομένην ἀνέμοισι·
μήτι δ᾽ ἡνίοχος περιγίνεται ἡνιόχοιο.
Ἀλλ᾽ ὃς μέν θ᾽ ἵπποισι καὶ ἅρμασιν οἷσι πεποιθὼς
ἀφραδέως ἐπὶ πολλὸν ἑλίσσεται ἔνθα καὶ ἔνθα,   320
ἵπποι δὲ πλανόωνται ἀνὰ δρόμον, οὐδὲ κατίσχει·
ὃς δέ κε κέρδεα εἰδῇ ἐλαύνων ἥσσονας ἵππους,
αἰεὶ τέρμ᾽ ὁρόων στρέφει ἐγγύθεν, οὐδέ ἑ λήθει
ὅππως τὸ πρῶτον τανύσῃ βοέοισιν ἱμᾶσιν,
ἀλλ᾽ ἔχει ἀσφαλέως καὶ τὸν προὔχοντα δοκεύει.   325
Σῆμα δέ τοι ἐρέω μάλ᾽ ἀριφραδές, οὐδέ σε λήσει·
ἕστηκε ξύλον αὖον ὅσον τ᾽ ὄργυι᾽ ὑπὲρ αἴης,
ἢ δρυὸς ἢ πεύκης· τὸ μὲν οὐ καταπύθεται ὄμβρῳ,
λᾶε δὲ τοῦ ἑκάτερθεν ἐρηρέδαται δύο λευκὼ

Antiloque, le quatrième, harnache ses coursiers à la belle
crinière, Antiloque, glorieux fils de Nestor, le bouillant
seigneur descendant de Nélée ; à Pylos sont nés les chevaux aux pieds rapides qui lui emportent son char. Son
père s'approche de lui et prudemment, pour son bien, le
conseille, si sage qu'il soit déjà :

« Antiloque, tu es jeune ; mais Zeus et Poseidon t'ont
pris en affection : ils t'ont appris toutes façons d'en user
avec les chevaux. Il n'y a donc pas lieu ici de t'apprendre rien à mon tour. Tu sais fort bien tourner la
borne. Tes bêtes, en revanche, sont assez lentes à la
course, et j'imagine que tu vas à un désastre : les autres
ont des chevaux plus vites. Mais, d'autre part, ils savent
trouver moins d'idées que toi. À toi donc, mon petit, de
te mettre en tête autant d'idées[25] que tu pourras, si tu ne
veux pas que le prix t'échappe. C'est l'idée qui fait le
bon bûcheron, ce n'est pas la force. C'est l'idée qui permet au pilote sur la mer lie de vin de diriger la nef rapide toute secouée des vents. C'est l'idée qui fait qu'un
cocher l'emporte sur d'autres cochers. Tel se fie à son
char et à son attelage, et sottement prend le tournant très
large, en allant de-ci, de-là, en laissant ses chevaux
vaguer par la piste, au lieu d'en rester maître. Tel autre,
qui conduit des chevaux médiocres, en revanche sait
plus d'un tour ; il ne quitte pas la borne des yeux, il
prend le tournant très court, il n'oublie pas de tenir
d'abord fermement ses bêtes au moyen des rênes de cuir,
et il mène sans défaillance, l'œil fixé sur qui le précède.
Je veux t'indiquer un repère qui est aisé à reconnaître, et
qui ne t'échappera pas. C'est un tronc desséché, qui se
dresse environ à une brasse du sol – tronc de chêne ou
de pin. La pluie ne le pourrit pas, et deux pierres

_____

25. Littéralement : « une *mêtis* multiple », une intelligence pratique et rusée, qui est louée dans les vers suivants : *mêtis* du bûcheron,
mêtis du pilote, *mêtis* du cocher. Sur cette question, cf. Vernant-
Detienne, 1974, p. 18-31 (« La course d'Antiloque »).

ἐν ξυνοχῇσιν ὁδοῦ, λεῖος δ᾽ ἱππόδρομος ἀμφίς·   330
ἤ τευ σῆμα βροτοῖο πάλαι κατατεθνηῶτος,
ἤ τό γε νύσσα τέτυκτο ἐπὶ προτέρων ἀνθρώπων,
καὶ νῦν τέρματ᾽ ἔθηκε ποδάρκης δῖος Ἀχιλλεύς.
Τῷ σὺ μάλ᾽ ἐγχρίμψας ἐλάαν σχεδὸν ἅρμα καὶ ἵππους
αὐτὸς δὲ κλινθῆναι ἐυπλέκτῳ ἐνὶ δίφρῳ   335
ἦκ᾽ ἐπ᾽ ἀριστερὰ τοῖιν· ἀτὰρ τὸν δεξιὸν ἵππον
κένσαι ὁμοκλήσας, εἶξαί τέ οἱ ἡνία χερσίν·
ἐν νύσσῃ δέ τοι ἵππος ἀριστερὸς ἐγχριμφθήτω,
ὡς ἄν τοι πλήμνη γε δοάσσεται ἄκρον ἱκέσθαι
κύκλου ποιητοῖο· λίθου δ᾽ ἀλέασθαι ἐπαυρεῖν,   340
μή πως ἵππους τε τρώσῃς κατά θ᾽ ἅρματα ἄξῃς·
χάρμα δὲ τοῖς ἄλλοισιν, ἐλεγχείη δὲ σοὶ αὐτῷ
ἔσσεται· ἀλλά, φίλος, φρονέων πεφυλαγμένος εἶναι.
Εἰ γάρ κ᾽ ἐν νύσσῃ γε παρεξελάσῃσθα διώκων,
οὐκ ἔσθ᾽ ὅς κέ σ᾽ ἕλῃσι μετάλμενος οὐδὲ παρέλθοι,   345
οὐδ᾽ εἴ κεν μετόπισθεν Ἀρίονα δῖον ἐλαύνοι,

Ἀδρήστου ταχὺν ἵππον, ὃς ἐκ θεόφιν γένος ἦεν,
ἤ τοὺς Λαομέδοντος, οἳ ἐνθάδε γ᾽ ἔτραφεν ἐσθλοί. »
    Ὣς εἰπὼν Νέστωρ Νηλήιος ἂψ ἐνὶ χώρῃ
ἕζετ᾽, ἐπεὶ ᾧ παιδὶ ἑκάστου πείρατ᾽ ἔειπε.   350
    Μηριόνης δ᾽ ἄρα πέμπτος ἐύτριχας ὡπλίσαθ᾽ ἵππους.
Ἂν δ᾽ ἔβαν ἐς δίφρους, ἐν δὲ κλήρους ἐβάλοντο·
πάλλ᾽ Ἀχιλεύς, ἐκ δὲ κλῆρος θόρε Νεστορίδαο
Ἀντιλόχου· μετὰ τὸν δ᾽ ἔλαχε κρείων Εὔμηλος·
τῷ δ᾽ ἄρ᾽ ἐπ᾽ Ἀτρείδης, δουρὶ κλειτὸς Μενέλαος,   355
τῷ δ᾽ ἐπὶ Μηριόνης λάχ᾽ ἐλαυνέμεν· ὕστατος αὖτε
Τυδείδης ὄχ᾽ ἄριστος ἐὼν λάχ᾽ ἐλαυνέμεν ἵππους.

blanches lui servent d'étais de chaque côté. Il se trouve
à la croisée d'un chemin ; la piste autour est tout unie.
Est-ce là le tombeau d'un homme mort jadis ? une borne
établie au temps des anciens hommes ? Le divin Achille
aux pieds infatigables l'a pris, en tout cas, pour borne
aujourd'hui. Pousse ton char et tes chevaux, de façon à
la frôler du plus près que tu pourras, et toi-même dans la
caisse bien tressée, pour aider tes bêtes, penche-toi donc
doucement sur la gauche, tout en stimulant ton cheval de
droite de l'aiguillon, de la voix, et en lui rendant les
rênes. Que le cheval de gauche, lui, frôle la borne de
façon que le moyeu de la roue façonnée semble en
effleurer la surface. Mais évite bien de toucher la pierre,
si tu ne veux et blesser tes chevaux et fracasser ton char,
ce qui serait toute joie pour les autres, tout opprobre
pour toi. Sois donc prudent et prends bien garde, mon
ami. Si, dans ta course, tu franchis la borne, nul dès lors
ne sera plus capable de te vaincre et de te dépasser, en se
lançant à ta suite, quand bien même sur tes traces on
pousserait le divin Arion[26], le cheval rapide d'Adraste,
qui est d'origine divine, ou encore les coursiers de
Laomédon[27], qui ont ici grandi, les meilleurs de tous. »

Ainsi parle Nestor, le fils de Nélée ; et il s'en retourne s'asseoir à sa place, quand il a dit à son fils l'essen-
tiel sur chaque point.

Mérion est le cinquième à harnacher ses coursiers
aux belles crinières. Tous montent sur leurs chars. Ils ont
jeté leurs sorts. Achille les secoue et, le premier, jaillit le
sort d'Antiloque, le fils de Nestor. Après lui, c'est le tour
du roi Eumèle. Puis vient l'Atride, Ménélas, l'illustre
guerrier. C'est Mérion que le sort désigne pour se mettre
ensuite en ligne. Le dernier enfin, c'est le fils de Tydée,

---

26. Des sept chefs venus, avec Polynice, assiéger Thèbes, Adraste
seul échappa à la mort, grâce à Arion, son cheval divin (né de
Poséidon).

27. Cf. V, 265-272.

Στὰν δὲ μεταστοιχί, σήμηνε δὲ τέρματ' Ἀχιλλεὺς
τηλόθεν ἐν λείῳ πεδίῳ· παρὰ δὲ σκοπὸν εἷσεν
ἀντίθεον Φοίνικα, ὀπάονα πατρὸς ἑοῖο,   360
ὣς μεμνέῳτο δρόμου καὶ ἀληθείην ἀποείποι.

   Οἱ δ' ἅμα πάντες ἐφ' ἵπποιιν μάστιγας ἄειραν,
πέπληγόν θ' ἱμᾶσιν, ὁμόκλησάν τ' ἐπέεσσιν
ἐσσυμένως· οἱ δ' ὦκα διέπρησσον πεδίοιο
νόσφι νεῶν ταχέως· ὑπὸ δὲ στέρνοισι κονίη   365
ἵστατ' ἀειρομένη ὥς τε νέφος ἠὲ θύελλα,
χαῖται δ' ἐρρώοντο μετὰ πνοιῇς ἀνέμοιο.
Ἅρματα δ' ἄλλοτε μὲν χθονὶ πίλνατο πουλυβοτείρῃ,
ἄλλοτε δ' ἀΐξασκε μετήορα· τοὶ δ' ἐλατῆρες
ἕστασαν ἐν δίφροισι, πάτασσε δὲ θυμὸς ἑκάστου   370
νίκης ἱεμένων· κέκλοντο δὲ οἷσιν ἕκαστος
ἵπποις, οἱ δ' ἐπέτοντο κονίοντες πεδίοιο.

   Ἀλλ' ὅτε δὴ πύματον τέλεον δρόμον ὠκέες ἵπποι
ἂψ ἐφ' ἁλὸς πολιῆς, τότε δὴ ἀρετή γε ἑκάστου
φαίνετ', ἄφαρ δ' ἵπποισι τάθη δρόμος· ὦκα δ' ἔπειτα   375
αἱ Φηρητιάδαο ποδώκεες ἔκφερον ἵπποι.
Τὰς δὲ μετ' ἐξέφερον Διομήδεος ἄρσενες ἵπποι,
Τρώιοι, οὐδέ τι πολλὸν ἄνευθ' ἔσαν, ἀλλὰ μάλ' ἐγγύς·
αἰεὶ γὰρ δίφρου ἐπιβησομένοισιν ἐΐκτην,
πνοιῇ δ' Εὐμήλοιο μετάφρενον εὖρέ τ' ὤμω   380
θέρμετ'· ἐπ' αὐτῷ γὰρ κεφαλὰς καταθέντε πετέσθην.
Καί νύ κεν ἢ παρέλασσ' ἢ ἀμφήριστον ἔθηκεν,
εἰ μὴ Τυδέος υἷι κοτέσσατο Φοῖβος Ἀπόλλων,
ὅς ῥά οἱ ἐκ χειρῶν ἔβαλεν μάστιγα φαεινήν·
τοῖο δ' ἀπ' ὀφθαλμῶν χύτο δάκρυα χωομένοιο,   385

le meilleur de beaucoup pour presser les chevaux. Ils se
mettent en ligne, et Achille leur montre le but, au loin,
dans la plaine unie. Près de ce but, comme observateur,
il met Phénix, égal aux dieux, compagnon de son père,
qui notera les détails de la course et lui rapportera l'entière vérité.

Ils lèvent tous ensemble le fouet sur leurs chevaux,
ils les frappent de leurs rênes de cuir, ils les gourman-
dent de la voix passionnément. Rapides, les chevaux
dévorent la plaine et s'éloignent en hâte des nefs. Sous
leur poitrail, la poussière, soulevée, monte, pareille à
une nuée ou à une trombe. Leurs crinières voltigent au
souffle du vent. Les chars tantôt s'abattent sur la glèbe
nourricière, tantôt bondissent dans les airs. Les conduc-
teurs sont debout dans les caisses ; chacun a le cœur qui
palpite du désir d'être vainqueur. Et tous jettent des
appels à leurs coursiers, qui volent en soulevant la
poudre de la plaine.

Mais voici le moment où les coursiers rapides, au
dernier stade de la course, s'en reviennent vers
la blanche mer : alors la valeur de chacun se révèle, l'allure des chevaux soudain se précipite. Les juments
rapides du fils de Phérès[28] filent droit au but, et, derrière
elles, filent pareillement les étalons de Diomède, les
coursiers de Trôs. Ah ! ils ne sont pas loin ; ils sont là,
tout proches : à chaque instant on croirait qu'ils vont
escalader le char. Eumèle sent leur souffle brûler son dos
et ses larges épaules : ils volent, têtes posées sur lui. À
ce moment-là, le fils de Tydée eût passé devant, ou eût
tout au moins rendu le succès douteux, si Phœbos
Apollon n'en avait ressenti quelque irritation contre lui.
Il lui fait choir des mains son fouet brillant. Des larmes
échappent aux yeux de Diomède dépité, qui voit dès lors
les juments accélérer encore, et beaucoup, leur allure,

----

28. Eumèle, fils d'Admète, petit-fils de Phérès.

οὕνεκα τὰς μὲν ὅρα ἔτι καὶ πολὺ μᾶλλον ἰούσας,
οἱ δέ οἱ ἐβλάφθησαν ἄνευ κέντροιο θέοντες.
Οὐδ' ἄρ' Ἀθηναίην ἐλεφηράμενος λάθ' Ἀπόλλων
Τυδείδην, μάλα δ' ὦκα μετέσσυτο ποιμένα λαῶν,
δῶκε δέ οἱ μάστιγα, μένος δ' ἵπποισιν ἐνῆκεν·   390
ἡ δὲ μετ' Ἀδμήτου υἱὸν κοτέους' ἐβεβήκει,
ἵππειον δέ οἱ ἦξε θεὰ ζυγόν· αἱ δέ οἱ ἵπποι
ἀμφὶς ὁδοῦ δραμέτην, ῥυμὸς δ' ἐπὶ γαῖαν ἐλύσθη·
αὐτὸς δ' ἐκ δίφροιο παρὰ τροχὸν ἐξεκυλίσθη,
ἀγκῶνάς τε περιδρύφθη στόμα τε ῥῖνάς τε,   395
θρυλίχθη δὲ μέτωπον ἐπ' ὀφρύσι· τὼ δέ οἱ ὄσσε
δακρυόφι πλῆσθεν, θαλερὴ δέ οἱ ἔσχετο φωνή.
Τυδείδης δὲ παρατρέψας ἔχε μώνυχας ἵππους,
πολλὸν τῶν ἄλλων ἐξάλμενος· ἐν γὰρ Ἀθήνη
ἵπποις ἧκε μένος καὶ ἐπ' αὐτῷ κῦδος ἔθηκε·   400
τῷ δ' ἄρ' ἐπ' Ἀτρείδης εἶχε ξανθὸς Μενέλαος·
Ἀντίλοχος δ' ἵπποισιν ἐκέκλετο πατρὸς ἑοῖο·

« Ἔμβητον καὶ σφῶι· τιταίνετον ὅττι τάχιστα·
ἤτοι μὲν κείνοισιν ἐριζέμεν οὔ τι κελεύω,
Τυδείδεω ἵπποισι δαΐφρονος, οἷσιν Ἀθήνη   405
νῦν ὤρεξε τάχος καὶ ἐπ' αὐτῷ κῦδος ἔθηκεν·
ἵππους δ' Ἀτρεΐδαο κιχάνετε, μηδὲ λίπησθον,
καρπαλίμως, μὴ σφῶιν ἐλεγχείην καταχεύῃ
Αἴθη θῆλυς ἐοῦσα· τί ἢ λείπεσθε, φέριστοι ;
ὧδε γὰρ ἐξερέω, καὶ μὴν τετελεσμένον ἔσται·   410
οὐ σφῶιν κομιδὴ παρὰ Νέστορι ποιμένι λαῶν
ἔσσεται, αὐτίκα δ' ὔμμε κατακτενεῖ ὀξέι χαλκῷ,
αἴ κ' ἀποκηδήσαντε φερώμεθα χεῖρον ἄεθλον.
Ἀλλ' ἐφομαρτεῖτον καὶ σπεύδετον ὅττι τάχιστα·
ταῦτα δ' ἐγὼν αὐτὸς τεχνήσομαι ἠδὲ νοήσω,   415
στεινωπῷ ἐν ὁδῷ παραδύμεναι, οὐδέ με λήσει. »

alors que ses étalons subissent le désavantage de courir sans aiguillon. Mais Athéné n'a pas été sans voir la déception qu'Apollon a infligée à Diomède. Vite, elle court au pasteur d'hommes ; elle lui donne un fouet et remplit d'ardeur ses chevaux. Après quoi, irritée, la déesse va vers le fils d'Admète et rompt le joug qui tient son attelage. Ses juments poursuivent leur course en s'écartant l'une de l'autre, tandis que le timon glisse vers le sol, tandis qu'Eumèle alors roule à bas de son char à côté d'une roue, qu'il s'écorche les coudes et la bouche et le nez, et que son front, au-dessus des sourcils, va donner contre terre. Ses yeux se remplissent de larmes ; sa voix puissante est enchaînée. Le fils de Tydée oblique et le dépasse avec ses chevaux aux sabots massifs ; d'un bond, il devance de très loin tous les autres : Athéné a rempli ses chevaux d'ardeur et lui a donné la gloire. Après lui vient le blond Ménélas, l'Atride, cependant qu'Antiloque jette un appel aux chevaux de son père :

« En avant ! vous aussi, allongez au plus vite. Je ne vous demande pas de lutter contre ceux de là-bas, contre les étalons du preux fils de Tydée, à qui Athéné vient d'octroyer la vitesse, en même temps qu'elle donnait la gloire à leur conducteur. Mais rejoignez les chevaux de l'Atride, ne restez pas en arrière. Vite ! que la honte ne soit pas déversée sur vous par Éthé – une femelle ! Pourquoi vous laisser distancer, mes braves ? Voici ce que j'ai à vous dire, et c'est là ce qui sera : ne vous attendez pas à trouver des bons soins chez Nestor, le pasteur d'hommes ; il vous tuera sur l'heure avec le bronze aigu, si, par votre nonchalance, nous n'avons qu'un prix sans valeur. Allons ! suivez, hâtez-vous au plus vite ! Je me charge de trouver le moyen et l'occasion, si la route se rétrécit, de me glisser devant l'Atride, sans laisser passer l'instant. »

Ὣς ἔφαθ᾽, οἱ δὲ ἄνακτος ὑποδδείσαντες ὁμοκλὴν
μᾶλλον ἐπιδραμέτην ὀλίγον χρόνον· αἶψα δ᾽ ἔπειτα
στεῖνος ὁδοῦ κοίλης ἴδεν Ἀντίλοχος μενεχάρμης.
Ῥωχμὸς ἔην γαίης, ᾗ χειμέριον ἀλὲν ὕδωρ   420
ἐξέρρηξεν ὁδοῖο, βάθυνε δὲ χῶρον ἅπαντα·
τῇ ῥ᾽ εἶχεν Μενέλαος ἁματροχιὰς ἀλεείνων.
Ἀντίλοχος δὲ παρατρέψας ἔχε μώνυχας ἵππους
ἐκτὸς ὁδοῦ, ὀλίγον δὲ παρακλίνας ἐδίωκεν.

Ἀτρείδης δ᾽ ἔδδεισε καὶ Ἀντιλόχῳ ἐγεγώνει·   425
   « Ἀντίλοχ᾽, ἀφραδέως ἱππάζεαι· ἀλλ᾽ ἄνεχ᾽ ἵππους·
στεινωπὸς γὰρ ὁδός, τάχα δ᾽ εὐρυτέρη παρελάσσαι·
μή πως ἀμφοτέρους δηλήσεαι ἅρματι κύρσας. »
   Ὣς ἔφατ᾽, Ἀντίλοχος δ᾽ ἔτι καὶ πολὺ μᾶλλον ἔλαυνε
κέντρῳ ἐπισπέρχων, ὡς οὐκ ἀίοντι ἐοικώς.   430
Ὅσσα δὲ δίσκου οὖρα κατωμαδίοιο πέλονται,
ὃν τ᾽ αἰζηὸς ἀφῆκεν ἀνὴρ πειρώμενος ἥβης,
τόσσον ἐπιδραμέτην· αἱ δ᾽ ἠρώησαν ὀπίσσω
Ἀτρείδεω· αὐτὸς γὰρ ἑκὼν μεθέηκεν ἐλαύνειν,
μή πως συγκύρσειαν ὁδῷ ἔνι μώνυχες ἵπποι,   435
δίφρους τ᾽ ἀνστρέψειαν ἐϋπλεκέας, κατὰ δ᾽ αὐτοὶ
ἐν κονίῃσι πέσοιεν ἐπειγόμενοι περὶ νίκης.
Τὸν καὶ νεικείων προσέφη ξανθὸς Μενέλαος·
   « Ἀντίλοχ᾽, οὔ τις σεῖο βροτῶν ὀλοώτερος ἄλλος·
ἔρρ᾽, ἐπεὶ οὔ σ᾽ ἔτυμόν γε φάμεν πεπνῦσθαι Ἀχαιοί.   440
Ἀλλ᾽ οὐ μὰν οὐδ᾽ ὣς ἄτερ ὅρκου οἴσῃ ἄεθλον. »
   Ὣς εἰπὼν ἵπποισιν ἐκέκλετο φώνησέν τε·
   « Μή μοι ἐρύκεσθον μηδ᾽ ἕστατον ἀχνυμένω κῆρ·
φθήσονται τούτοισι πόδες καὶ γοῦνα καμόντα
ἢ ὑμῖν· ἄμφω γὰρ ἀτέμβονται νεότητος. »   445
   Ὣς ἔφαθ᾽, οἱ δὲ ἄνακτος ὑποδδείσαντες ὁμοκλὴν
μᾶλλον ἐπιδραμέτην, τάχα δέ σφισιν ἄγχι γένοντο.

Il dit, et eux sont pris de peur à la voix grondeuse du maître ; ils pressent l'allure un moment. Mais bientôt le vaillant Antiloque voit se rétrécir la route déjà creuse. Une crevasse s'ouvre là dans le sol : une eau d'orage s'y est amassée, qui a coupé le chemin et raviné tout l'alentour. C'est par là que se dirige Ménélas, pour éviter une rencontre. Mais Antiloque fait obliquer ses chevaux aux sabots massifs et incline un peu pour le suivre. L'Atride prend peur et crie à Antiloque :

« Antiloque, tu mènes comme un fou ! Retiens donc tes chevaux : la route est étroite ; plus large, tout à l'heure, elle te permettra de me dépasser. Prends garde ! tu fais tort à tous deux, si tu heurtes mon char. »

Il dit, mais Antiloque n'en pousse que plus vite de l'avant ; il presse ses chevaux de l'aiguillon, tout comme s'il n'entendait pas. On sait jusqu'où porte un disque, lancé de derrière l'épaule par quelque jouvenceau qui fait l'épreuve de sa jeune vigueur : c'est une pareille avance que prennent ses bêtes en courant. Celles de l'Atride reculent ; volontairement il s'abstient de les pousser : il craint trop de voir les chevaux aux sabots massifs se heurter sur leur route, renverser les chars tressés, et les hommes choir alors eux-mêmes dans la poussière, pour s'être trop hâtés vers la victoire. Mais, prenant Antiloque à partie, le blond Ménélas s'écrie :

« Antiloque, il n'est pas de mortel au monde plus exécrable que toi. Va-t'en à la male heure ! C'est bien à tort que les Achéens te croient raisonnable. Mais tu auras beau faire, tu n'emporteras pas le prix, sans m'avoir d'abord prêté le serment. »

Il dit, puis il lance en appel ces mots à ses coursiers :

« Ne tardez pas, je vous en prie ; ne restez pas là, le cœur désolé. Leurs pieds et leurs jarrets, à eux, seront las bien avant les vôtres : à tous deux manque la jeunesse. »

Il dit, et eux sont pris de peur à la voix grondeuse du maître ; il pressent l'allure ; ils sont bientôt près des autres.

Ἀργεῖοι δ' ἐν ἀγῶνι καθήμενοι εἰσορόωντο
ἵππους· τοὶ δὲ πέτοντο κονίοντες πεδίοιο.
Πρῶτος δ' Ἰδομενεὺς Κρητῶν ἀγὸς ἐφράσαθ' ἵππους·			450
ἧστο γὰρ ἐκτὸς ἀγῶνος ὑπέρτατος ἐν περιωπῇ·
τοῖο δ' ἄνευθεν ἐόντος ὁμοκλητῆρος ἀκούσας
ἔγνω, φράσσατο δ' ἵππον ἀριπρεπέα προὔχοντα,
ὃς τὸ μὲν ἄλλο τόσον φοῖνιξ ἦν, ἐν δὲ μετώπῳ
λευκὸν σῆμ' ἐτέτυκτο περίτροχον ἠΰτε μήνη·			455
στῆ δ' ὀρθὸς καὶ μῦθον ἐν Ἀργείοισιν ἔειπεν·
  « Ὦ φίλοι, Ἀργείων ἡγήτορες ἠδὲ μέδοντες,
οἶος ἐγὼν ἵππους αὐγάζομαι ἦε καὶ ὑμεῖς ;
ἄλλοι μοι δοκέουσι παροίτεροι ἔμμεναι ἵπποι,
ἄλλος δ' ἡνίοχος ἰνδάλλεται· αἱ δέ που αὐτοῦ			460
ἔβλαβεν ἐν πεδίῳ, αἳ κεῖσέ γε φέρτεραι ἦσαν·
ἤτοι γὰρ τὰς πρῶτα ἴδον περὶ τέρμα βαλούσας,
νῦν δ' οὔ πῃ δύναμαι ἰδέειν, πάντῃ δέ μοι ὄσσε
Τρωικὸν ἂμ πεδίον παπταίνετον εἰσορόωντι·
ἠὲ τὸν ἡνίοχον φύγον ἡνία, οὐδὲ δυνάσθη			465
εὖ σχεθέειν περὶ τέρμα, καὶ οὐκ ἐτύχησεν ἑλίξας·
ἔνθά μιν ἐκπεσέειν ὀίω σύν θ' ἅρματα ἄξαι,
αἱ δ' ἐξηρώησαν, ἐπεὶ μένος ἔλλαβε θυμόν.
Ἀλλὰ ἴδεσθε καὶ ὔμμες ἀνασταδόν· οὐ γὰρ ἔγωγε
εὖ διαγινώσκω· δοκέει δέ μοι ἔμμεναι ἀνὴρ			470
Αἰτωλὸς γενεήν, μετὰ δ' Ἀργείοισιν ἀνάσσει,
Τυδέος ἱπποδάμου υἱός, κρατερὸς Διομήδης. »
  Τὸν δ' αἰσχρῶς ἐνένιπεν Ὀιλῆος ταχὺς Αἴας·
  « Ἰδομενεῦ, τί πάρος λαβρεύεαι ; αἱ δ' ἔτ' ἄνευθεν
ἵπποι ἀερσίποδες πολέος πεδίοιο δίενται.			475
Οὔτε νεώτατός ἐσσι μετ' Ἀργείοισι τοσοῦτον,
οὔτέ τοι ὀξύτατον κεφαλῆς ἐκδέρκεται ὄσσε·
ἀλλ' αἰεὶ μύθοις λαβρεύεαι· οὐδέ τί σε χρὴ
λαβραγόρην ἔμεναι· πάρα γὰρ καὶ ἀμείνονες ἄλλοι.

Les Argiens cependant, assis en assemblée, contemplent les chars, qui volent, en soulevant la poudre de la
plaine. Idoménée, chef des Crétois, le premier, remarque
un char. Il s'est assis en dehors de l'assemblée, très haut,
sur une guette. Il entend une voix grondeuse et, pour loin
qu'elle soit, il la reconnaît. Il observe en outre le cheval
qui prend de l'avance, et qui se distingue aisément ;
toute sa robe est rousse, sauf au front, où il porte une
marque blanche, ronde comme une lune. Lors, debout, il
s'adresse aux Argiens en ces termes :

« Amis, guides et chefs des Argiens, suis-je donc seul
à voir un char, ou le voyez-vous aussi ? Ce sont d'autres
chevaux qui me semblent, cette fois, tenir la tête ; c'est
un autre cocher qui se montre. Les juments ont dû buter
en route, dans la plaine, puisqu'elles avaient jusque-là
l'avantage. Je les ai pourtant vues vivement tourner la
borne, et maintenant je ne réussis pas à les apercevoir ;
mes yeux anxieusement les cherchent de tous les côtés à
travers la plaine de Troie. Les rênes auront-elles échappé à leur conducteur, qui n'aura pu les retenir, au
moment de tourner la borne, et n'aura pas réussi à achever son virage ? J'imagine qu'il sera tombé là, et aura
brisé son char, tandis que ses bêtes auront pris la fuite,
suivant l'élan qu'avait déjà leur cœur. Mais levez-vous,
et regardez vous-mêmes. Moi, j'ai peine à distinguer. Il
me semble pourtant qu'il s'agit là d'un Étolien qui est
aussi un roi parmi les Argiens, le fils de Tydée, dompteur
de cavales, Diomède le Fort. »

Mais le fils d'Oïlée, le rapide Ajax, vilainement le
rudoie :

« Idoménée, pourquoi tant de passion toujours ? Les
chevaux aux souples jarrets sont encore bien loin de
nous, à courir dans la vaste plaine. Tu n'es pas si jeune,
parmi les Argiens ; et tes yeux, du haut de ta tête, n'ont
pas le regard si aigu. Toujours, dans tes propos, même
passion ! Il ne te sied pas d'être si passionné discoureur :
il en est d'autres ici qui valent mieux que toi. Ce sont les

Ἵπποι δ᾽ αὐταὶ ἔασι παροίτεραι, αἳ τὸ πάρος περ,   480
Εὐμήλου, ἐν δ᾽ αὐτὸς ἔχων εὔληρα βέβηκε. »
    Τὸν δὲ χολωσάμενος Κρητῶν ἀγὸς ἀντίον ηὔδα·
« Αἶαν, νεῖκος ἄριστε, κακοφραδές, ἄλλά τε πάντα
δεύεαι Ἀργείων, ὅτι τοι νόος ἐστὶν ἀπηνής.
Δεῦρό νυν, ἢ τρίποδος περιδώμεθον ἠὲ λέβητος,   485
ἴστορα δ᾽ Ἀτρείδην Ἀγαμέμνονα θείομεν ἄμφω,
ὁππότεραι πρόσθ᾽ ἵπποι, ἵνα γνοίης ἀποτίνων. »
    Ὣς ἔφατ᾽, ὤρνυτο δ᾽ αὐτίκ᾽ Ὀϊλῆος ταχὺς Αἴας
χωόμενος χαλεποῖσιν ἀμείψασθαι ἐπέεσσι·
καὶ νύ κε δὴ προτέρω ἔτ᾽ ἔρις γένετ᾽ ἀμφοτέροισιν,   490
εἰ μὴ Ἀχιλλεὺς αὐτὸς ἀνίστατο καὶ φάτο μῦθον·
« Μηκέτι νῦν χαλεποῖσιν ἀμείβεσθον ἐπέεσσιν,
Αἶαν Ἰδομενεῦ τε, κακοῖς, ἐπεὶ οὐδὲ ἔοικε·
καὶ δ᾽ ἄλλῳ νεμεσᾶτον, ὅτις τοιαῦτά γε ῥέζοι·
ἀλλ᾽ ὑμεῖς ἐν ἀγῶνι καθήμενοι εἰσοράασθε   495
ἵππους· οἳ δὲ τάχ᾽ αὐτοὶ ἐπειγόμενοι περὶ νίκης
ἐνθάδ᾽ ἐλεύσονται· τότε δὲ γνώσεσθε ἕκαστος
ἵππους Ἀργείων, οἳ δεύτεροι οἵ τε πάροιθεν. »
    Ὣς φάτο, Τυδείδης δὲ μάλα σχεδὸν ἦλθε διώκων,
μάστι δ᾽ αἰὲν ἔλαυνε κατωμαδόν· οἳ δέ οἱ ἵπποι   500
ὑψόσ᾽ ἀειρέσθην ῥίμφα πρήσσοντε κέλευθον.
Αἰεὶ δ᾽ ἡνίοχον κονίης ῥαθάμιγγες ἔβαλλον,
ἅρματα δὲ χρυσῷ πεπυκασμένα κασσιτέρῳ τε
ἵπποις ὠκυπόδεσσιν ἐπέτρεχον· οὐδέ τι πολλὴ
γίνετ᾽ ἐπισσώτρων ἁρματροχιή· κατόπισθεν   505
ἐν λεπτῇ κονίῃ· τὼ δὲ σπεύδοντε πετέσθην.
Στῆ δὲ μέσῳ ἐν ἀγῶνι, πολὺς δ᾽ ἀνεκήκιεν ἱδρὼς
ἵππων ἔκ τε λόφων καὶ ἀπὸ στέρνοιο χαμᾶζε·
αὐτὸς δ᾽ ἐκ δίφροιο χαμαὶ θόρε παμφανόωντος,
κλῖνε δ᾽ ἄρα μάστιγα ποτὶ ζυγόν· οὐδὲ μάτησεν   510

mêmes chevaux qui toujours tiennent la tête, les mêmes
qu'avant, les juments d'Eumèle, et lui-même est debout
dans son char, rênes en main. »

Lors le chef des Crétois, en courroux, le regarde et
lui dit :

« Ajax, maître en disputes ! malavisé ! ici comme
ailleurs, tu te montres le dernier des Argiens ; ton cœur
est intraitable. Tiens ! parions donc un trépied, un bassin, — en prenant pour arbitre le fils d'Atrée,
Agamemnon —, sur lequel des chars est en tête. Quand tu
paieras, tu comprendras. »

Il dit, et Ajax aussitôt se lève, le rapide fils d'Oïlée ;
il est plein de colère et tout prêt à répondre avec des
mots brutaux. Et la querelle entre eux se fût prolongée,
si Achille alors ne s'était levé lui-même et n'eût dit :

« N'échangez plus ainsi de mots méchants et durs,
Ajax et Idoménée. Aussi bien est-ce malséant. Vous en
voudriez à tout autre qui se conduirait comme vous.
Allons ! restez donc là, assis dans l'assemblée, et regardez les chars. Ils se hâtent vers la victoire et vont être
bientôt ici. Alors chacun saura quels sont, des chars
d'Argos, ceux qui sont au second et au premier rang. »

Il dit, et déjà le fils de Tydée est tout près, menant
son char. Sans relâche, d'un fouet levé au-dessus de son
épaule il presse ses chevaux. Ceux-ci vont à grands
bonds et se hâtent d'achever leur route. Sur leur cocher,
sans arrêt, ils font jaillir la poussière. Le char, où l'or et
l'étain s'assemblent, court sur les pas du rapide attelage ; et la trace n'est guère sensible que laissent les
jantes sur la poudre légère. Ils se hâtent, ils volent.
Diomède s'arrête en pleine assemblée. Une sueur abondante perle au cou, au poitrail de ses chevaux et va tombant sur le sol. Pour lui, il saute à terre du char resplen-

ἴφθιμος Σθένελος, ἀλλ' ἐσσυμένως λάβ' ἄεθλον,
δῶκε δ' ἄγειν ἑτάροισιν ὑπερθύμοισι γυναῖκα
καὶ τρίποδ' ὠτώεντα φέρειν· ὁ δ' ἔλυεν ὑφ' ἵππους.

Τῷ δ' ἄρ' ἐπ' Ἀντίλοχος Νηλήιος ἤλασεν ἵππους,
κέρδεσιν, οὔ τι τάχει γε, παραφθάμενος Μενέλαον·   515
ἀλλὰ καὶ ὧς Μενέλαος ἔχ' ἐγγύθεν ὠκέας ἵππους.
Ὅσσον δὲ τροχοῦ ἵππος ἀφίσταται, ὅς ῥά τ' ἄνακτα
ἕλκησιν πεδίοιο τιταινόμενος σὺν ὄχεσφι·
τοῦ μέν τε ψαύουσιν ἐπισσώτρου τρίχες ἄκραι
οὐραῖαι· ὁ δέ τ' ἄγχι μάλα τρέχει, οὐδέ τι πολλὴ   520
χώρη μεσσηγύς, πολέος πεδίοιο θέοντος·
τόσσον δὴ Μενέλαος ἀμύμονος Ἀντιλόχοιο
λείπετ'· ἀτὰρ τὰ πρῶτα καὶ ἐς δίσκουρα λέλειπτο,
ἀλλά μιν αἶψα κίχανεν· ὀφέλλετο γὰρ μένος ἠὺ
ἵππου τῆς Ἀγαμεμνονέης, καλλίτριχος Αἴθης·   525
εἰ δέ κ' ἔτι προτέρω γένετο δρόμος ἀμφοτέροισι,
τῶ κέν μιν παρέλασσ' οὐδ' ἀμφήριστον ἔθηκεν.

Αὐτὰρ Μηριόνης, θεράπων ἐὺς Ἰδομενῆος,
λείπετ' ἀγακλῆος Μενελάου δουρὸς ἐρωήν·
βάρδιστοι μὲν γάρ οἱ ἔσαν καλλίτριχες ἵπποι,   530
ἥκιστος δ' ἦν αὐτὸς ἐλαυνέμεν ἅρμ' ἐν ἀγῶνι.
Υἱὸς δ' Ἀδμήτοιο πανύστατος ἤλυθεν ἄλλων,
ἕλκων ἅρματα καλά, ἐλαύνων πρόσσοθεν ἵππους·
τὸν δὲ ἰδὼν ᾤκτειρε ποδάρκης δῖος Ἀχιλλεύς,
στὰς δ' ἄρ' ἐν Ἀργείοις ἔπεα πτερόεντ' ἀγόρευε·   535
   « Λοῖσθος ἀνὴρ ἄριστος ἐλαύνει μώνυχας ἵππους·
ἀλλ' ἄγε δή οἱ δῶμεν ἀέθλιον, ὡς ἐπιεικές,
δεύτερ'· ἀτὰρ τὰ πρῶτα φερέσθω Τυδέος υἱός. »

dissant, et il appuie son fouet contre le joug. Le fier
Sthénélos[29] ne perd pas de temps non plus : vivement, il
saisit le prix ; à ses bouillants compagnons il donne
à emmener la femme, à porter le trépied à anses ; il
dételle, lui, les chevaux.

Derrière lui, c'est le Néléide, Antiloque, qui pousse
son char. La ruse, non la vitesse, le fait devancer
Ménélas. Ménélas n'en est pas moins proche avec ses
chevaux rapides. On sait la distance du cheval à la roue,
quand il tire son maître sur un char, à toute allure, par la
plaine : les crins au bout de sa queue affleurent la jante,
et la roue tourne toute proche, laissant peu d'intervalle
entre eux, tant qu'il court par la vaste plaine. C'est à
pareille distance que Ménélas se trouve suivre Antiloque
sans reproche. Il est vrai qu'auparavant Antiloque l'avait
dépassé d'une bonne portée de disque ; mais il l'a vite
rejoint : le noble élan à chaque pas croissait de la jument
d'Agamemnon, Éthé à la belle crinière. Et, certes, si la
course s'était prolongée pour tous deux, Ménélas eût
passé devant et triomphé sans conteste. En revanche,
Mérion, noble écuyer d'Idoménée, reste en arrière du
glorieux Ménélas d'une bonne portée de lance. Ses chevaux aux belles crinières sont les moins vites, et lui-
même est le plus lent à pousser son attelage dans la lice.
Le fils d'Admète vient le dernier de tous ; il traîne son
beau char et pousse son attelage devant lui. Lors le divin
Achille aux pieds infatigables, à le voir, a pitié, et,
debout, aux Argiens il adresse ces mots ailés :

« Le meilleur vient le dernier, menant ses chevaux
aux sabots massifs. Allons ! donnons-lui un prix – ce
sera séant – le second. Que le fils de Tydée emporte le
premier. »

---

29. Fils de Capanée, cocher de Diomède. « Sans perdre de temps »
(*oude matêsen*, 510), il s'empare du prix sans y avoir été invité.

"Ως ἔφαθ', οἱ δ' ἄρα πάντες ἐπήνεον ὡς ἐκέλευε·
καί νύ κέ οἱ πόρεν ἵππον, ἐπήνησαν γὰρ Ἀχαιοί,   540
εἰ μὴ ἄρ' Ἀντίλοχος μεγαθύμου Νέστορος υἱὸς
Πηλείδην Ἀχιλῆα δίκη ἠμείψατ' ἀναστάς·

« Ὦ Ἀχιλεῦ, μάλα τοι κεχολώσομαι, αἴ κε τελέσσης
τοῦτο ἔπος· μέλλεις γὰρ ἀφαιρήσεσθαι ἄεθλον,
τὰ φρονέων ὅτι οἱ βλάβεν ἅρματα καὶ ταχέ' ἵππω   545
αὐτός τ' ἐσθλὸς ἐών· ἀλλ' ὤφελεν ἀθανάτοισιν
εὔχεσθαι· τῶ κ' οὔ τι πανύστατος ἦλθε διώκων.
Εἰ δέ μιν οἰκτείρεις καί τοι φίλος ἔπλετο θυμῷ,
ἔστι τοι ἐν κλισίη χρυσὸς πολύς, ἔστι δὲ χαλκὸς
καὶ πρόβατ', εἰσὶ δέ τοι δμωαὶ καὶ μώνυχες ἵπποι·   550
τῶν οἱ ἔπειτ' ἀνελὼν δόμεναι καὶ μεῖζον ἄεθλον,
ἠὲ καὶ αὐτίκα νῦν, ἵνα σ' αἰνήσωσιν Ἀχαιοί.
Τὴν δ' ἐγὼ οὐ δώσω· περὶ δ' αὐτῆς πειρηθήτω
ἀνδρῶν ὅς κ' ἐθέλησιν ἐμοὶ χείρεσσι μάχεσθαι. »

"Ως φάτο, μείδησεν δὲ ποδάρκης δῖος Ἀχιλλεὺς   555
χαίρων Ἀντιλόχῳ, ὅτι οἱ φίλος ἦεν ἑταῖρος·
καί μιν ἀμειβόμενος ἔπεα πτερόεντα προσηύδα·

« Ἀντίλοχ', εἰ μὲν δή με κελεύεις οἴκοθεν ἄλλο
Εὐμήλῳ ἐπιδοῦναι, ἐγὼ δέ κε καὶ τὸ τελέσσω·
δώσω οἱ θώρηκα, τὸν Ἀστεροπαῖον ἀπηύρων,   560
χάλκεον, ᾧ πέρι χεῦμα φαεινοῦ κασσιτέροιο
ἀμφιδεδίνηται· πολέος δέ οἱ ἄξιος ἔσται. »

Ἦ ῥα, καὶ Αὐτομέδοντι φίλῳ ἐκέλευσεν ἑταίρῳ
οἰσέμεναι κλισίηθεν· ὁ δ' ᾤχετο καί οἱ ἔνεικεν,
Εὐμήλῳ δ' ἐν χερσὶ τίθει· ὁ δὲ δέξατο χαίρων.   565

Il dit ; tous approuvent l'invite. Il lui eût donc alors donné la cavale, puisqu'il avait l'approbation des Achéens, si le fils de Nestor magnanime, Antiloque, alors ne se fût levé et à Achille, fils de Pélée, n'eût répliqué pour défendre son droit :

« Achille, contre toi j'aurai grande colère, si tu fais ce que tu dis là. Tu veux m'enlever le prix, parce que tu songes que, s'il a trébuché avec char et chevaux, il est pourtant un brave. Mais pourquoi n'a-t-il pas invoqué les Immortels ? Il ne serait pas arrivé alors bon dernier à la course. S'il te fait pitié, s'il est cher à ton cœur, tu as dans ta baraque de l'or en quantité, du bronze, des moutons ; tu as des captives aussi, des chevaux aux sabots massifs : va prendre là-dedans pour lui donner un prix plus grand encore, dans un moment – ou même tout de suite ! Les Achéens t'approuveront. Mais celle-ci[30], je ne la rendrai pas. Pour elle, que qui en a envie essaye donc de lutter de vive force contre moi ! »

Il dit, et le divin Achille aux pieds infatigables sourit. Antiloque lui plaît : ce lui est un ami cher[31]. En réponse il lui dit ces mots ailés :

« Antiloque, puisque tu m'invites à tirer de chez moi un autre présent pour Eumèle, eh bien ! c'est ce que je ferai. Je lui donnerai la cuirasse que j'ai enlevée à Astéropée. Elle est de bronze, mais une coulée de brillant étain roule tout autour. Elle lui sera d'un grand prix. »

Il dit et ordonne à son ami Automédon de l'apporter de sa baraque. Automédon part et la lui rapporte. Achille la met aux mains d'Eumèle, et celui-ci la reçoit avec joie.

---

30. La cavale du second prix.
31. On se souvient que c'est à lui que fut confiée la mission d'annoncer à Achille la mort de Patrocle (XVII, 685-699 ; XVIII, 1-21).

Τοῖσι δὲ καὶ Μενέλαος ἀνίστατο θυμὸν ἀχεύων,
Ἀντιλόχῳ ἄμοτον κεχολωμένος· ἐν δ' ἄρα κῆρυξ
χειρὶ σκῆπτρον ἔθηκε, σιωπῆσαί τ' ἐκέλευσεν
Ἀργείους· ὁ δ' ἔπειτα μετηύδα ἰσόθεος φώς·

« Ἀντίλοχε, πρόσθεν πεπνυμένε, ποῖον ἔρεξας;   570
ᾔσχυνας μὲν ἐμὴν ἀρετήν, βλάψας δέ μοι ἵππους,
τοὺς σοὺς πρόσθε βαλών, οἵ τοι πολὺ χείρονες ἦσαν.
Ἀλλ' ἄγετ', Ἀργείων ἡγήτορες ἠδὲ μέδοντες,
ἐς μέσον ἀμφοτέροισι δικάσσατε, μηδ' ἐπ' ἀρωγῇ,
μή ποτέ τις εἴπησιν Ἀχαιῶν χαλκοχιτώνων·   575
« Ἀντίλοχον ψεύδεσσι βιησάμενος Μενέλαος
« οἴχεται ἵππον ἄγων, ὅτι οἱ πολὺ χείρονες ἦσαν
« ἵπποι, αὐτὸς δὲ κρείσσων ἀρετῇ τε βίῃ τε. »
Εἰ δ' ἄγ' ἐγὼν αὐτὸς δικάσω, καί μ' οὔ τινά φημι
ἄλλον ἐπιπλήξειν Δαναῶν· ἰθεῖα γὰρ ἔσται.   580

Ἀντίλοχ', εἰ δ' ἄγε δεῦρο, διοτρεφές, ἣ θέμις ἐστί,
στὰς ἵππων προπάροιθε καὶ ἅρματος, αὐτὰρ ἱμάσθλην
χερσὶν ἔχε ῥαδινήν, ᾗ περ τὸ πρόσθεν ἔλαυνες,
ἵππων ἁψάμενος γαιήοχον Ἐννοσίγαιον
ὄμνυθι μὴ μὲν ἑκὼν τὸ ἐμὸν δόλῳ ἅρμα πεδῆσαι. »   585

Τὸν δ' αὖτ' Ἀντίλοχος πεπνυμένος ἀντίον ηὔδα·
« Ἄνσχεο νῦν· πολλὸν γὰρ ἔγωγε νεώτερός εἰμι
σεῖο, ἄναξ Μενέλαε, σὺ δὲ πρότερος καὶ ἀρείων·
οἶσθ' οἷαι νέου ἀνδρὸς ὑπερβασίαι τελέθουσι·
κραιπνότερος μὲν γάρ τε νόος, λεπτὴ δέ τε μῆτις.   590
Τῷ τοι ἐπιτλήτω κραδίη· ἵππον δέ τοι αὐτὸς
δώσω, τὴν ἀρόμην· εἰ καί νύ κεν οἴκοθεν ἄλλο
μεῖζον ἐπαιτήσειας, ἄφαρ κέ τοι αὐτίκα δοῦναι
βουλοίμην ἢ σοί γε, διοτρεφές, ἤματα πάντα
ἐκ θυμοῦ πεσέειν καὶ δαίμοσιν εἶναι ἀλιτρός. »   595

Alors, au milieu de tous, se lève Ménélas, le cœur affligé, et plein contre Antiloque d'un courroux sans mesure. Le héraut lui met le bâton en main[32] et commande le silence aux Achéens. Il parle alors, mortel égal aux dieux :

« Antiloque, si sage naguère, qu'as-tu donc fait aujourd'hui ? Tu as abaissé ma valeur, tu as fait tort à mes chevaux, en lançant devant eux les tiens, qui sont bien loin de les valoir. Allons ! guides et chefs des Argiens, entre nous deux, impartialement, prononcez, sans chercher à soutenir ni l'un ni l'autre. Je ne veux pas qu'un jour l'on aille dire parmi les Achéens à la cotte de bronze : "Ménélas, par ses mensonges, a fait violence à Antiloque ; il est parti, emmenant la cavale, parce qu'avec des chevaux loin de valoir les autres, il l'emportait par le rang et la force." Eh bien ! c'est moi-même qui prononcerai, et je te garantis qu'aucun Argien n'aura à me reprendre, car ma sentence sera droite. Tiens ! Antiloque, viens ici, nourrisson de Zeus, et, comme il est de règle, debout, en face de tes chevaux et de ton char, portant le souple fouet avec lequel tu menais tout à l'heure, la main sur tes chevaux, jure donc le Maître de la terre et Ébranleur du sol que tu n'as pas, par traîtrise et volontairement, gêné la marche de mon char. »

Antiloque sagement le regarde et dit :

« Sois patient à cette heure. Je suis bien plus jeune que toi, sire Ménélas ; et tu es tout ensemble mon aîné et mon modèle. Sais-tu pas ce que sont les excès d'un jeune homme ? L'humeur en lui est vive et la raison mince. Que ton cœur s'y résigne ! C'est moi qui te donnerai la cavale que j'ai gagnée. Et me demanderais-tu un présent plus grand encore à tirer de chez moi, j'aimerais mieux te le donner sur l'heure que de me sentir loin de ton cœur à jamais, nourrisson de Zeus, et coupable envers les dieux. »

---

32. Pour prendre la parole avec une certaine solennité (cf. I, 234 ss.).

Ἦ ῥα, καὶ ἵππον ἄγων μεγαθύμου Νέστορος υἱὸς
ἐν χείρεσσι τίθει Μενελάου· τοῖο δὲ θυμὸς
ἰάνθη ὡς εἴ τε περὶ σταχύεσσιν ἐέρση
ληίου ἀλδήσκοντος, ὅτε φρίσσουσιν ἄρουραι·
ὣς ἄρα σοί, Μενέλαε, μετὰ φρεσὶ θυμὸς ἰάνθη·   600
καί μιν φωνήσας ἔπεα πτερόεντα προσηύδα·
    « Ἀντίλοχε, νῦν μέν τοι ἐγὼν ὑποείξομαι αὐτὸς
χωόμενος, ἐπεὶ οὔ τι παρήορος οὐδ' ἀεσίφρων
ἦσθα πάρος· νῦν αὖτε νόον νίκησε νεοίη.
Δεύτερον αὖτ' ἀλέασθαι ἀμείνονας ἠπεροπεύειν·   605
οὐ γάρ κέν με τάχ' ἄλλος ἀνὴρ παρέπεισεν Ἀχαιῶν·
ἀλλὰ σὺ γὰρ δὴ πόλλ' ἔπαθες καὶ πόλλ' ἐμόγησας
σός τε πατὴρ ἀγαθὸς καὶ ἀδελφεὸς εἵνεκ' ἐμεῖο·
τῷ τοι λισσομένῳ ἐπιπείσομαι, ἠδὲ καὶ ἵππον
δώσω ἐμήν περ ἐοῦσαν, ἵνα γνώωσι καὶ οἵδε   610
ὡς ἐμὸς οὔ ποτε θυμὸς ὑπερφίαλος καὶ ἀπηνής. »
    Ἦ ῥα, καὶ Ἀντιλόχοιο Νοήμονι δῶκεν ἑταίρῳ
ἵππον ἄγειν· ὁ δ' ἔπειτα λέβηθ' ἕλε παμφανόωντα.
Μηριόνης δ' ἀνάειρε δύω χρυσοῖο τάλαντα
τέτρατος, ὡς ἔλασεν. Πέμπτον δ' ὑπελείπετ' ἄεθλον,   615
ἀμφίθετος φιάλη· τὴν Νέστορι δῶκεν Ἀχιλλεὺς
Ἀργείων ἀν' ἀγῶνα φέρων, καὶ εἶπε παραστάς·
    « Τῆ νῦν, καὶ σοὶ τοῦτο, γέρον, κειμήλιον ἔστω,
Πατρόκλοιο τάφου μνῆμ' ἔμμεναι· οὐ γὰρ ἔτ' αὐτὸν
ὄψῃ ἐν Ἀργείοισι· δίδωμι δέ τοι τόδ' ἄεθλον   620
αὔτως· οὐ γὰρ πύξ γε μαχήσεαι, οὐδὲ παλαίσεις,
οὐδ' ἔτ' ἀκοντιστὺν ἐσδύσεαι, οὐδὲ πόδεσσι
θεύσεαι· ἤδη γὰρ χαλεπὸν κατὰ γῆρας ἐπείγει. »
    Ὣς εἰπὼν ἐν χερσὶ τίθει· ὁ δ' ἐδέξατο χαίρων,
καί μιν φωνήσας ἔπεα πτερόεντα προσηύδα·   625

Il dit et, conduisant lui-même la cavale, le fils du noble Nestor la met aux mains de Ménélas. Celui-ci sent se dilater son cœur, comme le blé sous la rosée, aux jours où grandit la moisson et où les champs se hérissent d'épis. Ainsi se dilate ton cœur, Ménélas, en ta poitrine. Lors, prenant la parole, il dit ces mots ailés :

« Antiloque, c'est moi cette fois qui ferai fléchir mon courroux : tu n'étais jamais étourdi ni fou, et c'est la jeunesse aujourd'hui qui en toi l'a emporté sur la raison. Évite une autre fois de chercher à jouer ceux qui valent mieux que toi. Tout autre Achéen aurait eu de la peine à m'amadouer. Mais, toi, tu as beaucoup – et ton noble père et ton frère aussi[33] – souffert et pâti pour ma cause. Je me rendrai dès lors à ta prière, je te ferai don de cette cavale, qui, en fait, est mienne. Tous ici, de la sorte, sauront que mon cœur n'est ni arrogant ni implacable. »

Il dit, et à Noémon, l'ami d'Antiloque, il donne la cavale à emmener. Pour lui-même, il prend le bassin resplendissant. Mérion, de son côté, enlève les deux talents d'or, le quatrième, puisque c'est son rang d'arrivée. Reste le cinquième prix, la coupe à deux anses : Achille l'offre à Nestor. À travers l'assemblée des Argiens, il va la lui porter, s'arrête devant lui et dit :

« Tiens ! toi aussi, vieillard, conserve cette pièce en mémoire des funérailles de Patrocle – car lui-même tu ne le verras plus parmi les Argiens. Je te donne ce prix d'office : tu n'auras à combattre ni au pugilat ni à la lutte, tu n'entreras pas dans le tournoi des javelots, tu ne prendras pas de part à la course. La vieillesse fâcheuse désormais te presse. »

Il dit et lui met la coupe entre les mains. Nestor la reçoit avec joie et, prenant la parole, il dit ces mots ailés :

---

33. Thrasymède : cf. IX, 80-88 ; X, 255-259 ; XVI, 317-329 ; XVII, 705.

« Ναὶ δὴ ταῦτά γε πάντα, τέκος, κατὰ μοῖραν ἔειπες·
οὐ γὰρ ἔτ' ἔμπεδα γυῖα, φίλος, πόδες, οὐδέ τι χεῖρες
ὤμων ἀμφοτέρωθεν ἐπαΐσσονται ἐλαφραί.
Εἴθ' ὡς ἡβώοιμι βίη τέ μοι ἔμπεδος εἴη
ὡς ὁπότε κρείοντ' Ἀμαρυγκέα θάπτον Ἐπειοὶ   630
Βουπρασίῳ, παῖδες δ' ἔθεσαν βασιλῆος ἄεθλα·
ἔνθ' οὔ τίς μοι ὁμοῖος ἀνὴρ γένετ', οὔτ' ἄρ' Ἐπειῶν
οὔτ' αὐτῶν Πυλίων οὔτ' Αἰτωλῶν μεγαθύμων.
Πὺξ μὲν ἐνίκησα Κλυτομήδεα, Ἤνοπος υἱόν,
Ἀγκαῖον δὲ πάλῃ Πλευρώνιον, ὅς μοι ἀνέστη·   635
Ἴφικλον δὲ πόδεσσι παρέδραμον ἐσθλὸν ἐόντα,
δουρὶ δ' ὑπειρέβαλον Φυλῆά τε καὶ Πολύδωρον.
Οἴοισίν μ' ἵπποισι παρήλασαν Ἀκτορίωνε,
πλήθει πρόσθε βαλόντες, ἀγασσάμενοι περὶ νίκης,
οὕνεκα δὴ τὰ μέγιστα παρ' αὐτόφι λείπετ' ἄεθλα·   640
οἱ δ' ἄρ' ἔσαν δίδυμοι· ὁ μὲν ἔμπεδον ἡνιόχευεν,
ἔμπεδον ἡνιόχευ', ὁ δ' ἄρα μάστιγι κέλευεν.
Ὣς ποτ' ἔον· νῦν αὖτε νεώτεροι ἀντιοώντων
ἔργων τοιούτων· ἐμὲ δὲ χρὴ γήραϊ λυγρῷ
πείθεσθαι, τότε δ' αὖτε μετέπρεπον ἡρώεσσιν.   645
Ἀλλ' ἴθι καὶ σὸν ἑταῖρον ἀέθλοισι κτερέιζε·
τοῦτο δ' ἐγὼ πρόφρων δέχομαι, χαίρει δέ μοι ἦτορ,
ὥς μευ ἀεὶ μέμνησαι ἐνηέος, οὐδέ σε λήθω
τιμῆς ἧς τέ μ' ἔοικε τετιμῆσθαι μετ' Ἀχαιοῖς·
σοὶ δὲ θεοὶ τῶνδ' ἀντὶ χάριν μενοεικέα δοῖεν. »   650
Ὣς φάτο, Πηλείδης δὲ πολὺν καθ' ὅμιλον Ἀχαιῶν
ᾤχετ', ἐπεὶ πάντ' αἶνον ἐπέκλυε Νηλείδαο.
Αὐτὰρ ὁ πυγμαχίης ἀλεγεινῆς θῆκεν ἄεθλα·
ἡμίονον ταλαεργὸν ἄγων κατέδησ' ἐν ἀγῶνι
ἑξέτε' ἀδμήτην, ἥ τ' ἀλγίστη δαμάσασθαι·   655

« Tout ce que tu dis là, mon fils, est fort bien dit.
Non, mes membres, mon cher, n'ont plus même assu-
rance – ni mes pieds ni mes bras : on ne voit plus ceux-
ci jaillir rapides, à droite, à gauche, de mes épaules. Ah !
si j'étais encore jeune ! si ma vigueur était aussi assurée
qu'aux jours où les Épéens[34] célébraient les funérailles
de leur monarque Amaryncée, à Bouprasion, et où ses
fils proposaient des prix en l'honneur du roi ! Nul alors
qui me valût, ni chez les Épéens, ni chez les Pyliens eux-
mêmes, ni chez les Étoliens magnanimes. Au pugilat, je
triomphai de Clytomède, fils d'Énops ; à la lutte,
d'Ancée de Pleuron, qui s'était levé contre moi ; à la
course, je dépassai Iphicle – un brave pourtant ; à la
lance, je surpassai Phylée et Polydore. À la course des
chars seulement, je fus distancé par les deux fils d'Actor.
Ce fut le nombre qui leur assura l'avantage. Ils voulaient
la victoire ; c'était le plus beau des prix en effet qui restait là. Or ils étaient deux : l'un se donnait tout entier à
conduire et, tandis qu'il était tout entier à conduire,
l'autre excitait les bêtes avec son fouet. – Voilà ce que
j'étais jadis. À de plus jeunes maintenant de s'offrir pour
telles épreuves. Je dois, moi, obéir à la triste vieillesse,
moi qui brillais alors entre tous les héros ! Mais, va,
rends hommage par des jeux à ton ami. Moi, je reçois ce
présent volontiers, et mon cœur est en joie de voir que tu
te souviens encore de mes bontés et que tu n'oublies pas
l'hommage qui m'est dû parmi les Achéens. Puissent les
dieux en échange t'accorder leurs douces faveurs ! »

Il dit, et le Péléide retourne vers la vaste foule
achéenne, après avoir écouté jusqu'au bout le compliment du Néléide.

Il dépose ensuite les prix du rude pugilat. Il amène et
attache au milieu de l'assemblée une mule patiente, de
six ans, encore indomptée, et des plus dures à dresser.

34. Cf. XI, 688.

τῷ δ' ἄρα νικηθέντι τίθει δέπας ἀμφικύπελλον·
στῆ δ' ὀρθὸς καὶ μῦθον ἐν Ἀργείοισιν ἔειπεν·
« Ἀτρεΐδη τε καὶ ἄλλοι ἐυκνήμιδες Ἀχαιοί,
ἄνδρε δύω περὶ τῶνδε κελεύομεν, ὣ περ ἀρίστω,
πὺξ μάλ' ἀνασχομένω πεπληγέμεν· ᾧ δέ κ' Ἀπόλλων   660
δώῃ καμμονίην, γνώωσι δὲ πάντες Ἀχαιοί,
ἡμίονον ταλαεργὸν ἄγων κλισίην δὲ νεέσθω·
αὐτὰρ ὁ νικηθεὶς δέπας οἴσεται ἀμφικύπελλον. »

Ὣς ἔφατ', ὤρνυτο δ' αὐτίκ' ἀνὴρ ἠΰς τε μέγας τε
εἰδὼς πυγμαχίης, υἱὸς Πανοπῆος Ἐπειός,   665
ἅψατο δ' ἡμιόνου ταλαεργοῦ φώνησέν τε·
« Ἆσσον ἴτω ὅς τις δέπας οἴσεται ἀμφικύπελλον·
ἡμίονον δ' οὔ φημί τιν' ἀξέμεν ἄλλον Ἀχαιῶν
πυγμῇ νικήσαντ', ἐπεὶ εὔχομαι εἶ :ι ἄριστος.
Ἦ οὐχ ἅλις ὅττι μάχης ἐπιδεύομαι; οὐδ' ἄρα πως ἦν   670
ἐν πάντεσσ' ἔργοισι δαήμονα φῶτα γενέσθαι.
Ὧδε γὰρ ἐξερέω, τὸ δὲ καὶ τετελεσμένον ἔσται·
ἀντικρὺ χρόα τε ῥήξω σύν τ' ὀστέ' ἀράξω·
κηδεμόνες δέ οἱ ἐνθάδ' ἀολλέες αὖθι μενόντων,
οἵ κέ μιν ἐξοίσουσιν ἐμῇς ὑπὸ χερσὶ δαμέντα. »   675

Ὣς ἔφαθ', οἱ δ' ἄρα πάντες ἀκὴν ἐγένοντο σιωπῇ·
Εὐρύαλος δέ οἱ οἶος ἀνίστατο, ἰσόθεος φώς,
Μηκιστῆος υἱὸς Ταλαϊονίδαο ἄνακτος,
ὅς ποτε Θήβας δ' ἦλθε δεδουπότος Οἰδιπόδαο
ἐς τάφον· ἔνθα δὲ πάντας ἐνίκα Καδμείωνας.   680
Τὸν μὲν Τυδεΐδης δουρὶ κλυτὸς ἀμφεπονεῖτο
θαρσύνων ἔπεσιν, μέγα δ' αὐτῷ βούλετο νίκην·
ζῶμα δέ οἱ πρῶτον παρακάββαλεν, αὐτὰρ ἔπειτα
δῶκεν ἱμάντας ἐυτμήτους βοὸς ἀγραύλοιο.

Pour le vaincu, il dépose une coupe à deux anses. Puis,
debout, il s'adresse aux Argiens en ces termes :

« Atride, et vous aussi, Achéens aux bonnes jambières, j'invite à se disputer ces enjeux deux hommes –
les meilleurs. Qu'ils se frappent en levant haut le poing.
Celui à qui Apollon aura donné l'endurance, et que tous
les Achéens auront reconnu tel, partira emmenant dans
sa baraque cette mule patiente ; le vaincu gagnera la
coupe à deux anses. »

Il dit, et aussitôt se lève un héros noble et grand,
expert au pugilat, Épéios, fils de Panopée. Sur la mule
patiente il pose la main et dit :

« Qu'il vienne donc ici, celui qui gagnera la coupe à
deux anses. Pour la mule, je déclare qu'aucun autre
Achéen ne l'emmènera, comme vainqueur au pugilat :
car, là, je me flatte d'être le meilleur. C'est bien assez je
pense que je ne sois pas des premiers au combat. Aussi
bien, je le vois, n'est-il guère possible d'être expert en
toute besogne. Voici donc ce que je veux dire, et c'est là
ce qui sera. D'un bon coup je lui fendrai la peau, je lui
broierai les os. Que ses amis demeurent donc là, tous
ensemble, pour l'emporter, quand mes bras l'auront
vaincu. »

Il dit, et tous demeurent silencieux, sans voix. Seul
Euryale se lève, mortel égal aux dieux, fils de sire
Mécistée[35], lui-même né de Talaos, qui vint jadis à
Thèbes pour les jeux funèbres d'Œdipe abattu et y
triompha de tous les neveux de Cadmos. Le fils de
Tydée, l'illustre guerrier, s'empresse autour de lui avec
des mots rassurants : il souhaite ardemment sa victoire.
D'abord il jette à terre près de lui le caleçon ; puis il lui
donne les courroies taillées au cuir d'un bœuf agreste.

35. Un des sept chefs qui combattirent contre Thèbes. Pour
Homère, Œdipe serait mort à Thèbes, légende différente de celle
qu'adopte Sophocle dans *Œdipe à Colone*.

Τὼ δὲ ζωσαμένω βήτην ἐς μέσσον ἀγῶνα,   685
ἄντα δ' ἀνασχομένω χερσὶ στιβαρῇσιν ἅμ' ἄμφω
σύν ῥ' ἔπεσον, σὺν δέ σφι βαρεῖαι χεῖρες ἔμιχθεν.

Δεινὸς δὲ χρόμαδος γενύων γένετ', ἔρρεε δ' ἱδρὼς
πάντοθεν ἐκ μελέων· ἐπὶ δ' ὤρνυτο δῖος Ἐπειός,
κόψε δὲ παπτήναντα παρήιον· οὐδ' ἄρ' ἔτι δὴν   690
ἑστήκειν· αὐτοῦ γὰρ ὑπήριπε φαίδιμα γυῖα.
'Ως δ' ὅθ' ὑπὸ φρικὸς Βορέω ἀναπάλλεται ἰχθὺς
θίν' ἐν φυκιόεντι, μέλαν δέ ἑ κῦμ' ἐκάλυψεν,
ὣς πληγεὶς ἀνέπαλτ'· αὐτὰρ μεγάθυμος Ἐπειὸς
χερσὶ λαβὼν ὤρθωσε· φίλοι δ' ἀμφέσταν ἑταῖροι,   695
οἵ μιν ἄγον δι' ἀγῶνος ἐφελκομένοισι πόδεσσιν
αἷμα παχὺ πτύοντα, κάρη βάλλονθ' ἑτέρωσε·
κὰδ δ' ἀλλοφρονέοντα μετὰ σφίσιν εἷσαν ἄγοντες,
αὐτοὶ δ' οἰχόμενοι κόμισαν δέπας ἀμφικύπελλον.

Πηλείδης δ' αἶψ' ἄλλα κατὰ τρίτα θῆκεν ἄεθλα,   700
δεικνύμενος Δαναοῖσι, παλαισμοσύνης ἀλεγεινῆς,
τῷ μὲν νικήσαντι μέγαν τρίποδ' ἐμπυριβήτην,
τὸν δὲ δυωδεκάβοιον ἐνὶ σφίσι τῖον Ἀχαιοί·
ἀνδρὶ δὲ νικηθέντι γυναῖκ' ἐς μέσσον ἔθηκε,
πολλὰ δ' ἐπίστατο ἔργα, τίον δέ ἑ τεσσαράβοιον·   705
στῆ δ' ὀρθὸς καὶ μῦθον ἐν Ἀργείοισιν ἔειπεν·
   « Ὄρνυσθ' οἳ καὶ τούτου ἀέθλου πειρήσεσθον. »
   'Ως ἔφατ', ὦρτο δ' ἔπειτα μέγας Τελαμώνιος Αἴας,
ἂν δ' Ὀδυσεὺς πολύμητις ἀνίστατο, κέρδεα εἰδώς.
Ζωσαμένω δ' ἄρα τώ γε βάτην ἐς μέσσον ἀγῶνα,   710
ἀγκὰς δ' ἀλλήλων λαβέτην χερσὶ στιβαρῇσιν
ὡς ὅτ' ἀμείβοντες, τούς τε κλυτὸς ἤραρε τέκτων
δώματος ὑψηλοῖο, βίας ἀνέμων ἀλεείνων.
Τετρίγει δ' ἄρα νῶτα θρασειάων ἀπὸ χειρῶν
ἑλκόμενα στερεῶς· κατὰ δὲ νότιος ῥέεν ἱδρώς,   715

Le caleçon mis, tous deux s'avancent au milieu de la lice. Face à face, levant leurs bras vigoureux, ils se jettent l'un sur l'autre et mêlent leurs lourdes mains. Leurs mâchoires craquent horriblement, la sueur ruisselle partout sur leurs membres. Mais le divin Épéios s'élance et, tandis que l'autre jette autour de lui un regard éperdu, il le frappe à la joue. L'autre ne tient plus bien longtemps ; ses membres brillants s'effondrent sous lui. Sous le frisson de Borée, on voit parfois le poisson sursauter sur la grève pleine d'algues, où la vague noire vient le recouvrir. De même, sous le coup, sursaute encore Euryale. Mais le magnanime Épéios le prend dans ses bras et le met debout. Ses bons compagnons l'emportent, et, à travers l'assemblée, ils l'emmènent traînant les jambes, crachant un sang épais, la tête tombant de côté. C'est un homme sans connaissance qu'il emmènent et assoient parmi eux. Puis ils partent, emportant la coupe à deux anses.

Sans tarder, le Péléide, pour la troisième fois, dépose encore des prix, qu'il fait voir aux Danaens, les prix de la rude lutte : pour le vainqueur un grand trépied allant au feu – les Achéens entre eux l'estiment douze bœufs – pour le vaincu, c'est une femme qu'il offre comme enjeu, une femme habile à mille travaux, et qu'on estime quatre bœufs. Puis, debout, il s'adresse aux Argiens en ces termes :

« Sus donc ! ceux qui veulent tenter cette épreuve. »

Il dit, et alors se dresse le grand Ajax, le fils de Télamon. L'industrieux Ulysse, qui connaît tous les tours, se lève en même temps. Ils se ceignent les reins, puis s'avancent tous deux au milieu de la lice et s'empoignent à bras-le-corps avec leurs mains vigoureuses : on dirait les chevrons qu'un charpentier fameux assemble au haut d'une maison, pour la garder des violences du vent. Les dos crient sous les bras intrépides, qui les tirent durement ; la sueur sur eux va ruisselant à

πυκναὶ δὲ σμώδιγγες ἀνὰ πλευράς τε καὶ ὤμους
αἵματι φοινικόεσσαι ἀνέδραμον· οἱ δὲ μάλ' αἰεὶ
νίκης ἱέσθην τρίποδος περὶ ποιητοῖο·
οὔτ' Ὀδυσεὺς δύνατο σφῆλαι οὔδει τε πελάσσαι,
οὔτ' Αἴας δύνατο, κρατερὴ δ' ἔχεν ἲς Ὀδυσῆος.   720
'Ἀλλ' ὅτε δή ῥ' ἀνίαζον ἐυκνήμιδας Ἀχαιούς,
δὴ τότε μιν προσέειπε μέγας Τελαμώνιος Αἴας·

   « Διογενὲς Λαερτιάδη, πολυμήχαν' Ὀδυσσεῦ,
ἤ μ' ἀνάειρ', ἢ ἐγὼ σέ· τὰ δ' αὖ Διὶ πάντα μελήσει. »

   Ὣς εἰπὼν ἄνάειρε· δόλου δ' οὐ λήθετ' Ὀδυσσεύς·   725
κόψ' ὄπιθεν κώληπα τυχών, ὑπέλυσε δὲ γυῖα,
κὰδ δ' ἔπεσ' ἐξοπίσω· ἐπὶ δὲ στήθεσσιν Ὀδυσσεὺς
κάππεσε· λαοὶ δ' αὖ θηεῦντό τε θάμβησάν τε.
Δεύτερος αὖτ' ἀνάειρε πολύτλας δῖος Ὀδυσσεύς,
κίνησεν δ' ἄρα τυτθὸν ἀπὸ χθονός, οὐδέ τ' ἄειρεν,   730
ἐν δὲ γόνυ γνάμψεν· ἐπὶ δὲ χθονὶ κάππεσον ἄμφω
πλησίοι ἀλλήλοισι, μιάνθησαν δὲ κονίῃ.
Καὶ νύ κε τὸ τρίτον αὖτις ἀναΐξαντ' ἐπάλαιον,
εἰ μὴ Ἀχιλλεὺς αὐτὸς ἀνίστατο καὶ κατέρυκε·

   « Μηκέτ' ἐρείδεσθον, μηδὲ τρίβεσθε κακοῖσι·   735
νίκη δ' ἀμφοτέροισιν· ἀέθλια δ' ἶσ' ἀνελόντες
ἔρχεσθ', ὄφρα καὶ ἄλλοι ἀεθλεύωσιν Ἀχαιοί. »

   Ὣς ἔφαθ', οἱ δ' ἄρα τοῦ μάλα μὲν κλύον ἠδ' ἐπίθοντο,
καί ῥ' ἀπομορξαμένω κονίην δύσαντο χιτῶνας.

   Πηλείδης δ' αἶψ' ἄλλα τίθει ταχυτῆτος ἄεθλα,   740
ἀργύρεον κρητῆρα, τετυγμένον· ἓξ δ' ἄρα μέτρα
χάνδανεν, αὐτὰρ κάλλει ἐνίκα πᾶσαν ἐπ' αἶαν
πολλόν, ἐπεὶ Σιδόνες πολυδαίδαλοι εὖ ἤσκησαν,
Φοίνικες δ' ἄγον ἄνδρες ἐπ' ἠεροειδέα πόντον,

flots ; force bosses surgissent, tout empourprées de sang,
sur leurs flancs et sur leurs épaules : obstinément ils
s'acharnent à vaincre pour obtenir le trépied ouvragé.
Mais Ulysse n'est pas capable de faire trébucher Ajax et
de l'amener à terre ; et Ajax ne l'est pas davantage : la
rude vigueur d'Ulysse tient bon. Ils finissent par lasser
tous les Achéens aux bonnes jambières. Alors le grand
Ajax, fils de Télamon, dit à l'autre :

« Divin fils de Laërte, industrieux Ulysse, enlève-
moi, ou je t'enlève[36]. Le reste sera l'affaire de Zeus. »

Il dit et cherche à l'enlever. Mais Ulysse s'avise d'un
tour. Il arrive à frapper l'autre au jarret, par derrière ; il
lui fait fléchir les jambes et le fait choir en arrière, en lui
tombant lui-même sur la poitrine. Et les gens cette fois
regardent et s'émerveillent. Alors, à son tour, le divin
Ulysse, héros d'endurance, tente d'enlever Ajax ; il
l'ébranle un peu du sol, mais sans pouvoir l'enlever. Il
lui passe alors la jambe, et les voilà tous deux culbutant
sur le sol, côte à côte, tout souillés de poussière. Une
troisième fois, ils s'élancent pour lutter. Mais Achille
alors se lève et les retient :

« N'insistez pas ; ne vous épuisez pas à peiner ainsi :
la victoire est à tous les deux. Emportez des prix égaux,
et allez, laissez concourir d'autres Achéens. »

Il dit, et eux, avec entrain, d'entendre et d'obéir. Ils
essuient sur eux la poussière, puis enfilent leurs
tuniques.

Sans tarder, le Péléide dépose d'autres prix pour la
vitesse. D'abord un cratère en argent façonné. Il contient
six mesures ; mais c'est par sa beauté surtout qu'il l'emporte, et de beaucoup, sur tous les autres au monde.
D'adroits ciseleurs de Sidon l'ont artistement ouvré ; des
Phéniciens l'ont ensuite emporté sur la mer brumeuse,

---

36. Comme l'issue du combat tarde trop, Ajax propose une autre
prise : soulever l'adversaire.

στῆσαν δ' ἐν λιμένεσσι, Θόαντι δὲ δῶρον ἔδωκαν· 745
υἷος δὲ Πριάμοιο Λυκάονος ὦνον ἔδωκε
Πατρόκλῳ ἥρωι Ἰησονίδης Εὔνηος.
Καὶ τὸν Ἀχιλλεὺς θῆκεν ἀέθλιον οὗ ἑτάροιο,
ὅς τις ἐλαφρότατος ποσσὶ κραιπνοῖσι πέλοιτο·
δευτέρῳ αὖ βοῦν θῆκε μέγαν καὶ πίονα δημῷ, 750
ἡμιτάλαντον δὲ χρυσοῦ λοισθήι' ἔθηκε·
στῆ δ' ὀρθὸς καὶ μῦθον ἐν Ἀργείοισιν ἔειπεν·
« Ὄρνυσθ' οἳ καὶ τούτου ἀέθλου πειρήσεσθε. »
Ὣς ἔφατ', ὤρνυτο δ' αὐτίκ' Ὀιλῆος ταχὺς Αἴας,
ἂν δ' Ὀδυσεὺς πολύμητις, ἔπειτα δὲ Νέστορος υἱὸς 755
Ἀντίλοχος· ὃ γὰρ αὖτε νέους ποσὶ πάντας ἐνίκα·
στὰν δὲ μεταστοιχί· σήμηνε δὲ τέρματ' Ἀχιλλεύς.
Τοῖσι δ' ἀπὸ νύσσης τέτατο δρόμος· ὦκα δ' ἔπειτα
ἔκφερ' Ὀιλιάδης· ἐπὶ δ' ὄρνυτο δῖος Ὀδυσσεὺς
ἄγχι μάλ', ὡς ὅτε τίς τε γυναικὸς ἐυζώνοιο 760
στήθεός ἐστι κανών, ὅν τ' εὖ μάλα χερσὶ τανύσσῃ
πηνίον ἐξέλκουσα παρ' ἐκ μίτον, ἀγχόθι δ' ἴσχει
στήθεος· ὣς Ὀδυσεὺς θέεν ἐγγύθεν, αὐτὰρ ὄπισθεν
ἴχνια τύπτε πόδεσσι πάρος κόνιν ἀμφιχυθῆναι·
κὰδ δ' ἄρα οἱ κεφαλῆς χέ' ἀυτμένα δῖος Ὀδυσσεὺς 765
αἰεὶ ῥίμφα θέων· ἴαχον δ' ἐπὶ πάντες Ἀχαιοὶ
νίκης ἱεμένῳ, μάλα δὲ σπεύδοντι κέλευον.
Ἀλλ' ὅτε δὴ πύματον τέλεον δρόμον, αὐτίκ' Ὀδυσσεὺς
εὔχετ' Ἀθηναίῃ γλαυκώπιδι ὃν κατὰ θυμόν·
« Κλῦθι, θεά, ἀγαθή μοι ἐπίρροθος ἐλθὲ ποδοῖιν. » 770
Ὣς ἔφατ' εὐχόμενος· τοῦ δ' ἔκλυε Παλλὰς Ἀθήνη,
γυῖα δ' ἔθηκεν ἐλαφρά, πόδας καὶ χεῖρας ὕπερθεν.
Ἀλλ' ὅτε δὴ τάχ' ἔμελλον ἐπαΐξασθαι ἄεθλον,
ἔνθ' Αἴας μὲν ὄλισθε θέων — βλάψεν γὰρ Ἀθήνη —

exposé dans des ports, puis offert en présent à Thoas ;
enfin pour racheter Lycaon le Priamide, Eunée, fils
d'Iséon, l'a donné au héros Patrocle[37]. Achille maintenant le dépose comme prix, en l'honneur de son compagnon. Il ira à celui dont les pieds rapides se montreront
les plus légers. Pour le second, il met comme prix un
bœuf énorme et lourd de graisse. Pour le dernier enfin,
un demi-talent d'or. Puis, debout, il s'adresse aux
Argiens en ces termes :

« Sus donc ! ceux qui veulent tenter cette épreuve. »

Il dit, et aussitôt se lève Ajax, le rapide fils d'Oïlée,
et l'industrieux Ulysse, et le fils de Nestor, Antiloque,
qui, à la course, de son côté, l'emporte sur tous les
jeunes gens. Ils se mettent en ligne : Achille leur indique
le but. La borne une fois franchie, leur allure se précipite. Le fils d'Oïlée rapide file au but. Derrière lui, bondit le divin Ulysse. Il est aussi près de lui que la lame est
près du sein d'une captive à la belle ceinture, quand,
pour passer le fil tout le long de la chaîne, elle la tire à
elle fortement et l'amène jusqu'à son sein[38]. Ainsi court
Ulysse, tout contre Ajax, et ses pieds viennent, par derrière, frapper juste les traces de l'autre, avant que la
poussière ait pu les recouvrir. C'est sur la tête d'Ajax
que le divin Ulysse répand son haleine, courant toujours
à vive allure, et tous les Achéens, secondant de leurs cris
son désir de victoire, encouragent sa hâte. Ils en sont au
dernier stade de la course, quand soudain Ulysse en son
cœur prie Athéné aux yeux pers :

« Entends-moi, déesse, et viens, en ta clémence, prêter aide à mes pieds ! »

Il dit : Pallas Athéné entend sa prière. Elle assouplit
ses membres, ses jambes d'abord, puis – en remontant –
ses bras. Et, au moment même où ils vont sauter sur le
prix, Ajax en courant glisse – Athéné l'a fait trébucher –

37. Cf. XXI, 41 ss.
38. Le métier à tisser est vertical.

τῇ ῥα βοῶν κέχυτ' ὄνθος ἀποκταμένων ἐριμύκων,   775
οὓς ἐπὶ Πατρόκλῳ πέφνεν πόδας ὠκὺς Ἀχιλλεύς·
ἐν δ' ὄνθου βοέου πλῆτο στόμα τε ῥῖνάς τε.
Κρητῆρ' αὖτ' ἀνάειρε πολύτλας δῖος Ὀδυσσεύς,
ὡς ἦλθε φθάμενος· ὁ δὲ βοῦν ἕλε φαίδιμος Αἴας·
στῆ δὲ κέρας μετὰ χερσὶν ἔχων βοὸς ἀγραύλοιο,   780
ὄνθον ἀποπτύων, μετὰ δ' Ἀργείοισιν ἔειπεν·

    « Ὦ πόποι, ἦ μ' ἔβλαψε θεά πόδας, ἣ τὸ πάρος περ
μήτηρ ὣς Ὀδυσῆι παρίσταται ἠδ' ἐπαρήγει. »

    Ὣς ἔφαθ', οἱ δ' ἄρα πάντες ἐπ' αὐτῷ ἡδὺ γέλασσαν.
Ἀντίλοχος δ' ἄρα δὴ λοισθήιον ἔκφερ' ἄεθλον   785
μειδιόων, καὶ μῦθον ἐν Ἀργείοισιν ἔειπεν·

    « Εἰδόσιν ὔμμ' ἐρέω πᾶσιν, φίλοι, ὡς ἔτι καὶ νῦν
ἀθάνατοι τιμῶσι παλαιοτέρους ἀνθρώπους·
Αἴας μὲν γὰρ ἐμεῖ' ὀλίγον προγενέστερός ἐστιν,
οὗτος δὲ προτέρης γενεῆς προτέρων τ' ἀνθρώπων·   790
ὠμογέροντα δέ μίν φασ' ἔμμεναι· ἀργαλέον δὲ
ποσσὶν ἐριδήσασθαι Ἀχαιοῖς, εἰ μὴ Ἀχιλλεῖ. »

    Ὣς φάτο, κύδηνεν δὲ ποδώκεα Πηλείωνα·
τὸν δ' Ἀχιλεὺς μύθοισιν ἀμειβόμενος προσέειπεν·

    « Ἀντίλοχ', οὐ μέν τοι μέλεος εἰρήσεται αἶνος,   795
ἀλλά τοι ἡμιτάλαντον ἐγὼ χρυσοῦ ἐπιθήσω. »

    Ὣς εἰπὼν ἐν χερσὶ τίθει, ὁ δ' ἐδέξατο χαίρων.
Αὐτὰρ Πηλείδης κατὰ μὲν δολιχόσκιον ἔγχος
θῆκ' ἐς ἀγῶνα φέρων, κατὰ δ' ἀσπίδα καὶ τρυφάλειαν,
τεύχεα Σαρπηδόντος, ἅ μιν Πάτροκλος ἀπηύρα·   800
στῆ δ' ὀρθὸς καὶ μῦθον ἐν Ἀργείοισιν ἔειπεν·

juste à l'endroit où s'étale la bouse des bœufs mugissants, victimes abattues en l'honneur de Patrocle par
Achille aux pieds rapides. Sa bouche et ses narines
s'emplissent de bouse, tandis que le divin et endurant
Ulysse enlève le cratère : il est arrivé le premier !
L'illustre Ajax prend le bœuf. Il est là, tenant dans ses
mains la corne du bœuf agreste et, en crachant la bouse,
il dit aux Argiens :

« Ah ! comme elle a su faire trébucher mes pieds, la
déesse qui, de tout temps, est là, comme une mère, à côté
d'Ulysse, pour lui prêter secours ! »

Il dit ; tous, à l'entendre, ont un rire content. Mais
Antiloque se saisit du dernier prix avec un sourire et dit
aux Argiens :

« Vous savez tous déjà ce que je vais dire, amis :
c'est aux vieux cette fois encore que va la faveur du
Ciel. Ajax est un peu mon aîné ; mais celui-là est de
l'âge d'avant, de l'âge des ancêtres : on dit de lui qu'il
est un "vieillard encore vert". Et pourtant il n'est pas
aisé aux Achéens de lutter à la course avec lui – quand
on n'est pas Achille. »

Il dit, glorifiant ainsi le Péléide aux pieds rapides, et
Achille, à son tour, lui répond en ces termes :

« Antiloque, tu ne m'auras pas pour rien adressé ce
compliment : je te donnerai en plus un demi-talent
d'or. »

Il dit et le lui met en main : l'autre le reçoit avec joie.

Cependant le fils de Pélée apporte et dépose au
milieu de la lice une longue javeline, un casque et un
bouclier. Ce sont les armes que Patrocle a enlevées à
Sarpédon[39]. Puis, debout, il s'adresse aux Argiens en ces
termes :

39. Cf. XVI, 663-665.

« "Ανδρε δύω περὶ τῶνδε κελεύομεν, ὥ περ ἀρίστω,
τεύχεα ἑσσαμένω, ταμεσίχροα χαλκὸν ἑλόντε,
ἀλλήλων προπάροιθεν ὁμίλου πειρηθῆναι.
Ὁππότερός κε φθῆσιν ὀρεξάμενος χρόα καλόν,   805
ψαύσῃ δ' ἐνδίνων διά τ' ἔντεα καὶ μέλαν αἷμα,
τῷ μὲν ἐγὼ δώσω τόδε φάσγανον ἀργυρόηλον
καλὸν Θρηίκιον, τὸ μὲν Ἀστεροπαῖον ἀπηύρων·
τεύχεα δ' ἀμφότεροι ξυνήια ταῦτα φερέσθων·
καὶ σφιν δαῖτ' ἀγαθὴν παραθήσομεν ἐν κλισίῃσιν. »   810
    Ὣς ἔφατ', ὦρτο δ' ἔπειτα μέγας Τελαμώνιος Αἴας,
ἂν δ' ἄρα Τυδεΐδης ὦρτο, κρατερὸς Διομήδης.
Οἱ δ' ἐπεὶ οὖν ἑκάτερθεν ὁμίλου θωρήχθησαν,
ἐς μέσον ἀμφοτέρω συνίτην μεμαῶτε μάχεσθαι,
δεινὸν δερκομένω· θάμβος δ' ἔχε πάντας Ἀχαιούς.   815
Ἀλλ' ὅτε δὴ σχεδὸν ἦσαν ἐπ' ἀλλήλοισιν ἰόντες,
τρὶς μὲν ἐπήιξαν, τρὶς δὲ σχεδὸν ὡρμήθησαν·
ἔνθ' Αἴας μὲν ἔπειτα κατ' ἀσπίδα πάντοσ' ἐίσην
νύξ', οὐδὲ χρό' ἵκανεν· ἔρυτο γὰρ ἔνδοθι θώρηξ·
Τυδεΐδης δ' ἄρ' ἔπειτα ὑπὲρ σάκεος μεγάλοιο   820
αἰὲν ἐπ' αὐχένι κῦρε φαεινοῦ δουρὸς ἀκωκῇ.
Καὶ τότε δή δ' Αἴαντι περιδδείσαντες Ἀχαιοὶ
παυσαμένους ἐκέλευσαν ἀέθλια ἶσ' ἀνελέσθαι·
αὐτὰρ Τυδεΐδῃ δῶκεν μέγα φάσγανον ἥρως
σὺν κολεῷ τε φέρων καὶ ἐυτμήτῳ τελαμῶνι.   825
    Αὐτὰρ Πηλεΐδης θῆκεν σόλον αὐτοχόωνον,
ὃν πρὶν μὲν ῥίπτασκε μέγα σθένος Ἠετίωνος·
ἀλλ' ἤτοι τὸν πέφνε ποδάρκης δῖος Ἀχιλλεύς,
τὸν δ' ἄγετ' ἐν νήεσσι σὺν ἄλλοισι κτεάτεσσι·
στῆ δ' ὀρθὸς καὶ μῦθον ἐν Ἀργείοισιν ἔειπεν·   830

40. Cf. XXI, 139-183.

« J'invite à se disputer ces enjeux deux hommes – les meilleurs. Revêtus de leurs armes, ayant en main le bronze qui entaille la peau, qu'en présence de cette foule ils se tâtent mutuellement. C'est celui des deux, qui, le premier, en se fendant, atteindra la belle peau, et, à travers l'armure et le sang noir, pénétrera les chairs, celui-là je lui donnerai ce poignard à clous d'argent, ce beau poignard de Thrace, que j'ai enlevé à Astéropée[40]. Les armes, tous deux les emporteront ensemble, et nous leur servirons un excellent festin dans les baraques. »

Il dit, et alors se lève le grand Ajax, le fils de Télamon. Le fils de Tydée se lève également, Diomède le Fort. Dès qu'ils se sont armés, chacun de son côté, à l'écart de la foule, tous deux ils se rencontrent au centre, brûlant de se battre, se lançant des regards terribles, et la stupeur saisit tous les Achéens. Ils marchent l'un sur l'autre et entrent en contact. Par trois fois ils attaquent, par trois fois ils s'élancent pour un corps à corps. Alors Ajax pique le bouclier bien rond, mais sans atteindre la peau : en arrière, la cuirasse la défend. Sur quoi le fils de Tydée, par-dessus le grand bouclier, cherche sans répit à toucher le col d'Ajax de la pointe de sa javeline brillante. Alors les Achéens, pris de peur pour Ajax, les invitent à s'arrêter et à emporter chacun une part égale des prix. Mais c'est au fils de Tydée que le héros donne le grand poignard. Il le lui remet avec le fourreau et le baudrier bien taillé.

Cependant, le fils de Pélée dépose un bloc de fer brut, que lançait jadis la grande force d'Éétion[41]. Mais le divin Achille aux pieds infatigables avait tué Éétion et emporté sur ses nefs le bloc avec tous les trésors. Donc, debout, il s'adresse aux Argiens en ces termes :

41. Père d'Andromaque qui régnait sur les Ciliciens ; cf. VI, 395-398 ; 414-420. Le butin pris par Achille comprenait Chryséis, la captive d'Agamemnon, le cheval Pégase (XVI, 153), la cithare dont il joue au début du chant IX (188) et le bloc de fer dont il est question ici. À l'époque homérique, le fer est un métal rare et précieux.

« Ὄρνυσθ᾽ οἳ καὶ τούτου ἀέθλου πειρήσεσθε·
εἴ οἱ καὶ μάλα πολλὸν ἀπόπροθι πίονες ἀγροί,
ἕξει μιν καὶ πέντε περιπλομένους ἐνιαυτοὺς
χρεώμενος· οὐ μὲν γάρ οἱ ἀτεμβόμενός γε σιδήρου
ποιμὴν οὐδ᾽ ἀροτὴρ εἶσ᾽ ἐς πόλιν, ἀλλὰ παρέξει. »   835
    Ὣς ἔφατ᾽, ὦρτο δ᾽ ἔπειτα μενεπτόλεμος Πολυποίτης,
ἂν δὲ Λεοντῆος κρατερὸν μένος ἀντιθέοιο,
ἂν δ᾽ Αἴας Τελαμωνιάδης καὶ δῖος Ἐπειός.
Ἑξείης δ᾽ ἵσταντο, σόλον δ᾽ ἕλε δῖος Ἐπειός,
ἧκε δὲ δινήσας· γέλασαν δ᾽ ἐπὶ πάντες Ἀχαιοί.   840
Δεύτερος αὖτ᾽ ἀφέηκε Λεοντεύς, ὄζος Ἄρηος·
τὸ τρίτον αὖτ᾽ ἔρριψε μέγας Τελαμώνιος Αἴας,
χειρὸς ἀπὸ στιβαρῆς, καὶ ὑπέρβαλε σήματα πάντων.
Ἀλλ᾽ ὅτε δὴ σόλον εἶλε μενεπτόλεμος Πολυποίτης,
ὅσσόν·τίς τ᾽ ἔρριψε καλαύροπα βουκόλος ἀνήρ,   845
ἡ δὲ ἑλισσομένη πέτεται διὰ βοῦς ἀγελαίας,
τόσσον παντὸς ἀγῶνος ὑπέρβαλε· τοὶ δ᾽ ἐβόησαν·
ἀνστάντες δ᾽ ἕταροι Πολυποίταο κρατεροῖο
νῆας ἐπὶ γλαφυρὰς ἔφερον βασιλῆος ἄεθλον.
    Αὐτὰρ ὁ τοξευτῆσι τίθει ἰόεντα σίδηρον,   850
κὰδ δ᾽ ἐτίθει δέκα μὲν πελέκεας, δέκα δ᾽ ἡμιπέλεκκα,
ἱστὸν δ᾽ ἔστησεν νηὸς κυανοπρῴροιο
τηλοῦ ἐπὶ ψαμάθοις, ἐκ δὲ τρήρωνα πέλειαν
λεπτῇ μηρίνθῳ δῆσεν ποδός, ἧς ἄρ᾽ ἀνώγει
τοξεύειν· « Ὅς μέν κε βάλῃ τρήρωνα πέλειαν,   855
πάντας ἀειράμενος πελέκεας οἶκον δὲ φερέσθω·
ὃς δέ κε μηρίνθοιο τύχῃ, ὄρνιθος ἁμαρτών,
ἥσσων γὰρ δὴ κεῖνος, ὁ δ᾽ οἴσεται ἡμιπέλεκκα. »
    Ὣς ἔφατ᾽, ὦρτο δ᾽ ἔπειτα βίη Τεύκροιο ἄνακτος,
ἂν δ᾽ ἄρα Μηριόνης, θεράπων ἐὺς Ἰδομενῆος·   860

« Sus donc ! ceux qui veulent tenter cette épreuve. Si loin que le vainqueur étende ses champs fertiles, il pourra de ce fer user cinq années pleines, sans que berger ni laboureur doive, faute de fer, partir pour la ville : il leur en fournira lui-même. »

Il dit, et alors se lève le belliqueux Polypœtès, et la fougue puissante du divin Léontée[42], et Ajax, fils de Télamon, et le divin Épéios. Déjà ils sont en ligne. Le divin Épéios prend le disque, il le fait tournoyer, il le lance – et tous les Achéens d'éclater de rire. Après lui, Léontée, rejeton d'Arès, le lance également. Le troisième à son tour, voici qu'il le jette, de sa main vigoureuse, le grand Ajax, le fils de Télamon : il dépasse les marques des autres. Mais, quand le belliqueux Polypœtès après lui prend le bloc, aussi loin va le bouvier en lançant son bâton, qui s'envole, en tournoyant, à travers toutes les vaches du troupeau, aussi loin va-t-il, dépassant tous ses concurrents. Alors ce n'est qu'un cri ; les amis de Polypœtès le Fort se lèvent, et ils emportent aux nefs creuses le prix gagné par leur roi.

Cependant Achille aux tireurs à l'arc offre du fer sombre. Il dépose pour eux dix haches et dix doubles haches. Ensuite il dresse le mât d'une nef à proue azur, au loin, sur le sable. Il y attache, par la patte, avec une cordelette, une colombe timide, et il les invite à tirer sur elle.

« Celui qui touchera la colombe timide enlèvera toutes les doubles haches et les emportera chez lui. Celui qui touchera la corde, en manquant l'oiseau – puisqu'il ne vaudra pas l'autre – emportera les haches. »

Il dit, et alors se lève la force de sire Teucros[43], et, en même temps, Mérion, noble écuyer d'Idoménée. Ils

42. Tous deux descendants des Lapithes ; cf. XII, 130.
43. L'épreuve se déroule avec un seul arc pour tous les concurrents.

κλήρους δ' ἐν κυνέῃ χαλκήρεϊ πάλλον ἑλόντες,
Τεῦκρος δὲ πρῶτος κλήρῳ λάχεν· αὐτίκα δ' ἰὸν
'ἧκεν ἐπικρατέως, οὐδ' ἠπείλησεν ἄνακτι
ἀρνῶν πρωτογόνων ῥέξειν κλειτὴν ἑκατόμβην.
Ὄρνιθος μὲν ἅμαρτε· μέγηρε γάρ οἱ τό γ' Ἀπόλλων·   865
αὐτὰρ ὃ μήρινθον βάλε πὰρ πόδα, τῇ δέδετ' ὄρνις·
ἀντικρὺ δ' ἀπὸ μήρινθον τάμε πικρὸς διστός·
ἣ μὲν ἔπειτ' ἤϊξε πρὸς οὐρανόν, ἣ δὲ παρείθη
μήρινθος ποτὶ γαῖαν· ἀτὰρ κελάδησαν Ἀχαιοί.
Σπερχόμενος δ' ἄρα Μηριόνης ἐξείρυσε χειρὸς   870
τόξον· ἀτὰρ δὴ διστὸν ἔχεν πάλαι, ὡς ἴθυνεν·
αὐτίκα δ' ἠπείλησεν ἑκηβόλῳ Ἀπόλλωνι
ἀρνῶν πρωτογόνων ῥέξειν κλειτὴν ἑκατόμβην.
Ὕψι δ' ὑπὸ νεφέων εἶδε τρήρωνα πέλειαν·
τῇ ῥ' ὅ γε δινεύουσαν ὑπὸ πτέρυγος βάλε μέσσην,   875
ἀντικρὺ δὲ διῆλθε βέλος· τὸ μὲν ἂψ ἐπὶ γαίῃ
πρόσθεν Μηριόναο πάγη ποδός· αὐτὰρ ἡ ὄρνις
ἱστῷ ἐφεζομένη νηὸς κυανοπρῴροιο
αὐχέν' ἀπεκρέμασεν, σὺν δὲ πτερὰ πυκνὰ λίασθεν·
ὠκὺς δ' ἐκ μελέων θυμὸς πτάτο, τῆλε δ' ἀπ' αὐτοῦ   880
κάππεσε· λαοὶ δ' αὖ θηεῦντό τε θάμβησάν τε.
Ἂν δ' ἄρα Μηριόνης πελέκεας δέκα πάντας ἄειρε,
Τεῦκρος δ' ἡμιπέλεκκα φέρεν κοίλας ἐπὶ νῆας.

    Αὐτὰρ Πηλεΐδης κατὰ μὲν δολιχόσκιον ἔγχος,
κὰδ δὲ λέβητ' ἄπυρον, βοὸς ἄξιον, ἀνθεμόεντα   885
θῆκ' ἐς ἀγῶνα φέρων· καὶ ῥ' ἥμονες ἄνδρες ἀνέσταν·
ἂν μὲν ἄρ' Ἀτρεΐδης εὐρὺ κρείων Ἀγαμέμνων,
ἂν δ' ἄρα Μηριόνης, θεράπων ἐὺς Ἰδομενῆος·
τοῖσι δὲ καὶ μετέειπε ποδάρκης δῖος Ἀχιλλεύς·

choisissent des sorts, qu'ensuite ils secouent dans un
casque de bronze. Teucros est le premier que désigne le
sort. Aussitôt il lance sa flèche de toutes ses forces. Mais
il n'a pas promis au patron des archers de lui offrir une
insigne hécatombe d'agneaux premiers-nés, et il
manque l'oiseau ; Apollon lui refuse le succès. En
revanche, il atteint, tout près de la patte, la corde par
laquelle l'oiseau est attaché. La flèche amère vient tout
droit couper la corde : la colombe file au ciel, et la corde
retombe à terre, dans la rumeur des Achéens. Lors
Mérion ne tarde pas. Il tire l'arc de la main de Teucros ;
la flèche, il l'avait depuis un moment à la main, tandis
que visait Teucros. Aussitôt à l'archer Apollon il promet
d'offrir une insigne hécatombe d'agneaux premiers-nés.
Très haut, sous les nuages, il voit la colombe timide. Il
la frappe, en train de tournoyer, sous l'aile, en plein
corps. Le trait la transperce et revient se ficher au sol,
aux pieds mêmes de Mérion, tandis que l'oiseau va se
poser sur le mât de la nef à proue d'azur. Son col pend
et ses ailes touffues sont retombées sur lui. Brusquement
la vie s'envole de ses membres, il tombe loin du mât, et
les gens de nouveau contemplent le spectacle avec stupeur. Mérion alors prend les dix doubles haches,
ensemble, tandis que Teucros emporte les haches aux
nefs creuses.

Cependant le Péléide apporte et dépose au milieu de
l'assemblée une longue javeline, ainsi qu'un bassin
encore ignorant de la flamme, de la valeur d'un bœuf, et
orné de fleurs. Les lanceurs de javeline se lèvent, le
puissant prince Agamemnon, fils d'Atrée, et Mérion,
noble écuyer d'Idoménée. Mais le divin Achille aux
pieds infatigables alors dit :

« Ἀτρείδη· ἴδμεν γὰρ ὅσον προβέβηκας ἁπάντων   890
ἠδ᾽ ὅσσον δυνάμει τε καὶ ἥμασιν ἔπλευ ἄριστος·
ἀλλὰ σὺ μὲν τόδ᾽ ἄεθλον ἔχων κοίλας ἐπὶ νῆας
ἔρχευ, ἀτὰρ δόρυ Μηριόνῃ ἥρωι πόρωμεν,
εἰ σύ γε σῷ θυμῷ ἐθέλοις· κέλομαι γὰρ ἔγωγε. »

     Ὣς ἔφατ᾽, οὐδ᾽ ἀπίθησεν ἄναξ, ἀνδρῶν Ἀγαμέμνων·   895
δῶκε δὲ Μηριόνῃ δόρυ χάλκεον· αὐτὰρ ὅ γ᾽ ἥρως
Ταλθυβίῳ κήρυκι δίδου περικαλλὲς ἄεθλον.

« Atride, nous savons de combien tu l'emportes sur tous et à quel point tu es le meilleur, pour la force et pour l'adresse, au jet des traits. Prends donc ce prix[44] et retourne vers tes nefs creuses. Nous donnerons la lance au héros Mérion, si ton cœur y consent, et, pour ma part, je t'en prie. »

Il dit ; Agamemnon, protecteur de son peuple, n'a garde de dire non. Achille à Mérion donne la lance de bronze, tandis qu'Agamemnon à Talthybios, son héraut, remet le prix magnifique.

44. En décidant, de son propre chef, d'attribuer à Agamemnon le prix, sans même faire accomplir l'épreuve, Achille indique nettement la fin de la querelle qui l'opposait à l'Atride et qui marque la fin des Jeux.

ΙΛΙΑΔΟΣ Ω

Λῦτο δ' ἀγών, λαοὶ δὲ θοὰς ἐπὶ νῆας ἕκαστοι
ἐσκίδναντ' ἰέναι· τοὶ μὲν δόρποιο μέδοντο
ὕπνου τε γλυκεροῦ ταρπήμεναι· αὐτὰρ Ἀχιλλεὺς
κλαῖε φίλου ἑτάρου μεμνημένος, οὐδέ μιν ὕπνος
ᾕρει πανδαμάτωρ, ἀλλ' ἐστρέφετ' ἔνθα καὶ ἔνθα,   5
Πατρόκλου ποθέων ἀδροτῆτά τε καὶ μένος ἠΰ,
ἠδ' ὁπόσα τολύπευσε σὺν αὐτῷ καὶ πάθεν ἄλγεα,
ἀνδρῶν τε πτολέμους ἀλεγεινά τε κύματα πείρων·
τῶν μιμνησκόμενος θαλερὸν κατὰ δάκρυον εἶβεν,
ἄλλοτ' ἐπὶ πλευρὰς κατακείμενος, ἄλλοτε δ' αὖτε   10
ὕπτιος, ἄλλοτε δὲ πρηνής· τοτὲ δ' ὀρθὸς ἀναστὰς
δινεύεσκ' ἀλύων παρὰ θῖν' ἁλός· οὐδέ μιν ἠὼς
φαινομένη λήθεσκεν ὑπεὶρ ἅλα τ' ἠιόνας τε·
ἀλλ' ὅ γ' ἐπεὶ ζεύξειεν ὑφ' ἅρμασιν ὠκέας ἵππους,
Ἕκτορα δ' ἕλκεσθαι δησάσκετο δίφρου ὄπισθεν,   15
τρὶς δ' ἐρύσας περὶ σῆμα Μενοιτιάδαο θανόντος

1. Noter, une fois de plus, le contraste entre la communauté des Grecs, qui jouissent du repas et du sommeil, et l'isolement d'Achille : sa douleur est si grande, si présente encore (larmes du souvenir : *memnêmenos*, 4 ; *mimnêskomenos*, 9) qu'elle le tient à l'écart de la vie normale.

CHANT XXIV

L'assemblée est dissoute ; les gens se dispersent et
rentrent par groupes à leurs fines nefs. Chacun pense à
jouir du repas et du doux sommeil. Seul, Achille pleure :
il songe à son ami. Le sommeil qui dompte les êtres n'a
pas prise sur lui[1]. Il se tourne, il se retourne, dans le
regret qui le tient de Patrocle et de sa force et de sa noble
fougue – des douleurs aussi qu'ils ont dévidées et souf-
fertes ensemble, à travers les combats où se heurtent les
hommes, comme à travers les flots cruels. À s'en souvenir, il répand de grosses larmes, couché tantôt sur le
côté, tantôt sur le dos, tantôt face au sol. Ou bien il se
dresse, quitte son lit, et s'en va errer, éperdu, le long
de la grève de mer. Jamais pourtant il ne laisse passer
l'heure où l'aube commence à luire sur la mer et sur ses
rivages. Alors, à son char, il attelle ses chevaux rapides,
et, derrière la caisse, il attache Hector, pour le traîner sur
le sol. Puis, quand il l'a, trois fois de suite, tiré autour de
la tombe[2] où gît le corps du fils de Ménœtios, il s'arrête

2. En répétant l'outrage qu'il a fait subir au corps d'Hector dès sa
mise à mort (XXII, 395-404), Achille paie ainsi une sorte de tribut à
Patrocle : il lui doit cette vengeance. Voir aussi le parallèle avec la pro-
cession des Myrmidons qui tournent trois fois de suite autour du corps
de Patrocle avant la crémation (XXIII, 12-13).

αὖτις ἐνὶ κλισίῃ παυέσκετο, τὸν δέ τ᾽ ἔασκεν
ἐν κόνι ἐκτανύσας προπρηνέα· τοῖο δ᾽ Ἀπόλλων
πᾶσαν ἀεικείην ἄπεχε χροΐ φῶτ᾽ ἐλεαίρων
καὶ τεθνηότα περ· περὶ δ᾽ αἰγίδι πάντα κάλυπτε   20
χρυσείῃ, ἵνα μή μιν ἀποδρύφοι ἑλκυστάζων.

Ὣς δ᾽ μὲν Ἕκτορα δῖον ἀείκιζεν μενεαίνων·
τὸν δ᾽ ἐλεαίρεσκον μάκαρες θεοὶ εἰσορόωντες,
κλέψαι δ᾽ ὀτρύνεσκον ἐΰσκοπον Ἀργεϊφόντην.
Ἔνθ᾽ ἄλλοις μὲν πᾶσιν ἑήνδανεν, οὐδέ ποθ᾽ Ἥρῃ   5
οὐδὲ Ποσειδάων᾽ οὐδὲ γλαυκώπιδι κούρῃ,
ἀλλ᾽ ἔχον ὥς σφιν πρῶτον ἀπήχθετο Ἴλιος ἱρὴ
καὶ Πρίαμος καὶ λαὸς Ἀλεξάνδρου ἕνεκ᾽ ἄτης,
ὃς νείκεσσε θεάς, ὅτε οἱ μέσσαυλον ἵκοντο,
τὴν δ᾽ ᾔνησ᾽ ἥ οἱ πόρε μαχλοσύνην ἀλεγεινήν.   30

Ἀλλ᾽ ὅτε δή ῥ᾽ ἐκ τοῖο δυωδεκάτη γένετ᾽ ἠώς,
καὶ τότ᾽ ἄρ᾽ ἀθανάτοισι μετηύδα Φοῖβος Ἀπόλλων·

« Σχέτλιοί ἐστε, θεοί, δηλήμονες· οὔ νύ ποθ᾽ ὑμῖν
Ἕκτωρ μηρί᾽ ἔκηε βοῶν αἰγῶν τε τελείων ;
τὸν νῦν οὐκ ἔτλητε νέκυν περ ἐόντα σαῶσαι,   35
ᾗ τ᾽ ἀλόχῳ ἰδέειν καὶ μητέρι καὶ τέκεϊ ᾧ
καὶ πατέρι Πριάμῳ λαοῖσί τε, τοί κέ μιν ὦκα
ἐν πυρὶ κήαιεν καὶ ἐπὶ κτέρεα κτερίσαιεν.
Ἀλλ᾽ ὀλοῷ Ἀχιλῆι, θεοί, βούλεσθ᾽ ἐπαρήγειν,
ᾧ οὔτ᾽ ἄρ φρένες εἰσὶν ἐναίσιμοι οὔτε νόημα   40
γναμπτὸν ἐνὶ στήθεσσι, λέων δ᾽ ὣς ἄγρια οἶδεν,

et rentre dans sa baraque, le laissant dans la poussière, étendu face contre terre. Mais Apollon épargne tout outrage à sa chair. Il a pitié de l'homme, même mort. Il le couvre entièrement avec son égide d'or, de peur qu'Achille ne lui arrache toute la peau en le traînant.

C'est ainsi qu'Achille en fureur outrage le divin Hector. Mais les dieux bienheureux, à le voir, ont pitié. Ils poussent l'adroit Tueur d'Argos[3], à le dérober. L'avis agrée à tous, sauf à Héré, à Poseidon, à la vierge aux yeux pers. À ceux-là, comme auparavant, la sainte Ilion demeure trop en haine, ainsi que Priam et que tout son peuple – et cela à cause de la folie d'Alexandre, qui avait infligé une injure aux déesses, le jour où, venues dans sa bergerie, elles l'avaient vu se prononcer pour celle qui lui avait fait don de la luxure douloureuse[4] ! Mais, quand vient la douzième aurore, Phœbos Apollon parle ainsi en présence des Immortels :

« Vous êtes cruels, dieux, et malfaisants ! Hector n'a-t-il donc jamais brûlé en votre honneur de bons cuis-seaux de bœufs et de chèvres sans tache ? Et aujourd'hui qu'il n'est plus qu'un cadavre, vous n'avez pas le cœur de le protéger, afin que son épouse le puisse voir en-core, et sa mère, et son fils, et son père Priam, et son peuple, qui alors auraient vite fait de le brûler dans la flamme et de lui dispenser tous les rites funèbres ! Vous préférez donc, dieux, prêter aide à Achille, à l'exécrable Achille, alors que celui-ci n'a ni raison ni cœur qui se laisse fléchir au fond de sa poitrine et qu'il ne connaît

---

3. Hermès, le dieu des voleurs.
4. C'est-à-dire Aphrodite, allusion au Jugement de Pâris. Aristarque condamnait ces vers parce qu'ils évoquaient une légende supposée ignorée de l'auteur de l'*Iliade*. Mais cette opinion est contes-tée : de nombreuses allusions à l'opposition Héra-Athéna / Aphrodite peuvent être relevées dans tout le poème (cf. V, 418-425 ; XXI, 418-434, etc.). Sur cette question, cf. Richardson, VI, p. 277-278.

ὅς τ᾽ ἐπεὶ ἄρ μεγάλῃ τε βίῃ καὶ ἀγήνορι θυμῷ
εἴξας εἶσ᾽ ἐπὶ μῆλα βροτῶν, ἵνα δαῖτα λάθῃσιν·
ὣς Ἀχιλεὺς ἔλεον μὲν ἀπώλεσεν, οὐδέ οἱ αἰδὼς
[γίνεται, ἥ τ᾽ ἄνδρας μέγα σίνεται ἠδ᾽ ὀνίνησι].   45
Μέλλει μέν πού τις καὶ φίλτερον ἄλλον ὀλέσσαι,
ἠὲ κασίγνητον ὁμογάστριον ἠὲ καὶ υἱόν·
ἀλλ᾽ ἤτοι κλαύσας καὶ ὀδυράμενος μεθέηκε·
τλητὸν γὰρ Μοῖραι θυμὸν θέσαν ἀνθρώποισιν.
Αὐτὰρ ὅ γ᾽ Ἕκτορα δῖον, ἐπεὶ φίλον ἦτορ ἀπηύρα,   50
ἵππων ἐξάπτων περὶ σῆμ᾽ ἑτάροιο φίλοιο
ἕλκει· οὐ μήν οἱ τό γε κάλλιον οὐδέ τ᾽ ἄμεινον·
μὴ ἀγαθῷ περ ἐόντι νεμεσσηθῶμέν οἱ ἡμεῖς·
κωφὴν γὰρ δὴ γαῖαν ἀεικίζει μενεαίνων. »

    Τὸν δὲ χολωσαμένη προσέφη λευκώλενος Ἥρη·   55

    « Εἴη κεν καὶ τοῦτο τεὸν ἔπος, Ἀργυρότοξε,
εἰ δὴ ὁμὴν Ἀχιλῆι καὶ Ἕκτορι θήσετε τιμήν·
Ἕκτωρ μὲν θνητός τε γυναῖκά τε θήσατο μαζόν·
αὐτὰρ Ἀχιλλεύς ἐστι θεᾶς γόνος, ἣν ἐγὼ αὐτὴ
θρέψά τε καὶ ἀτίτηλα καὶ ἀνδρὶ πόρον παράκοιτιν,   60
Πηλέι, ὃς περὶ κῆρι φίλος γένετ᾽ ἀθανάτοισι·
πάντες δ᾽ ἀντιάασθε, θεοί, γάμου· ἐν δὲ σὺ τοῖσι
δαίνυ᾽ ἔχων φόρμιγγα, κακῶν ἕταρ᾽, αἰὲν ἄπιστε. »

    Τὴν δ᾽ ἀπαμειβόμενος προσέφη νεφεληγερέτα Ζεύς·

    « Ἥρη, μὴ δὴ πάμπαν ἀποσκύδμαινε θεοῖσιν·   65
οὐ μὲν γὰρ τιμή γε μί᾽ ἔσσεται· ἀλλὰ καὶ Ἕκτωρ
φίλτατος ἔσκε θεοῖσι βροτῶν οἳ ἐν Ἰλίῳ εἰσίν·
ὣς γὰρ ἔμοιγ᾽, ἐπεὶ οὔ τι φίλων ἡμάρτανε δώρων·

que pensers féroces. On dirait un lion qui, docile à l'appel de sa vigueur puissante et de son cœur superbe, vient se jeter sur les brebis des hommes, pour s'en faire un festin. Achille a, comme lui, quitté toute pitié, et il ignore le respect[5]. Chacun est exposé à perdre un être cher, plus proche qu'un ami, un frère sorti du même sein, un fils : la part une fois faite aux pleurs et aux sanglots, il s'en tient là : les Parques ont fait aux hommes un cœur apte à pâtir. Mais, à celui-là, il ne suffit pas d'avoir pris la vie du divin Hector ; il l'attache à son char, il le traîne tout autour du tombeau de son ami. Ce n'est là ni un beau ni un bon parti : qu'il prenne garde, pour vaillant qu'il soit ; nous pourrions bien nous fâcher contre lui, s'il va dans sa colère jusques à outrager une argile insensible[6]. »

Mais Héré aux bras blancs s'indigne et lui répond :

« Voilà bien encore une idée à toi, dieu à l'arc d'argent ! Vous iriez maintenant accorder même honneur à Achille et Hector ! Hector n'est qu'un mortel : il a tété un sein de femme ; Achille, lui, est fils d'une déesse, que j'ai nourrie, choyée, puis donnée pour épouse à un homme, à Pélée, Pélée entre tous cher au cœur des Immortels. Et vous assistiez, tous, dieux, à son mariage ; et toi-même, au milieu des autres, tu prenais part au banquet, cithare en main, toi, l'ami des bandits, toi, l'éternel félon ! »

L'assembleur de nuées, Zeus, ainsi lui réplique :

« Héré, n'entre donc pas en guerre ouverte avec les dieux. Non, ils n'auront point même honneur. Mais Hector était pour les dieux le plus cher des mortels qui sont dans Ilion. Il l'était pour moi aussi ; car il n'omettait aucune des offrandes qui m'agréent. Jamais mon

5. La pitié et le respect (*eleose* et *aidôs*) sont des notions récurrentes dans ce chant (cf. 207-208 ; 503).

6. C'est-à-dire un corps. L'être humain est sorti de la terre et de l'eau ; cf. VII, 291 ; vol. I, note 6, p. 291.

οὐ γάρ μοί ποτε βωμὸς ἐδεύετο δαιτὸς ἐΐσης,
λοιβῆς τε κνίσης τε· τὸ γὰρ λάχομεν γέρας ἡμεῖς.   70
Ἀλλ' ἤτοι κλέψαι μὲν ἐάσομεν — οὐδέ πη ἔστι —
λάθρῃ Ἀχιλλῆος θρασὺν Ἕκτορα· ἦ γάρ οἱ αἰεὶ
μήτηρ παρμέμβλωκεν ὁμῶς νύκτάς τε καὶ ἦμαρ·
ἀλλ' εἴ τις καλέσειε θεῶν Θέτιν ἆσσον ἐμεῖο,
ὄφρά τί οἱ εἴπω πυκινὸν ἔπος, ὥς κεν Ἀχιλλεὺς   75
δώρων ἐκ Πριάμοιο λάχῃ ἀπό θ' Ἕκτορα λύσῃ. »

   Ὣς ἔφατ', ὦρτο δὲ Ἶρις ἀελλόπος ἀγγελέουσα,
μεσσηγὺς δὲ Σάμου τε καὶ Ἴμβρου παιπαλοέσσης
ἔνθορε μείλανι πόντῳ· ἐπεστονάχησε δὲ λίμνη·
ἡ δὲ μολυβδαίνῃ ἰκέλη ἐς βυσσὸν ὄρουσεν,   80
ἥ τε κατ' ἀγραύλοιο βοὸς κέρας ἐμβεβαυῖα
ἔρχεται ὠμηστῇσιν ἐπ' ἰχθύσι κῆρα φέρουσα.
Εὗρε δ' ἐνὶ σπῆϊ γλαφυρῷ Θέτιν, ἀμφὶ δ' ἄρ' ἄλλαι
εἵαθ' ὁμηγερέες ἅλιαι θεαί· ἡ δ' ἐνὶ μέσσῃς
κλαῖε μόρον οὗ παιδὸς ἀμύμονος, ὅς οἱ ἔμελλε   85
φθίσεσθ' ἐν Τροίῃ ἐριβώλακι, τηλόθι πάτρης·
ἀγχοῦ δ' ἱσταμένη προσέφη πόδας ὠκέα Ἶρις·
   « Ὄρσο, Θέτι· καλέει Ζεὺς ἄφθιτα μήδεα εἰδώς. »
   Τὴν δ' ἠμείβετ' ἔπειτα θεὰ Θέτις ἀργυρόπεζα·
   « Τίπτέ με κεῖνος ἄνωγε μέγας θεός ; αἰδέομαι δὲ   90
μίσγεσθ' ἀθανάτοισιν, ἔχω δ' ἄχε' ἄκριτα θυμῷ.
Εἶμι μέν, οὐδ' ἅλιον ἔπος ἔσσεται, ὅττι κεν εἴπῃ. »
   Ὣς ἄρα φωνήσασα κάλυμμ' ἕλε δῖα θεάων
κυάνεον, τοῦ δ' οὔ τι μελάντερον ἔπλετο ἔσθος·
βῆ δ' ἰέναι, πρόσθεν δὲ ποδήνεμος ὠκέα Ἶρις   .95
ἡγεῖτ'· ἀμφὶ δ' ἄρά σφι λιάζετο κῦμα θαλάσσης.

autel ne manquait du repas où tous ont leur part, des
libations, des fumées grasses, qui sont notre lot à nous.
Laissons là l'idée – aussi bien est-ce impossible – de
dérober, sans qu'il s'en aperçoive, l'intrépide Hector à
Achille : sa mère est toujours prête à voler à son aide, la
nuit comme le jour. Voyons ! n'est-il personne ici parmi
les dieux pour appeler Thétis ? Lorsqu'elle sera près de
moi, je lui dirai un mot chargé de sens, grâce auquel
Achille acceptera les présents de Priam et lui rendra
Hector. »

Il dit, et Iris aux pieds de rafale part porter son message. Entre Samos et Imbros la Rocheuse, elle saute
dans la mer sombre, et la plaine liquide sous le choc
gémit. Elle plonge dans l'abîme, toute pareille au plomb
qui, une fois entré dans la corne d'un bœuf agreste[7], descend porter la mort aux poissons carnassiers. Elle trouve
Thétis dans une grotte creuse : autour d'elle, groupées
en assemblée, sont assises les déesses marines. Thétis,
au milieu d'elles, pleure le sort de son fils sans reproche,
destiné à périr en Troade fertile, loin de sa patrie. Iris
aux pieds rapides s'approche et lui dit :

« Debout ! Thétis : Zeus aux conseils éternels te
demande. »

Et la déesse aux pieds d'argent, Thétis, alors répond :

« Et pourquoi me demande-t-il, le dieu tout-puissant ? Je répugne à me mêler aux Immortels ; car j'ai au
cœur des peines infinies. J'irai pourtant ; s'il parle, il ne
faut pas qu'il ait parlé pour rien. »

Ainsi dit la toute divine, et elle prend son voile, un
voile bleu sombre : il n'est pas de plus noire vêture. Elle
se met en route, et la rapide Iris aux pieds vites comme
les vents la guide. Le flot de la mer s'écarte devant elles.

---

7. « D'après les scholies, la ligne, au-dessus de l'hameçon, passait
dans un tube en corne, qui l'empêchait d'être coupée par le poisson.
On suppose qu'en ce cas le "plomb" destiné à faire plonger la ligne
était enfermé dans ce tube même. Mais l'explication reste assez dou-
teuse », P. Mazon, note au vers 81, *Iliade*, t. IV, p. 141.

Ἀκτὴν δ' ἐξαναβᾶσαι ἐς οὐρανὸν ἀιχθήτην,
εὗρον δ' εὐρύοπα Κρονίδην, περὶ δ' ἄλλοι ἅπαντες
εἵαθ' ὁμηγερέες μάκαρες θεοὶ αἰὲν ἐόντες.
Ἡ δ' ἄρα πὰρ Διὶ πατρὶ καθέζετο, εἶξε δ' Ἀθήνη·   100
Ἥρη δὲ χρύσεον καλὸν δέπας ἐν χερὶ θῆκε
καὶ ῥ' εὔφρην' ἐπέεσσι· Θέτις δ' ὤρεξε πιοῦσα·
τοῖσι δὲ μύθων ἦρχε πατὴρ ἀνδρῶν τε θεῶν τε·

  « Ἤλυθες Οὔλυμπον δέ, θεὰ Θέτι, κηδομένη περ,
πένθος ἄλαστον ἔχουσα μετὰ φρεσίν· οἶδα καὶ αὐτός·   105
ἀλλὰ καὶ ὣς ἐρέω τοῦ σ' εἵνεκα δεῦρο κάλεσσα.
Ἐννῆμαρ δὴ νεῖκος ἐν ἀθανάτοισιν ὄρωρεν
Ἕκτορος ἀμφὶ νέκυι καὶ Ἀχιλλῆι πτολιπόρθῳ·
κλέψαι δ' ὀτρύνουσιν ἐΰσκοπον Ἀργεϊφόντην·
αὐτὰρ ἐγὼ τόδε κῦδος Ἀχιλλῆι προτιάπτω,   110
αἰδῶ καὶ φιλότητα τεὴν μετόπισθε φυλάσσων.
Αἶψα μάλ' ἐς στρατὸν ἐλθὲ καὶ υἱέι σῷ ἐπίτειλον·
σκύζεσθαί οἱ εἰπὲ θεούς, ἐμὲ δ' ἔξοχα πάντων
ἀθανάτων κεχολῶσθαι, ὅτι φρεσὶ μαινομένῃσιν
Ἕκτορ' ἔχει παρὰ νηυσὶ κορωνίσιν οὐδ' ἀπέλυσεν,   115
αἴ κέν πως ἐμέ τε δείσῃ ἀπό θ' Ἕκτορα λύσῃ.
Αὐτὰρ ἐγὼ Πριάμῳ μεγαλήτορι Ἶριν ἐφήσω
λύσασθαι φίλον υἱόν, ἰόντ' ἐπὶ νῆας Ἀχαιῶν,
δῶρα δ' Ἀχιλλῆι φερέμεν, τά κε θυμὸν ἰήνῃ. »

  Ὣς ἔφατ', οὐδ' ἀπίθησε θεὰ Θέτις ἀργυρόπεζα,   120
βῆ δὲ κατ' Οὐλύμποιο καρήνων ἀΐξασα,
ἷξεν δ' ἐς κλισίην οὗ υἱέος· ἔνθ' ἄρα τόν γε
εὗρ' ἁδινὰ στενάχοντα· φίλοι δ' ἀμφ' αὐτὸν ἑταῖροι
ἐσσυμένως ἐπένοντο καὶ ἐντύνοντ' ἄριστον·

Elles montent sur le rivage, puis s'élancent vers le ciel.
Elles y trouvent le Cronide à la grande voix. Autour de
lui, groupés en assemblée, sont assis tous les dieux, les
Bienheureux toujours vivants. Thétis s'assied près de
Zeus Père : Athéné lui cède sa place. Héré lui met en
main une coupe d'or splendide et la salue avec des mots
bienveillants. Thétis boit et rend la coupe. Le Père des
dieux et des hommes prend alors le premier la parole :

« Tu es donc venue dans l'Olympe, divine Thétis, en
dépit de ton chagrin, portant au cœur un deuil inou-
bliable : je le sais, sans que tu me l'apprennes. Je te dirai
néanmoins ce pour quoi je t'ai appelée. Voici neuf jours
qu'un débat s'est élevé parmi les dieux, au sujet du corps
d'Hector et d'Achille preneur de villes. On pousse
l'adroit Tueur d'Argos à dérober ce corps. J'entends,
moi, réserver cette gloire à Achille[8] ; je veux pour l'avenir garder ton respect, ta tendresse. Va donc bien vite au
camp porter mon ordre à ton fils. Dis-lui que les dieux
s'indignent, et que moi-même, entre tous les Immortels,
je suis révolté de le voir ainsi, d'un cœur furieux, retenir
Hector près des nefs recourbées et se refuser à le rendre[9].
Nous verrons bien s'il aura peur de moi et s'il rendra
Hector. Moi, j'enverrai Iris à Priam magnanime, afin
qu'il rachète son fils, en allant en personne aux nefs des
Achéens, et qu'il porte à Achille des présents qui charment son cœur. »

Il dit, et la déesse aux pieds d'argent, Thétis, n'a
garde de dire non. D'un bond elle descend des cimes de
l'Olympe et arrive à la baraque de son fils. Elle l'y
trouve poussant de longs sanglots. Autour de lui, ses

8. Il s'agit ici d'une forme exceptionnelle de *kûdos*, d'honneur : si
Achille montre enfin sa générosité et son obéissance au vouloir des
dieux, sa réputation en sera grandie. Voir Pucci, 1998, p. 209.
9. Reprise des paroles d'Hector juste avant l'ultime affrontement
avec Achille : XXII, 258-259.

τοῖσι δ' δὶς λάσιος μέγας ἐν κλισίῃ ἱέρευτο.   125
Ἡ δὲ μάλ' ἄγχ' αὐτοῖο καθέζετο πότνια μήτηρ,
χειρί τέ μιν κατέρεξεν ἔπος τ' ἔφατ' ἔκ τ' ὀνόμαζε·
« Τέκνον ἐμόν, τέο μέχρις ὀδυρόμενος καὶ ἀχεύων
σὴν ἔδεαι κραδίην, μεμνημένος οὔτέ τι σίτου
οὔτ' εὐνῆς; ἀγαθὸν δὲ γυναικί περ ἐν φιλότητι   130
μίσγεσθ'· οὐ γάρ μοι δηρὸν βέῃ, ἀλλά τοι ἤδη
ἄγχι παρέστηκεν θάνατος καὶ μοῖρα κραταιή.
Ἀλλ' ἐμέθεν ξύνες ὦκα, Διὸς δέ τοι ἄγγελός εἰμι·
σκύζεσθαί σοί φησι θεούς, ἑὲ δ' ἔξοχα πάντων
ἀθανάτων κεχολῶσθαι, ὅτι φρεσὶ μαινομένῃσιν   135
Ἕκτορ' ἔχεις παρὰ νηυσὶ κορωνίσιν οὐδ' ἀπέλυσας·
ἀλλ' ἄγε δὴ λῦσον, νεκροῖο δὲ δέξαι ἄποινα. »
     Τὴν δ' ἀπαμειβόμενος προσέφη πόδας ὠκὺς Ἀχιλλεύς·
« Τῇδ' εἴη· ὃς ἄποινα φέροι καὶ νεκρὸν ἄγοιτο,
εἰ δὴ πρόφρονι θυμῷ Ὀλύμπιος αὐτὸς ἀνώγει. »   140
     Ὣς οἵ γ' ἐν νηῶν ἀγύρει μήτηρ τε καὶ υἱὸς
πολλὰ πρὸς ἀλλήλους ἔπεα πτερόεντ' ἀγόρευον.
Ἶριν δ' ὤτρυνε Κρονίδης εἰς Ἴλιον ἱρήν·
« Βάσκ' ἴθι, Ἶρι ταχεῖα, λιποῦσ' ἕδος Οὐλύμποιο
ἄγγειλον Πριάμῳ μεγαλήτορι Ἴλιον εἴσω   145
λύσασθαι φίλον υἱὸν ἰόντ' ἐπὶ νῆας Ἀχαιῶν,
δῶρα δ' Ἀχιλλῆϊ φερέμεν, τά κε θυμὸν ἰήνῃ,
οἶον, μηδέ τις ἄλλος ἅμα Τρώων ἴτω ἀνήρ·
κῆρύξ τίς οἱ ἕποιτο γεραίτερος, ὅς κ' ἰθύνοι
ἡμιόνους καὶ ἄμαξαν ἐΰτροχον, ἠδὲ καὶ αὖτις   150
νεκρὸν ἄγοι προτὶ ἄστυ, τὸν ἔκτανε δῖος Ἀχιλλεύς.
Μηδέ τί οἱ θάνατος μελέτω φρεσὶ μηδέ τι τάρβος·
τοῖον γάρ οἱ πομπὸν ὀπάσσομεν Ἀργειφόντην,
ὃς ἄξει εἵως κεν ἄγων Ἀχιλῆϊ πελάσσῃ.

amis vivement s'emploient à préparer le repas du matin.
Par eux, un grand mouton laineux est immolé dans la
baraque. Sa digne mère s'assied tout près de lui, le flatte
de la main, et lui parle, en l'appelant de tous ses noms :

« Mon fils, jusques à quand rongeras-tu ton cœur à
gémir, à te lamenter, sans plus songer à la table et au lit ?
Il est bon de s'unir d'amour à une femme. Je ne dois plus
te voir vivre longtemps : déjà, à tes côtés, voici la mort
et l'impérieux destin. Tâche à me comprendre prompte-
ment : je suis, sache-le bien, messagère de Zeus. Il dit
que les dieux s'indignent et que lui-même est révolté
entre tous les Immortels de te voir ainsi, d'un cœur
furieux, retenir Hector près des nefs recourbées et te
refuser à le rendre. Va, rends-le, et agrée la rançon de
son corps. »

Achille aux pieds rapides en réponse lui dit :

« Ainsi en soit-il donc ! Que l'on m'apporte la rançon et que l'on emmène le mort, si c'est l'Olympien qui
l'ordonne lui-même d'un cœur tout à fait franc. »

Ainsi au milieu des nefs assemblées, mère et fils, à
loisir, échangent des mots ailés. Cependant le fils de
Cronos dépêche Iris vers la sainte Ilion :

« Pars, Iris rapide, quitte le séjour de l'Olympe, et à
Priam magnanime va porter ce message dans les murs
d'Ilion : qu'il rachète son fils, en allant en personne aux
nefs des Achéens, et qu'il porte à Achille des présents
qui charment son cœur. Que toutefois aucun Troyen ne
l'accompagne : seul, un vieux héraut le suivra, pour diriger ses mules, son chariot aux bonnes roues, puis pour
ramener vers la ville le corps de celui qu'a tué le divin
Achille. Et que son âme ne songe ni à la mort ni à la
peur : nous lui donnerons un guide puissant, le Tueur
d'Argos, pour le conduire et le mener jusqu'à Achille[10].

10. Hermès, souvent invoqué comme guide par les poètes
(Hermès *Pompaîos*).

Αὐτὰρ ἐπὴν ἀγάγησιν ἔσω κλισίην Ἀχιλῆος,   155
οὔτ᾽ αὐτὸς κτενέει ἀπό τ᾽ ἄλλους πάντας ἐρύξει·
οὔτε γάρ ἐστ᾽ ἄφρων οὔτ᾽ ἄσκοπος οὔτ᾽ ἀλιτήμων,
ἀλλὰ μάλ᾽ ἐνδυκέως ἱκέτεω πεφιδήσεται ἀνδρός. »

Ὣς ἔφατ᾽, ὦρτο δὲ Ἶρις ἀελλόπος ἀγγελέουσα·
ἷξεν δ᾽ ἐς Πριάμοιο, κίχεν δ᾽ ἐνοπήν τε γόον τε·   160
παῖδες μὲν πατέρ᾽ ἀμφὶ καθήμενοι ἔνδοθεν αὐλῆς
δάκρυσιν εἵματ᾽ ἔφυρον, ὁ δ᾽ ἐν μέσσοισι γεραιὸς
ἐντυπὰς ἐν χλαίνῃ κεκαλυμμένος· ἀμφὶ δὲ πολλὴ
κόπρος ἔην κεφαλῇ τε καὶ αὐχένι τοῖο γέροντος,
τήν ῥα κυλινδόμενος καταμήσατο χερσὶν ἑῇσι·   165
θυγατέρες δ᾽ ἀνὰ δώματ᾽ ἰδὲ νυοὶ ὠδύροντο,
τῶν μιμνησκόμεναι οἳ δὴ πολέες τε καὶ ἐσθλοὶ
χερσὶν ὑπ᾽ Ἀργείων κέατο ψυχὰς ὀλέσαντες.
Στῆ δὲ παρὰ Πρίαμον Διὸς ἄγγελος, ἠδὲ προσηύδα
τυτθὸν φθεγξαμένη· τὸν δὲ τρόμος ἔλλαβε γυῖα·   170

« Θάρσει, Δαρδανίδη Πρίαμε, φρεσί, μηδέ τι τάρβει·
οὐ μὲν γάρ τοι ἐγὼ κακὸν ὀσσομένη τόδ᾽ ἱκάνω,
ἀλλ᾽ ἀγαθὰ φρονέουσα· Διὸς δέ τοι ἄγγελός εἰμι,
ὅς σευ ἄνευθεν ἐὼν μέγα κήδεται ἠδ᾽ ἐλεαίρει.
Λύσασθαί σ᾽ ἐκέλευσεν Ὀλύμπιος Ἕκτορα δῖον,   175
δῶρα δ᾽ Ἀχιλλῆι φερέμεν, τά κε θυμὸν ἰήνῃ,
οἶον, μηδέ τις ἄλλος ἅμα Τρώων ἴτω ἀνήρ·
κῆρυξ τίς τοι ἔποιτο γεραίτερος, ὅς κ᾽ ἰθύνοι
ἡμιόνους καὶ ἄμαξαν ἐύτροχον, ἠδὲ καὶ αὖτις
νεκρὸν ἄγοι προτὶ ἄστυ, τὸν ἔκτανε δῖος Ἀχιλλεύς.   180
Μηδέ τί τοι θάνατος μελέτω φρεσὶ μηδέ τι τάρβος·
τοῖος γάρ τοι πομπὸς ἅμ᾽ ἕψεται Ἀργειφόντης,
ὅς σ᾽ ἄξει εἵως κεν ἄγων Ἀχιλῆι πελάσσῃ.

Αὐτὰρ ἐπὴν ἀγάγησιν ἔσω κλισίην Ἀχιλῆος,
οὔτ᾽ αὐτὸς κτενέει ἀπό τ᾽ ἄλλους πάντας ἐρύξει·   185

Et lorsqu'il l'aura fait entrer dans la baraque d'Achille, non seulement Achille ne le tuera pas, mais il empêchera tout autre de le faire : il n'est ni fou, ni aveugle, ni criminel[11] ; bien au contraire il tiendra fermement à épargner le suppliant. »

Il dit, et Iris aux pieds de rafale part pour porter le message. Elle arrive chez Priam et n'y trouve que plaintes et sanglots. Assis autour du père, les fils, dans la cour, trempent de pleurs leurs vêtements, tandis qu'au milieu d'eux le vieillard est strictement enseveli dans son manteau. Sur sa vieille tête et son cou se voit la boue épaisse qu'en se roulant à terre lui-même y a amassée de ses mains. Ses filles et ses brus se lamentent par le palais : elles se rappellent les innombrables preux qui à cette heure gisent privés de vie par les coups des Argiens. La messagère de Zeus s'arrête donc près de Priam et, à mi-voix, lui dit, tandis qu'un frisson saisit tous ses membres :

« Que ton cœur ne craigne rien, Priam, fils de Dardanos, qu'il ne s'effraye pas ! Je ne viens pas ici pour te révéler un malheur ; je ne te veux que du bien. Je suis – sache-le – messagère de Zeus, Zeus qui pour toi, de loin, s'inquiète et s'apitoie. L'Olympien t'enjoint d'aller racheter le divin Hector et de porter à Achille des présents qui charment son cœur. Que toutefois aucun Troyen ne t'accompagne : seul, un vieux héraut te suivra, pour diriger tes mules, ton chariot aux bonnes roues, et pour ramener vers la ville le corps de celui qu'a tué le divin Achille. Et que ton âme ne songe ni à la mort ni à la peur : le guide est puissant, qui suivra tes pas ; c'est le Tueur d'Argos, qui te doit conduire et mener jusqu'à Achille. Et lorsqu'il t'aura fait entrer dans la baraque d'Achille, non seulement Achille ne te tuera pas, mais il

---

11. Noter la force de cette triple négation (157), comme si Zeus cherchait à réhabiliter le Péléide après l'attaque d'Apollon contre l'« exécrable Achille » (seule occurrence de *oloôi Akhilêï*, 39).

οὔτε γάρ ἐστ' ἄφρων οὔτ' ἄσκοπος οὔτ' ἀλιτήμων,
ἀλλὰ μάλ' ἐνδυκέως ἱκέτεω πεφιδήσεται ἀνδρός. »

Ἡ μὲν ἄρ' ὣς εἰποῦσ' ἀπέβη πόδας ὠκέα Ἶρις,
αὐτὰρ ὅ γ' υἷας ἄμαξαν ἐύτροχον ἡμιονείην
ὁπλίσαι ἠνώγει, πείρινθα δὲ δῆσαι ἐπ' αὐτῆς·   190
αὐτὸς δ' ἐς θάλαμον κατεβήσετο κηώεντα
κέδρινον ὑψόροφον, ὃς γλήνεα πολλὰ κεχόνδει·
ἐς δ' ἄλοχον Ἑκάβην ἐκαλέσσατο φώνησέν τε·

« Δαιμονίη, Διόθεν μοι Ὀλύμπιος ἄγγελος ἦλθε
λύσασθαι φίλον υἱὸν ἰόντ' ἐπὶ νῆας Ἀχαιῶν,   195
δῶρα δ' Ἀχιλλῆι φερέμεν, τά κε θυμὸν ἰήνῃ.
Ἀλλ' ἄγε μοι τόδε εἰπέ, τί τοι φρεσὶν εἴδεται εἶναι;
αἰνῶς γάρ μ' αὐτόν γε μένος καὶ θυμὸς ἀνώγει
κεῖσ' ἰέναι ἐπὶ νῆας ἔσω στρατὸν εὐρὺν Ἀχαιῶν. »

Ὣς φάτο, κώκυσεν δὲ γυνὴ καὶ ἀμείβετο μύθῳ·   200
« Ὤ μοι, πῆ δή τοι φρένες οἴχονθ', ᾗς τὸ πάρος περ
ἔκλε' ἐπ' ἀνθρώπους ξείνους ἠδ' οἷσιν ἀνάσσεις;
πῶς ἐθέλεις ἐπὶ νῆας Ἀχαιῶν ἐλθέμεν οἶος,
ἀνδρὸς ἐς ὀφθαλμοὺς ὅς τοι πολέας τε καὶ ἐσθλοὺς
υἱέας ἐξενάριξε· σιδήρειόν νύ τοι ἦτορ·   205
εἰ γάρ σ' αἱρήσει καὶ ἐσόψεται ὀφθαλμοῖσιν,
ὠμηστὴς καὶ ἄπιστος ἀνὴρ ὅ γε, οὔ σ' ἐλεήσει,
οὐδέ τί σ' αἰδέσεται· νῦν δὲ κλαίωμεν ἄνευθεν
ἥμενοι ἐν μεγάρῳ· τῷ δ' ὥς ποθι Μοῖρα κραταιὴ
γεινομένῳ ἐπένησε λίνῳ, ὅτε μιν τέκον αὐτή,   210
ἀργίποδας κύνας ἆσαι ἑῶν ἀπάνευθε τοκήων,
ἀνδρὶ παρὰ κρατερῷ, τοῦ ἐγὼ μέσον ἧπαρ ἔχοιμι
ἐσθέμεναι προσφῦσα· τότ' ἄντιτα ἔργα γένοιτο

empêchera tout autre de le faire : il n'est ni fou, ni aveugle, ni criminel ; bien au contraire, il tiendra fermement à épargner le suppliant. »

Ainsi dit – puis s'en va – Iris aux pieds rapides. Cependant Priam ordonne à ses fils de lui préparer un chariot à mules muni de bonnes roues et d'y attacher la corbeille. Il descend lui-même dans la chambre odorante aux hauts lambris de cèdre, qui enferme tant d'objets précieux. Là, il appelle son épouse, Hécube, et lui dit :

« Malheureuse, un messager de l'Olympe est venu à moi de la part de Zeus : je dois racheter mon fils, en allant en personne aux nefs des Achéens, et porter à Achille des présents qui charment son cœur. Allons ! à ton tour, dis-moi ce qu'il en semble à ton âme. Déjà mon désir et mon cœur me pressent terriblement d'aller là-bas, vers les nefs, au milieu du vaste camp des Achéens. »

Il dit, et sa femme éclate en sanglots et répond :

« Hélas ! mais où s'est donc envolée ta raison, cette raison à qui tu devais ton renom chez les étrangers comme chez tes sujets ? Est-il possible que tu veuilles aller, tout seul, aux nefs des Achéens, pour affronter un homme qui t'a tué tant de si vaillants fils ? Vraiment, ton cœur est de fer[12]. S'il se saisit de toi, s'il t'a là sous ses yeux, le cruel, le félon ! il n'aura pour toi ni pitié ni respect. Non, pleurons plutôt loin de tous, assis dans notre palais. Pour lui, tel est le sort que l'impérieux destin lui a filé à sa naissance, le jour où je l'enfantai : rassasier les chiens rapides, loin de ses parents, au logis d'un héros brutal, dont je voudrais, moi, dévorer le foie, en y mordant à belles dents[13]. Ainsi serait vengé ce fils qu'il m'a

12. En XXII, 357, c'est Achille qui avait un « cœur de fer ».
13. Autre écho à la fureur d'Achille : Hécube dit de lui qu'il est *ômêstês*, « carnassier », « mangeur de chair crue » (207). Dans sa douleur de mère, elle peut, elle aussi, envisager de le dévorer (212-213).

παιδὸς ἐμοῦ, ἐπεὶ οὔ ἑ κακιζόμενόν γε κατέκτα,
ἀλλὰ πρὸ Τρώων καὶ Τρωιάδων βαθυκόλπων   215
ἑσταότ᾽, οὔτε φόβου μεμνημένον οὔτ᾽ ἀλεωρῆς. »

    Τὴν δ᾽ αὖτε προσέειπε γέρων Πρίαμος θεοειδής·

« Μή μ᾽ ἐθέλοντ᾽ ἰέναι κατερύκανε, μηδέ μοι αὐτὴ
ὄρνις ἐνὶ μεγάροισι κακὸς πέλευ· οὐδέ με πείσεις·
εἰ μὲν γάρ τίς μ᾽ ἄλλος ἐπιχθονίων ἐκέλευεν,   220
ἢ οἳ μάντιές εἰσι θυοσκόοι ἢ ἱερῆες,
ψεῦδός κεν φαῖμεν καὶ νοσφιζοίμεθα μᾶλλον·
νῦν δ᾽ αὐτὸς γὰρ ἄκουσα θεοῦ καὶ ἐσέδρακον ἄντην,
εἶμι· καὶ οὐχ ἅλιον ἔπος ἔσσεται· εἰ δέ μοι αἶσα
τεθνάμεναι παρὰ νηυσὶν Ἀχαιῶν χαλκοχιτώνων,   225
βούλομαι· αὐτίκα γάρ με κατακτείνειεν Ἀχιλλεὺς
ἀγκὰς ἑλόντ᾽ ἐμὸν υἱόν, ἐπὴν γόου ἐξ ἔρον εἵην. »

    Ἦ, καὶ φωριαμῶν ἐπιθήματα κάλ᾽ ἀνέῳγεν·
ἔνθεν δώδεκα μὲν περικαλλέας ἔξελε πέπλους,
δώδεκα δ᾽ ἁπλοΐδας χλαίνας, τόσσους δὲ τάπητας,   230
τόσσα δὲ φάρεα λευκά, τόσους δ᾽ ἐπὶ τοῖσι χιτῶνας.
Χρυσοῦ δὲ στήσας ἔφερεν δέκα πάντα τάλαντα,
ἐκ δὲ δύ᾽ αἴθωνας τρίποδας, πίσυρας δὲ λέβητας,
ἐκ δὲ δέπας περικαλλές, ὅ οἱ Θρῆκες πόρον ἄνδρες
ἐξεσίην ἐλθόντι, μέγα κτέρας· οὐδέ νυ τοῦ περ   235
φείσατ᾽ ἐνὶ μεγάροις ὁ γέρων, περὶ δ᾽ ἤθελε θυμῷ
λύσασθαι φίλον υἱόν. Ὁ δὲ Τρῶας μὲν ἅπαντας
αἰθούσης ἀπέεργεν ἔπεσσ᾽ αἰσχροῖσιν ἐνίσσων·

    « Ἔρρετε, λωβητῆρες ἐλεγχέες· οὔ νυ καὶ ὑμῖν
οἴκοι ἔνεστι γόος, ὅτι μ᾽ ἤλθετε κηδήσοντες ;   240
ἦ ὀνόσασθ᾽ ὅτι μοι Κρονίδης Ζεὺς ἄλγε᾽ ἔδωκε,
παῖδ᾽ ὀλέσαι τὸν ἄριστον ; ἀτὰρ γνώσεσθε καὶ ὔμμες·

tué, alors que, loin de se montrer un lâche, il se dressait
pour la défense des Troyens et Troyennes à ceinture profonde, sans songer à fuir ni à s'abriter. »

Le vieux Priam pareil aux dieux à son tour lui dit :

« Je veux partir : ne me retiens pas ; ne joue pas l'oiseau de malheur, je t'en prie, en ce palais. Aussi bien ne
t'écouterai-je pas. Si l'avis me venait d'un autre mortel,
d'un devin instruit par les sacrifices ou d'un prêtre, nous
n'y verrions qu'un piège, nous n'en aurions que plus de
méfiance. Mais, en fait, j'ai entendu une déesse, je l'ai
vue devant moi : j'irai, il ne faut pas qu'elle ait parlé
pour rien. Si mon destin est de périr près des nefs des
Achéens à la cotte de bronze, je l'accepte. Oui,
qu'Achille me tue, dès que j'aurai pris mon fils dans
mes bras et apaisé mon désir de sanglots ! »

Il dit, et il lève le beau couvercle de ses coffres. Il en
retire douze robes splendides, douze manteaux simples,
autant de couvertures, autant de pièces de lin blanc,
autant de tuniques enfin. Il pèse et emporte un total de
dix talents d'or, deux trépieds luisants, quatre bassins,
enfin une coupe splendide, qui lui a été donnée par les
Thraces, lorsqu'il était allé chez eux en mission. C'est
un objet de prix. Le vieillard ne l'épargne pas pour cela,
il en dépouille son palais : de toute son âme il veut
racheter son fils. Et le voilà qui, de son porche, écarte
tous les Troyens. Il les pourchasse avec des mots injurieux :

« Allez à la male heure, infâmes ! opprobres du
pays ! N'avez-vous donc pas de quoi gémir chez vous,
que vous veniez ici me tourmenter ? N'est-ce donc pas
assez pour vous que Zeus, fils de Cronos, m'ait octroyé
la douleur de perdre mon plus vaillant fils ? Eh bien !
vous en ferez l'expérience vous-mêmes : vous serez

ῥηΐτεροι γὰρ μᾶλλον Ἀχαιοῖσιν δὴ ἔσεσθε
κείνου τεθνηῶτος ἐναιρέμεν· αὐτὰρ ἔγωγε
πρὶν ἀλαπαζομένην τε πόλιν κεραϊζομένην τε   245
ὀφθαλμοῖσιν ἰδεῖν, βαίην δόμον Ἄιδος εἴσω. »
    "Η, καὶ σκηπανίῳ δίεπ' ἀνέρας· οἱ δ' ἴσαν ἔξω
σπερχομένοιο γέροντος· ὁ δ' υἱάσιν οἷσιν ὁμόκλα,
νεικείων Ἑλενόν τε Πάριν τ' Ἀγάθωνά τε δῖον
Πάμμονά τ' Ἀντίφονόν τε βοὴν ἀγαθόν τε Πολίτην   250
Δηΐφοβόν τε καὶ Ἱππόθοον καὶ Δῖον ἀγαυόν·
ἐννέα τοῖς ὁ γεραιὸς ὁμοκλήσας ἐκέλευε·
    « Σπεύσατέ μοι, κακὰ τέκνα, κατηφόνες· αἴθ' ἅμα πάντες
Ἕκτορος ὠφέλετ' ἀντὶ θοῆς ἐπὶ νηυσὶ πεφάσθαι.
Ὤ μοι ἐγὼ πανάποτμος, ἐπεὶ τέκον υἷας ἀρίστους   255
Τροίῃ ἐν εὐρείῃ, τῶν δ' οὔ τινά φημι λελεῖφθαι,
Μήστορά τ' ἀντίθεον καὶ Τρωΐλον ἱππιοχάρμην
Ἕκτορά θ', ὃς θεὸς ἔσκε μετ' ἀνδράσιν, οὐδὲ ἐῴκει
ἀνδρός γε θνητοῦ πάϊς ἔμμεναι, ἀλλὰ θεοῖο.
Τοὺς μὲν ἀπώλεσ' Ἄρης, τὰ δ' ἐλέγχεα πάντα λέλειπται,
ψεῦσταί τ' ὀρχησταί τε, χοροιτυπίῃσιν ἄριστοι,   261
ἀρνῶν ἠδ' ἐρίφων ἐπιδήμιοι ἁρπακτῆρες.
Οὐκ ἂν δή μοι ἄμαξαν ἐφοπλίσσαιτε τάχιστα,
ταῦτά τε πάντ' ἐπιθεῖτε, ἵνα πρήσσωμεν ὁδοῖο ; »
    Ὣς ἔφαθ', οἱ δ' ἄρα πατρὸς ὑποδδείσαντες ὁμοκλὴν   265
ἐκ μὲν ἄμαξαν ἄειραν ἐΰτροχον ἡμιονείην
καλὴν πρωτοπαγέα, πείρινθα δὲ δῆσαν ἐπ' αὐτῆς,
κὰδ δ' ἀπὸ πασσαλόφι ζυγὸν ᾕρεον ἡμιόνειον
πύξινον ὀμφαλόεν, εὖ οἰήκεσσιν ἀρηρός·
ἐκ δ' ἔφερον ζυγόδεσμον ἅμα ζυγῷ ἐννεάπηχυ.   270
Καὶ τὸ μὲν εὖ κατέθηκαν ἐϋξέστῳ ἐπὶ ῥυμῷ,
πέζῃ ἐπὶ πρώτῃ, ἐπὶ δὲ κρίκον ἕστορι βάλλον,

pour les Achéens bien plus aisés à massacrer, maintenant qu'il est mort. Ah ! puissé-je, moi, avant que mes yeux voient ma cité saccagée, détruite, être descendu chez Hadès. »

Il dit, et il pourchasse les gens de son bâton. Ils abandonnent la place devant l'impatience du vieux. Il semonce alors ses fils ; il querelle Hélénos, Pâris, le divin Agathon, – et Pammon, Antiphone, Politès au puissant cri de guerre, – Déiphobe, Hippothoos, le noble Dios. Tous les neuf, le vieux semonce, et, en même temps, il commande :

« Dépêchez, méchants enfants, fronts honteux ! Pourquoi donc, près des fines nefs, n'avez-vous pas été tués, tous, à la place d'Hector ? Las ! mon malheur, à moi, est complet. J'ai donné le jour à des fils qui étaient des braves, dans la vaste Troie ; et je songe que d'eux aucun ne m'est resté. C'était Mestor, pareil à un dieu, Troïle au bon char de guerre, Hector, un dieu au milieu des humains ; on n'eût pas dit le fils d'un homme, mais bien plutôt celui d'un dieu. Ceux-là, Arès me les a pris. Seuls, me restent ceux qui, pour moi, sont des opprobres, des menteurs, des danseurs. Ils n'excellent qu'à frapper le sol en cadence, ou encore à ravir des agneaux, des chevreaux dans leur propre pays... Allons ! qu'attendez-vous pour me préparer mon char au plus vite, et y placer ce qui convient, pour que nous nous mettions en route ? »

Il dit, et eux, sont pris de peur à la voix grondeuse du père. Ils prennent alors un chariot à mules, muni de bonnes roues, beau et frais chevillé ; ils y attachent une corbeille. Ils descendent du clou le joug à mules, en buis, avec sa bosse au centre, bien garni d'anneaux. Avec le joug, ils amènent la courroie à joug, longue de neuf coudées. Ils posent le joug sur le bout d'avant du timon poli et mettent en même temps la boucle à la che-

τρὶς δ' ἑκάτερθεν ἔδησαν ἐπ' ὀμφαλόν, αὐτὰρ ἔπειτα
ἑξείης κατέδησαν, ὑπὸ γλωχῖνα δ' ἔκαμψαν.
Ἐκ θαλάμου δὲ φέροντες ἐυξέστης ἐπ' ἀπήνης   275
νήεον Ἑκτορέης κεφαλῆς ἀπερείσι' ἄποινα,
ζεῦξαν δ' ἡμιόνους κρατερώνυχας ἐντεσιεργούς,
τούς ῥά ποτε Πριάμῳ Μυσοὶ δόσαν ἀγλαὰ δῶρα.
Ἵππους δὲ Πριάμῳ ὕπαγον ζυγόν, οὓς ὁ γεραιὸς
αὐτὸς ἔχων ἀτίταλλεν ἐυξέστῃ ἐπὶ φάτνῃ.   280

Τὼ μὲν ζευγνύσθην ἐν δώμασιν ὑψηλοῖσι
κῆρυξ καὶ Πρίαμος, πυκινὰ φρεσὶ μήδε' ἔχοντες·
ἀγχίμολον δέ σφ' ἦλθ' Ἑκάβη τετιηότι θυμῷ,
οἶνον ἔχουσ' ἐν χειρὶ μελίφρονα δεξιτερῆφι,
χρυσέῳ ἐν δέπαϊ, ὄφρα λείψαντε κιοίτην·   285
στῆ δ' ἵππων προπάροιθεν ἔπος τ' ἔφατ' ἔκ τ' ὀνόμαζε·

« Τῆ, σπεῖσον Διὶ πατρί, καὶ εὔχεο οἴκαδ' ἱκέσθαι
ἂψ ἐκ δυσμενέων ἀνδρῶν, ἐπεὶ ἄρ σέ γε θυμὸς
ὀτρύνει ἐπὶ νῆας, ἐμεῖο μὲν οὐκ ἐθελούσης.
Ἀλλ' εὔχεο σύ γ' ἔπειτα κελαινεφέϊ Κρονίωνι   290
Ἰδαίῳ, ὅς τε Τροίην κατὰ πᾶσαν ὁρᾶται,
αἴτει δ' οἰωνόν, ταχὺν ἄγγελον, ὅς τέ οἱ αὐτῷ
φίλτατος οἰωνῶν, καί εὖ κράτος ἐστὶ μέγιστον,
δεξιόν, ὄφρά μιν αὐτὸς ἐν ὀφθαλμοῖσι νοήσας
τῷ πίσυνος ἐπὶ νῆας ἴῃς Δαναῶν ταχυπώλων.   295
Εἰ δέ τοι οὐ δώσει ἑὸν ἄγγελον εὐρύοπα Ζεύς,
οὐκ ἄν ἔγωγέ σ' ἔπειτα ἐποτρύνουσα κελοίμην
νῆας ἐπ' Ἀργείων ἰέναι μάλα περ μεμαῶτα. »

Τὴν δ' ἀπαμειβόμενος προσέφη Πρίαμος θεοειδής·

ville[14]. Ils attachent ensuite joug et timon ensemble, en passant trois fois la courroie des deux côtés de la bosse ; puis ils achèvent le nœud et rentrent le bout en dessous. Après quoi, ils apportent de la chambre, pour l'entasser sur le chariot poli, l'immense rançon qui paiera la tête d'Hector. Ils attellent enfin au joug les mules aux sabots massifs qui peinent à tirer. Ce sont des Mysiens qui les ont jadis données à Priam – un splendide présent ! – Ils amènent alors sous le joug, pour Priam, les chevaux que le vieillard a lui-même nourris à la crèche polie.

Tous deux sont en train d'atteler dans le haut palais, Priam et le héraut, qui n'ont au cœur que de sages pensers, lorsque s'approche d'eux Hécube, l'âme morne. Dans une coupe d'or, sa droite porte le doux vin ; elle veut qu'ils ne partent qu'après libations faites. Debout, devant le char, elle dit à Priam, en l'appelant de tous ses noms :

« Tiens, fais libation à Zeus Père ; demande-lui de revenir de l'ennemi chez toi, puisque ton cœur te pousse vers les nefs, en dépit de moi. Prie donc le Cronide à la nuée noire, qui de l'Ida voit toute la Troade : demande-lui en présage son rapide messager, l'oiseau qui lui est le plus cher et qui a la force suprême : qu'il se montre à notre droite, afin qu'après l'avoir vu de tes yeux, tu gagnes sans crainte les nefs des Danaens aux prompts coursiers. Si Zeus à la grande voix te refuse son messager, ce n'est certes pas moi qui t'engagerai et te pousserai à aller aux nefs achéennes, quelque désir que tu en aies. »

Priam pareil aux dieux, en réponse, lui dit :

14. « La *boucle* est un anneau fixé à l'arrière du joug. On passe cet anneau à une *cheville* en bois qui est fixée, elle, au timon. De la sorte le joug ne peut se déplacer ni en avant ni en arrière. D'autre part, pour tenir le timon bien appliqué contre la partie inférieure du joug, on serre autour des deux pièces une courroie, qui fait plusieurs fois le tour de la *bosse (omphalos)* ou renflement central du joug », P. Mazon, note aux vers 270-274, *Iliade*, t. IV, p. 148-149.

« Ὦ γύναι, οὐ μέν τοι τόδ᾽ ἐφιεμένη ἀπιθήσω·   300
ἐσθλὸν γὰρ Διὶ χεῖρας ἀνασχέμεν, αἴ κ᾽ ἐλεήσῃ. »

Ἦ ῥα, καὶ ἀμφίπολον ταμίην ὤτρυν᾽ ὁ γεραιὸς
χερσὶν ὕδωρ ἐπιχεῦαι ἀκήρατον· ἡ δὲ παρέστη
χέρνιβον ἀμφίπολος πρόχοόν θ᾽ ἅμα χερσὶν ἔχουσα·
νιψάμενος δὲ κύπελλον ἐδέξατο ἧς ἀλόχοιο·   305
εὔχετ᾽ ἔπειτα στὰς μέσῳ ἕρκεϊ, λεῖβε δὲ οἶνον
οὐρανὸν εἰσανιδών, καὶ φωνήσας ἔπος ηὔδα·

« Ζεῦ πάτερ, Ἴδηθεν μεδέων, κύδιστε μέγιστε,
δός μ᾽ ἐς Ἀχιλλῆος φίλον ἐλθεῖν ἠδ᾽ ἐλεεινόν,
πέμψον δ᾽ οἰωνόν, ταχὺν ἄγγελον, ὅς τε σοὶ αὐτῷ   310
φίλτατος οἰωνῶν, καί εὖ κράτος ἐστὶ μέγιστον,
δεξιόν, ὄφρά μιν αὐτὸς ἐν ὀφθαλμοῖσι νοήσας
τῷ πίσυνος ἐπὶ νῆας ἴω Δαναῶν ταχυπώλων. »

Ὣς ἔφατ᾽ εὐχόμενος, τοῦ δ᾽ ἔκλυε μητίετα Ζεύς·
αὐτίκα δ᾽ αἰετὸν ἧκε, τελειότατον πετεηνῶν,   315
μόρφνον θηρητῆρ᾽, ὃν καὶ περκνὸν καλέουσιν·
ὅσση δ᾽ ὑψορόφοιο θύρη θαλάμοιο τέτυκται
ἀνέρος ἀφνειοῖο, ἐῢ κληῗσ᾽ ἀραρυῖα,
τόσσ᾽ ἄρα τοῦ ἑκάτερθεν ἔσαν πτερά· εἴσατο δέ σφι
δεξιὸς ἀΐξας διὰ ἄστεος· οἱ δὲ ἰδόντες   320
γήθησαν, καὶ πᾶσιν ἐνὶ φρεσὶ θυμὸς ἰάνθη.

Σπερχόμενος δ᾽ ὁ γεραιὸς ἑοῦ ἐπεβήσετο δίφρου,
ἐκ δ᾽ ἔλασε προθύροιο καὶ αἰθούσης ἐριδούπου.
Πρόσθε μὲν ἡμίονοι ἕλκον τετράκυκλον ἀπήνην,
τὰς Ἰδαῖος ἔλαυνε δαΐφρων· αὐτὰρ ὄπισθεν   325
ἵπποι, τοὺς ὁ γέρων ἐφέπων μάστιγι κέλευε
καρπαλίμως κατὰ ἄστυ· φίλοι δ᾽ ἅμα πάντες ἕποντο
πόλλ᾽ ὀλοφυρόμενοι ὡς εἰ θάνατον δὲ κιόντα.
Οἱ δ᾽ ἐπεὶ οὖν πόλιος κατέβαν, πεδίον δ᾽ ἀφίκοντο,
οἱ μὲν ἄρ᾽ ἄψορροι ποτὶ Ἴλιον ἀπονέοντο,   330

« Femme, si telle est ton envie, je n'ai garde de te dire non. Certes il est bon de tendre les mains vers Zeus, et de voir s'il veut bien nous prendre en pitié. »

Ainsi dit le vieillard, et il presse l'esclave intendante de lui verser l'eau pure sur les mains. L'esclave s'approche, ayant dans les mains le bassin et l'aiguière. Dès qu'il s'est lavé, il reçoit la coupe des mains de sa femme. Alors, debout, au milieu de l'enclos, il prie et répand le vin, les yeux levés au ciel ; après quoi, prenant la parole, il dit :

« Zeus Père, maître de l'Ida, très glorieux, très grand ! accorde-moi, chez Achille, où je vais, de trouver tendresse et pitié. Envoie-moi ton oiseau, rapide messager, l'oiseau qui t'est cher entre tous et qui a la force suprême : qu'il se montre à notre droite, afin qu'après l'avoir vu de mes yeux, je gagne sans crainte les nefs des Danaens aux prompts coursiers ! »

Il dit ; le prudent Zeus entend sa prière : vite, il lance son aigle, le plus sûr des oiseaux, le chasseur sombre qu'on appelle le Noir. Aussi large est la porte munie de bons verrous qui s'ouvre sur la haute chambre d'un homme opulent, aussi large est son envergure. Il apparaît sur la droite, s'élançant au-dessus de la ville, et, à le voir, tous ont grande joie, et en eux le cœur se fond.

Le vieillard monte donc en hâte sur son char, puis il pousse à travers le vestibule et le porche sonore. Devant, tirant le chariot à quatre roues, sont les mules que mène le sage Idée. Derrière, vient l'attelage que le vieillard conduit et excite du fouet, afin qu'il traverse vivement la ville. Tous ses proches le suivent et pleurent sur lui sans fin, comme s'il marchait à la mort. Mais, lorsqu'ils sont descendus de la ville et arrivés dans la plaine, tous, fils et gendres, font demi-tour et s'en reviennent à Ilion.

παῖδες καὶ γαμβροί, τὼ δ᾽ οὐ λάθον εὐρύοπα Ζῆν
ἐς πεδίον προφανέντε· ἰδὼν δ᾽ ἐλέησε γέροντα,
αἶψα δ᾽ ἄρ᾽ Ἑρμείαν, υἱὸν φίλον, ἀντίον ηὔδα·

« Ἑρμεία, σοὶ γάρ τε μάλιστά γε φίλτατόν ἐστιν
ἀνδρὶ ἑταιρίσσαι, καί τ᾽ ἔκλυες ᾧ κ᾽ ἐθέλησθα,   335
βάσκ᾽ ἴθι, καὶ Πρίαμον κοίλας ἐπὶ νῆας Ἀχαιῶν
ὣς ἄγαγ᾽, ὡς μήτ᾽ ἄρ τις ἴδῃ μήτ᾽ ἄρ τε νοήσῃ
τῶν ἄλλων Δαναῶν, πρὶν Πηλείωνα δ᾽ ἱκέσθαι. »

Ὣς ἔφατ᾽, οὐδ᾽ ἀπίθησε διάκτορος Ἀργεϊφόντης·
αὐτίκ᾽ ἔπειθ᾽ ὑπὸ ποσσὶν ἐδήσατο καλὰ πέδιλα   340
ἀμβρόσια χρύσεια, τά μιν φέρον ἠμὲν ἐφ᾽ ὑγρὴν
ἠδ᾽ ἐπ᾽ ἀπείρονα γαῖαν ἅμα πνοιῇς ἀνέμοιο·
εἵλετο δὲ ῥάβδον, τῇ τ᾽ ἀνδρῶν ὄμματα θέλγει
ὧν ἐθέλει, τοὺς δ᾽ αὖτε καὶ ὑπνώοντας ἐγείρει·
τὴν μετὰ χερσὶν ἔχων πέτετο κρατὺς Ἀργεϊφόντης·   345
αἶψα δ᾽ ἄρα Τροίην τε καὶ Ἑλλήσποντον ἵκανε,
βῆ δ᾽ ἰέναι κούρῳ αἰσυητῆρι ἐοικώς,
πρῶτον ὑπηνήτῃ, τοῦ περ χαριεστάτη ἥβη.

Οἳ δ᾽ ἐπεὶ οὖν μέγα σῆμα παρ᾽ ἐξ Ἴλοιο ἔλασσαν,
στῆσαν ἄρ᾽ ἡμιόνους τε καὶ ἵππους, ὄφρα πίοιεν,   350
ἐν ποταμῷ· δὴ γὰρ καὶ ἐπὶ κνέφας ἤλυθε γαῖαν.
Τὸν δ᾽ ἐξ ἀγχιμόλοιο ἰδὼν ἐφράσσατο κῆρυξ
Ἑρμείαν, ποτὶ δὲ Πρίαμον φάτο φώνησέν τε·

« Φράζεο, Δαρδανίδη· φραδέος νόου ἔργα τέτυκται·
ἄνδρ᾽ ὁρόω, τάχα δ᾽ ἄμμε διαρραίσεσθαι ὀΐω·   355
ἀλλ᾽ ἄγε δὴ φεύγωμεν ἐφ᾽ ἵππων, ἤ μιν ἔπειτα
γούνων ἁψάμενοι λιτανεύσομεν, αἴ κ᾽ ἐλεήσῃ. »

Ὣς φάτο, σὺν δὲ γέροντι νόος χύτο, δείδιε δ᾽ αἰνῶς.
ὀρθαὶ δὲ τρίχες ἔσταν ἐπὶ γναμπτοῖσι μέλεσσι,
στῆ δὲ ταφών· αὐτὸς δ᾽ Ἐριούνιος ἐγγύθεν ἐλθών,   360
χεῖρα γέροντος ἑλὼν ἐξείρετο καὶ προσέειπε·

Seuls, les deux voyageurs se laissent voir dans la plaine ;
et ils n'échappent pas au regard de Zeus à la grande
voix. À la vue du vieillard, il est pris de pitié. Vite, il
tourne les yeux vers son fils Hermès et lui dit :

« Hermès, tu aimes entre tous servir de compagnon
à un mortel ; tu écoutes celui qui te plaît. Va donc, mène
Priam aux nefs creuses des Achéens, de façon que nul le
voie ni ne l'aperçoive de tous les autres Danaens, avant
qu'il parvienne au fils de Pélée. »

Il dit ; le Messager, Tueur d'Argos, n'a garde de dire
non. À ses pieds aussitôt il attache ses belles sandales,
divines, toutes d'or, qui le portent sur la mer et sur
la terre infinie avec les souffles du vent. Il saisit la
baguette au moyen de laquelle il charme à son gré les
yeux des mortels ou réveille ceux qui dorment. Sa
baguette en main, il prend son essor, le puissant Tueur
d'Argos, et vite arrive en Troade, à l'Hellespont. Il se
met alors en marche, sous l'aspect d'un jeune prince,
chez qui commence à percer la moustache, et dont l'âge
entre tous est charmant.

Pendant ce temps, les voyageurs ont dépassé le grand
tombeau d'Ilos[15]. Ils arrêtent au fleuve mules et chevaux, pour les faire boire. L'ombre déjà est tombée sur
la terre. À ce moment, le héraut tout près de lui voit et
distingue Hermès. Lors, prenant la parole, il dit à Priam :

« Attention, fils de Dardanos ! il s'agit ici de montrer
une âme prudente. Je vois là un homme ; bientôt, je
crois, il va nous mettre en pièces. Allons ! fuyons sur
notre char, ou bien allons embrasser ses genoux et sup-
plions-le, pour voir s'il voudra nous prendre en pitié. »

Il dit, et l'âme du vieillard est bouleversée ; il a terriblement peur. Son poil se dresse sur ses membres tordus ; il s'arrête, saisi d'effroi. Mais le dieu Bienfaisant,
de lui-même s'approche, prend la vieille main et,
s'adressant à lui, demande :

15. Tombeau situé près du Scamandre ; cf. X, 415 ; XI, 166 ; XX,
230-240.

« Πῆ, πάτερ, ὧδ' ἵππους τε καὶ ἡμιόνους ἰθύνεις
νύκτα δι' ἀμβροσίην, ὅτε θ' εὕδουσι βροτοὶ ἄλλοι ;
οὐδὲ σύ γ' ἔδδεισας μένεα πνείοντας Ἀχαιούς,
οἵ τοι δυσμενέες καὶ ἀνάρσιοι ἐγγὺς ἔασι ;   365
τῶν εἴ τίς σε ἴδοιτο θοὴν διὰ νύκτα μέλαιναν
τοσσάδ' ὀνείατ' ἄγοντα, τίς ἂν δή τοι νόος εἴη ;
οὔτ' αὐτὸς νέος ἐσσί, γέρων δέ τοι οὗτος ὀπηδεῖ,
ἄνδρ' ἀπαμύνασθαι, ὅτε τις πρότερος χαλεπήνῃ.
Ἀλλ' ἐγὼ οὐδέν σε ῥέξω κακά, καὶ δέ κεν ἄλλον   370
σεῦ ἀπαλεξήσαιμι· φίλῳ δέ σε πατρὶ ἐίσκω. »

Τὸν δ' ἠμείβετ' ἔπειτα γέρων Πρίαμος θεοειδής·
« Οὕτω πη τάδε γ' ἐστί, φίλον τέκος, ὡς ἀγορεύεις·
ἀλλ' ἔτι τις καὶ ἐμεῖο θεῶν ὑπερέσχεθε χεῖρα,
ὅς μοι τοιόνδ' ἧκεν ὁδοιπόρον ἀντιβολῆσαι,   375
αἴσιον, οἷος δὴ σὺ δέμας καὶ εἶδος ἀγητός,
πέπνυσαί τε νόῳ, μακάρων δ' ἔξ ἐσσι τοκήων. »

Τὸν δ' αὖτε προσέειπε διάκτορος Ἀργεϊφόντης·
« Ναὶ δὴ ταῦτά γε πάντα, γέρον, κατὰ μοῖραν ἔειπες·
ἀλλ' ἄγε μοι τόδε εἰπὲ καὶ ἀτρεκέως κατάλεξον,   380
ἠέ πη ἐκπέμπεις κειμήλια πολλὰ καὶ ἐσθλὰ
ἄνδρας ἐς ἀλλοδαπούς, ἵνα περ τάδε τοι σόα μίμνῃ,
ἦ ἤδη πάντες καταλείπετε Ἴλιον ἱρὴν
δειδιότες· τοῖος γὰρ ἀνὴρ ἄριστος ὄλωλε
σὸς πάις· οὐ μὲν γάρ τι μάχης ἐπιδεύετ' Ἀχαιῶν. »   385

Τὸν δ' ἠμείβετ' ἔπειτα γέρων Πρίαμος θεοειδής·
« Τίς δὲ σύ ἐσσι, φέριστε, τέων δ' ἔξ ἐσσι τοκήων ;
ὥς μοι καλὰ τὸν οἶτον ἀπότμου παιδὸς ἔνισπες. »

Τὸν δ' αὖτε προσέειπε διάκτορος Ἀργεϊφόντης·

« Où conduis-tu ainsi, père, tes chevaux et tes mules, à travers la nuit sainte, à l'heure où dorment tous les autres mortels ? N'as-tu pas peur non plus de ces Achéens qui respirent la fureur ? Ce sont tes ennemis, ennemis acharnés, et ils sont là, tout près. Si l'un d'eux t'aperçoit à travers la rapide nuit noire, porteur de tant de richesses, quel plan imagineras-tu ? Tu n'es pas jeune, et c'est un vieux qui t'accompagne : comment donc repousser l'homme qui t'aura pris à partie le premier ? Mais je ne veux pas, moi, te faire de mal : je te défendrais plutôt contre un autre. En toi je retrouve les traits de mon père. »

Le vieux Priam pareil aux dieux répond :

« Oui, il en est, mon fils, tout comme tu dis. Mais sans doute une fois encore un dieu étend son bras sur moi, puisqu'il met sur ma route un passant comme toi, de si bon augure, tel que je te vois, là, avec ta taille, ta beauté enviable, ton esprit avisé, et fils sans doute de parents fortunés. »

Le Messager, Tueur d'Argos, répond :

« Tout ce que tu dis là, vieillard, est fort bien dit. Allons ! réponds-moi donc, et parle sans détours : envoies-tu chez des étrangers un ample et précieux trésor, que tu voudrais garder intact ? ou bien quittez-vous, tous, dès cette heure, la sainte Ilion, parce que la terreur vous a pris ? C'est le plus vaillant des hommes qui est mort avec ton fils. Au combat, il n'était en rien inférieur aux Achéens. »

Le vieux Priam pareil aux dieux répond :

« Qui es-tu, noble enfant ? de quels parents sors-tu ? Comme tu parles de la façon qu'il faut du sort qu'a subi mon malheureux fils ! »

Le Messager, Tueur d'Argos, à son tour réplique :

« Πείρῳ ἐμεῖο, γεραιέ, καὶ εἴρεαι Ἕκτορα δῖον·   390
τὸν μὲν ἐγὼ μάλα πολλὰ μάχῃ ἔνι κυδιανείρῃ
ὀφθαλμοῖσιν ὄπωπα, καὶ εὖτ' ἐπὶ νηυσὶν ἐλάσσας
Ἀργείους κτείνεσκε, δαΐζων ὀξέι χαλκῷ·
ἡμεῖς δ' ἑσταότες θαυμάζομεν· οὐ γὰρ Ἀχιλλεὺς
εἴα μάρνασθαι, κεχολωμένος Ἀτρεΐωνι.   395
Τοῦ γὰρ ἐγὼ θεράπων, μία δ' ἤγαγε νηῦς εὐεργής·
Μυρμιδόνων δ' ἔξ εἰμι, πατὴρ δέ μοι ἐστι Πολύκτωρ·
ἀφνειὸς μὲν ὅ γ' ἐστί, γέρων δὲ δὴ ὡς σύ περ ὧδε,
ἓξ δέ οἱ υἷες ἔασιν, ἐγὼ δέ οἱ ἕβδομός εἰμι·
τῶν μέτα παλλόμενος κλήρῳ λάχον ἐνθάδ' ἕπεσθαι.   400
Νῦν δ' ἦλθον πεδίον δ' ἀπὸ νηῶν· ἠῶθεν γὰρ
θήσονται περὶ ἄστυ μάχην ἑλίκωπες Ἀχαιοί·
ἀσχαλόωσι γὰρ οἵ γε καθήμενοι, οὐδὲ δύνανται
ἴσχειν ἐσσυμένους πολέμου βασιλῆες Ἀχαιῶν. »

    Τὸν δ' ἠμείβετ' ἔπειτα γέρων Πρίαμος θεοειδής·   405

« Εἰ μὲν δὴ θεράπων Πηληιάδεω Ἀχιλῆος
εἶς, ἄγε δή μοι πᾶσαν ἀληθείην κατάλεξον,
ἢ ἔτι πὰρ νήεσσιν ἐμὸς πάϊς, ἦέ μιν ἤδη
ᾗσι κυσὶν μελεϊστὶ ταμὼν προΰθηκεν Ἀχιλλεύς. »

    Τὸν δ' αὖτε προσέειπε διάκτορος Ἀργεϊφόντης·   410

« Ὦ γέρον, οὔ πω τόν γε κύνες φάγον οὐδ' οἰωνοί,
ἀλλ' ἔτι κεῖνος κεῖται Ἀχιλλῆος παρὰ νηὶ
αὔτως ἐν κλισίῃσι· δυωδεκάτη δέ οἱ ἠὼς
κειμένῳ, οὐδέ τί οἱ χρὼς σήπεται, οὐδέ μιν εὐλαὶ
ἔσθουσ', αἵ ῥά τε φῶτας ἀρηιφάτους κατέδουσιν.   415
Ἦ μέν μιν περὶ σῆμα ἑοῦ ἑτάροιο φίλοιο
ἕλκει ἀκηδέστως, ἠὼς ὅτε δῖα φανήῃ,
οὐδέ μιν αἰσχύνει· θηοῖό κεν αὐτὸς ἐπελθὼν
οἷον ἐερσήεις κεῖται, περὶ δ' αἷμα νένιπται,

« Tu veux m'éprouver, vieillard, en m'interrogeant au sujet du divin Hector. Que de fois l'ai-je vu, de mes yeux, dans la bataille où l'homme acquiert la gloire, et lorsque, près des nefs, il repoussait, ils massacrait les Argiens, les taillant en pièces de son glaive aigu ! Nous restions là, immobiles, curieux de l'événement : Achille nous avait interdit le combat, dans son dépit contre l'Atride. Or, je suis son écuyer. La même nef bien construite nous a menés ici tous deux. Je fais partie des Myrmidons ; mon père est Polyctor. Il est riche[16], mais vieux, comme tu l'es toi-même. Il a six autres fils ; je suis, moi, le septième. Avec eux, j'ai secoué les sorts et me suis vu ainsi désigné pour suivre l'armée. Je viens à l'instant de quitter les nefs, pour me rendre dans la plaine. Dès l'aube, les Achéens aux yeux vifs engageront la lutte autour de ta ville. Ils s'irritent à rester inactifs, et les rois des Achéens ne les peuvent retenir, tant ils brûlent de se battre. »

Le vieux Priam pareil aux dieux répond :

« Si tu es l'écuyer d'Achille, fils de Pélée, dis-moi alors toute la vérité : mon fils se trouve-t-il toujours près des nefs ? ou Achille déjà l'a-t-il découpé membre à membre et donné en pâture aux chiens ? »

Le Messager, Tueur d'Argos, à son tour réplique :

« Non, vieillard, les chiens ni les oiseaux ne l'ont point dévoré ; il est toujours près de la nef d'Achille, tel quel, dans sa baraque. Voici la douzième aurore qu'il est là, étendu à terre, et sa chair ne se corrompt pas ; ni les vers ne l'attaquent, ces vers qui dévorent les mortels tués au combat. Sans doute, Achille, chaque jour, le traîne brutalement tout autour de la tombe de son ami, à l'heure où paraît l'aube divine : il ne l'abîme pas pour cela. Tu l'approcherais, tu verrais toi-même comme il est là, tout frais, le sang qui le couvrait lavé, sans au-

16. Son nom même signifie « qui possède de nombreux biens ».

οὐδέ ποθι μιαρός· σὺν δ᾽ ἕλκεα πάντα μέμυκεν,　　　420
ὅσσ᾽ ἐτύπη· πολέες γὰρ ἐν αὐτῷ χαλκὸν ἔλασσαν.
Ὣς τοι κήδονται μάκαρες θεοὶ υἷος ἑῆος
καὶ νέκυός περ ἐόντος, ἐπεί σφι φίλος περὶ κῆρι. »

Ὣς φάτο, γήθησεν δ᾽ ὁ γέρων, καὶ ἀμείβετο μύθῳ·
« Ὦ τέκος, ἦ ῥ᾽ ἀγαθὸν καὶ ἐναίσιμα δῶρα διδοῦναι　　　425
ἀθανάτοις, ἐπεὶ οὔ ποτ᾽ ἐμὸς πάις, εἴ ποτ᾽ ἔην γε,
λήθετ᾽ ἐνὶ μεγάροισι θεῶν, οἳ Ὄλυμπον ἔχουσι·
τῷ οἱ ἀπεμνήσαντο καὶ ἐν θανάτοιό περ αἴσῃ.
Ἀλλ᾽ ἄγε δὴ τόδε δέξαι ἐμεῦ πάρα καλὸν ἄλεισον,
αὐτόν τε ῥῦσαι, πέμψον δέ με σύν γε θεοῖσιν,　　　430
ὄφρά κεν ἐς κλισίην Πηληιάδεω ἀφίκωμαι. »

Τὸν δ᾽ αὖτε προσέειπε διάκτορος Ἀργειφόντης·
« Πειρᾷ ἐμεῖο, γεραιέ, νεωτέρου, οὐδέ με πείσεις,
ὅς με κέλῃ σέο δῶρα παρ᾽ ἐξ Ἀχιλῆα δέχεσθαι·
τὸν μὲν ἐγὼ δείδοικα καὶ αἰδέομαι περὶ κῆρι　　　435
συλεύειν, μή μοί τι κακὸν μετόπισθε γένηται.
Σοὶ μὲν ἐγὼ πομπὸς καί κε κλυτὸν Ἄργος ἱκοίμην,
ἐνδυκέως ἐν νηὶ θοῇ ἢ πεζὸς ὁμαρτέων·
οὐκ ἄν τίς τοι πομπὸν ὀνοσσάμενος μαχέσαιτο. »

Ἦ, καὶ ἀναΐξας Ἐριούνιος ἅρμα καὶ ἵππους　　　440
καρπαλίμως μάστιγα καὶ ἡνία λάζετο χερσίν,
ἐν δ᾽ ἔπνευσ᾽ ἵπποισι καὶ ἡμιόνοις μένος ἠύ.
Ἀλλ᾽ ὅτε δὴ πύργους τε νεῶν καὶ τάφρον ἵκοντο,
οἱ δὲ νέον περὶ δόρπα φυλακτῆρες πονέοντο,
τοῖσι δ᾽ ἐφ᾽ ὕπνον ἔχευε διάκτορος Ἀργειφόντης　　　445
πᾶσιν, ἄφαρ δ᾽ ὤιξε πύλας καὶ ἀπῶσεν ὀχῆας,
ἐς δ᾽ ἄγαγε Πρίαμόν τε καὶ ἀγλαὰ δῶρ᾽ ἐπ᾽ ἀπήνης.
Ἀλλ᾽ ὅτε δὴ κλισίην Πηληιάδεω ἀφίκοντο
ὑψηλήν, τὴν Μυρμιδόνες ποίησαν ἄνακτι

cune souillure, toutes ses blessures fermées, toutes
celles qu'il a reçues – et combien de guerriers ont poussé leur bronze sur lui ! C'est ainsi que les dieux bienheureux veillent sur ton fils, même mort. Il faut qu'il soit
cher à leur cœur. »

Il dit, et le vieux a grande joie, et réplique :

« Ah ! mon enfant, qu'il est utile de faire aux
Immortels les offrandes qui leur reviennent ! Mon fils –
si vraiment j'eus un fils – jamais, dans son palais, n'ou-
bliait les dieux, maîtres de l'Olympe. Aussi se sont-ils
souvenus de lui, même venue la mort fatale. Tiens, agrée
de moi cette belle coupe et, en échange protège-moi,
conduis-moi, avec la faveur des dieux : il faut que j'atteigne la baraque du fils de Pélée. »

Le Messager, Tueur d'Argos, à son tour lui dit :

« Tu veux m'éprouver, vieillard, parce que je suis
jeune. Aussi bien ne t'écouterai-je pas, si tu m'invites à
accepter des présents à l'insu d'Achille. J'aurais trop
peur – et trop de scrupule – en mon âme à le dépouiller :
il pourrait bien m'en coûter cher plus tard. Mais je suis
prêt à te servir de guide, avec zèle, et jusqu'à l'illustre
Argos, aussi bien à bord d'une nef rapide, qu'en t'ac-
compagnant à pied. Nul n'aurait tel mépris de ton guide
qu'il osât t'attaquer. »

Ainsi dit le dieu Bienfaisant et sautant dans le char à
chevaux, vite il prend en main le fouet et les rênes, en
même temps qu'aux chevaux et aux mules il insuffle une
noble ardeur. Ils arrivent ainsi au mur et au fossé qui
protègent les nefs. Les gardes déjà s'occupent du repas
du soir. Sur tous, le Messager, Tueur d'Argos, verse
alors le sommeil. Sans tarder, il ouvre la porte, en écartant les barres, et il fait entrer Priam, avec les splendides
présents que porte le chariot. Ils atteignent ainsi la
baraque du Péléide, la haute baraque que les Myrmidons

δοῦρ’ ἐλάτης κέρσαντες· ἀτὰρ καθύπερθεν ἔρεψαν   450
λαχνῆεντ’ ὄροφον λειμωνόθεν ἀμήσαντες·
ἀμφὶ δέ οἱ μεγάλην αὐλὴν ποίησαν ἄνακτι
σταυροῖσιν πυκινοῖσι· θύρην δ’ ἔχε μοῦνος ἐπιβλὴς
εἰλάτινος, τὸν τρεῖς μὲν ἐπιρρήσσεσκον Ἀχαιοί,
τρεῖς δ’ ἀναοίγεσκον μεγάλην κληῖδα θυράων,   455
τῶν ἄλλων· Ἀχιλεὺς δ’ ἄρ’ ἐπιρρήσσεσκε καὶ οἶος·
δὴ ῥα τόθ’ Ἑρμείας ἐριούνιος ᾦξε γέροντι,
ἐς δ’ ἄγαγε κλυτὰ δῶρα ποδώκεϊ Πηλεΐωνι,
ἐξ ἵππων δ’ ἀπέβαινεν ἐπὶ χθόνα φώνησέν τε·
« Ὦ γέρον, ἤτοι ἐγὼ θεὸς ἄμβροτος εἰλήλουθα,   460
Ἑρμείας· σοὶ γάρ με πατὴρ ἅμα πομπὸν ὄπασσεν.
Ἀλλ’ ἤτοι μὲν ἐγὼ πάλιν εἴσομαι, οὐδ’ Ἀχιλῆος
ὀφθαλμοὺς εἴσειμι· νεμεσσητὸν δέ κεν εἴη
ἀθάνατον θεὸν ὧδε βροτοὺς ἀγαπαζέμεν ἄντην·
τύνη δ’ εἰσελθὼν λαβὲ γούνατα Πηλεΐωνος,   465
καί μιν ὑπὲρ πατρὸς καὶ μητέρος ἠυκόμοιο
λίσσεο καὶ τέκεος, ἵνα οἱ σὺν θυμὸν ὀρίνῃς. »
Ὣς ἄρα φωνήσας ἀπέβη πρὸς μακρὸν Ὄλυμπον
Ἑρμείας· Πρίαμος δ’ ἐξ ἵππων ἆλτο χαμᾶζε,
Ἰδαῖον δὲ κατ’ αὖθι λίπεν· ὁ δὲ μίμνεν ἐρύκων   470
ἵππους ἡμιόνους τε· γέρων δ’ ἰθὺς κίεν οἴκου,
τῇ ῥ’ Ἀχιλεὺς ἵζεσκε Διὶ φίλος· ἐν δέ μιν αὐτὸν
εὗρ’, ἕταροι δ’ ἀπάνευθε καθείατο· τὼ δὲ δύ’ οἴω,
ἥρως Αὐτομέδων τε καὶ Ἄλκιμος, ὄζος Ἄρηος,
ποίπνυον παρεόντε· νέον δ’ ἀπέληγεν ἐδωδῆς   475
ἔσθων καὶ πίνων· ἔτι καὶ παρέκειτο τράπεζα.
Τοὺς δ’ ἔλαθ’ εἰσελθὼν Πρίαμος μέγας, ἄγχι δ’ ἄρα στὰς
χερσὶν Ἀχιλλῆος λάβε γούνατα καὶ κύσε χεῖρας
δεινὰς ἀνδροφόνους, αἵ οἱ πολέας κτάνον υἷας.
Ὡς δ’ ὅτ’ ἂν ἄνδρ’ ἄτη πυκινὴ λάβῃ, ὅς τ’ ἐνὶ πάτρῃ   480
φῶτα κατακτείνας ἄλλων ἐξίκετο δῆμον,
ἀνδρὸς ἐς ἀφνειοῦ, θάμβος δ’ ἔχει εἰσορόωντας,

ont bâtie à leur maître, en taillant des poutres en sapin.
Ils ont mis par-dessus une toiture de roseaux ramassés
dans la plaine humide. Tout autour, ils ont pour leur
maître fait une grande cour garnie de pieux serrés. Une
seule barre en sapin tient la porte – verrou gigantesque,
qu'il faut trois Achéens pour mettre en place, trois pour
enlever, tandis qu'Achille, lui, le met en place, seul.
Hermès Bienfaisant ouvre au vieillard ; il fait entrer les
glorieux présents destinés au rapide fils de Pélée, puis il
saute du char à terre et dit :

« Vieillard, c'est un dieu immortel qui est venu à toi :
je suis Hermès. Mon père lui-même m'a placé près de
toi, pour te servir de guide. Mais je vais repartir ; je ne
m'offrirai pas aux regards d'Achille : on trouverait mauvais qu'un dieu immortel montrât à des mortels faveur si
manifeste. Entre, toi, et saisis les genoux du fils de
Pélée, et supplie-le, au nom de son père, de sa mère aux
beaux cheveux, de son fils, si tu veux émouvoir son
cœur[17]. »

Ayant ainsi parlé, Hermès s'en retourne vers le haut
Olympe, cependant que Priam saute du char à terre. Il
laisse là Idée, qui demeure à garder les chevaux et les
mules. Le vieillard, lui, va droit à la maison, à l'endroit
où se trouve être assis Achille cher à Zeus. Il l'y trouve,
et seul : ses compagnons sont assis à l'écart ; deux
d'entre eux seulement, le héros Automédon et Alcime,
rejeton d'Arès, s'empressent à ses côtés. Il achève à
l'instant de manger et de boire : sa table est toujours
devant lui. Aucun ne voit entrer le grand Priam. Il s'arrête près d'Achille, il lui embrasse les genoux, il lui
baise les mains – ces mains terribles, meurtrières, qui lui
ont tué tant de fils ! ainsi, quand une lourde erreur a fait
sa proie d'un mortel et qu'après être devenu un meurtrier dans son pays, il arrive en terre étrangère, au logis
d'un homme opulent, la stupeur saisit tous ceux qui le

17. On verra que Priam n'évoquera que Pélée.

ὣς Ἀχιλεὺς θάμβησεν ἰδὼν Πρίαμον θεοειδέα·
θάμβησαν δὲ καὶ ἄλλοι, ἐς ἀλλήλους δὲ ἴδοντο·
τὸν καὶ λισσόμενος Πρίαμος πρὸς μῦθον ἔειπε·   485
    « Μνῆσαι πατρὸς σοῖο, θεοῖς ἐπιείκελ' Ἀχιλλεῦ,
τηλίκου ὥς περ ἐγών, ὀλοῷ ἐπὶ γήραος οὐδῷ·
καὶ μέν που κεῖνον περιναιέται ἀμφὶς ἐόντες
τείρουσ', οὐδέ τίς ἐστιν ἀρὴν καὶ λοιγὸν ἀμῦναι.
ἀλλ' ἤτοι κεῖνός γε σέθεν ζώοντος ἀκούων   490
χαίρει τ' ἐν θυμῷ, ἐπί τ' ἔλπεται ἤματα πάντα
ὄψεσθαι φίλον υἱὸν ἀπὸ Τροίηθεν ἰόντα·
αὐτὰρ ἐγὼ πανάποτμος, ἐπεὶ τέκον υἷας ἀρίστους
Τροίῃ ἐν εὐρείῃ, τῶν δ' οὔ τινά φημι λελεῖφθαι·
πεντήκοντά μοι ἦσαν, ὅτ' ἤλυθον υἷες Ἀχαιῶν·   495
ἐννεακαίδεκα μέν μοι ἰῆς ἐκ νηδύος ἦσαν,
τοὺς δ' ἄλλους μοι ἔτικτον ἐνὶ μεγάροισι γυναῖκες·
τῶν μὲν πολλῶν θοῦρος Ἄρης ὑπὸ γούνατ' ἔλυσεν·
ὃς δέ μοι οἶος ἔην, εἴρυτο δὲ ἄστυ καὶ αὐτούς,
τὸν σὺ πρῴην κτεῖνας ἀμυνόμενον περὶ πάτρης,   500
Ἕκτορα· τοῦ νῦν εἵνεχ' ἱκάνω νῆας Ἀχαιῶν
λυσόμενος παρὰ σεῖο, φέρω δ' ἀπερείσι' ἄποινα.
ἀλλ' αἰδεῖο θεούς, Ἀχιλεῦ, αὐτόν τ' ἐλέησον,
μνησάμενος σοῦ πατρός· ἐγὼ δ' ἐλεεινότερός περ,
ἔτλην δ' οἷ' οὔ πώ τις ἐπιχθόνιος βροτὸς ἄλλος,   505
ἀνδρὸς παιδοφόνοιο ποτὶ στόμα χεῖρ' ὀρέγεσθαι. »
    Ὣς φάτο, τῷ δ' ἄρα πατρὸς ὑφ' ἵμερον ὦρσε γόοιο·
ἁψάμενος δ' ἄρα χειρὸς ἀπώσατο ἦκα γέροντα·
τὼ δὲ μνησαμένω, ὁ μὲν Ἕκτορος ἀνδροφόνοιο

voient. Même stupeur saisit Achille à voir Priam semblable aux dieux ; même stupeur prend les autres : tous
échangent des regards[18]. Et Priam supplie Achille en
disant :

« Souviens-toi de ton père, Achille pareil aux dieux.
Il a mon âge, il est, tout comme moi, au seuil maudit de
la vieillesse. Des voisins l'entourent, qui le tourmentent
sans doute, et personne près de lui, pour écarter le malheur, la détresse ! Mais il a, du moins, lui, cette joie au
cœur, qu'on lui parle de toi comme d'un vivant, et il
compte chaque jour voir revenir son fils de Troie. Mon
malheur, à moi, est complet. J'ai donné le jour à des fils,
qui étaient des braves, dans la vaste Troie : et je songe
que d'eux aucun ne m'est resté. Ils étaient cinquante, le
jour où sont venus les fils des Achéens ; dix-neuf sor-
taient du même sein, le reste m'était né d'autres femmes
en mon palais. La plupart ont eu les genoux rompus par
l'ardent Arès. Le seul qui me restait, pour protéger la
ville et ses habitants, tu me l'as tué hier, défendant son
pays – Hector. C'est pour lui que je viens aux nefs des
Achéens, pour te le racheter. Je t'apporte une immense
rançon. Va, respecte les dieux, Achille, et, songeant à ton
père, prends pitié de moi. Plus que lui encore, j'ai droit
à la pitié ; j'ai osé, moi, ce que jamais encore n'a osé
mortel ici-bas : j'ai porté à mes lèvres les mains de
l'homme qui m'a tué mes enfants[19]. »

Il dit, et chez Achille il fait naître un désir de pleurer
sur son père. Il prend la main du vieux et doucement
l'écarte. Tous les deux se souviennent : l'un pleure lon-

18. La comparaison des vers 480-484 est d'une grande richesse et
marque un des temps les plus forts du poème. Priam vient d'entrer
dans la baraque d'Achille, à l'insu de tous, et s'agenouille devant
Achille. L'homme à qui s'adresse la supplication, Achille, est le meurtrier ; l'homme riche, Priam, est le suppliant. Priam est sur sa terre
natale, alors qu'Achille est un envahisseur.

19. L'épithète *paidophonoio*, « qui a tué mes enfants », n'apparaît
qu'en ce passage.

κλαῖ' ἀδινὰ προπάροιθε ποδῶν Ἀχιλῆος ἐλυσθείς,   510
αὐτὰρ Ἀχιλλεὺς κλαῖεν ἑὸν πατέρ', ἄλλοτε δ' αὖτε
Πάτροκλον· τῶν δὲ στοναχὴ κατὰ δώματ' ὀρώρει.
Αὐτὰρ ἐπεί ῥα γόοιο τετάρπετο δῖος Ἀχιλλεύς,
καί οἱ ἀπὸ πραπίδων ἦλθ' ἵμερος ἠδ' ἀπὸ γυίων,
αὐτίκ' ἀπὸ θρόνου ὦρτο, γέροντα δὲ χειρὸς ἀνίστη,   515
οἰκτείρων πολιόν τε κάρη πολιόν τε γένειον,
καί μιν φωνήσας ἔπεα πτερόεντα προσηύδα·
« Ἆ δείλ', ἦ δὴ πολλὰ κάκ' ἄνσχεο σὸν κατὰ θυμόν·
πῶς ἔτλης ἐπὶ νῆας Ἀχαιῶν ἐλθέμεν οἶος,
ἀνδρὸς ἐς ὀφθαλμοὺς ὅς τοι πολέας τε καὶ ἐσθλοὺς   520
υἱέας ἐξενάριξα ; σιδήρειόν νύ τοι ἦτορ.
Ἀλλ' ἄγε δὴ κατ' ἄρ' ἕζευ ἐπὶ θρόνου, ἄλγεα δ' ἔμπης
ἐν θυμῷ κατακεῖσθαι ἐάσομεν ἀχνύμενοί περ·
οὐ γάρ τις πρῆξις πέλεται κρυεροῖο γόοιο·
ὣς γὰρ ἐπεκλώσαντο θεοὶ δειλοῖσι βροτοῖσι,   525
ζώειν ἀχνυμένους· αὐτοὶ δέ τ' ἀκηδέες εἰσί.
Δοιοὶ γάρ τε πίθοι κατακείαται ἐν Διὸς οὔδει
δώρων οἷα δίδωσι κακῶν, ἕτερος δὲ ἑάων·
ᾧ μέν κ' ἀμμίξας δώῃ Ζεὺς τερπικέραυνος,
ἄλλοτε μέν τε κακῷ ὅ γε κύρεται, ἄλλοτε δ' ἐσθλῷ·   530
ᾧ δέ κε τῶν λυγρῶν δώῃ, λωβητὸν ἔθηκε,
καὶ ἑ κακὴ βούβρωστις ἐπὶ χθόνα δῖαν ἐλαύνει,
φοιτᾷ δ' οὔτε θεοῖσι τετιμένος οὔτε βροτοῖσιν.
Ὣς μὲν καὶ Πηλῆϊ θεοὶ δόσαν ἀγλαὰ δῶρα
ἐκ γενετῆς· πάντας γὰρ ἐπ' ἀνθρώπους ἐκέκαστο   535
ὄλβῳ τε πλούτῳ τε, ἄνασσε δὲ Μυρμιδόνεσσι,
καί οἱ θνητῷ ἐόντι θεὰν ποίησαν ἄκοιτιν·
ἀλλ' ἐπὶ καὶ τῷ θῆκε θεὸς κακόν, ὅττι οἱ οὔ τι

guement sur Hector meurtrier, tapi aux pieds d'Achille ;
Achille cependant pleure sur son père, sur Patrocle aussi
par moments ; et leurs plaintes s'élèvent à travers la
demeure. Mais le moment vient où le divin Achille a
satisfait son besoin de sanglots ; le désir en quitte son
cœur et ses membres à la fois. Brusquement, de son
siège il se lève, il prend la main du vieillard, il le met
debout : il s'apitoie sur ce front blanc, sur cette barbe
blanche. Puis, prenant la parole, il dit ces mots ailés :

« Malheureux ! que de peines auras-tu endurées dans
ton cœur ! Comment donc as-tu osé venir, seul, aux nefs
achéennes, pour m'affronter, moi, l'homme qui t'a tué
tant de si vaillants fils ? vraiment ton cœur est de fer.
Allons ! viens, prends place sur un siège ; laissons dormir nos douleurs dans nos âmes, quel que soit notre chagrin. On ne gagne rien aux plaintes qui glacent les
cœurs, puisque tel est le sort que les dieux ont filé aux
pauvres mortels : vivre dans le chagrin, tandis qu'ils
demeurent, eux, exempts de tout souci. Deux jarres sont
plantées dans le sol de Zeus[20] : l'une enferme les maux,
l'autre, les biens, dont il nous fait présent. Celui pour qui
Zeus Tonnant fait un mélange de ces dons rencontrera
aujourd'hui le malheur, et demain le bonheur. Mais de
celui à qui il n'octroie que misères, il fait un être qu'on
méprise : une faim dévorante le poursuit à travers la
terre immense ; il erre, méprisé des hommes et des
dieux. C'est ainsi qu'à Pélée les dieux ont octroyé de
splendides présents, cela dès sa naissance. Il surpassait
tous les autres humains en bonheur, en richesses ; il
commandait aux Myrmidons ; mortel, il avait vu le Ciel
lui accorder une déesse pour épouse. Mais, à lui aussi,
les dieux ont infligé ensuite le malheur : il n'a point dans

---

20. Il faut se représenter ces jarres sous l'aspect des vases
immenses en terre cuite qui ont été découverts à Troie et en Crète ; ils
étaient profondément enfoncés dans le sol des pièces où étaient entre-
posées les provisions.

παίδων ἐν μεγάροισι γονὴ γένετο κρειόντων,
ἀλλ' ἕνα παῖδα τέκεν παναώριον· οὐδέ νυ τόν γε   540
γηράσκοντα κομίζω, ἐπεὶ μάλα τηλόθι πάτρης
ἧμαι ἐνὶ Τροίη, σέ τε κήδων ἠδὲ σὰ τέκνα.
Καὶ σέ, γέρον, τὸ πρὶν μὲν ἀκούομεν ὄλβιον εἶναι·
ὅσσον Λέσβος ἄνω, Μάκαρος ἕδος, ἐντὸς ἐέργει
καὶ Φρυγίη καθύπερθε καὶ Ἑλλήσποντος ἀπείρων,   545
τῶν σε, γέρον, πλούτῳ τε καὶ υἱάσι φασὶ κεκάσθαι·
αὐτὰρ ἐπεί τοι πῆμα τόδ' ἤγαγον Οὐρανίωνες,
αἰεί τοι περὶ ἄστυ μάχαι τ' ἀνδροκτασίαι τε.
Ἄνσχεο, μηδ' ἀλίαστον ὀδύρεο σὸν κατὰ θυμόν·
οὐ γάρ τι πρήξεις ἀκαχήμενος υἷος ἑῆος,   550
οὐδέ μιν ἀνστήσεις, πρὶν καὶ κακὸν ἄλλο πάθῃσθα. »

    Τὸν δ' ἠμείβετ' ἔπειτα γέρων Πρίαμος θεοειδής·
« Μή πώ μ' ἐς θρόνον ἷζε, διοτρεφές, ὄφρά κεν Ἕκτωρ
κεῖται ἐνὶ κλισίῃσιν ἀκηδής, ἀλλὰ τάχιστα
λῦσον, ἵν' ὀφθαλμοῖσιν ἴδω· σὺ δὲ δέξαι ἄποινα   555
πολλά, τά τοι φέρομεν· σὺ δὲ τῶνδ' ἀπόναιο, καὶ ἔλθοις
σὴν ἐς πατρίδα γαῖαν, ἐπεί με πρῶτον ἔασας
αὐτόν τε ζώειν καὶ ὁρᾶν φάος ἠελίοιο. »

    Τὸν δ' ἄρ' ὑπόδρα ἰδὼν προσέφη πόδας ὠκὺς Ἀχιλλεύς·
« Μηκέτι νῦν μ' ἐρέθιζε, γέρον· νοέω δὲ καὶ αὐτὸς   560
Ἕκτορά τοι λῦσαι, Διόθεν δέ μοι ἄγγελος ἦλθε
μήτηρ, ἥ μ' ἔτεκεν, θυγάτηρ ἁλίοιο γέροντος.
Καὶ δέ σε γινώσκω, Πρίαμε, φρεσίν, οὐδέ με λήθεις,
ὅττι θεῶν τίς σ' ἦγε θοὰς ἐπὶ νῆας Ἀχαιῶν·
οὐ γάρ κε τλαίη βροτὸς ἐλθέμεν, οὐδὲ μάλ' ἡβῶν,   565
ἐς στρατόν· οὐδὲ γὰρ ἂν φυλακοὺς λάθοι, οὐδέ κ' ὀχῆα
ῥεῖα μετοχλίσσειε θυράων ἡμετεράων.

son palais donné le jour à des enfants faits pour régner.
Il n'y a engendré qu'un fils, voué à mourir avant
l'heure. Et je ne suis pas là, pour soigner sa vieillesse :
bien loin de ma patrie, je demeure en Troade à te déso-
ler, toi et tes enfants ! Et toi-même, vieillard, ne le
savons-nous pas ? tu fus heureux naguère. Dans tout le
pays que limitent, du côté de la mer, Lesbos, séjour de
Macar[21], et, plus loin, la Phrygie et l'immense
Hellespont, tu l'emportais sur tous par ta richesse et tes
enfants : et voici que les fils de Ciel ont sur toi amené le
malheur ! Partout, autour de ta ville, des batailles, des
tueries ! Va, endure ton sort, ne te lamente pas sans répit
en ton âme. Tu ne gagneras rien à pleurer sur ton fils ; tu
risques, au lieu de le ressusciter, de t'attirer quelque nouveau malheur. »

Le vieux Priam pareil aux dieux répond :

« Non, ne me fais pas asseoir sur un siège, nourrisson de Zeus, quand Hector est toujours, sans que nul
s'en soucie, étendu là, dans ta baraque. Ah ! plutôt,
rends-le-moi sans délai, qu'enfin je le voie de mes yeux,
et, pour ce, agrée la large rançon que nous t'apportons.
Puisses-tu en jouir et rentrer dans ta patrie, pour m'avoir
d'emblée laissé vivre et voir l'éclat du soleil ! »

Achille aux pieds rapides sur lui lève un œil sombre
et dit :

« Ne m'irrite plus maintenant, vieillard. Je songe
moi-même à te rendre Hector : une messagère de Zeus
est déjà venue à moi, la mère à qui je dois la vie, la fille
du Vieux de la mer. Et ma raison, Priam, me fait assez
comprendre – je ne m'y trompe pas – que c'est un dieu
qui t'a conduit toi-même aux nefs rapides des Achéens.
Nul mortel, même en pleine force, sans cela n'oserait
venir dans notre camp ; nul n'échapperait à nos gardes ;
nul ne saurait déplacer aisément la barre de ma porte. Ne

21. Fils d'Éole (ou d'Hélios), premier roi des Ioniens de l'île de
Lesbos.

Τῷ νῦν μή μοι μᾶλλον ἐν ἄλγεσι θυμὸν ὀρίνῃς,
μή σε, γέρον, οὐδ' αὐτὸν ἐνὶ κλισίῃσιν ἐάσω
καὶ ἱκέτην περ ἐόντα, Διὸς δ' ἀλίτωμαι ἐφετμάς. »   570
    Ὥς ἔφατ', ἔδδεισεν δ' ὁ γέρων καὶ ἐπείθετο μύθῳ.
Πηλείδης δ' οἴκοιο λέων ὣς ἄλτο θύραζε,
οὐκ οἶος, ἅμα τῷ γε δύω θεράποντες ἕποντο,
ἥρως Αὐτομέδων ἠδ' Ἄλκιμος, οὕς ῥα μάλιστα
τῖ' Ἀχιλεὺς ἑτάρων μετὰ Πάτροκλόν γε θανόντα·   575
οἳ τόθ' ὑπὸ ζυγόφιν λύον ἵππους ἡμιόνους τε,
ἐς δ' ἄγαγον κήρυκα καλήτορα τοῖο γέροντος,
κὰδ δ' ἐπὶ δίφρου εἷσαν· ἐϋσσώτρου δ' ἀπ' ἀπήνης
ᾕρεον Ἑκτορέης κεφαλῆς ἀπερείσι' ἄποινα·
κὰδ δ' ἔλιπον δύο φάρε' ἐΰννητόν τε χιτῶνα,   580
ὄφρα νέκυν πυκάσας δοίη οἶκον δὲ φέρεσθαι.
Δμῳὰς δ' ἐκκαλέσας λοῦσαι κέλετ' ἀμφί τ' ἀλεῖψαι,
νόσφιν ἀειράσας, ὡς μὴ Πρίαμος ἴδοι υἱόν,
μὴ ὁ μὲν ἀχνυμένῃ κραδίῃ χόλον οὐκ ἐρύσαιτο
παῖδα ἰδών, Ἀχιλῆι δ' ὀρινθείη φίλον ἦτορ,   585
καὶ ἑ κατακτείνειε, Διὸς δ' ἀλίτηται ἐφετμάς.
Τὸν δ' ἐπεὶ οὖν δμῳαὶ λοῦσαν καὶ χρῖσαν ἐλαίῳ,
ἀμφὶ δέ μιν φᾶρος καλὸν βάλον ἠδὲ χιτῶνα,
αὐτὸς τόν γ' Ἀχιλεὺς λεχέων ἐπέθηκεν ἀείρας,
σὺν δ' ἕταροι ἤειραν ἐϋξέστην ἐπ' ἀπήνην·   590
ᾤμωξέν τ' ἄρ' ἔπειτα, φίλον δ' ὀνόμηνεν ἑταῖρον·
    « Μή μοι, Πάτροκλε, σκυδμαινέμεν, αἴ κε πύθηαι
εἰν Ἀϊδός περ ἐὼν ὅτι Ἕκτορα δῖον ἔλυσα
πατρὶ φίλῳ, ἐπεὶ οὔ μοι ἀεικέα δῶκεν ἄποινα·
σοὶ δ' αὖ ἐγὼ καὶ τῶνδ' ἀποδάσσομαι ὅσσ' ἐπέοικεν. »   595
    Ἦ ῥα, καὶ ἐς κλισίην πάλιν ἤιε δῖος Ἀχιλλεύς,
ἕζετο δ' ἐν κλισμῷ πολυδαιδάλῳ, ἔνθεν ἀνέστη,
τοίχου τοῦ ἑτέρου, ποτὶ δὲ Πρίαμον φάτο μῦθον·

provoque donc pas mon courroux davantage, quand je
suis dans le deuil. Sans quoi, vieillard, je pourrais bien
ne pas t'épargner dans ma baraque, tout suppliant que tu
es, et violer l'ordre de Zeus[22]. »

Il dit, et le vieux, à sa voix, prend peur et obéit.
Cependant le fils de Pélée bondit, comme un lion, hors
de son logis. Il n'est pas seul ; deux écuyers l'accompagnent, le héros Automédon et Alcime, qu'il chérit entre
tous les siens après Patrocle mort. Ils détellent du joug
les chevaux et les mules ; ils font entrer le héraut, le bon
crieur du vieillard, et l'installent sur un siège. Du chariot
aux bonnes roues ils enlèvent l'immense rançon prévue
pour la tête d'Hector. Ils laissent toutefois deux pièces
de lin, ainsi qu'une tunique bien tissée : Achille en veut
envelopper le mort, au moment où il le rendra, pour
qu'on le ramène chez lui. Il appelle les captives, il leur
donne ordre de le laver et de l'oindre. Mais d'abord il
l'emporte à l'écart : il ne faut pas que Priam voie son
fils ; dans son cœur affligé, il pourrait ne plus dominer
sa colère, à la vue de son enfant, et Achille en son âme
pourrait alors s'irriter et le tuer, violant ainsi l'ordre de
Zeus. Lorsque les captives l'ont lavé et oint d'huile,
qu'elles l'ont enveloppé, en plus de la tunique, d'une
belle pièce de lin, Achille en personne le soulève et le
dépose sur un lit, que ses camarades ensuite portent sur
le chariot poli. Et Achille sanglote ; il invoque son ami :

« Ne sois pas fâché contre moi, Patrocle, si, au fond
de l'Hadès, tu apprends que j'ai rendu le divin Hector à
son père, qui m'en a offert une honorable rançon. De
celle-là, à toi aussi, je te donnerai la part qui convient. »

Ainsi dit le divin Achille et, revenant à sa baraque, il
s'assied sur le siège artistement ouvré, contre le mur de
fond, d'où il s'était levé, et il dit à Priam :

22. Cette difficulté d'Achille à maîtriser ses émotions a déjà été
indiquée ; cf. XXII, 346-347.

« Υἱὸς μὲν δή τοι λέλυται, γέρον, ὡς ἐκέλευες,
κεῖται δ' ἐν λεχέεσσ'· ἅμα δ' ἠοῖ φαινομένηφιν   600
ὄψεαι αὐτὸς ἄγων· νῦν δὲ μνησώμεθα δόρπου.
Καὶ γάρ τ' ἠύκομος Νιόβη ἐμνήσατο σίτου,
τῇ περ δώδεκα παῖδες ἐνὶ μεγάροισιν ὄλοντο,
ἓξ μὲν θυγατέρες, ἓξ δ' υἱέες ἡβώοντες·
τοὺς μὲν Ἀπόλλων πέφνεν ἀπ' ἀργυρέοιο βιοῖο   605
χωόμενος Νιόβῃ, τὰς δ' Ἄρτεμις ἰοχέαιρα,
οὕνεκ' ἄρα Λητοῖ ἰσάσκετο καλλιπαρήῳ·
φῆ δοιὼ τεκέειν, ἡ δ' αὐτὴ γείνατο πολλούς·
τὼ δ' ἄρα καὶ δοιώ περ ἐόντ' ἀπὸ πάντας ὄλεσσαν.
Οἱ μὲν ἄρ' ἐννῆμαρ κέατ' ἐν φόνῳ, οὐδέ τις ἦεν   610
κατθάψαι, λαοὺς δὲ λίθους ποίησε Κρονίων·
τοὺς δ' ἄρα τῇ δεκάτῃ θάψαν θεοὶ Οὐρανίωνες·
ἡ δ' ἄρα σίτου μνήσατ', ἐπεὶ κάμε δάκρυ χέουσα·
νῦν δέ που ἐν πέτρῃσιν, ἐν οὔρεσιν οἰοπόλοισιν,
ἐν Σιπύλῳ, ὅθι φασὶ θεάων ἔμμεναι εὐνὰς   615
νυμφάων, αἵ τ' ἀμφ' Ἀχελώιον ἐρρώσαντο,
ἔνθα λίθος περ ἐοῦσα θεῶν ἐκ κήδεα πέσσει.
Ἀλλ' ἄγε δὴ καὶ νῶι μεδώμεθα, δῖε γεραιέ,
σίτου· ἔπειτά κεν αὖτε φίλον παῖδα κλαίοισθα,
Ἴλιον εἰσαγαγών· πολυδάκρυτος δέ τοι ἔσται. »   620

23. Dans cette séquence complexe, dernier grand discours
d'Achille, plusieurs niveaux de signification sont à dégager. Tout
d'abord, le parallèle entre l'histoire de Niobé et celle de Priam. C'est
la colère d'Agamemnon qui est à l'origine de la mort des enfants de
Niobé, comme l'est celle d'Achille pour Hector. Si les dieux empêchent les funérailles des Niobides, qui gisent ensanglantés, Achille, lui,
refuse de restituer le corps d'Hector et s'acharne dessus chaque jour.
Niobé pleure ses enfants neuf jours, avant qu'ils soient ensevelis par
les dieux eux-mêmes ; Priam demande à Achille une trêve pour les
funérailles d'Hector – neuf jours pour le pleurer, un pour l'ensevelir –,
et c'est Achille lui-même qui porte le corps sur un lit (589). Enfin, si

« Ton fils t'est rendu, vieillard, ainsi que tu le demandes. Il est étendu sur un lit. Quand luira l'aube, tu le verras, en l'emmenant. À cette heure, songeons au repas du soir. Niobé elle-même, Niobé aux beaux cheveux a songé à manger, elle qui, en sa maison, avait vu périr douze enfants, six filles, six fils en pleine jeunesse[23]. Les fils, c'est Apollon qui les lui tua de son arc d'argent, courroucé contre Niobé ; les filles, c'est Artémis la Sagittaire, parce que Niobé se prétendait l'égale de Létô la jolie : Létô, disait-elle, avait eu deux enfants : elle en avait, elle, une multitude ! Ces deux-là cependant les lui tuèrent tous ! Et, pendant neuf jours, ils gisaient à terre, sanglants, personne n'étant là pour les ensevelir : le fils de Cronos avait changé les gens en pierre. Ce furent les dieux, fils de Ciel, qui, le dixième jour, les ensevelirent eux-mêmes. Et Niobé alors songea à manger : elle avait assez de pleureur. Et maintenant, dans les rochers, au milieu des pics solitaires, sur le Sipyle, où l'on dit que gîtent les nymphes divines qui s'ébattent aux bords de l'Achélôos, muée en pierre par le vouloir des dieux, Niobé rumine ses chagrins[24]. Eh bien ! nous aussi, ô divin vieillard, songeons à manger ; tu pourras plus tard pleurer ton enfant, une fois que tu l'auras ramené à Ilion. Il te vaudra assez de pleurs ! »

Niobé rumine ses chagrins *(kêdea pessei)*, Priam fait de même *(kêdea muria pessô*, 639). On remarquera au passage que la douleur a les propriétés d'un aliment : elle se cuit, elle se digère *(pessô)*. Cf. Nagler, 1979, p. 193-195, et Monsacré, 1984, p. 188-196.

24. Niobé représente le monument de la douleur éternelle. Elle est pareille à une stèle, rappelant le souvenir des enfants morts ; c'est aussi l'image d'une stèle qui caractérisait les chevaux d'Achille pleurant à chaudes larmes leur cocher Patrocle (XVII, 434-440). Dans la rigidité de la pierre, comme dans le flot continu de larmes, semblable à une source, c'est la permanence du souvenir, l'éternité de la mémoire qui sont suggérées. Niobé est le symbole de la souffrance maternelle et, en ce sens, la référence suprême de toute douleur ; et c'est cet exemple qu'Achille a choisi pour exhorter Priam à cesser de pleurer et à se nourrir.

Ἦ, καὶ ἀναΐξας δῖν ἄργυφον ὠκὺς Ἀχιλλεὺς
σφάξ'· ἕταροι δ' ἔδερόν τε καὶ ἄμφεπον εὖ κατὰ κόσμον,
μίστυλλόν τ' ἄρ' ἐπισταμένως πεῖράν τ' ὀβελοῖσιν,
ὤπτησάν τε περιφραδέως, ἐρύσαντό τε πάντα·
Αὐτομέδων δ' ἄρα σῖτον ἑλὼν ἐπένειμε τραπέζῃ   625
καλοῖς ἐν κανέοισιν· ἀτὰρ κρέα νεῖμεν Ἀχιλλεύς·
οἱ δ' ἐπ' ὀνείαθ' ἑτοῖμα προκείμενα χεῖρας ἴαλλον.
Αὐτὰρ ἐπεὶ πόσιος καὶ ἐδητύος ἐξ ἔρον ἕντο,
ἤτοι Δαρδανίδης Πρίαμος θαύμαζ' Ἀχιλῆα,
ὅσσος ἔην οἷός τε· θεοῖσι γὰρ ἄντα ἐῴκει·   630
αὐτὰρ ὁ Δαρδανίδην Πρίαμον θαύμαζεν Ἀχιλλεύς,
εἰσορόων ὄψίν τ' ἀγαθὴν καὶ μῦθον ἀκούων.
Αὐτὰρ ἐπεὶ τάρπησαν ἐς ἀλλήλους ὁρόωντες,
τὸν πρότερος προσέειπε γέρων Πρίαμος θεοειδής·

   « Λέξον νῦν με τάχιστα, διοτρεφές, ὄφρα καὶ ἤδη   635
ὕπνῳ ὑπὸ γλυκερῷ ταρπώμεθα κοιμηθέντες·
οὐ γάρ πω μύσαν ὄσσε ὑπὸ βλεφάροισιν ἐμοῖσιν
ἐξ οὗ σῇς ὑπὸ χερσὶν ἐμὸς πάϊς ὤλεσε θυμόν,
ἀλλ' αἰεὶ στενάχω καὶ κήδεα μυρία πέσσω,
αὐλῆς ἐν χόρτοισι κυλινδόμενος κατὰ κόπρον·   640
νῦν δὴ καὶ σίτου πασάμην καὶ αἴθοπα οἶνον
λαυκανίης καθέηκα· πάρος γε μὲν οὔ τι πεπάσμην. »
Ἦ δ', Ἀχιλεὺς δ' ἑτάροισιν ἰδὲ δμῳῇσι κέλευσε
δέμνι' ὑπ' αἰθούσῃ θέμεναι καὶ ῥήγεα καλὰ
πορφύρε' ἐμβαλέειν, στορέσαι τ' ἐφύπερθε τάπητας,   645
χλαίνας τ' ἐνθέμεναι οὔλας καθύπερθεν ἕσασθαι·
αἱ δ' ἴσαν ἐκ μεγάροιο δάος μετὰ χερσὶν ἔχουσαι,
αἶψα δ' ἄρα στόρεσαν δοιὼ λέχε' ἐγκονέουσαι·
τὸν δ' ἐπικερτομέων προσέφη πόδας ὠκὺς Ἀχιλλεύς·

Ainsi dit le rapide Achille. Vivement, il se lève, il égorge une brebis blanche. Ses compagnons la dépouillent, la parent suivant les règles. On la débite en morceaux savamment ; on enfile ensuite ceux-ci sur des broches ; on les rôtit avec grand soin ; on les tire enfin tous du feu. Et tandis qu'Automédon, prenant le pain, le répartit sur la table, avec de belles corbeilles, Achille partage la viande. Lors, vers les parts de choix préparées et servies, ils tendent, tous, les mains. Et, lorsqu'ils ont chassé la soif et l'appétit, le fils de Dardanos, Priam, admire Achille : qu'il est grand et beau ! à le voir, on dirait un dieu. De son côté, Achille admire Priam, fils de Dardanos ; il contemple son noble aspect, il écoute sa voix. Puis, quand ils se sont longuement complu à se regarder[25], le vieux Priam pareil aux dieux, le premier, prend la parole :

« Donne-moi maintenant un lit au plus tôt, nourrisson de Zeus, afin qu'endormis, nous goûtions vite, tous deux, le charme d'un doux sommeil. Mes paupières sur mes yeux ne se sont pas encore closes depuis le jour où mon fils a perdu la vie sous ton bras. Sans cesse je gémis et rumine mille chagrins ; je me roule dans la fange au milieu de l'enclos de ma cour. Ce n'est qu'aujourd'hui que j'ai pris quelque nourriture et laissé passer à travers ma gorge un vin aux sombres feux : jusque-là, je n'avais goûté à rien. »

Il dit, et Achille aussitôt ordonne à ses compagnons ainsi qu'aux captives de mettre un lit sous le porche, d'y déposer de belles couvertures de pourpre, d'étendre des tapis dessus, et de mettre sur le tout des manteaux de haute laine dont on puisse s'envelopper. Les captives sortent de la salle, une torche dans les mains, et, en hâte, s'emploient à étendre deux lits. Et Achille aux pieds rapides, d'un ton railleur, dit à Priam :

25. Magnifique passage que cette admiration mutuelle décrite en deux couplets qui se répondent (629/631 ; 630/632). Priam est à la mesure d'Achille, héros autant que lui.

α Ἐκτὸς μὲν δὴ λέξο, γέρον φίλε, μή τις Ἀχαιῶν 650
ἐνθάδ' ἐπέλθησιν βουληφόρος, οἵ τέ μοι αἰεὶ
βουλὰς βουλεύουσι παρήμενοι, ἢ θέμις ἐστί·
τῶν εἴ τίς σε ἴδοιτο θοὴν διὰ νύκτα μέλαιναν,
αὐτίκ' ἂν ἐξείποι Ἀγαμέμνονι ποιμένι λαῶν,
καὶ κεν ἀνάβλησις λύσιος νεκροῖο γένηται.   655
Ἀλλ' ἄγε μοι τόδε εἰπὲ καὶ ἀτρεκέως κατάλεξον,
ποσσῆμαρ μέμονας κτερεϊζέμεν Ἕκτορα δῖον,
ὄφρα τέως αὐτός τε μένω καὶ λαὸν ἐρύκω. »
    Τὸν δ' ἠμείβετ' ἔπειτα γέρων Πρίαμος θεοειδής·
« Εἰ μὲν δή μ' ἐθέλεις τελέσαι τάφον Ἕκτορι δίῳ,   660
ὧδέ κέ μοι ῥέζων, Ἀχιλεῦ, κεχαρισμένα θείης.
Οἶσθα γὰρ ὡς κατὰ ἄστυ ἐέλμεθα, τηλόθι δ' ὕλη
ἀξέμεν ἐξ ὄρεος, μάλα δὲ Τρῶες δεδίασιν·
ἐννῆμαρ μέν κ' αὐτὸν ἐνὶ μεγάροις γοάοιμεν,
τῇ δεκάτῃ δέ κε θάπτοιμεν δαινῦτό τε λαός,   665
ἑνδεκάτῃ δέ κε τύμβον ἐπ' αὐτῷ ποιήσαιμεν,
τῇ δὲ δυωδεκάτῃ πτολεμίξομεν, εἴ περ ἀνάγκη. »
    Τὸν δ' αὖτε προσέειπε ποδάρκης δῖος Ἀχιλλεύς·
« Ἔσται τοι καὶ ταῦτα, γέρον Πρίαμ', ὡς σὺ κελεύεις·
σχήσω γὰρ πόλεμον τόσσον χρόνον ὅσσον ἄνωγας. » 670
    Ὡς ἄρα φωνήσας ἐπὶ καρπῷ χεῖρα γέροντος
ἔλλαβε δεξιτερήν, μή πως δείσει' ἐνὶ θυμῷ.
Οἱ μὲν ἄρ' ἐν προδόμῳ δόμου αὐτόθι κοιμήσαντο,
κῆρυξ καὶ Πρίαμος, πυκινὰ φρεσὶ μήδε' ἔχοντες,
αὐτὰρ Ἀχιλλεὺς εὗδε μυχῷ κλισίης εὐπήκτου·   675
τῷ δὲ Βρισηὶς παρελέξατο καλλιπάρῃος.

« Tu coucheras dehors, cher vieillard. J'ai peur qu'ici ne vienne un de ces Achéens qui ont voix au Conseil et qui, chez moi, sans cesse entrent s'asseoir et consulter, ainsi qu'il est normal. S'il t'apercevait à travers la rapide nuit noire, il irait aussitôt le dire à Agamemnon, pasteur d'hommes, et ce serait un retard pour la délivrance du mort. Mais, voyons, réponds-moi, dis-moi tout franchement : combien de jours désires-tu pour les funérailles du divin Hector ? Je peux, tout ce temps-là, rester tranquille et retenir l'armée. »

Le vieux Priam pareil aux dieux répond :

« Si tu consens que j'achève les funérailles du divin Hector, tu m'obligerais, Achille, en faisant ainsi. Tu sais que nous sommes bloqués dans la ville, et que le bois est loin, à amener de la montagne, et que les Troyens ont grand-peur. Il nous faudrait neuf jours pour le pleurer dans le palais ; le dixième jour, nous l'ensevelirions ; après quoi, notre peuple s'assiérait au banquet funèbre. Au onzième jour, nous élèverions sur lui un tombeau. Le douzième, nous serons prêts à nous battre, s'il le faut. »

Le divin Achille aux pieds infatigables alors lui répond :

« Il en sera fait comme tu le demandes, vieux Priam : je suspendrai la bataille aussi longtemps que tu m'en pries. »

Cela dit, il prend au poignet la main du vieillard, afin que celui-ci n'ait plus peur en son âme. Bientôt, dans le vestibule, dorment, sans bouger, Priam et son héraut, qui n'ont au cœur que de sages pensers. Achille dort tout au fond de sa baraque solide, où la jolie Briséis vient de s'étendre à ses côtés[26].

---

26. La fin du deuil d'Achille est ainsi signalée, et sa réintégration à la collectivité des Achéens est réalisée.

Ἄλλοι μέν ῥα θεοί τε καὶ ἀνέρες ἱπποκορυσταὶ
εὗδον παννύχιοι, μαλακῷ δεδμημένοι ὕπνῳ·
ἀλλ᾽ οὐχ Ἑρμείαν ἐριούνιον ὕπνος ἔμαρπτεν,
ὁρμαίνοντ᾽ ἀνὰ θυμὸν ὅπως Πρίαμον βασιλῆα   680
νηῶν ἐκπέμψειε λαθὼν ἱεροὺς πυλαωρούς·
στῆ δ᾽ ἄρ᾽ ὑπὲρ κεφαλῆς καί μιν πρὸς μῦθον ἔειπεν·

« Ὦ γέρον, οὔ νύ τι σοί γε μέλει κακόν, οἷον ἔθ᾽ εὕδεις
ἀνδράσιν ἐν δηίοισιν, ἐπεί σ᾽ εἴασεν Ἀχιλλεύς·
καὶ νῦν μὲν φίλον υἱὸν ἐλύσαο, πολλὰ δ᾽ ἔδωκας·   685
σεῖο δέ κε ζωοῦ καὶ τρὶς τόσα δοῖεν ἄποινα
παῖδες τοὶ μετόπισθε λελειμμένοι, αἴ κ᾽ Ἀγαμέμνων
γνώῃ σ᾽ Ἀτρείδης, γνώωσι δὲ πάντες Ἀχαιοί. »

Ὣς ἔφατ᾽, ἔδδεισεν δ᾽ ὁ γέρων, κήρυκα δ᾽ ἀνίστη·
τοῖσιν δ᾽ Ἑρμείας ζεῦξ᾽ ἵππους ἡμιόνους τε,   690
ῥίμφα δ᾽ ἄρ᾽ αὐτὸς ἔλαυνε κατὰ στρατόν, οὐδέ τις ἔγνω.

Ἀλλ᾽ ὅτε δὴ πόρον ἷξον ἐυρρεῖος ποταμοῖο,
Ξάνθου δινήεντος, ὃν ἀθάνατος τέκετο Ζεύς,
Ἑρμείας μὲν ἔπειτ᾽ ἀπέβη πρὸς μακρὸν Ὄλυμπον,
Ἠὼς δὲ κροκόπεπλος ἐκίδνατο πᾶσαν ἐπ᾽ αἶαν,   695
οἱ δ᾽ εἰς ἄστυ ἔλων οἰμωγῇ τε στοναχῇ τε
ἵππους, ἡμίονοι δὲ νέκυν φέρον. Οὐδέ τις ἄλλος
ἔγνω πρόσθ᾽ ἀνδρῶν καλλιζώνων τε γυναικῶν,
ἀλλ᾽ ἄρα Κασσάνδρη, ἰκέλη χρυσῇ Ἀφροδίτῃ,
Πέργαμον εἰσαναβᾶσα φίλον πατέρ᾽ εἰσενόησεν   700
ἑσταότ᾽ ἐν δίφρῳ, κήρυκά τε ἀστυβοώτην·
τὸν δ᾽ ἄρ᾽ ἐφ᾽ ἡμιόνων ἴδε κείμενον ἐν λεχέεσσι·
κώκυσέν τ᾽ ἄρ᾽ ἔπειτα γέγωνέ τε πᾶν κατὰ ἄστυ·

« Ὄψεσθε, Τρῶες καὶ Τρῳάδες, Ἕκτορ᾽ ἰόντες,
εἴ ποτε καὶ ζώοντι μάχης ἐκ νοστήσαντι   705
χαίρετ᾽, ἐπεὶ μέγα χάρμα πόλει τ᾽ ἦν παντί τε δήμῳ. »

Dieux et hommes aux bons chars de guerre ainsi dorment toute la nuit ; ils cèdent à un mol assoupissement. Seul, Hermès Bienfaisant n'est pas la proie du sommeil. En son cœur il médite : comment conduira-t-il le roi Priam loin des nefs, en échappant aux yeux des gardes sacrés ? Il se dresse donc au-dessus du front de Priam et dit :

« Vieillard, le danger ne t'inquiète guère, à voir comment tu dors au milieu d'ennemis, depuis qu'Achille t'a fait grâce. Tu as à cette heure racheté ton fils, et tu l'as payé assez cher. Mais, toi-même, qu'on te prenne vivant, et c'est une rançon au moins trois fois plus forte qu'auraient à payer ceux de tes fils restés derrière toi, si l'Atride Agamemnon savait seulement la chose, et si tous les Achéens l'apprenaient. »

Il dit, le vieux prend peur, et il fait lever son héraut. Hermès leur attelle leurs chevaux et leurs mules ; en hâte, il les conduit lui-même à travers le camp, et personne ne les reconnaît.

Dès qu'ils ont atteint le gué du beau fleuve, du Xanthe tourbillonnant, dont le père est Zeus Immortel, Hermès s'en retourne vers le haut Olympe, et, tandis qu'Aurore en robe de safran s'épand sur toute la terre, ils dirigent leurs chevaux vers la ville, en gémissant, en sanglotant ; les mules, elles, portent le corps. Nul homme, nulle femme à la belle ceinture alors ne les reconnaît – sauf une, Cassandre, pareille à l'Aphrodite d'or. Elle est montée à l'acropole ; elle aperçoit son père, debout sur son char, et le héraut, le bon crieur de la cité, et Hector, étendu sur le lit que portent les mules. Elle gémit et clame par toute la ville :

« Venez, Troyens, Troyennes, venez voir Hector. Venez, si vous avez jamais été joyeux de le voir rentrer vivant du combat, lui qui fut la grande joie de sa cité, de tout son peuple. »

Ὣς ἔφατ᾽, οὐδέ τις αὐτόθ᾽ ἐνὶ πτόλει λίπετ᾽ ἀνὴρ
οὐδὲ γυνή· πάντας γὰρ ἀάσχετον ἵκετο πένθος·
ἀγχοῦ δὲ ξύμβληντο πυλάων νεκρὸν ἄγοντι.
Πρῶται τόν γ᾽ ἄλοχός τε φίλη καὶ πότνια μήτηρ   710
τιλλέσθην, ἐπ᾽ ἄμαξαν ἐύτροχον ἀΐξασαι,
ἁπτόμεναι κεφαλῆς· κλαίων δ᾽ ἀμφίσταθ᾽ ὅμιλος.
Καί νύ κε δὴ πρόπαν ἦμαρ ἐς ἠέλιον καταδύντα
Ἕκτορα δάκρυ χέοντες ὀδύροντο πρὸ πυλάων,
εἰ μὴ ἄρ᾽ ἐκ δίφροιο γέρων λαοῖσι μετηύδα·   715

   « Εἴξατέ μοι οὐρεῦσι διελθέμεν· αὐτὰρ ἔπειτα
ἄσεσθε κλαυθμοῖο, ἐπὴν ἀγάγωμι δόμον δέ. »
   Ὣς ἔφαθ᾽, οἱ δὲ διέστησαν καὶ εἶξαν ἀπήνῃ·
οἱ δ᾽ ἐπεὶ εἰσάγαγον κλυτὰ δώματα, τὸν μὲν ἔπειτα
τρητοῖς ἐν λεχέεσσι θέσαν, παρὰ δ᾽ εἶσαν ἀοιδοὺς   720
θρήνου ἐξάρχους, οἵ τε στονόεσσαν ἀοιδὴν
οἱ μὲν ἄρ᾽ ἐθρήνεον, ἐπὶ δὲ στενάχοντο γυναῖκες·
τῇσιν δ᾽ Ἀνδρομάχη λευκώλενος ἦρχε γόοιο,
Ἕκτορος ἀνδροφόνοιο κάρη μετὰ χερσὶν ἔχουσα·

   « Ἄνερ, ἀπ᾽ αἰῶνος νέος ὤλεο, κὰδ δέ με χήρην   725
λείπεις ἐν μεγάροισι· πάις δ᾽ ἔτι νήπιος αὔτως,
ὃν τέκομεν σύ τ᾽ ἐγώ τε δυσάμμοροι, οὐδέ μιν οἴω
ἥβην ἵξεσθαι· πρὶν γὰρ πόλις ἥδε κατ᾽ ἄκρης
πέρσεται· ἦ γὰρ ὄλωλας ἐπίσκοπος, ὅς τέ μιν αὐτὴν
ῥύσκευ, ἔχες δ᾽ ἀλόχους κεδνὰς καὶ νήπια τέκνα,   730
αἳ δή τοι τάχα νηυσὶν ὀχήσονται γλαφυρῇσι,

27. Le thrène est chanté par les aèdes, qui rappellent la vaillance
du héros, et le *goos*, sorte de plainte gémissante, est crié par les
femmes endeuillées.

28. Dès sa première apparition dans le poème, Andromaque est
apparue en pleurs (VI, 373, 405, 455, 484, etc.). Au chant VI, ses

Elle dit, et dès lors il n'est plus homme ni femme qui reste dans la ville : une douleur intolérable a pénétré tous les Troyens. Ils rencontrent près des portes celui qui ramène le corps. L'épouse et la digne mère sont là, les premières ; elles s'arrachent les cheveux, elles se jettent sur le chariot aux bonnes roues, elles touchent la tête du mort. Une foule en pleurs les entoure. Alors, toute la journée et jusqu'au coucher du soleil, ils eussent là pleuré Hector et sangloté devant les portes, si, du haut de son char, le vieillard n'eût dit aux gens :

« Laissez-moi donc passer les mules. Vous aurez loisir de pleurer, quand je l'aurai ramené dans sa maison. »

Il dit ; tous s'écartent et font place au chariot. Ils ramènent Hector dans sa noble demeure, ils l'y déposent sur un lit ajouré. À ses côtés, ils placent les chanteurs, chanteurs experts à entonner le thrène, qu'ils chantent eux-mêmes en accents plaintifs, tandis que les femmes leur répondent par des sanglots[27]. Puis c'est Andromaque aux bras blancs qui, aux femmes, à son tour, donne le signal des plaintes funèbres[28]. Elle tient entre ses mains la tête d'Hector meurtrier :

« Époux, tu quittes la vie et péris bien jeune, me laissant veuve en ta maison. Et il est bien petit encore, le fils que toi et moi, nous avons mis au monde, malheureux que nous sommes ! et je doute qu'il atteigne à l'adolescence : notre ville sera bien avant détruite de fond en comble, maintenant que tu es mort, toi, son défenseur, toi qui la protégeais, qui lui gardais ses nobles épouses, ses jeunes enfants. Bientôt elles seront emmenées sur les

pleurs étaient le signe d'une anticipation : celle de la mort d'Hector. Son célèbre « rire en larmes » (*dakruoen gelasasa*, VI, 484) représente l'ultime brouillage du bonheur et du deuil, le dernier moment de joie partagée avec Hector. Elle rit pour la dernière fois, et déjà ses larmes voilent irrémédiablement sa destinée, qui l'amènera à conduire la lamentation publique des funérailles d'Hector.

καὶ μὲν ἐγὼ μετὰ τῇσι· σὺ δ' αὖ, τέκος, ἢ ἐμοὶ αὐτῇ
ἔψεαι, ἔνθά κεν ἔργα ἀεικέα ἐργάζοιο,
ἀθλεύων πρὸ ἄνακτος ἀμειλίχου, ἤ τις Ἀχαιῶν
ῥίψει χειρὸς ἑλὼν ἀπὸ πύργου, λυγρὸν ὄλεθρον,   735
χωόμενος, ᾧ δή που ἀδελφεὸν ἔκτανεν Ἕκτωρ
ἢ πατέρ', ἠὲ καὶ υἱόν, ἐπεὶ μάλα πολλοὶ Ἀχαιῶν
Ἕκτορος ἐν παλάμῃσιν ὀδὰξ ἕλον ἄσπετον οὖδας·
οὐ γὰρ μείλιχος ἔσκε πατὴρ τεὸς ἐν δαῒ λυγρῇ.
Τῶ καί μιν λαοὶ μὲν ὀδύρονται κατὰ ἄστυ,   740
ἀρητὸν δὲ τοκεῦσι γόον καὶ πένθος ἔθηκας,
Ἕκτορ· ἐμοὶ δὲ μάλιστα λελείψεται ἄλγεα λυγρά·
οὐ γάρ μοι θνήσκων λεχέων ἐκ χεῖρας ὄρεξας,
οὐδέ τί μοι εἶπες πυκινὸν ἔπος, οὗ τέ κεν αἰεὶ
μεμνήμην νύκτάς τε καὶ ἤματα δάκρυ χέουσα. »   74
    Ὣς ἔφατο κλαίουσ', ἐπὶ δὲ στενάχοντο γυναῖκες·
τῇσιν δ' αὖθ' Ἑκάβη ἁδινοῦ ἐξῆρχε γόοιο·
« Ἕκτορ, ἐμῷ θυμῷ πάντων πολὺ φίλτατε παίδων,
ἦ μέν μοι ζωός περ ἐὼν φίλος ἦσθα θεοῖσιν·
οἱ δ' ἄρα σεῦ κήδοντο καὶ ἐν θανάτοιό περ αἴσῃ.   750
Ἄλλους μὲν γὰρ παῖδας ἐμοὺς πόδας ὠκὺς Ἀχιλλεὺς
πέρνασχ', ὅν τιν' ἕλεσκε, πέρην ἁλὸς ἀτρυγέτοιο,
ἐς Σάμον ἔς τ' Ἴμβρον καὶ Λῆμνον ἀμιχθαλόεσσαν·
σεῦ δ' ἐπεὶ ἐξέλετο ψυχὴν ταναήκεϊ χαλκῷ,
πολλὰ ῥυστάζεσκεν ἑοῦ περὶ σῆμ' ἑτάροιο,   755
Πατρόκλου, τὸν ἔπεφνες· ἀνέστησεν δέ μιν οὐδ' ὣς.
Νῦν δέ μοι ἑρσήεις καὶ πρόσφατος ἐν μεγάροισι
κεῖσαι, τῷ ἴκελος ὅν τ' ἀργυρότοξος Ἀπόλλων
οἷς ἀγανοῖσι βέλεσσιν ἐποιχόμενος κατέπεφνεν. »
    Ὣς ἔφατο κλαίουσα, γόον δ' ἀλίαστον ὄρινε·   760
τῇσι δ' ἔπειθ' Ἑλένη τριτάτη ἐξῆρχε γόοιο·

nefs creuses, et moi avec elles. Et toi aussi, mon petit, ou
bien tu me suivras pour vaquer avec moi à des corvées
serviles et peiner sous les yeux d'un maître inclément,
ou bien quelque Achéen, te prenant par la main, t'ira –
horrible fin ! – précipiter du haut de nos remparts, en
haine d'Hector, qui lui aura tué un frère, un père, un fils
– il est tant d'Achéens qui, sous les coups d'Hector, ont
mordu la terre immense ! Ah ! il n'était pas tendre ton
père, au cours de l'affreuse bataille ! Et c'est pourquoi
nos gens le pleurent par la ville – tandis qu'à tes parents,
Hector, tu auras coûté des sanglots et un deuil abominables, tandis qu'à moi surtout rien ne restera plus que
d'affreuses douleurs. Tu n'auras pas de ton lit tendu vers
moi tes bras mourants ! tu ne m'auras pas dit un mot
chargé de sens, que je puisse me rappeler, jour et nuit, en
versant des larmes ! »

Ainsi dit-elle, pleurante, et les femmes lui répondent
par des sanglots. Et Hécube à son tour donne le signal
d'une longue plainte :

« Hector, toi, de tous mes enfants le plus cher, de
beaucoup, à mon cœur ! vivant, je le sais, tu étais chéri
des dieux : même venue la mort fatale, ils s'inquiètent
encore de toi. Tous mes autres enfants, Achille aux pieds
rapides, quand il les avait pris, les allait vendre ensuite
au delà de la mer immense, à Samos, à Imbros, à
Lemnos la Fumante. Pour toi, une fois qu'il t'eut pris la
vie de son bronze au long tranchant, il t'a cent fois traîné autour de la tombe de Patrocle, son ami – celui que tu
lui as tué et qu'il n'a pas ressuscité pour autant. Et te
voilà là aujourd'hui, étendu dans ta maison, le teint frais,
comme si la vie venait seulement de t'abandonner, pareil
à ceux qu'Apollon à l'arc d'argent est venu frapper de
ses douces flèches ! »

Ainsi dit-elle, pleurante, et elle provoque des
plaintes sans fin. La troisième, à son tour, Hélène donne
le signal des plaintes :

« Ἕκτορ, ἐμῷ θυμῷ δαέρων πολὺ φίλτατε πάντων,
ἦ μέν μοι πόσις ἐστὶν Ἀλέξανδρος θεοειδής,
ὅς μ' ἄγαγε Τροίην δ'· ὡς πρὶν ὤφελλον ὀλέσθαι.
Ἤδη γὰρ νῦν μοι τόδ' ἐεικοστὸν ἔτος ἐστὶν			765
ἐξ οὗ κεῖθεν ἔβην καὶ ἐμῆς ἀπελήλυθα πάτρης·
ἀλλ' οὔ πω σεῦ ἄκουσα κακὸν ἔπος οὐδ' ἀσύφηλον·
ἀλλ' εἴ τίς με καὶ ἄλλος ἐνὶ μεγάροισιν ἐνίπτοι
δαέρων ἢ γαλόων ἢ εἰνατέρων εὐπέπλων,
ἢ ἑκυρή — ἑκυρὸς δὲ πατὴρ ὣς ἤπιος αἰεί —			770
ἀλλὰ σὺ τόν γ' ἐπέεσσι παραιφάμενος κατέρυκες,
σῇ τ' ἀγανοφροσύνῃ καὶ σοῖς ἀγανοῖς ἐπέεσσι.
Τῶ σέ θ' ἅμα κλαίω καὶ ἔμ' ἄμμορον ἀχνυμένη κῆρ·
οὐ γάρ τίς μοι ἔτ' ἄλλος ἐνὶ Τροίῃ εὐρείῃ
ἤπιος οὐδὲ φίλος, πάντες δέ με πεφρίκασιν. »		775
Ὣς ἔφατο κλαίουσ', ἐπὶ δ' ἔστενε δῆμος ἀπείρων·
λαοῖσιν δ' ὁ γέρων Πρίαμος μετὰ μῦθον ἔειπεν·
« Ἄξετε νῦν, Τρῶες, ξύλα ἄστυ δέ, μηδέ τι θυμῷ
δείσητ' Ἀργείων πυκινὸν λόχον· ἦ γὰρ Ἀχιλλεὺς
πέμπων μ' ὧδ' ἐπέτελλε μελαινάων ἀπὸ νηῶν,			780
μὴ πρὶν πημανέειν, πρὶν δωδεκάτη μόλῃ ἠώς. »
Ὣς ἔφαθ', οἱ δ' ὑπ' ἀμάξῃσιν βόας ἡμιόνους τε
ζεύγνυσαν, αἶψα δ' ἔπειτα πρὸ ἄστεος ἠγερέθοντο·
ἐννῆμαρ μὲν τοί γε ἀγίνεον ἄσπετον ὕλην·
ἀλλ' ὅτε δὴ δεκάτη ἐφάνη φαεσίμβροτος ἠώς,			785
καὶ τότ' ἄρ' ἐξέφερον θρασὺν Ἕκτορα δάκρυ χέοντες,
ἐν δὲ πυρῇ ὑπάτῃ νεκρὸν θέσαν, ἐν δ' ἔβαλον πῦρ.

« Hector, de tous mes beaux-frères tu étais, de beau-coup, le plus cher à mon cœur. Je n'oublie pas que mon époux est Alexandre pareil aux dieux, qui m'a emmenée à Troie – que ne suis-je morte avant ! – Voici vingt ans déjà que je suis partie de là-bas et que j'ai quitté mon pays, et de toi jamais je n'entendis mot méchant ni amer. Au contraire, si quelque autre dans le palais me criti-quait, de mes beaux-frères ou de leurs sœurs, ou de leurs femmes aux beaux voiles, ou encore ma belle-mère – mon beau-père, lui, était envers moi aussi doux qu'un père – c'était toi qui les retenais, les persuadant par tes avis, ta douceur, tes mots apaisants. Je pleure donc sur moi, malheureuse, autant que sur toi, d'un cœur désolé. Nul désormais dans la vaste Troade qui me témoigne quelque douceur et amitié : tous n'ont pour moi que de l'horreur. »

Ainsi dit-elle, pleurante ; et la foule immense gémit. Lors le vieux Priam tient aux gens ce langage :

« Vous allez maintenant, Troyens, amener du bois dans la ville. Et ne craignez pas dans vos cœurs quelque habile aguet dû aux Argiens. En me congédiant des nefs noires, Achille m'a donné avis qu'il ne nous ferait aucun mal, avant que revienne la douzième aurore. »

Il dit, et aux chariots ils attellent des bœufs, des mules ; puis, sans retard, ils s'assemblent devant la ville. Pendant neuf jours, ils amènent du bois en masse. Mais quand, pour la dixième fois, l'aurore apparaît, qui brille aux yeux des mortels, ils procèdent au convoi de l'intré-pide Hector, en versant des pleurs. Au sommet du bûcher ils déposent le mort ; ils y mettent le feu.

Ἦμος δ' ἠριγένεια φάνη ῥοδοδάκτυλος Ἠώς,
τῆμος ἄρ' ἀμφὶ πυρὴν κλυτοῦ Ἕκτορος ἤγρετο λαός.
Αὐτὰρ ἐπεὶ δ' ἤγερθεν ὁμηγερέες τ' ἐγένοντο,   790
πρῶτον μὲν κατὰ πυρκαϊὴν σβέσαν αἴθοπι οἴνῳ
πᾶσαν, ὁπόσσον ἐπέσχε πυρὸς μένος· αὐτὰρ ἔπειτα
ὀστέα λευκὰ λέγοντο κασίγνητοί θ' ἕταροί τε
μυρόμενοι, θαλερὸν δὲ κατείβετο δάκρυ παρειῶν.
Καὶ τά γε χρυσείην ἐς λάρνακα θῆκαν ἑλόντες,   795
πορφυρέοις πέπλοισι καλύψαντες μαλακοῖσιν·
αἶψα δ' ἄρ' ἐς κοίλην κάπετον θέσαν, αὐτὰρ ὕπερθε
πυκνοῖσιν λάεσσι κατεστόρεσαν μεγάλοισι·
ῥίμφα δὲ σῆμ' ἔχεαν, περὶ·δὲ σκοποὶ εἴατο πάντῃ,
μὴ πρὶν ἐφορμηθεῖεν ἐϋκνήμιδες Ἀχαιοί·   800
χεύαντες δὲ τὸ σῆμα πάλιν κίον· αὐτὰρ ἔπειτα
εὖ συναγειρόμενοι δαίνυντ' ἐρικυδέα δαῖτα
δώμασιν ἐν Πριάμοιο, διοτρεφέος βασιλῆος.
  Ὣς οἵ γ' ἀμφίεπον τάφον Ἕκτορος ἱπποδάμοιο.

Et quand, au matin, paraît Aurore aux doigts de rose,
le peuple s'assemble autour du bûcher de l'illustre
Hector. Lors donc qu'ils sont tous là, formés en assemblée, avec du vin aux sombres feux, ils commencent par
éteindre le bûcher, partout où a régné la fougue de la
flamme. Puis frères et amis recueillent les blancs ossements. Tous pleurent, et ce sont de grosses larmes qui
alors inondent leur joues. Ils prennent ces ossements, les
déposent dans un coffret d'or, qu'ils cachent ensuite
sous de molles pièces de pourpre. Après quoi, sans
retard, ils les mettent au fond d'une fosse, et, par-dessus,
étendent un lit serré de larges pierres. En grande hâte, ils
répandent la terre d'un tombeau et, tout autour, placent
des gardes, de crainte que les Achéens aux bonnes jambières n'y donnent assaut auparavant. Et quand la terre
répandue a formé un tombeau, ils retournent en ville, où,
rassemblés comme il convient, ils s'assoient à un banquet glorieux dans la demeure de Priam, leur roi issu de
Zeus.

C'est ainsi qu'ils célèbrent les funérailles d'Hector,
dompteur de cavales.

Index

« Nous n'avons pas jugé utile, dans cet Index, de renvoyer à tous les vers où est cité un dieu ou un héros. Nous nous sommes contentés de mentionner les passages où ils intervenaient directement dans l'action. En revanche, nous avons noté quelques détails biographiques, indiqué brièvement les circonstances et la nature de l'intervention des personnages, et nous avons donné, pour les noms géographiques, les rares précisions que nous permet notre connaissance de la Grèce héroïque.

Les noms sont classés sous la forme française adoptée dans la traduction. La transcription des noms grecs, tout en se conformant à un certain nombre de règles générales, n'a cependant pas été rigoureusement systématique : des raisons de rythme et d'euphonie l'ont parfois emporté sur les principes que le traducteur s'était fixés. Mais, comme le nom grec est toujours donné à côté du nom français, nous espérons que ces inconséquences n'empêcheront pas le lecteur de trouver facilement dans cet Index les noms qu'il y cherchera. »

Paul Mazon, *Iliade*, t. IV, CUF, p. 171.

A

ABANTES (Ἄϐαντες). Peuple d'Eubée, II 536-545. IV 464.

ABARBARÉE (Ἀϐαρϐαρέη). Nymphe, VI 22.

ABAS (Ἄϐας). Fils d'Eurydamas, guerrier troyen, tué par Diomède, V 148-151.

ABIES (Ἄϐιοι). Peuple inconnu, XIII 6.

ABLÈRE (Ἄϐληρος). Guerrier troyen, tué par Antiloque, VI 32-33.

ABYDOS (Ἄϐυδος). Ville de Troade, sur l'Hellespont, en face de Seste, II 836. XVII 584.

ACAMAS (Ἀκάμας). Fils d'Anténor, chef troyen, II 819-823. Marche à l'attaque du mur, XII 99-100. Blesse Promaque, XIV 476-486. Tué par Mérion, XVI 342-344.

ACAMAS (Ἀκάμας). Fils d'Eussore, chef thrace, II 844-845. Arès prend ses traits, V 460-470. Tué par Ajax, VI 5-11.

ACHÉLOOS (Ἀχελώιος). Fleuve de Grèce, entre l'Étolie et l'Acarnanie, XXI 194.

ACHÉLOOS (Ἀχελώιος). Fleuve de Lydie, XXIV 616.

ACHILLE (Ἀχιλλεύς). Fils de Thétis et de Pélée, roi de Phthie. *La querelle*, I 1-317. *La colère*, I 318-427 ; 488-492. Son royaume, II 681-694. Le meilleur des Achéens, II 768-779. Tua Éétion et ses fils, VI 414-428. *L'ambassade*, IX 181-635. Envoie Patrocle chez Nestor, XI 596-617. Saccagea

Ténédos, XI 625. Accueillit Ulysse et Nestor chez Pélée, XI 771-790. Permet à Patrocle de secourir les Achéens, XVI 1-100 ; 124-129. Sa pique, XVI 140-144. Fait prendre les armes aux Myrmidons, XVI 155-211. Adresse une prière à Zeus, XVI 220-256. Apprend la mort de Patrocle, XVIII 1-21. Consolé par Thétis, XVIII 22-147. D'un cri sème la panique parmi les Troyens, XVIII 148-242. Pleure sur le corps de Patrocle, XVIII 314-367. Reçoit les armes forgées par Héphæstos, XIX 1-39. Se réconcilie avec Agamemnon, XIX 40-275. Se lamente sur Patrocle, XIX 276-348. Revêt sa nouvelle armure, XIX 349-403. Combat contre Énée, XX 75-352. Ses exploits, XX 353-503. Tue Iphition, Démoléon, Hippodamas, Polydore, XX 381-420. S'élance vainement sur Hector, XX 419-454. Tue Dryops, Démouque, Laogone, Dardanos, Trôs, Moulios, Échècle, Deucalion, Rhigme, Aréithoos, XX 455-489. Arrive au bord du Scamandre, XXI 1-33. Tue Lycaon, XXI 34-138. Tue Astéropée, XXI 139-204. Tue Thersiloque, Mydon, Astypyle, Mnèso, Thrasios, Ænios, Ophéleste, XXI 205-323. Arrive devant Troie et est dupé par Phœbos, XXI 514-611. Poursuit Hector, XXII 131-187. Athéné intervient auprès de lui, XXII 188-246. Combat contre Hector, XXII 247-305. Tue Hector, XXII 306-404. Pleure Patrocle, XXIII 1-107. Célèbre les funérailles de Patrocle, XXIII 108-262. Donne des jeux en l'honneur de Patrocle, XXIII 262-897. Outrage le cadavre d'Hector,

XXIV 1-21. Reçoit l'ordre de rendre le cadavre, XXIV 120-142. Le rend à Priam, XXIV 440-676.

ACTÉE ('Ακταίη). Néréide, XVIII 41.

ACTOR ("Ακτωρ). Fils d'Azée, roi d'Orchomène, II 513. XXIII 638-642.

ADAMAS ('Αδάμας). Fils d'Asios, guerrier troyen, XII 140. Frappe vainement Antiloque et est tué par Mérion, XIII 560-575.

ADMÈTE ("Αδμητος). Fils de Phérès, roi de Thessalie, II 713-715.

ADRASTE ("Αδρηστος). Fils de Mérops, chef troyen, II 828-834.

ADRASTE ("Αδρηστος). Roi d'Argos et de Sicyone, II 572. XIV 121.

ADRASTE ('Αδρηστος). Guerrier troyen, pris par Ménélas et tué par Agamemnon, VI 37-65.

ADRASTE ("Αδρηστος). Guerrier troyen, tué par Patrocle, XVI 694.

ADRASTÉE ('Αδρήστεια). Ville de Mysie, II 828.

ÆNIOS (Αἴνιος). Guerrier péonien, tué par Achille, XXI 210.

AGAMÈDE ('Αγαμήδη). Fille d'Augias, femme de Moulios, XI 740-741.

AGAMEMNON ('Αγαμέμνων), fils d'Atrée, roi d'Argos et de Mycènes. La querelle, I 1-317. La colère, I 318-392. Le songe, II 5-143 ; 221-244 ; 369-393 ; 402-420 ; 477-483. Les villes de son royaume, II 569-580. Donne une flotte aux Arcadiens, II 612-614. Envoie Talthybios aux nefs, III 118-120. Son aspect, III 166-190. Le pacte, II 267-294. Donne à Ménélas la victoire sur Pâris, III 455-461. Ré-

conforte Ménélas blessé et
mande Machaon, IV 148-197.
Passe en revue les Achéens,
IV 223-421. Tue Odios, V 38-
42. Tue Déicoon, V 528-540.
Tue Élate, VI 33-35. Tue
Adraste, VI 53-65. Dissuade
Ménélas d'affronter Hector,
VII 104-121. Offre un festin
aux rois achéens, VII 313-322.
Accepte une trêve, VII 405-
412. Stimule les Achéens, VIII
217-252. Félicite Teucros, VIII
278-291. Propose aux Achéens
de quitter la Troade, IX 9-88.
Offre un repas aux Anciens,
IX 89-91. Ses offres à Achille,
IX 114-161; 260-299. Interroge Ulysse sur le résultat de
l'ambassade, IX 669-675.
Convoque un conseil nocturne,
X 1-271. Appelle l'armée au
combat, XI 15-46. *Ses exploits*,
XI 91-247. Tue Biénor et
Oïléo, XI 91-100. Tue Isos et
Antiphe, XI 101-121. Tue
Pisandre et Hippoloque, XI
122-147. Tue Iphidamas, XI
218-247. Blessé par Coon, le
tue et quitte le front, XI 248-
283. S'entretient avec Nestor
et les chefs achéens et propose
une fuite nocturne, XIV 27-
108. Se réconcilie avec Achille,
XIX 40-275. Ordonne de rassembler du bois pour le bûcher
de Patrocle, XXIII 110-112.
Se met en ligne pour le lancement de la javeline, XXIII
884-897.

AGAPÉNOR ('Αγαπήνωρ). Fils
d'Ancée, chef des Arcadiens,
II 603-614.

AGASTROPHE ('Αγάστροφος). Fils
de Péon, blessé puis tué par
Diomède, XI 338-375.

AGATHON ('Αγάθων). Fils de
Priam. XXIV 249.

AGAVÉ ('Αγαυή). Néréide, XVIII
42.

AGÉLAOS ('Αγέλαος). Fils de

Phradmon, guerrier troyen,
tué par Diomède, VIII 253-
260.

AGÉLAS ('Αγέλαος). Guerrier
achéen, tué par Hector, XI
302.

AGÉNOR ('Αγήνωρ). Fils d'Anténor, chef troyen, tue Éléphénor, IV 464-472. Marche à
l'attaque du mur, XII 93.
Soigne le héraut blessé, XIII
598-600. Tue Clonios, XV
340. Phœbos se sert de lui pour
duper Achille, XXI 544-611.

AGRIOS (Άγριος). Fils de Porthée, XIV 115.

AJAX (Αἴας). Fils d'Oïlée et
d'Ériôpis, chef des Locriens,
II 527-535. Ses troupes sont
passées en revue par Agamemnon, IV 272-292. Anime la
défense, XII 265-289. Répond
à Ajax, fils de Télamon, XIII
76-82. Dépouille Imbrios,
XIII 197-205. Résiste à Hector, XIII 673-722. Blesse
Satnios, XIV 440-448. Tue
Cléobule, XVI 330-334. Enlève le corps de Patrocle, XVII
700-761. A propos de la
course des chars, se querelle
avec Idoménée, XXIII 473-
498. Dispute l'épreuve de
course à pied, XXIII 740-797.

AJAX (Αἴας). Fils de Télamon,
chef des Salaminiens, II 557-
558. Le meilleur des Achéens
après Achille, II 768-769. Son
aspect, III 225-229. Ses
troupes sont passées en revue
par Agamemnon, IV 272-
292. Tue Simoïsios, IV 473-
493. Tue Amphios, V 610-
626. Tue Acamas, VI 5-11.
Combat singulier contre Hector, VII 175-312. Protège
Teucros blessé, VIII 330-334.
Ambassade chez Achille, IX
169-713. Réveillé par Diomède, assiste au conseil nocturne, X 175-271. Tue

AMISODARE ('Ἀμισώδαρος). Roi de Carie, XVI 328-329.

AMOPAON ('Ἀμοπάων). Fils de Polyémon, guerrier troyen, tué par Teucros, VIII 276.

AMPHICLE (Ἄμφιχλος). Guerrier troyen, tué par Mégès, XVI 313-316.

AMPHIDAMAS ('Ἀμφιδάμας). Habitant de Cythère, X 268-269.

AMPHIDAMAS ('Ἀμφιδάμας). Habitant d'Oponte dont le fils fut tué par Patrocle, XXIII 86-88.

AMPHIGÉNÉE ('Ἀμφιγένεια). Ville de Triphylie, II 593.

AMPHIMAQUE ('Ἀμφίμαχος). Petit-fils d'Actor, fils de Ctéate, chef épéen, II 615-621. Tué par Hector, XIII 183-197.

AMPHIMAQUE ('Ἀμφίμαχος). Fils de Nomion, chef carien, qui fut tué par Achille, II 867-875.

AMPHINOME ('Ἀμφινόμη). Néréide, XVIII 44.

AMPHION ('Ἀμφίων). Guerrier épéen, XIII 692.

AMPHIOS (Ἄμφιος). Fils de Mérops, chef troyen, II 828-834.

AMPHIOS (Ἄμφιος). Fils de Sélague, guerrier troyen, tué par Ajax, V 610-626.

AMPHITHOÉ ('Ἀμφιθόη). Néréide, XVIII 42.

AMPHOTÈRE ('Ἀμφοτερός). Guerrier troyen, tué par Patrocle, XVI 415-418.

AMYCLES ('Ἀμύκλα:). Ville de Laconie, II 584.

AMYDON ('Ἀμυδών). Ville de Péonie, II 849. XVI 288.

AMYNTOR ('Ἀμύντωρ). Fils d'Ormène, père de Phénix, IX 448-461. X 266.

ANCÉE ('Ἀγχατος). Habitant de Pleuron, XXIII 635.

ANCHIALE ('Ἀγχίαλος). Guerrier achéen, tué par Hector, V 608-609.

ANCHISE ('Ἀγχίσης). Fils de

Capys, père d'Énée, II 819-821. V 268-273. XX 239-240.

ANDROMAQUE ('Ἀνδρομάχη), fille d'Éétion, femme d'Hector. Entretien avec Hector, VI 369-502. Ses soins aux chevaux d'Hector, VIII 185-190. Apprend la mort d'Hector, XXII 437-515. Pleure sur Hector, XXIV 723-746.

ANÉMORÉE ('Ἀνεμώρεια). Ville de Phocide, II 521.

ANTÉE (Ἄντεια). Femme de Proïtos, VI 160-165.

ANTÉNOR ('Ἀντήνωρ). Chef troyen, II 822. Siège au conseil près des Portes Scées, III 146-224; Le pacte, III 262-313. Propose aux Troyens de rendre Hélène, VII 345-354.

ANTHÉDON ('Ἀνθηδών). Ville de Béotie, II 508.

ANTHEIA (Ἄνθεια). Ville de Messénie, IX 151 ; 293.

ANTILOQUE ('Ἀντίλοχος). Fils de Nestor. Tue Échépole, IV 457-462. Tue Mydon, V 565-589. Tue Ablère, VI 32-33. Tue le cocher d'Asios, XIII 394-401. Protège le corps d'Hypsénor, XIII 417-423. Ses exploits, XIII 540-580. Tue Phalcès et Mermère, XIV 513. Tue Mélanippe, XV 568-591. Tue Atymnios, XVI 317-329. Envoyé chez Achille, XVII 656-699. Apprend à Achille la mort de Patrocle, XVIII 1-21. Dispute la course des chars, XXIII 262-652. Dispute l'épreuve de course à pied, XXIII 740-797.

ANTIMAQUE ('Ἀντίμαχος). Troyen, XI 123-125 ; 138-142.

ANTIPHATÈS ('Ἀντιφάτης). Guerrier troyen, tué par Léontée, XII 190-192.

ANTIPHE (Ἄντιφος). Fils de

Thessalos, chef grec, II 676-680.

Antiphe (Ἄντιφος). Fils de Talémène et de la déesse du lac Gygée, chef méonien, II 864-866.

Antiphe (Ἄντιφος). Fils de Priam, tue Leucos, IV 489-493. Tué par Agamemnon, XI 101-121.

Antiphone (Ἀντίφονος). Fils de Priam, XXIV 250.

Antron (Ἀντρών). Ville de Thessalie, II 697.

Apèse (Ἀπαισός). Ville d'Asie Mineure, II 828.

Apharée (Ἀφαρεύς). Fils de Calétor, guerrier achéen, IX 80-88. Tué par Énée, XIII 540-544.

Aphrodite (Ἀφροδίτη). Déesse de l'amour, mère d'Énée, II 819-821. Sauve Pàris de Ménélas, III 373-382. Invite Hélène à rentrer dans sa chambre, III 383-425. Protectrice de Pàris, IV 10-12. Protège Énée blessé, V 311-317. Blessée par Diomède, se réfugie dans l'Olympe, V 330-430. Prête son ruban à Héré, XIV 187-224. Se range du côté des Troyens, XX 38-74. Porte secours à Arès et est frappée par Athéné, XXI 416-433. Protège le corps d'Hector, XXIII 184-187.

Apisaon (Ἀπισάων). Fils de Phausios, guerrier troyen, tué par Eurypyle, XI 575-580.

Apisaon (Ἀπισάων). Fils d'Hippase, guerrier péonien, tué par Lycomède, XVII 346-351.

Apollon. Voir Phœbos.

Apseudès (Ἀψευδής). Néréide, XVIII 46.

Arcadie (Ἀρκαδίη). Région de Grèce, II 603-614.

Arcadiens (Ἀρκάδες). Peuple de Grèce, II 603-614. VII 134.

Arcésilas (Ἀρκεσίλαος). Chef béotien, II 495. Tué par Hector, XV 329-331.

Archéloque (Ἀρχέλοχος). Fils d'Anténor, chef troyen, II 819-823. Marche à l'attaque du mur, XII 99-100. Tué par Ajax, XIV 459-475.

Archéptolème (Ἀρχεπτόλεμος). Fils d'Iphite, guerrier troyen, VIII 128. Tué par Teucros, VIII 309-315.

Aréilyque (Ἀρηίλυκος). Guerrier troyen, tué par Patrocle, XVI 305-311.

Aréithoos (Ἀρηίθοος). Tué par Lycurgue, VII 136-146.

Aréithoos (Ἀρηίθοος). Écuyer de Rhigme, guerrier thrace, tué par Achille, XX 487-489.

Arène (Ἀρήνη). Ville de Triphylie, II 591. XI 723.

Arès (Ἄρης). Fils de Zeus et d'Héré, dieu de la guerre. S'unit à Astyoché et engendre Ascalaphe et Ialménos, II 512-516. Éloigné par Athéné du combat, V 29-34. Donne ses chevaux à Aphrodite blessée, V 355-363. Fut emprisonné par Otos et Éphialte, V 385-391. Excite les Troyens au combat, V 454-470 ; 506-518 ; 592-595. Blessé par Diomède regagne l'Olympe, V 841-909. Veut venger la mort de son fils Ascalaphe, XV 110-142. Se range du côté des Troyens, XX 38-74. Se jette sur Athéné qui le dompte, XXI 391-415.

Arétaon (Ἀρετάων). Guerrier troyen, tué par Teucros, VI 31.

Arète (Ἄρητος). Guerrier troyen, tué par Automédon, XVII 494-542.

Aréthyrée (Ἀραιθυρέη). Ville d'Argolide, II 571.

Argisse (Ἄργισσα). Ville de Thessalie, II 738.

XVI 148-154; 423-542. XIX 400.

Bathyclès (Βαθυκλῆς). Fils de Chalcon, guerrier myrmidon, tué par Glaucos, XVI 593-601.

Batiée (Βατίεια). Colline près de Troie, II 811-815.

Bellérophon (Βελλεροφόντης). Fils de Glaucos. Ses exploits en Lycie, VI 155-205. Hôte d'Œnée, VI 216-221.

Béotiens (Βοιωτοί). Peuple de Grèce, II 494-510. XIII 685.

Besse (Βῆσσα). Ville de Locride, II 532.

Bias (Βίας). Chef pylien, IV 296.

Bias (Βίας). Guerrier achéen, XIII 690-691.

Biénor(Βιήνωρ).Guerrier troyen, tué par Agamemnon, XI 91-100.

Boagrios (Βοάγριος). Fleuve de Locride, II 533.

Bœbé (Βοίβη). Ville de Thessalie, II 712.

Bœbéis (Βοιβηίς). Lac de Thessalie, II 711.

Bore (Βῶρος). Fils de Périère, époux de Polydore, XVI 173-177.

Boucolion (Βουκολίων). Fils de Laomédon, VI 21-26.

Bouprasion (Βουπράσιον). Ville d'Élide, II 615. XI 756; 760. XXIII 631.

Briarée. Voir Égéon.

Briséis (Βρισηίς). Fille de Brisès, prise par Achille à Lyrnesse, I 184; 318-348. II 688-694. IX 106; 132; 274. XIX 175-178; 246; 258-264. Se lamente sur Patrocle, XIX 276-346. XXIV 676.

Brisès (Βρισεύς). Roi de Pédase, en Troade, père de Briséis, I 392.

Brysées (Βρυσειαί). Ville de Laconie, II 583.

Budion (Βούδειον). Ville de Phtiotide, XVI 572.

C

Cabèse (Καβησός) Ville sur l'Hellespont (?), XIII 363.

Cadméens (Καδμεῖοι). Peuple de Béotie, IV 385.

Calchas (Κάλχας). Fils de Thestor, devin grec. Révèle la raison du courroux d'Apollon, I 68-120. Prophétise la durée de la guerre de Troie, II 299-332.

Calésios (Καλήσιος). Écuyer d'Axyle, tué par Diomède, VI 12-19.

Calétor (Καλήτωρ). Fils de Clytios, guerrier troyen, tué par Ajax, XV 419-421.

Callianassa (Καλλιάνασσα). Néréide, XVIII 46.

Callianire (Καλλιάνειρα). Néréide, XVIII 44.

Calliare (Καλλίαρος). Ville de Locride, II 531.

Calydnes (Καλύδναι). Iles du groupe des Sporades, II 677.

Calydon (Καλυδών). Ville d'Étolie, II 640. IX 530-599. XIII 217. XIV 116.

Camire (Κάμειρος). Ville de Rhodes, II 686.

Capys(Κάπυς). Fils d'Assaraque, père d'Anchise, XX 239.

Cardamyle (Καρδαμύλη). Ville de Messénie, IX 150; 292.

Carèse (Κάρησος). Fleuve de Troade, XII 17-33.

Cariens (Κᾶρες). Peuple d'Asie Mineure, II 867-871. X 428.

Caryste (Κάρυστος). Ville d'Eubée, II 539.

Case (Κάσος). Une des Cyclades, II 676.

Cassandre (Κασσάνδρη). Fille de Priam et d'Hécube. Promise à Othryonée, XIII 365-369. XXIV 697-706.

Castianire (Καστιάνειρα). Femme de Priam, VIII 302-305.

Castor (Κάστωρ). Fils de Léda, frère de Pollux, III 236-242.

CAUCONES (Καύκωνες). Peuplade
de Paphlagonie, X 429. XX
329.

CAYSTRE (Καΰστριος). Fleuve
d'Asie Mineure, II 461.

CÉBRION (Κεβριόνης). Fils de
Priam, VIII 317-319. Avertit
Hector de l'action d'Ajax, XI
521-530. Suit Hector à l'atta-
que du mur, XII 91. Tué par
Patrocle, dépouillé par les
Achéens, XVI 726-783.

CÉLADON (Κελάδων). Fleuve d'É-
lide, VII 133.

CÉNÉE (Καινεύς). Lapithe, I 264.

CENTAURES. Figurent sous le
nom de Monstres de la Montagne (Φῆρες ὀρεσκῷοι), I 268;
sous le nom de Monstres velus
(Φῆρες λαχνήεντες), II 743.

CÉPHALLÉNIENS (Κεφαλλῆνες).
Peuple du royaume d'Ulysse,
II 631. IV 330.

CÉPHISE (Κηφισός). Fleuve de
Phocide et de Béotie, II 522.
V 709.

CÉRINTHE (Κήρινθος). Ville d'Eubée, II 538.

CHALCIS (Χαλκίς). Ville d'Eubée,
II 537.

CHALCIS (Χαλκίς). Ville d'Étolie,
II 640.

CHARIS (Χάρις). Femme d'Héphæstos. Accueille Thétis,
XVIII 382-392.

CHAROPS (Χάροψ). Fils d'Hippase, blessé par Ulysse, XI
426-427.

CHERSIDAMAS (Χερσιδάμας).
Guerrier troyen, tué par Ulysse,
XI 423.

CHIMÈRE (Χίμαιρα). Monstre de
Lycie, tué par Bellérophon,
VI 179-183. XVI 328-329.

CHIRON (Χείρων). Centaure de
Thessalie. Enseigna les re-
mèdes à Asclépios, IV 219.
Enseigna la médecine à Achille,
XI 832. Fit présent d'une
pique à Pélée, XVI 140-144;
XIX 387-391.

CHROMIOS (Χρομίος). Fils de
Nélée, Pylien, IV 295.

CHROMIOS (Χρομίο:). Fils de
Priam, fait prisonnier par
Diomède, V 159-165.

CHROMIOS (Χρομίος). Guerrier
lycien, tué par Ulysse, V 677.

CHROMIOS (Χρομίος). Guerrier
troyen, tué par Teucros, VIII
275.

CHROMIOS (Χρομίος). Guerrier
lycien, XVII 218.

CHROMIS (Χρόμις). Chef mysien
II 858-861.

CHRYSÉ (Χρύση). Ville de Mysie,
I 37; 100; 390; 428-487.

CHRYSÉIS (Χρυσηΐς). Fille de
Chrysès, I 111; 143; 182; 310;
369; 439.

CHRYSÈS (Χρύσης). Prêtre d'A-
pollon, I 8-52; 428-487.

CHRYSOTHÉMIS (Χρυσόθεμις). Fille
d'Agamemnon et de Clytem-
nestre, IX 144-148; 286-290.

CICONES (Κίκονες). Peuple de
Thrace, II 846-847.

CILLA (Κίλλα). Ville de Troade,
I 38; 452.

CINYRAS (Κινύρης). Roi de Chypre, XI 20.

CISSÈS (Κισσῆς). Père de Théanô,
XI 223-226.

CLEITOS (Κλεῖτος). Fils de Pisé-
nor, guerrier troyen, tué par
Teucros, XV 442-453.

CLÉOBULE (Κλεόβουλος). Guerrier
troyen, tué par Ajax fils
d'Oïlée, XVI 330-334.

CLÉONES (Κλεωναί). Ville d'Argolide, II 570.

CLÉOPATRE (Κλεοπάτρη). Fille de
Marpesso et d'Idès, femme de
Méléagre, IX 556-596 (voir
Alcyone).

CLONIOS (Κλονίος). Chef béotien,
II 495. Tué par Agénor, XV
340.

CLYMÈNE (Κλυμένη). Suivante
d'Hélène, III 144.

CLYMÈNE (Κλυμένη). Néréide,
XVIII 47.

DÉIOPITE (Δηιοπίτης). Guerrier troyen, blessé par Ulysse, XI 420.

DÉIOQUE (Δηίοχος). Guerrier achéen, tué par Pàris, XV 341-342.

DÉIPHOBE (Δηίφοβος). Fils de Priam. Marche à l'attaque du mur, XII 94-95. Manqué par Mérion, XIII 156-164. Tue Hypsénor, XIII 402-416. Demande l'assistance d'Énée, XIII 455-468. Tue Ascalaphe et est blessé par Mérion, XIII 516-539.

DÉIPYLE (Δηίπυλος). Guerrier achéen, V 325-327.

DÉIPYRE (Δηίπυρος). Guerrier achéen, IX 80-88. Tué par Hélénos, XIII 576-580.

DEISÉNOR (Δεισήνωρ). Guerrier lycien, XVII 217.

DÉMÉTER (Δημήτηρ). Déesse de la moisson, mère de Perséphone, XIV 326.

DÉMOLÉON (Δημολέων). Fils d'Anténor, guerrier troyen, tué par Achille, XX 395-400.

DÉMOUQUE (Δημοϋχος). Fils de Philétor, guerrier troyen, tué par Achille, XX 457-459.

DEUCALION (Δευκαλίων). Fils de Minos, père d'Idoménée, XIII 451-453.

DEUCALION (Δευκαλίων). Guerrier troyen, tué par Achille, XX 478-483.

DEXAMÈNE (Δεξαμένη). Néréide, XVIII 44.

DIOCLÈS (Διοκλῆς). Fils d'Ortiloque, roi de Phères, V 541-549.

DIOMÈDE (Διομήδης). Fils de Tydée, roi d'Argolide, II 559-568. Ses troupes sont passées en revue par Agamemnon, IV 365-421. Ses exploits, V 1-26 ; 84-909. Blessé par Pandare, V 95-120. Tue Astynoos, Hypeiron, Abas, Polyidos, Xanthe, Thoon, V 144-158. Fait prisonniers Échemmon et Chromios, V 159-165. Tue Pandare, V 166-296. Blesse Énée, V 297-310. Blesse Aphrodite, V 330-351. Arrêté par Apollon, V 431-470. Ordonne à ses gens de reculer, V 596-606. Tancé par Athéné, blesse Arès, V 792-867. Tue Axyle et Calésios, VI 12-19. Sa rencontre avec Glaucos, VI 119-236. Propose de refuser les offres de Pàris, VII 399-404. Va au secours de Nestor, VIII 90-197. Tue Agélaos, VIII 253-260. Refuse de quitter la Troade, IX 31-51. Propose de reprendre le combat dès l'aurore, IX 696-713. Réveillé par Nestor, réveille Ajax et Mégès, X 150-179. Conseil nocturne aux avant-postes, X 180-271. Fait une reconnaissance en compagnie d'Ulysse, X 272-579. Surprend et tue Dolon, X 338-464. Tue Rhésos, X 469-525. Rentre au camp achéen, X 526-579. Tue Thymbrée et les fils de Mérops, blesse Agastrophe et repousse Hector et les Troyens, XI 310-367. Tue Agastrophe et est blessé par Pàris, XI 368-400. Propose aux chefs de revenir au combat, XIV 109-134. Dispute la course des chars, XXIII 262-652. Assiste Euryale, XXIII 681-684. Combat singulier contre Ajax, XXIII 798-825.

DIOMÈDE (Διομήδη). Fille de Phorbas, captive d'Achille, IX 664-665.

DION (Δίον). Ville d'Eubée, II 538.

DIONÉ (Διώνη). Mère d'Aphrodite. Soigne Aphrodite blessée, V 370-417.

DIONYSOS (Διώνυσος). Fils de Zeus et de Sémélé, dieu du vin, VI 130-137.

DIORÈS (Διώρης). Fils d'Amaryn-

ÉGINE (Αἴγινα). Ile du golfe Saronique, II 561.

ÉGION (Αἴγιον). Ville d'Achaïe, II 574.

ÉIONÉE ('Ηιονεύς). Guerrier achéen, tué par Hector, VII 1-12.

ÉIONES ('Ηιόνες). Bourg d'Argolide, II 561.

ÉLASE (Ἔλασος). Guerrier troyen, tué par Patrocle, XVI 696.

ÉLATE (Ἔλατος). Guerrier troyen, tué par Agamemnon, VI 33-35.

ÉLÉENS ('Ηλεῖοι). Peuple de Grèce, habitant l'Élide, XI 671.

ÉLÉON ('Ελεών). Ville de Béotie, II 500. X 266.

ÉLÉPHÉNOR ('Ελεφήνωρ). Fils de Chalcodon, chef des Abantes, II 540-545. Tué par Agénor, IV 463-472.

ÉLIDE ('Ηλις). Région de Grèce, II 615-624.

ÉLONE ('Ηλώνη). Ville de Thessalie, II 739.

ÉMATHIE ('Ημαθίη). Ville de Macédoine ou ancien nom de la Macédoine, XIV 226.

ÉNÉE (Αἰνείας). Fils d'Anchise et d'Aphrodite, chef troyen, II 819-823. Exhorte Pandare à combattre Diomède, V 166-275. Blessé par Diomède, V 297-317. Sauvé par Apollon, V 431-470. Revient au combat, V 512-518. Tue Créthon et Orsiloque, V 541-572. Marche à l'attaque du mur, XII 98-99. Affronte Idoménée, XIII 458-505. Tue Aphareé, XIII 540-544. Tue Médon et Iase, XV 332-338. Manque Mérion, XVI 608-631. Exhorte les Troyens et tue Léiocrite, XVII 333-345. Cherche à s'emparer des chevaux d'Achille, XVII 491-536. Avec Hector met en fuite les Achéens, XVII 753-

761. Combat contre Achille, XX 75-352.

ÉNÈTES (Ενετοί). Peuple de Paphlagonie, II 852.

ÉNIÈNES (Αἰνιῆνες). Peuple thessalien, II 749-750.

ÉNIOPÉE('Ηνιοπεύς). Fils de Thébée, écuyer d'Hector, tué par Diomède, VIII 118-123.

ÉNISPÉ ('Ενίσπη).Lieu d'Arcadie, II 606.

ENNOME(Ἔννομος). Chef mysien, qui fut tué par Achille, II 858-861. XVII 218.

ENNOME (Ἔννομος). Guerrier troyen, tué par Ulysse, XI 422.

ÉNOPE ('Ενόπη). Ville de Messénie, IX 150; 292.

ÉNOS (Αἴνος). Ville de Thrace, IV 520.

ÉNYEUS ('Εννεύς).Nom d'homme, IX 668.

ÉNYO ('Εννώ). Déesse de la guerre, V 333; 592-593.

ÉPALTÈS ('Επάλτης) Guerrier lycien, tué par Patrocle, XVI 415-418.

ÉPÉENS ('Επειοί). Habitants de l'Élide, II 615-624. IV 537. XI 688-695; 707-759. XIII 686. XXIII 629-642.

ÉPEIA (Αἴπεια). Ville de Messénie, IX 152; 294

ÉPÉIOS ('Επειός). Fils de Panopée, guerrier achéen, XXIII 653-699; 826-849.

ÉPHIALTE ('Εφιάλτης). Fils d'Aloeus et d'Iphimédée. Emprisonna Arès, V 385-391.

ÉPHYRE ('Εφύρη). Ville de Thesprotie, II 659. XV 531.

ÉPHYRE ('Εφύρη). Ancien nom de Corinthe, VI 152; 210.

ÉPHYRES (Ἔφυροι). Peuple de Grèce, XIII 301.

ÉPICLÈS ('Επικλῆς). Guerrier lycien, tué par Ajax, XII 378-386.

ÉPIDAURE ('Επίδαυρος). Ville d'Argolide, II 561.

des chevaux d'Achille, XVII
483-536. Blesse Léite et tue
Cœrane, XVII 601-619. Avec
Énée met en fuite les Achéens,
XVII 753-761. Tente de ravir
le corps de Patrocle, XVIII
151-168. Ordonne aux Troyens
de camper dans la plaine,
XVIII 284-313. Exhorte les
Troyens à affronter Achille,
mais reste dans la foule, XX
364-380. Manque Achille et
est sauvé par Phœbos, XX
419-454. Hésite à affronter
Achille ou à rentrer dans
Troie, XXII 90-130. Pour-
suivi par Achille, XXII 131-
187. Athéné intervient auprès
de lui, XXII 188-246.
Combat contre Achille, XXII
247-305. Est tué par Achille,
XXII 306-404. Rachat de son
cadavre, XXIV 1-676. Ramené
à Troie, XXIV 677-781. Ses
funérailles, XXIV 782-804.

Hécube ('Εκάβη). Femme de
Priam. Entretien avec Hector,
VI 251-285. Va au temple
d'Athéné, VI 290-311. Sup-
plie Hector de rentrer dans
Troie, XXII 79-89. Pleure la
mort d'Hector, XXII 430-
436. Cherche à dissuader
Priam de partir pour les nefs,
XXIV 193-216 ; 283-305.
Pleure sur Hector, XXIV
747-760.

Hélène ('Ελένη). Fille de Tyn-
dare, femme de Ménélas. Enlevée de force par Pâris, II
590. Vient assister au combat
de Pâris et de Ménélas, III
121-244. Sur l'ordre d'Aphrodite, rentre au palais de Pâris
qu'elle accueille au retour du
combat, III 383-448. Accueille
Hector, VI 342-368. Pleure
sur Hector, XXIV 761-776.

Hélénos ('Ελενος). Fils d'Œ-
nops, guerrier achéen, tué par
Hector, V 707.

Hélénos ('Ελενος). Fils de
Priam. Invite Hector à quitter
le front, VI 73-101. Engage
Hector à défier les Achéens,
VII 46-53. Marche à l'attaque
du mur, XII 94-95. Tue
Déipyre, XIII 576-580.
Manque Ménélas, qui le blesse,
XIII 581-600.

Hélicaon ('Ελικάων). Fils d'Anténor, III 121-124.

Hélice ('Ελίκη). Ville d'Achaïe,
II 575. VIII 203. XX 404.

Hellade ('Ελλάς). Région de
Thessalie, II 683.

Hellènes ('Ελληνες). Peuple de
Grèce, II 684.

Hellespont ('Ελλήσποντος). Dé-
troit des Dardanelles, II 845.
VII 86. IX 360. XII 30. XV
235. XVII 432. XVIII 150.
XXIV 346 ; 545.

Hélos ('Ελος). Ville de Laconie,
II 584.

Hélos ('Ελος). Bourg de Triphylie, II 594.

Hémon (Αἵμων). Chef pylien, IV
296.

Héphæstos ('Ηφαιστος). Fils de
Zeus et d'Héré, dieu du feu.
Apaise la colère d'Héré, I 571-
600. Fabrique un sceptre pour
Zeus, II 101-102. Sauve Idée,
V 23-24. Fit une cuirasse pour
Diomède, VIII 194-195. Re-
çoit Thétis, XVIII 368-467.
Forge les armes pour Achille,
XVIII 468-617. Se range du
côté des Achéens, XX 33-74.
Allume un incendie contre le
Scamandre, XXI 342-382.

Heptapore ('Επτάπορος). Fleuve
de Troade, XII 17-33.

Héraclès ('Ηρακλῆς). Fils de
Zeus et d'Alcmène. Père de
Tlépolème, II 657-660. Blessa
Héré et Hadès, V 392-404.
Ravagea Ilion, V 638-642. Ses
travaux, VIII 362-369. Ses
combats à Pylos, XI 690-691.
Son retour de Troie, XIV

HIPPOTHOOS ('Ιππόθοος). Fils de Priam, XXIV 251.

HIPPOTION ('Ιπποτίων). Guerrier ascanien, tué par Mérion, XIV 514.

HIRÉ ('Ιρή). Ville de Messénie, IX 150 ; 292.

HYADES ('Υάδες). Constellation, XVIII 486.

HYAMPOLIS ('Υάμπολις). Ville de Phocide, II 521.

HYDÉ ("Υδη). Ville de Lydie, XX 385.

HYLÉ ("Υλη). Ville de Béotie, II 500. V 708. VII 221.

HYLLE ("Υλλος). Fleuve de Lydie, XX 392.

HYPEIRON ('Υπείρων). Guerrier troyen, tué par Diomède, V 144-148.

HYPÉRÉE ('Υπέρεια). Source de Thessalie, II 734. VI 457.

HYPÉRÉNOR ('Υπερήνωρ). Guerrier troyen, tué par Ménélas, XIV 516-519 ; XVII 24-27.

HYPÉRÉSIE ('Υπερησίη). Ville d'Achaïe, II 573.

HYPÉROQUE ('Υπείροχος). Guerrier troyen, tué par Ulysse, XI 335.

HYPOTHÈBES ('Υποθῆβαι). Cité près de Thèbes de Béotie, II 505.

HYPSÉNOR ('Υψήνωρ). Fils de Dolopion, guerrier troyen, tué par Eurypyle, V 76-83.

HYPSÉNOR ('Υψήνωρ). Fils d'Hippase, guerrier achéen, tué par Déiphobe, XIII 402-416.

HYRIE ('Υρίη). Ville de Béotie, II 496.

HYRMINÉ ('Υρμίνη). Ville d'Élide, II 616.

HYRTIOS ("Υρτιος). Chef mysien, blessé par Ajax, XIV 511-512.

I

IALMÈNE ('Ιάλμενος). Fils d'Arès et d'Astyoché, chef mynien, II 512-516. IX 80-88.

IAMÈNE ('Ιαμενός). Guerrier troyen, XII 139. Tué par Léontée, XII 193-194.

IANASSA ('Ιάνασσα). Néréide, XVIII 47.

IANIRE ('Ιάνειρα). Néréide, XVIII 47.

IASE ("Ιασος). Fils de Sphèle, chef athénien, tué par Énée, XV 332-338.

IDA ("Ιδη). Mont de Mysie, VIII 47 ; 397 ; 410. XIV 283 ; 332. XV 151. XX 91 ; 189.

IDÉE ('Ιδαῖος). Héraut troyen, III 247-258. VII 273-282 ; 381-417. XXIV 324-325 ; 352-357 ; 470.

IDÉE (Ιδαῖος). Fils de Darès, guerrier troyen, V 9-29.

IDÈS ("Ιδης). Père de Cléopâtre, IX 556-564.

IDOMÉNÉE ('Ιδομενεύς). Fils de Deucalion, chef des Crétois, II 645-652. Son aspect, III 230-233. Ses troupes sont passées en revue par Agamemnon, IV 251-271. Tue Phesto, V 43-48. Charge Nestor d'emmener Machaon blessé, XI 510-515. Ses exploits, XIII 206-401. Tue Othryonée, XIII 363-382. Tue Asios, XIII 388-393. Tue Alcathoos, XIII 424-454. Combat contre Énée, XIII 470-505. Tue Œnomaos, XIII 506-515. Tue Érymas, XVI 345-350. Frappe Hector, XVII 605-625. A propos de la course des chars, se querelle avec Ajax, fils d'Oïlée, XXIII 450-498.

IÉLYSE ('Ιηλυσός). Ville de Rhodes, II 656.

IÈRE ("Ιαιρα). Néréide, XVIII 42.

ILÉSIE (Εἰλέσιον). Lieu de Béotie, II 499.

ILIONÉE ('Ιλιονεύς). Fils de Phorbas, guerrier troyen, tué par Pénéléos, XIV 487-505.

ILOS ('Ιλος). Arrière petit-fils de Dardanos, fils de Trôs, père

Laodice (Λαοδίκη). Fille d'Agamemnon et de Clytemnestre,
IX .144-148 ; 286-290.

Laodoque (Λαόδοκος). Fils
d'Anténor, guerrier troyen.
Athéné prend ses traits, IV
86-88.

Laogone (Λαόγονος). Fils d'Oné-
tor, guerrier troyen, tué par
Mérion, XVI 603-607.

Laogone (Λαόγονος). Fils de
Bias, guerrier troyen, tué par
Achille, XX 460-462.

Laomédon (Λαομέδων). Fils
d'Ilos, père de Priam, roi de
Troie, V 640-642 ; 648-651.
VII 453. XX 236-238. XXI
441-457. XXIII 348.

Laothoé (Λαοθόη). Fille d'Altès,
mère de Lycaon et de Polydore, XXI 84-91. XXII 46-53.

Lapithes (Λαπίθαι). Peuple de
Thessalie. Défendent le mur,
XII 127-194.

Larisse (Λάρισα). Ville d'Asie
Mineure(?), II 841. XVII 301.

Lectos (Λεκτός). Promontoire
de Troade, XIV 284.

Léiocrite (Λειώκριτος). Fils
d'Arisbas, guerrier achéen, tué
par Énée, XVII 344-345.

Léite (Λήιτος). Fils d'Alectryon,
chef béotien, II 494. Tue
Phylaque, VI 35-36. Blessé
par Hector, XVII 601-604.

Lélèges (Λέλεγες). Peuple de
Carie, X 429. XXI 86.

Lemnos (Λῆμνος). Ile, I 593. II
722. VII 467. VIII 230. XIV
230; 281. XXI 40; 46; 58;
79. XXIV 753.

Léontée (Λεοντεύς). Fils de Co-
rône, chef thessalien, II 745-
747. Défendant le mur, tue
Hippomaque, Antiphatès, Ménon, Iamène et Oreste, XII
127-194. Dispute l'épreuve du
disque, XXIII 826-849.

Lesbos (Λέσβος). Ile de la mer
Égée, IX 129; 271; 664.
XXIV 544.

Lèthe (Λῆθος). Fils de Teutame,
roi des Pélasges, II 840-843.

Léto (Λητώ). Mère de Phœbos
Apollon et d'Artémis, XIV
327. XX 38-74. XXI 496-504.

Leucos (Λεῦκος). Compagnon
d'Ulysse, tué par Antiphe, IV
489-493.

Lilée(Λίλαια). Ville de Phocide,
II 523.

Licymnios (Λικύμνιος). Oncle
d'Héraclès, II 661-663.

Limnoréia (Λιμνώρεια). Néréide,
XVIII 41.

Lindos (Λίνδος). Ville de Rhodes,
II 656.

Locriens (Λοκροί). Peuple de la
Locride Opontienne, II 527-
535. XIII 686; 712-722.

Lycaon · (Λυκάων). Fils de
Priam et de Laothoé, III 333.
Tué par Achille, XXI 34-
138; XXII 46-53. Son rachat,
XXIII 746.

Lycaon (Λυκάων)· Père de Pandare, Lycien, V 193-200.

Lycaste (Λύκαστος). Ville de
Crète, II 647.

Lycie (Λυκίη). Partie de la
Troade, V 105; 173.

Lycie (Λυκίη). Région d'Asie
Mineure, V 479-481; 645. XII
312. XVI 437; 514; 673; 683.

Lyciens (Λύκιοι). Peuple d'Asie
Mineure, II 876-877. X 430.
XII 315-438. XVI 659-662.

Lycomède (Λυκομήδης). Fils de
Créon, guerrier achéen, IX
80-88. Tue Apisaon, XVII
346-351.

Lycon (Λύκων). Guerrier troyen,
tué par Pénéléôs, XVI 335-
341.

Lycophonte(Λυκοφόντης). Guerrier troyen, tué par Teucros,
VIII 275.

Lycophron (Λυκόφρων). Fils de
Mastor, écuyer d'Ajax, tué par
Hector, XV 422-435.

Lycte (Λύκτος). Ville de Crète,
II 647. XVII 611.

lier avec Pâris, III 310-382.
Recherche Pâris dans la foule,
III 448-461. Zeus reconnaît
sa victoire, IV 7-19. Blessé par
Pandare, IV 93-187. Tue Sca-
mandrios, V 49-58. Affronte
Énée et tue Pylémène, V 561-
579. Se saisit d'Adraste, VI
37-65. S'offre à combattre
Hector, VII 94-132. Reçoit
d'Agamemnon l'ordre de
convoquer un conseil nocturne,
X 25-72. Invite Ajax à secou-
rir Ulysse, XI 459-471. Se-
court Ulysse, XI 472-481. Ses
exploits, XIII 581-672. Blesse
Hélénos, XIII 581-600. Tue
Pisandre, XIII 601-642. Tue
Hypérénor, XIV 516-519. Tue
Dolops, XV 540-545. Stimule
Antiloque, XV 568-572. Tue
Thoas, XVI 311-312. Défen-
dant le corps de Patrocle, tue
Euphorbe, XVII 1-60. Hésite
à protéger seul le corps de
Patrocle et appelle Ajax à
l'aide, XVII 89-132. Appelle
les chefs au secours d'Ajax,
XVII 246-255. Stimulé par
Athéné, tue Podès, XVII
558-581. Sur le conseil d'Ajax,
envoie Antiloque chez Achille,
XVII 656-699. Enlève le corps
de Patrocle, XVII 700-761.
Dispute la course des chars,
XXIII 262-652.

MÉNESTHE (Μενέσθης). Guerrier
achéen, tué par Hector, V
608-609.

MÉNESTHÉE (Μενεσθεύς). Fils de
Pétéôs, chef des Athéniens, II
546-556. Ses troupes sont
passées en revue par Agamemnon, IV 327-364. Appelle les
deux Ajax à la rescousse, XII
331-363. Emmène le corps
d'Amphimaque, XIII 195-196.
A la tête des Athéniens, XIII
689-690.

MÉNESTHIOS (Μενέσθιος). Fils
d'Aréithoos et de Philomé-

duse, tué par Pâris, VII 1-12.
MÉNESTHIOS (Μενέσθιος). Fils de
Sperchios et de Polydore, chef
myrmidon, XVI 173-178.
MÉNŒTIOS (Μενοίτιος). Fils
d'Actor, père de Patrocle. Ses
recommandations à Patrocle,
XI 765-790. Amena Patrocle
chez Pélée, XXIII 85-88.
MÉNON (Μένων). Guerrier troyen,
tué par Léontée, XII 193-194.
MÉON (Μαίων) Fils d'Hémon,
chef béotien, IV 393-398.
MÉONIE (Μηονίη). Ancien nom
de la Lydie, III 401. XVIII
291.
MÉONIENS (Μήονες). Peuple de
Lydie, II 864-866. X 431.
MÉRION (Μηριόνης). Fils de
Mole, chef crétois, II 645-652.
IV 253-254. Tue Phérècle, V
59-68. Va aux avant-postes,
IX 80-88. Assiste au conseil
nocturne, X 196-197. Prête
son casque à Ulysse, X 260-
271. Manque Déiphobe, XIII
159-168. Accompagne Ido-
ménée au combat, XIII 246-
329. Blesse Déiphobe, XIII
528-533 Tue Adamas, XIII
567-575. Tue Harpalion, XIII
643-659. Tue Morys et Hippotion, XIV 514. Tue Aca-
mas, XVI 342-344. Tue
Laogonë, XVI 603-607. Manqué par Énée, XVI 608-631.
Engage Idoménée à fuir vers
les nefs, XVII 620-623. Enlève le corps de Patrocle,
XVII 700-761. Fait rassembler
du bois pour le bûcher de
Patrocle, XXIII 112-126. Dispute la course des chars, XXIII
262-652. Dispute l'épreuve du
tir à l'arc, XXIII 850-883. Se
met en ligne pour le lancement
de la javeline, XXIII 884-
897.
MERMÈRE (Μέρμερος). Guerrier
troyen, tué par Antiloque,
XIV 513.

248. Invite les autres rois à suivre l'avis d'Agamemnon, II 75-84. Invite les Achéens à combattre, II 336-368. Ordonne de rassembler les Achéens, II 432-440. Villes de son royaume, II 591-902. Ses troupes sont passées en revue par Agamemnon, IV 293-325. Stimule les Achéens, VI 66-72. Sa victoire sur Éreuthalion, VII 123-160. Fait tirer au sort l'adversaire d'Hector, VII 170-182. Propose la construction d'un mur, VII 323-344. Reste isolé en avant des lignes, VIII 80-159. Approuve l'avis de Diomède, IX 52-78. Propose d'apaiser la colère d'Achille, IX 92-113. Propose l'envoi d'une ambassade à Achille, IX 162-181. Réveillé par Agamemnon, réveille Ulysse et Diomède, X 73-176. Conseil nocturne aux avant-postes, X 180-271. Accueille Ulysse et Diomède, X 531-553. Emmène Machaon blessé, XI 516-520. Rentre dans sa baraque, XI 618-642. Discours à Patrocle, XI 645-804. Tua Itymonée, XI 672-676. Sa visite chez Pélée, XI 767-790. Quitte sa baraque et rencontre les chefs achéens, XIV 1-63. Prie Zeus de secourir les Achéens, XV 367-378. Stimule les Achéens, XV 659-667. Conseils à Antiloque pour la course des chars, XXIII 304-350. Reçoit une coupe des mains d'Achille, XXIII 615-652.

NIOBÉ (Νιόβη). Fille de Tantale, femme d'Amphion, XXIV 602-617.

NIRÉE (Νιρεύς). Fils de Charops et d'Aglaié, chef des Syméens, II 671-675.

NISE (Νῖσα). Ville de Béotie, II 508.

NISYRE (Νίσυρος). Une des Sporades, II 676.

NOÉMON (Νοήμων). Guerrier lycien, tué par Ulysse, V 678.

NOÉMON (Νοήμων). Guerrier pylien, XXIII 612-613.

NYSÉION (Νυσήιον). Mont de Thrace (?), VI 133.

O

OCALÉE ('Ωκαλέη). Bourg de Béotie, II 501.

OCÉAN ('Ωκεανός). Père des dieux, XIV 200-210; 301-306.

ODIOS ('Οδίος). Chef des Alizones, II 856-857. Tué par Agamemnon, V 38-42.

ODIOS ('Οδίος). Héraut achéen, IX 170.

ŒCHALIE (Οἰχαλία). Ville de Thessalie, II 596; 730.

ŒDIPE (Οἰδίπους). Fils de Laïos et de Jocaste, XXIII 679.

ŒNÉE (Οἰνεύς). Fils de Porthée, père de Méléagre, Tydée et Déjanire, roi de Calydon. Reçoit Bellérophon, VI 215-221. En proie au courroux d'Artémis, IX 533-549. Supplie Méléagre, IX 581-583. Son origine, XIV 115-119.

ŒNOMAOS (Οἰνόμαος). Guerrier achéen, tué par Hector, V 706.

ŒNOMAOS (Οἰνόμαος). Guerrier troyen, XII 140. Tué par Idoménée, XIII 506-511.

ŒTYLE (Οἴτυλος). Ville de Laconie, II 585.

OILÉE ('Οϊλεύς). Père d'Ajax et de Médon, II 727-728.

OILÉE ('Οϊλεύς). Guerrier troyen, tué par Agamemnon, XI 91-100.

OLÈNE ("Ωλενος). Ville d'Étolie, II 639.

OLÉNIENNE (Roche. — 'Ωλενίη πέτρη). Chaîne de montagne entre l'Élide et l'Achaïe, II 617. XI 757.

PHÉNICIENS (Φοίνικες). XXIII 744-745.

PHÉNIX (Φοῖνιξ). Fils d'Amyntor, précepteur d'Achille. Accompagne l'ambassade chez Achille, IX 168. Discours à Achille, IX 430-605. Demeure dans la baraque d'Achille, IX 658-662. Conduit les Myrmidons au combat, XVI 196. Surveille la course des chars, XXIII 359-361.

PHÉNOPS (Φαῖνοψ). Troyen, V 152-158. XVII 583-585.

PHÉRÈCLE (Φέρεκλος). Fils de Tecton, guerrier troyen, tué par Mérion, V 59-68.

PHÈRES (Φεραί). Ville de Thessalie, II 711.

PHÈRES (Φηρή ou Φηραί). Ville de Messénie, V 544. IX 151 ; 293.

PHÉRUSE (Φέρουσα). Néréide, XVIII 43.

PHESTE (Φαιστός). Ville de Crète, II 648.

PHESTE (Φαῖστος). Fils de Bôre, guerrier méonien, tué par Idoménée, V 43-48.

PHIDAS (Φείδας). Guerrier achéen, XIII 690-691.

PHIDIPPE (Φείδιππος). Fils de Thessalos, chef grec, II 676-680.

PHILOCTÈTE (Φιλοκτήτης). Chef thessalien, II 716-725.

PHLÉGYENS (Φλεγύαι). Peuple de Grèce, XIII 301.

PHOCIDIENS (Φωκῆες). Peuple de Grèce, II 517-526.

PHŒBOS APOLLON (Φοῖβος Ἀπόλλων). Dieu du Soleil, fils de Zeus et de Létô. *La peste*, I 1-52. Élève des chevaux pour Admète, II 763-767. Encourage les Troyens, IV 507-513. Abrite Énée, V 344-346. Arrête Diomède et sauve Énée, V 431-470. Ramène Énée au combat, V 508-518. Offre un combat singulier entre Hector et un

héros grec, VII 17-43. A construit un mur pour Laomédon, VII 452-453. Son temple de Delphes, IX 404-405. Réveille Hippocoon, X 515-522. Détruira le mur achéen, XII 1-33. Sur l'ordre de Zeus, réconforte Hector et secourt les Troyens, XV 143-156; 220-261; 305-327; 355-366. Calme les souffrances de Glaucos, XVI 513-531. Enlève le corps de Sarpédon, XVI 676-683. Repousse Patrocle, XVI 698-711. Sous les traits d'Asios, invite Hector à affronter Patrocle, XVI 712-725. Frappe et désarme Patrocle, XVI 788-806. Sous les traits de Mentès, gourmande Hector, XVII 70-82. Sous les traits de Périphas, stimule Énée, XVII 322-334. Sous les traits de Phénops, stimule Hector, XVII 582-590. Se range du côté des Troyens, XX 38-74. Sous les traits de Lycaon, invite Énée à affronter Achille, XX 79-110. Conseille à Hector de rester dans la foule, XX 375-378. Ravit Hector à Achille, XX 441-454. Provoqué par Poseidon, refuse le combat, XXI 435-469. Se rend dans Troie, XXI 515-517. Se sert d'Agénor pour duper Achille, XXI 544-611; XXII 1-20. Protège le corps d'Hector, XXIII 188-191. Fait tomber le fouet de Diomède, XXIII 382-384. Intervient auprès des dieux pour la protection du cadavre d'Hector, XXIV 22-54. Tua les fils de Niobé, XXIV 605-606.

PHORCYS (Φόρκυς). Chef phrygien, II 862-863. XVII 218; 312-315.

PHRONTIS (Φρόντις). Troyenne, XVII 40.

PHRYGIE (Φρυγίη). Contrée d'Asie

Mineure, III 184-190; 401. XVI 719. XVIII 291. XXIV 545.

Phrygiens (Φρύγες). Peuple d'Asie Mineure, II 862-863. III 184-190. X 431.

Phthie (Φθίη). Région de Grèce, royaume d'Achille, I 165; 169. II 683. IX 253; 363; 395; 439; 479. XI 766. XIX 323; 330.

Phthiens (Φθῖοι). Peuple de Grèce, XIII 686.

Phthires (Φθιρῶν ὄρος). Mont de Carie, II 868.

Phylaque (Φυλάκη). Ville de Thessalie, II 695; 700. XIII 696. XV 335.

Phylaque (Φύλακος). Guerrier troyen, tué par Léite, VI 35-36.

Phylas (Φύλας). Père de Poly-mèle, grand-père d'Eudore, XVI 191-192.

Phylée (Φυλεύς). Fils d'Augias, père de Mégès, XI 530-534. XXIII 637.

Pidytès (Πιδύτης). Guerrier troyen, tué par Ulysse, VI 30-31.

Piérie (Πιερίη). Contrée de Macédoine, II 766. XIV 226.

Pirithoos (Πειρίθοος). Héros thessalien, fils de Zeus et de Dia, roi des Lapithes, I 263. II 740-744. XIV 318.

Piroos (Πείροος). Fils d'Imbrasos, chef thrace, appelé aussi Piros, II 844-845. Tue Diorès et est tué par Thoas, IV 517-538.

Piros (Πείρως). Voir Piroos.

Pisandre (Πείσανδρος). Fils d'Antimaque, guerrier troyen, tué par Agamemnon, XI 122-147.

Pisandre (Πείσανδρος). Guerrier troyen, tué par Ménélas, XIII 601-642.

Pisandre (Πείσανδρος). Fils de Mémale, chef myrmidon, XVI 193-195.

Pitye (Πιτύεια). Ville de Mysie, II 829.

Placos (Πλάκος). Mont de Mysie, VI 396; 425. XXII 479.

Platée (Πλάταια). Ville de Béotie, II 504.

Pléiades (Πληϊάδες). Constellation, XVIII 486.

Pleuron (Πλευρών). Ville d'Étolie, II 639. XIII 217. XIV 116. XXIII 635.

Podalire (Ποδαλείριος). Fils d'Asclépios, médecin de l'armée grecque, II 729-733. XI 833-837.

Podarcès (Ποδάρκης). Fils d'Iphicle, chef thessalien, II 695-710. A la tête des Phthiens, XIII 693-700.

Podarge (Πόδαργος). Cheval d'Hector, VIII 185-197.

Podarge (Ποδάργη). Harpyie qui enfanta les chevaux d'Achille, XVI 145-151.

Podarge (Πόδαργος). Cheval de Ménélas, XXIII 295.

Podès (Ποδῆς). Fils d'Éétion, guerrier troyen, tué par Ménélas, XVII 575-581.

Politès (Πολίτης). Fils de Priam, II 791-795. Emporte Déiphobe blessé, XIII 533-539. Tue Échios, XV 339-340.

Pollux (Πολυδεύκης). Fils de Léda, frère de Castor, III 236-242.

Polyctor (Πολύκτωρ). Myrmidon, XXIV 397-399.

Polydamas (Πουλυδάμας). Fils de Panthoos, guerrier troyen, propose un plan pour l'attaque du mur, XII 60-80. Suit Hector à l'attaque, XII 88. Déconseille l'attaque du mur, XII 195-229. Conseille à Hector de convoquer les preux, XIII 723-757. Blesse Prothoénor, XIV 449-474. Tue Méciste, XV 339. Confie ses chevaux à Astynoos, XV 453-457. Tue Otos, XV 518-519. Blesse

Pénéléos, XVII 597-600.
Conseille aux Troyens de se
réfugier dans Ilion, XVIII
251-283.

POLYDORE (Πολυδώρη). Fille de
Pélée, femme de Bore, mère
de Ménesthios, XVI 173-178.

POLYDORE (Πολύδωρος). Fils de
Priam et de Laothoé, tué par
Achille, XX 407-420. XXI
88-91. XXII 46-53.

POLYDORE (Πολύδωρος). Nom
d'homme, XXIII 637.

POLYIDOS (Πολύιδος). Fils d'Eurydamas, guerrier troyen, tué
par Diomède, V 148-151.

POLYIDOS (Πολύιδος). Guerrier
achéen, prédit la mort à son
fils, XIII 666-668.

POLYMÈLE (Πολυμήλη). Fille de
Phylas, femme d'Échéclée,
eut d'Hermès un fils, Eudore,
XVI 179-192.

POLYMÈLE (Πολύμηλος). Guerrier troyen, tué par Patrocle,
XVI 415-418.

POLYNICE (Πολυνείκης). Fils d'Œ-
dipe, IV 377.

POLYPHÈME (Πολύφημος). Héros,
I 264.

POLYPHÈTE (Πολυφήτης). Guerrier troyen, XIII 791.

POLYPHONTE (Πολυφόντης). Fils
d'Autophone, chef béotien, IV
393-397.

POLYPŒTÈS (Πολυποίτης). Fils
de Pirithoos, chef thessalien,
II 738-747. Tue Astyale, VI
29. Défendant le mur, tue
Damase, Pylon et Ormène,
XII 127-194. Dispute l'épreuve
du disque, XXIII 826-849.

POLYXÈNE (Πολύξεινος). Fils
d'Agasthène, chef épéen, II
615-624.

PORTHÉE (Πορθεύς). Père d'Œ-
née, XIV 115-117.

POSEIDON (Ποσειδάων). Dieu de
la mer. Voulait enchainer
Zeus, I 400. Proteste contre la
construction du mur, VII 442-

453. Refuse de prendre parti
dans la lutte, VIII 198-212. Dételle les chevaux de Zeus, VIII
440-441. Détruira le mur
achéen, XII 1-33. Secourt les
Achéens, XIII 1-135. Sous les
traits de Calchas, encourage
les deux Ajax, XIII 43-65.
Exhorte Teucros et d'autres
guerriers achéens, XIII 89-
135. Sous les traits de Thoas,
stimule Idoménée XIII 206-
239. Pousse les Achéens à résister, XIV 135-152. Seconde la
résistance achéenne, XIV 351-
401. Sur l'ordre de Zeus quitte
le combat, XV 168-219. Son
apanage dans le partage du
monde, XV 187-193. S'en-
quiert du dessein de Zeus,
XX 13-18. Se range du côté
des Achéens, XX 33-74. Propose que les dieux se tiennent
à l'écart, XX 132-155. Sauve
Énée, XX 290-340. Réconforte
Achille, XXI 284-298. Provoque Phœbos, XXI 435-469.

PRACTIE (Πράκτιος). Ville ou
lac de Troade, II 835.

PRIAM (Πρίαμος). Fils de Laomédon, roi de Troie. Siège en
conseil près des Portes Scées
et interroge Hélène, III 146-
244. Le pacte, III 245-313.
Propose aux Troyens de demander une trève, VII 365-
378. Son origine, XX 237.
De Laothoé eut Lycaon et Polydore, XXI 84-91. Stimule
les portiers, XXI 526-536.
Supplie Hector de rentrer dans
Troie, XXII 21-78. Pleure
la mort d'Hector, XXII 405-
429. Reçoit l'ordre de racheter
le cadavre d'Hector, XXIV
143-187. Se prépare à partir
pour les nefs, XXIV 188-321.
Sur la route du camp achéen,
XXIV 322-439. Chez Achille,
XXIV 440-676. Son retour à
Troie, XXIV 677-781.

S

SALAMINE (Σαλαμίς). Ile du golfe Saronique, II 557-558. VII 199.

SAMOS (Σάμος). Ile de la mer Ionienne, II 634. XXIV 78; 753.

SAMOTHRACE (Σάμος Θρηικίη). Ile à l'embouchure de l'Hèbre, XIII 11-12.

SANGARIOS ou SANGARE (Σαγγάριος). Fleuve de Bithynie, III 187. XVI 719.

SARPÉDON (Σαρπηδών). Fils de Zeus et de Laodamie, chef lycien, II 876-877. Excite Hector au combat, V 471-492. Blessé par Tlépolème, V 627-698. Son origine, VI 198-199. Marche à l'attaque du mur, XII 101-104. Se lance à l'assaut, XII 290-412. Tue Alcmaon, XII 392-396. Tué par Patrocle, XVI 419-568. Tue le cheval Pédase, XVI 466-469. Combat autour de son corps, XVI 569-683.

SATNIOIS (Σατνιόεις). Fleuve de Troade, VI 34. XIV 445. XXI 87.

SATNIOS (Σάτνιος). Fils d'Énops, guerrier troyen, blessé par Ajax, XIV 440-448.

SCAMANDRE (Σκάμανδρος), ou Xanthe (Ξάνθος). Fleuve de Troade. II 464-468. V 36; 773-774. VI 4. VII 329. VIII 560. XI 499. XII 17-33 ; 313. XIV 433-434. XX 38-74. XXI 1-33; 124-127; 145-147. Sa colère, XXI 200-323. Son combat contre le feu. XXI 324-382 ; 603. XXII 147-152. XXIV 692-693.

SCAMANDRIOS (Σκαμάνδριος). Fils de Strophios, guerrier troyen, tué par Ménélas, V 49-58.

SCAMANDRIOS. Voir Astyanax.

SCANDIE (Σκάνδεια). Port de Cythère, X 268.

SCARPHE (Σκάρφη). Ville de Locride, II 532.

SCÉES (Portes) (Σκαιαὶ πύλαι). Portes de Troie, III 145 ; 149; 263. VI 237; 393. IX 354. XI 170. XVI 712. XXII 360.

SCHÉDIOS (Σχεδίος). Fils d'Iphite, chef phocidien, II 517-526. Tué par Hector, XVII 304-311.

SCHÉDIOS (Σχεδίος). Fils de Périmède, chef phocidien, tué par Hector, XV 515-516.

SCHÈNE (Σχοῖνος). Ville de Béotie, II 497.

SCOLE (Σκῶλος). Bourg de Béotie, II 497.

SCYROS (Σκῦρος). Ile, IX 668. XIX 326.

SELLÉIS (Σελλήεις). Fleuve de Thesprotie, II 659. XV 531.

SELLÉIS (Σελλήεις). Fleuve de Troade, II 839. XII 97.

SELLES (Σελλοί). Interprètes de Zeus, à Dodone, XVI 234-235.

SÉMÉLÉ (Σεμέλη). Fille de Cadmos, mère de Dionysos, XIV 323-325.

SÉSAME (Σήσαμον). Ville de Paphlagonie, II 853.

SESTE (Σηστός). Ville de la Propontide, II 836.

SICYONE (Σικυών). Ville d'Achaïe, II 572. XXIII 299.

SIDONIENS (Σιδόνες). XXIII 743.

SIMOIS (Σιμόεις). Fleuve de Troade, IV 475. V 773-777. VI 4. XII 17-33. XX 53.

SIMOISIOS (Σιμοείσιος) Fils d'Anthémion, guerrier troyen, tué par Ajax, IV 473-493.

SIPYLE (Σίπυλος). Mont de Lydie, XXIV 615.

SINTIENS (Σίντιες). Peuple de Lemnos, I 594.

SISYPHE (Σίσυφος). Fils d'Éole, roi d'Éphyre. VI 152-154.

SOLYMES (Σόλυμοι). Peuple de

Blessé par Soque, le tue et
appelle à l'aide, XI 428-471.
Secouru par Ajax et Ménélas,
XI 472-488. Sa visite chez
Pélée, XI 767-790. Repousse
toute idée de fuite, XIV 82-
102. Conseille aux Achéens de
prendre le repas avant le
combat, XIX 154-183 ; 215-
237. Dispute l'épreuve de
lutte, XXIII 700-739. Dispute l'épreuve de course à
pied, XXIII 740-797.

X

Xanthe. Voir Scamandre.
Xanthe (Ξάνθος). Fleuve de
Lycie, II 877. V 479.
Xanthe (Ξάνθος). Fils de Phé-
nops, guerrier troyen, tué par
Diomède, V 152-158.
Xanthe (Ξάνθος). Cheval d'Hec-
tor, VIII 185-197.
Xanthe (Ξάνθος). Cheval
d'Achille, XVI 148-154 ; 423-
542. XIX 400-424.

Z

Zante (Ζάκυνθος). Ile de la mer
Ionienne, II 634.
Zélée (Ζέλεια). Ville de Troade,
II 823. IV 103 ; 121.
Zéphyr (Ζέφυρος). Vent du Nord-
Ouest, XXIII 194-230.
Zeus (Ζεύς). Fils de Cronos,
frère et époux d'Héré, maître
des dieux. Promet à Thétis de
venir en aide aux Troyens, I
488-611. Envoie un songe à
Agamemnon, II 1-15. Son
sceptre, II 102-103. Enrichit
Rhodes, II 668-670. Son courroux contre Typhée, II 780-
785. Sur les instances d'Héré
décide la rupture du pacte par
les Troyens, IV 1-73. Donne

des chevaux à Trôs, V 265-
267. Conseille à Aphrodite
d'éviter le champ de bataille,
V 418-430. Permet à Héré et
Athéné d'intervenir dans le
combat, V 753-766. Accueille
Arès blessé, V 868-899.
Aveugle Lycurgue, VI 138-
139. Engendra Sarpédon, VI
198-199. Autorise Poseidon à
détruire le mur après la guerre,
VII 454-463. Interdit aux
dieux d'intervenir dans le
combat, VIII 1-52. Pèse les
sorts des deux partis, VIII 68-
77. Envoie un présage aux
Achéens, VIII 237-252. Empêche Héré et Athéné d'intervenir, VIII 397-437. Affirme
sa volonté de soutenir les
Troyens, VIII 438-484. Envoie Iris à Hector, XI 181-194.
Détourne ses yeux du combat,
XIII 1-9. S'endort dans les
bras d'Héré, XIV 292-351.
Son réveil et sa colère, XV
1-77. Son apanage dans le
partage du monde, XV 187-
193. Ordonne à Phœbos de
secourir les Troyens, XV 220-
261. Abandonne malgré lui
Sarpédon à son sort, XVI 431-
461. Médite la mort de Patrocle, XVI 644-658. Ordonne
à Phœbos d'enlever le corps de
Sarpédon, XVI 666-675. Accorde à Hector, avant sa
mort, un splendide triomphe,
XVII 198-211. Prend en
pitié les chevaux d'Achille,
XVII 441-456. Paroles amères
à Héré, XVIII 356-359. Berné
par Héré, XIX 95-133. Invite
Athéné à réconforter Achille,
XIX 340-348. Ordonne à
Thétis de convoquer les dieux
et leur donne toute liberté
d'intervenir, XX 1-74. Père de
Dardanos, XX 215. Sa puis-
sance, XXI 190-199 Console
Artémis, XXI 505-513.

Orientations bibliographiques

A. W. H. ADKINS, *Merit and Responsability. A Study in Greek Values,* Oxford, 1960.

M. ALEXIOU, *The Ritual Lament in Greek Tradition,* Cambridge, 1974.

I. ANASTASSIOU, *Zum Wortfeld « Trauer » in der Sprache Homers,* Hambourg, 1971.

W. ARROWSMITH, « Thetis and Achilles, *Iliad,* XVIII, 1-147 », *Arion,* 6. 1967, 246-261.

M. B. ARTHUR, « The Divided World of *Iliad* VI », *Women's Studies,* 8, 1981, 21-46.

E. AVEZZU, « Stilemi associativi e rappresentazioni della parentela nell'*Iliade* », *Quaderni di Storia,* IX, 17, janv.-juin 1983, 69-97.

S. BENARDETE, « Achilles and the *Iliad* », *Hermes,* 91, 1963, 1-16.

É. BENVENISTE, « Expression indo-européenne de "l'Éternité" », *Bulletin de la Société de linguistique de Paris,* 38 (1), 1937, 103-112.

R. BESPALOFF, *De l'*Iliade, New York, 1943.

D. D. BOEDEKER, *Aphrodite's Entry intro Greek Epic, Mnemosyne,* Leyde, 1974.

J. Böhme, *Die Seele und das Ich im homerischen Epos*, Leipzig-Berlin, 1929.

F. Buffière, *Les Mythes d'Homère et la pensée grecque*, Paris, 1956.

L. Bruit-Zaidman et P. Schmitt-Pantel, *La Religion grecque,* Paris, 1989.

W. Burkert, « Das Lied von Ares und Aphrodite », *Rheinisches Museum für Philologie,* N.F., 103, 1960, 130-144.
— « ΓΟΗΣ. Zum griechischen "Schamanismus" », *Rheinisches Museum für Philologie,* 1962, 36-55.
— *Greek Religion : Archaic and Classical*, Oxford, 1985.

P. Chantraine, « Les noms du mari et de la femme, du père et de la mère en grec », *Revue des Études grecques*, 59-60, 1946-1947, 219-250.
— *Grammaire homérique,* t. I et II, Paris, 1958-1963.
— « À propos de Thersite », *L'Antiquité classique*, 32, 1963, 18-27.
— « Les noms d'action répondant aux verbes signifiant "manger" et "boire" chez Homère : ΕΔΗΤΥΣ, ΒΡΩΤΥΣ, ΒΡΩΜΗ, ΠΟΣΙΣ, ΠΟΤΗΣ », *Bulletin de la Société de linguistique de Paris*, 59, 1964, fasc. 1, 11-23.
— *Dictionnaire étymologique de la langue grecque*, 4 fasc. (A-Y), Paris, 1968-1980.

L. L. Clader, *Helen. The Evolution from Divine to Heroic in Greek Epic Tradition, Mnemosyne,* suppl. 42, Leyde, 1976.

M. Daraki, « Le héros à *menos* et le héros *daimoni isos*. Une polarité homérique », *Annali della Scuola normale superiore di Pisa*, ser. III, X, 1980, 1-24.

E. Degani, Aiôn *da Omero ad Aristotele*, Padoue, 1961.

M. Delcourt, *Hermaphrodite, mythes et rites de la*

bisexualité dans l'Antiquité classique, Bruxelles, 1966.
– *Héphaïstos ou la légende du magicien,* Paris, 1982.

M. DETIENNE, *Les Jardins d'Adonis. La mythologie des aromates en Grèce,* Paris, 1972.
– *Les Maîtres de vérité dans la* Grèce *archaïque*[2], Paris, 1973.

C. DIANO, « La poetica dei Feaci », *Belfagor,* 18, 1963, 401-424.

E. R. DODDS, *Les Grecs et l'Irrationnel,* trad. française, Paris, 1965.

K. J. DOVER, « Classical Attitudes to Sexual Behaviour », *Arethusa,* 6, 1, 1973, 59-73.

G. DUMÉZIL, *Heur et malheur du guerrier,* Paris, 1969.
– *Apollon sonore,* Paris, 1982.
– *La Courtisane et les seigneurs colorés. Esquisse de mythologie,* Paris, 1983.

A. EDWARDS, *Odysseus against Achilles : The Role of Allusion in the Homeric Epic,* Beiträge zur Klassichen Philologie, vol. 171, Königstein, 1985.

M. I. FINLEY, *Les Anciens Grecs, une introduction à leur vie et à leur pensée,* Paris, 1973 (2e éd., trad. française Monique Alexandre).
– *Les Premiers Temps de la Grèce : l'âge du bronze et l'époque archaïque,* Paris, 1973 (trad. française François Hartog).
– *Le Monde d'Ulysse*[3], Paris, 1983 (trad. française Cl. Vernant-Blanc et M. Alexandre).

H. P. FOLEY, « Reverse Similes and Sex Roles in the *Odyssey* », *Arethusa,* 11, 1-2, 1978, 7-26.

E. FRÄNKEL, *Early Greek Poetry and Philosophy,* Oxford, 1975.

L. GERNET, *Anthropologie de la Grèce antique,* Paris, 1976.

J. Griffin, *Homer on Life and Death*, Oxford, 1980.

B. Hainsworth, *The* Iliad *: A Commentary*, vol. III : Books 9-12, Cambridge University Press, 1993.

J. B. Hainsworth, « Structure and Content in Epic Formulae : the Question of the Unique Expression », *Classical Quarterly,* 14, 1964, 155-164.
– *The Flexibility of the Homeric Formula,* Oxford, 1968.

J. Harkemanne, « ΦΟΒΟΣ dans la poésie homérique. Étude sémantique », *Recherches de philologie et de linguistique,* 1re série, Louvain, 1967, 47-94.

A. Heubeck, *Die homerische Frage,* Darmstadt, 1974.

U. Hölscher, *Untersuchungen zur Form der Odyssee, Hermes,* E.S. 6, Berlin, 1939.

S. Ireland, H. et F. L. D. Steel, « Φρένες as an anatomical Organ in the Works of Homer », *Glotta*, 53 (3-4), 1975, 183-195.

R. Janko, *The* Iliad *: A Commentary*, vol. IV : Books 13-16, Cambridge University Press, 1992.

M. Jost, *Aspects de la vie religieuse en Grèce : du début du ve siècle à la fin du iiie siècle av. J.-C.*, Paris, 1992.

H. J. Kakridis, *La Notion de l'amitié et de l'hospitalité chez Homère,* Thessalonique, 1963.

J. Th. Kakridis, « Die Niobesage bei Homer », *Rheinisches Museum,* 79, 1930, 113-122.
– « The Role of the Woman in the *Iliad* », *Eranos,* LIV, 1956, 21-27.

G. S. Kirk, *The Songs* of *Homer,* Cambridge, 1962.
– « War and the Warrior in the Homeric Poems », in *Problèmes de la guerre en Grèce ancienne,* J.-P. Vernant éd., Paris-La Haye, 1968, 93-117.
– *The* Iliad *: A Commentary*, vol. II : Books 5-8, Cambridge University Press, 1990.

G. S. KIRK éd., *Language and Background of Homer. Some Recent Studies and Controversies,* Cambridge, 1964.

H. KOLLER, « Σῶμα bei Homer », *Glotta,* 37, 1958, 276-281.

W. LEAF, *The* Iliad. *Edited with Apparatus Criticus, Prolegomena, Notes, and Appendixes*, Londres 1900-1902 ; Reprint Amsterdam, 1960.

M. LEUMANN, *Homerische Wörter* (Schweizerische Beiträge zur Altertumswissenschaft, Heft 3), Bâle, 1950.

S. LEVIN, « Love and the Hero of the *Iliad* », *Transactions and Proceedings of the American Philological Association,* 80, 1949, 37-49.

J. LINDSAY, *Helen of Troy,* Londres, 1974.

G. E. R. LLOYD, *Polarily and Analogy. Two Types of Argumentation in Early Greek Thought,* Cambridge, 1966.

N. LORAUX, « Le héros et les mots », *L'Homme, XXI* (4), oct.-déc. 1981, 87-94.
— *Les Expériences de Tirésias. Le féminin et l'homme grec*, Paris, 1989.
— *Les Enfants d'Athéna*, Paris, 1990 (1ʳᵉ éd. 1981).
— *Né de la terre. Mythe et politique à Athènes*, Paris, 1996.

A. B. LORD, *The Singer of Tales,* Cambridge, Mass., 1960.

H. L. LORIMER, *Homer and the Monuments,* Londres, 1950.

S. LOWENSTAM, *The Death of Patroklos. A Study in Typology,* Köningstein, 1981 (Beiträge zur Klassischen Philologie ; H. 133).
— *The Scepter and the Spear : Studies on Forms of Repetition in the Homeric Poems*, Maryland, 1993.

E. R. Jr Lowry, *Thersites : A Study in Comic Shame*, New York, 1991

P. Maas, « Threnos », *RE,* 595-597.

C. W. MacLeod, *Homer*-Iliad *Book XXIV,* Cambridge, *1982.*

W. Marg, « Kampf und Tod in der *Ilias* », *Die Antike*, 18, 1942, 167-179.
– *Homer über Dichtung*, Münster, 1971.

B. Marzullo, *Il problema omerico*, 2ᵉ éd., Milan, 1952.

Fr. Mawet, « Épigrammes, thrènes et dithyrambes. Les lamentations funèbres de l'épopée », in *Mélanges Claire Préaux*, 1975, 33-44.
– *Recherches sur les oppositions fonctionnelles dans le vocabulaire homérique de la douleur (autour de* πῆμα-ἄλγος*)*, Bruxelles, 1979 (Académie royale de Belgique, Mémoires de la classe de lettres, t. LXIII, fasc. 4).

P. Mazon, *Introduction à l'*Iliade, Paris, 1967, 137-299.

R. Merkelbach, « Zum Y der *Ilias* », *Philologus*, 97, 1948, 303 bis 311.

H. Monsacré, *Les Larmes d'Achille. Le héros, la femme et la souffrance dans la poésie d'Homère,* Paris, 1984.

B. Moreux, « La nuit, l'ombre, et la mort chez Homère », *Phoenix*, 21, 1967, 237-272.

Cl. Mossé, « Ithaque ou la naissance de la cité », *Annali del Seminario di Studi del Mondo Classico,* « Archeologia e storia antica II », Naples (Istituto universitario orientale), 1980, 7-19.
– *La Femme dans la Grèce antique*, Paris, 1983.

Ch. Mugler, « La lumière et la vision dans la poésie grecque », *Revue des Études grecques*, 1973, 40-72.

G. E. Mylonas, « Burial Customs », in *A Companion to*

Homer, A. J. B. Wace et F. Stubbings éd., Londres, 1962, 478-488.

M. N. NAGLER, *Spontaneity and Tradition : A Study in the Oral Art of Homer*, Berkeley-Los Angeles, 1979.

Gr. NAGY, *Le Meilleur des Achéens. La fabrique du héros dans la poésie grecque archaïque*, trad. J. Carlier et N. Loraux, Paris, 1994.
– *Pindar's Homer : The Lyric Possession of an Epic Past*, Baltimore, 1990.
– *Poetry as Performance : Homer and Beyond*, Cambridge, 1996.
– *Homeric Questions*, Austin, 1996.

R. B. ONIANS, *The Origins of European Though*, Cambridge, 1954.

D. PACKARD et T. MEYERS, *A Bibliography of Homeric Scholarship* (1930-1970), Malibu, 1974.

D. L. PAGE, *The Homeric* Odyssey, Oxford, 1963.

I. PAPADOPOULOU-BELMEHDI, *Le Chant de Pénélope*, Paris, 1994

H. W. PARKE, *Festivals of the Athenians*, Londres, 1977.

A. PARRY, « The Language of Achilles », *TAPA*, 1956.

A. PARRY éd., *The Making of Homeric Verse : The Collected Papers of Milman Parry*, Oxford, 1971.

M. PARRY, *L'Épithète traditionnelle dans Homère*, Paris, 1928.
– *Les Formules et la métrique d'Homère*, Paris, 1928.

G. PAVANO, « La Morte degli Eroi nell'*Iliade* », *Rivista di Filologia Classica*, 81, n.s. 31, 1953, 289-319.

S. B. POMEROY, « Selected Bibliography on Women in Antiquity », *Arethusa*, 6 (1), 1973, 127-156.

B. P. POWELL, *Homer and the Origin of the Greek Alphabet*, Cambridge, 1991.

D. Pralon, « Les traductions françaises de l'*Iliade* (1519-1989) », *La Traduction. Travaux du Cercle linguistique d'Aix-en-Provence*, 10, 1993, 135-179.

P. Pucci, *Ulysse Polutropos. Lectures intertextuelles de l'*Iliade *et de l'*Odyssée, trad. de l'anglais par J. Routier-Pucci, Lille, 1995.
– *The Song of the Sirens. Essays on Homer*, Lanham-Oxford, 1998.

Cl. Ramnoux, *Mythologie ou la famille olympienne*, Paris, 1962.
– *La Nuit et les enfants de la nuit*, Paris, 1986.

J. M. Redfield, *La Tragédie d'Hector. Nature et culture dans l'*Iliade, trad. de l'anglais par A. Lévi, Paris, 1984.

E. Reiner, *Die rituelle Totenklage der Griechen*, Tübingen, 1938.

K. Reinhardt, *Die* Ilias *und Ihr Dichter*, Göttigen, 1961.

N. Richardson, *The* Iliad *: A Commentary*, vol. VI : Books 21-24, Cambridge University Press, 1996.

J. de Romilly, *La Douceur dans la pensée grecque*, Paris, 1979.

J. Rudhardt, *Notions fondamentales de la pensée religieuse et actes constitutifs du culte dans la Grèce classique*, Genève, 1958.

J. A. Russo, « A Closer Look at Homeric Formulas », *Transactions and Proceedings of the American Philological Association*, 94, 1963, 235-247.
– « The structural Formula in Homeric Verse », *Yale Classical Studies*, 20, 1966, 219-240.

J. A. Russo et B. Simon, « Homeric Psychology and the Oral Epic Tradition », in *Essays on the Iliad,* J. Wright éd., 1978, 41-57.

W. Schadewalt, *Von Homers Welt und Werk*, Stuttgart, 1965.

S. L. Schein, *The Mortal Hero. An Introduction to Homer's* Iliad, University of California Press, 1984.

É. Scheid-Tissinier, *Les Usages du don chez Homère. Vocabulaire et pratiques*, Nancy, 1994.

A. Schnapp-Gourbeillon, *Lions, héros, masques. Les représentations de l'animal chez Homère, Paris,* 1981.
– « Naissance de l'écriture et fonction poétique en Grèce archaïque : quelques points de repère », *Annales E.S.C.*, 5-6, sept-déc. 1982, 714-723.

Ch. P. Segal, « The Embassy and the Duals of *Iliad* IX, 182-198 », *Greek, Roman, and Byzantine Studies*, 9, 1968, 101-114.
– *The Theme of the Mutilation of the Corpse in the* Iliad, *Mnemosyne*, suppl. XVII, Leyde, 1971.
– « Andromache's *Anagnorisis* : Formulaic Artistry in *Iliad* XXII, 437-476 », *Harward studies in Classical Philology*, 75, 1971, 33-57.

A. Severyns, *Homère. L'Artiste*, t. 3, Bruxelles, 1948.
– *Les Dieux d'Homère*, Paris, 1966.

L. M. Slatkin, *The Power of Thetis. Allusion and Interpretation in the* Iliad, Berkeley-Oxford, 1991.

W. D. Smith, « Physiology in the Homeric Poems », *Transactions and Proceedings of the American Philological Association*, 97, 1966, 547-556.

B. Snell, *Die Entdeckung des Geistes*, Hambourg, 1948 (2ᵉ éd.), trad. anglaise *The Discovery of the Mind in Early Greek Philosophy and Literature,* Cambridge, 1953.

A. M. Snodgrass, *The Dark Age of Greece : An Archeological Survey of the Eleventh to the Eighth Centuries*, Édimbourg, 1971.

W. B. STANFORD, *Greek Metaphor,* Oxford, 1936 (repr. New York, 1972).
 – *The Ulysses Theme. A Study in the Adaptability of a Traditional Hero*[2], Oxford, 1968.

J. STRAUSS CLAY, *The Wrath of Athena. Gods and Men in the* Odyssey, Princeton, 1984.

J. SVENBRO, *La Parole et le marbre. Aux origines de la poétique grecque*, Lund,1976.

H. TRÜMPY, *Kriegerische Fachausdrücke im griechischen Epos*, Bâle, 1950.

Ch. VELLAY, *Les Légendes du cycle troyen*, Paris, 1957.

E. VERMEULE, *Aspects of Death in Early Greek Art And Poetry*, Berkeley, Los Angeles, Londres, 1981.

J.-P. VERNANT et M. DETIENNE, *Les Ruses de l'intelligence, la mètis des Grecs*, Paris, 1974.

J.-P. VERNANT, *Mythe et Pensée chez les Grecs*, 2 e éd., Paris, 1974.
 – *Mythe et Société en Grèce ancienne*, Paris, 1979.
 – « ΠΑΝΤΑ ΚΑΛΑ. D'Homère à Simonide », *Annali della Scuola normale superiore di Pisa*, ser. III, vol. IX, 4,1979,1365-1374.
 – « Le refus d'Ulysse », *Le Temps de la réflexion*, III, 1982, 13-18.
 – *La Mort dans les yeux*, Paris, 1985.
 – *L'Individu, la mort, l'amour. Soi-même et l'autre en Grèce ancienne,* Paris, 1989.
 – *Entre Mythe et Politique,* Paris, 1996.

P. VIDAL-NAQUET, « Homère et le monde mycénien », *Annales E.S.C.,* juill.-août 1963, 703-719.
 – « Économie et société dans la Grèce ancienne : l'œuvre de Moses I. Finley », *Archives européennes de sociologie*, VI, 1965, 111-148.
 – *L'*Iliade *sans travesti*, préface à l'édition « Folio » de l'*Iliade*, Paris, 1975.

– *Le Chasseur noir*, Paris, 1981.

P. VON DER MÜHLL, *Kritisches Hypomnema zur* Ilias, Bâle, 1952.

A. J. B. WACE, F. H. STUBBINGS éd., *A Companion to Homer*, Londres, 1962.

H. T. WADE-GERY, *The Poet of the* Iliad, Cambridge, 1952.

C. WATKINS, « À propos de ΜΗΝΙΣ », *Bulletin de la Société de linguistique de Paris,* 72, 1977, 187-209.

S. WEIL, « L'*Iliade* ou le poème de la force », in *La Source grecque*, Paris, 1953, 11-42.

C. H. WHITMAN, *Homer and the Heroic Tradition*, Cambridge, Mass., 1958.

M. M. WILLCOCK, « Mythological Paradeigma in the *Iliad* », *Classical Quarterly*, 1964, 141-154.
– *A Companion on Homer's* Iliad, Londres, 1970.
– *A Companion to the* Iliad, Chicago, 1976.

Table

Ce volume,
le trente-septième
de la collection « Classiques en poche »,
publié aux Éditions Les Belles Lettres,
a été achevé d'imprimer
en octobre 2002
dans les ateliers
*de **Bussière Camedan Imprimeries**,*
18203 Saint-Amand-Montrond.

Dépôt légal : octobre 2002.
N° d'édition : 4135 - N° d'impression : 024371/1
Imprimé en France